PHILOLOGISCHE STUDIEN UND QUELLEN

Herausgegeben von
Bernd Bastert, Volker C. Dörr, Jens Pfeiffer,
Jürgen Schiewe und Hartmut Steinecke

Band 256

Norbert Oellers:
Überzeugung durch Poesie

Zur deutsch-jüdischen Literatur von Ludwig Börne bis Else Lasker-Schüler

Herausgegeben von
Hartmut Steinecke und Volker C. Dörr

ERICH SCHMIDT VERLAG

Bibliografische Information der Deutschen Nationalbibliothek

Die Deutsche Nationalbibliothek verzeichnet diese Publikation in der Deutschen Nationalbibliografie; detaillierte bibliografische Daten sind im Internet über http://dnb.d-nb.de abrufbar.

Weitere Informationen zu diesem Titel finden Sie im Internet unter
ESV.info/978 3 503 17009 8

Gedrucktes Werk: ISBN 978 3 503 17009 8
ebook: ISBN 978 3 503 17010 4

ISSN 0554-0674

Alle Rechte vorbehalten
© Erich Schmidt Verlag GmbH & Co. KG, Berlin 2016
www.ESV.info

Dieses Papier erfüllt die Frankfurter Forderungen der Deutschen Nationalbibliothek und der Gesellschaft für das Buch bezüglich der Alterungsbeständigkeit und entspricht sowohl den strengen Bestimmungen der US Norm Ansi/Niso Z 39.48-1992 als auch der ISO Norm 9706.

Druck und Bindung: Strauss, Mörlenbach

Inhaltsverzeichnis

Vorwort 7

Collum liberum. Ludwig Börnes Freiheitsbegriff –
das eindeutige Besondere 11

Die zerstrittenen Dioskuren. Aspekte der Auseinandersetzung
Heines mit Börne 27

Mehrfacher Schriftsinn. Rosen und Nachtigallen in Heines Lyrik 53

Heines Florettübungen. „Die romantische Schule" 71

Heines „Hebräische Melodien" 89

Die Bestrafung der Söhne. Zu Kafkas Erzählungen „Das Urteil",
„Der Heizer" und „Die Verwandlung" 107

Franz Kafkas „Eine kaiserliche Botschaft" 125

Notwendig, aber sinnlos. K.s Kampf ums Schloß, im Schnee 139

Scheinend, vielleicht, aber. Wirklichkeit in Kafkas Romanen 159

Franz Kafka als Briefschreiber 171

Arthur Schnitzlers Novelle „Casanovas Heimfahrt" 197

Literatur der Überredung – Überzeugung durch Poesie.
Bemerkungen zu Joseph Roths Roman „Hiob" 213

Liebe zu Gott, Menschen, Dingen. Zur Lyrik Else Lasker-Schülers 227

[Else Lasker-Schüler:] Die Verscheuchte. Verlorene Heimat,
zerstörte Liebe 245

Verluste. Zu Else Lasker-Schülers „Mein blaues Klavier" 255

Nachweise der Erstveröffentlichungen 263

Weitere Veröffentlichungen von Norbert Oellers zur deutsch-
jüdischen Literatur 265

Vorwort

Professor Dr. Norbert Oellers wird am 8. Oktober 2016 achtzig Jahre alt. Aus diesem Anlass erscheint dieser Band mit einer Auswahl seiner Schriften zur deutsch-jüdischen Literatur.

Bisher war zwar in der Spezialforschung zu einzelnen jüdischen Autoren bekannt, wieviel Erhellendes, Neues, Diskussionswürdiges Norbert Oellers über deren Werke veröffentlicht hat; aber als einer seiner Arbeitsschwerpunkte wurde dieses literarische Feld bisher selten wahrgenommen. Denn die Aufsätze und Vorträge erschienen in vielen verschiedenen, auch abgelegenen, teils ausländischen Zeitschriften und Sammelwerken, nie gesammelt in Buchform. Mit diesem Buch soll der Blick auf die gesamte Beschäftigung von Norbert Oellers mit der deutsch-jüdischen Literatur geöffnet und gezeigt werden, welche Bedeutung ihr im Rahmen seines wissenschaftlichen Gesamtwerks zukommt.

Allerdings gibt es einen gut nachvollziehbaren Grund dafür, dass innerhalb des wissenschaftlichen Profils von Norbert Oellers dieser Themenbereich weniger wahrgenommen wurde: die überragende Bedeutung seiner wissenschaftlichen Arbeiten zu Schiller und Goethe, zur „Weimarer Klassik". Er hat die Forschung über diesen zentralen Gegenstand der deutschen Literaturgeschichte seit einem halben Jahrhundert geprägt – von seiner Dissertation über Schillers Wirkungsgeschichte und dem Beginn seiner Mitarbeit an der Schiller-Nationalausgabe bis zum Abschluss dieses Projekts als Alleinherausgeber und der Arbeit an der historisch-kritischen Ausgabe der Briefe Goethes in den letzten Jahren. Seine Forschungen umfassen alle Stadien des Umgangs mit Texten, von der Edition über die Interpretation bis zur Monographie (längst zum Standardwerk geworden: „Schiller. Elend der Geschichte, Glanz der Kunst", 2005) und zu Studien über das literarische und kulturelle Umfeld. Dieses überaus umfangreiche und vielgestaltige wissenschaftliche Hauptwerk hat Norbert Oellers längst einen Platz in der Fachgeschichte der Germanistik gesichert. Er wurde dafür auch öffentlich geehrt: mit dem „Schillerpreis der Stadt Marbach am Neckar" 1996.

Neben diesen Arbeiten über die Klassik stand von Beginn an die Beschäftigung mit der Literatur anderer Epochen – dem Vormärz, der klassischen Moderne, der Gegenwart – sowie, epochenübergreifend, mit deutschjüdischer Literatur. Diese wurde, mit über 30 Aufsätzen, zum wichtigsten der weiteren Schwerpunkte; und auch hier beginnt die Beschäftigung be-

Vorwort

reits in den sechziger Jahren des 20. Jahrhunderts und reicht bis in das letzte Jahrzehnt.

Klassik und deutsch-jüdische Literatur – das scheint ein Gegensatz zu sein. Norbert Oellers selbst hat das oft schwierige Verhältnis der Weimarer Klassiker zu Juden und dem Judentum in einem Aufsatz kritisch analysiert: „Goethe und Schiller in ihrem Verhältnis zum Judentum" (1988). Und seine Beschäftigung mit der jüdischen Literatur setzte ein mit Arbeiten über Ludwig Börne und Heinrich Heine, die sich noch zu Lebzeiten Goethes überaus kritisch mit diesem und der von ihm geprägten „Kunstperiode" auseinandersetzen. Oellers zeigt, wie sie aus ihrer politischen und ästhetischen Kritik heraus neue Schreibarten entwickelten, Heine ein lyrisches Werk schuf, das ihn in die Nachfolge Goethes stellte.

Den zweiten Schwerpunkt der Sammlung bilden Studien über Franz Kafka. Sie behandeln zentrale Werke, Motive, Themenkomplexe, widmen sich mit besonderer Intensität immer wieder seiner Sprache, gehen ihr bis in die Satzstrukturen und Schlüsselwörter nach. Eine Leitfrage dabei ist auch stets: Wieviel Jüdisches steckt in den Erzählungen und Romanen – eine Frage, die sich kompetent vor allem dann erörtern lässt, wenn man ein umfangreiches literarhistorisches Feld deutsch-jüdischen Schreibens überblickt.

Einige weitere Aufsätze befassen sich mit der Lyrik Else Lasker-Schülers. Sie stehen am Schluss, weil die letzten ihrer Werke zwei Jahrzehnte nach Kafkas Tod entstanden. Als Exilautorin wurde Lasker-Schüler in Deutschland lange Zeit kaum beachtet. Norbert Oellers gehörte zu den Initiatoren und Herausgebern einer historisch-kritischen Gesamtausgabe, die bei dem Prozess ihrer wachsenden Anerkennung eine wichtige Rolle spielte. Als Mitherausgeber ihrer Lyrik geht Oellers in seinen Aufsätzen über ihr Werk immer wieder auf die Handschriften, auf Varianten und alternative Fassungen zurück, zeigt die Auseinandersetzung mit dem geeigneten Wort, ja nicht selten: dem ihrer Überzeugung nach angemessenen Satzzeichen. Aus intensiven textnahen Einzelinterpretationen entwickelt Oellers Zusammenhänge und Kompositionsprinzipien der Lyrik. Nicht selten erweisen sich dabei – ähnlich wie in seinen Kafka-Interpretationen – angeblich „dunkle" Stellen der Deutung und dem Verständnis durchaus zugänglich.

Um zu zeigen, dass Norbert Oellers sich auch außerhalb dieser Schwerpunkte immer wieder mit Werken jüdischer Schriftsteller befasst hat, wurden Aufsätze über Romane zweier bedeutender Autoren aus der Zwischenkriegszeit aufgenommen, Arthur Schnitzler und Joseph Roth. Insgesamt kann diese Auswahl damit die Weite des literarhistorischen Blicks von Oellers zeigen und die Bedeutung andeuten, die den deutschsprachigen Wer-

Vorwort

ken jüdischer Autoren nicht nur im Rahmen einer deutschen Literaturgeschichte zukommt.

Aufgrund seiner Arbeiten über deutsch-jüdische Literatur wurde Norbert Oellers 1989/90 auf eine Gastprofessur an die Hebräische Universität Jerusalem eingeladen. Für sein wissenschaftliches und kulturpolitisches Lebenswerk wurde er 2010 mit dem Bundesverdienstkreuz erster Klasse ausgezeichnet. Es galt seinen Verdiensten um die Literatur der Klassik, aber wohl auch um die deutsch-jüdische Literatur.

Die einzelnen Beiträge wurden in der Gestalt abgedruckt, in der sie erschienen sind. Norbert Oellers legt stets großen Wert darauf, literarische Texte in ihrer historischen Gestalt wiederzugeben, nicht durch Normierungen späteren (ihrerseits veränderbaren) Regulierungen anzugleichen. Dasselbe sollte auch für literaturwissenschaftliche Arbeiten gelten. So stehen hier beispielsweise Texte unterschiedlicher Rechtschreibung nebeneinander. Nur einige wenige Formalia, die ja in Deutschland von Redaktionen und Verlagen gesetzten Normen folgen, wurden angeglichen; wenige Druckfehler verbessert. Der Anhang informiert über die Erstdrucke der Aufsätze sowie über die weiteren Veröffentlichungen von Norbert Oellers zur deutsch-jüdischen Literatur.

Bei der Bearbeitung der Beiträge für den Druck und den Korrekturen waren die Mitarbeiter des Düsseldorfer Lehrstuhls von Volker Dörr eine große Hilfe. Dafür danken wir Benita Niggemeier, Philipp Ritzen und Martin Schepke. Wir danken ferner dem Erich Schmidt Verlag, der zugestimmt hat, diesen Band in eine von uns herausgegebene Reihe aufzunehmen.

Die Herausgeber dieses Bandes sind Weggefährten von Norbert Oellers: Hartmut Steinecke, emeritierter Professor der Universität Paderborn, seit gemeinsamen Studienjahren in Bonn; Volker Dörr, Professor an der Heinrich-Heine-Universität Düsseldorf, wurde von Norbert Oellers promoviert und hat sich bei ihm habilitiert. Im Namen der beiden Wissenschaftlergenerationen, denen sie angehören, gratulieren sie dem Kollegen und Freund Norbert Oellers zum 80. Geburtstag.

Einer der Gründungsväter der Germanistik, Jacob Grimm, hat in seiner Rede „Über das Alter" (1860) festgestellt, dass die Volksweisheiten dem 80-Jährigen nicht mehr viel zutrauen („schneeweisz", „der welt narr"). Eine ganz andere Perspektive habe allerdings der „philolog": „es mag arbeiten und unternehmungen geben, die sich für das alter besonders eignen, die emsig eingeholte erfahrung voraussetzen und stillen, ruhigen abschlusz verlangen". In diesem Falle gelte für das Alter: „seine rüstkammern stehn ja angefüllt, an erfahrungen hat es jahr aus jahr ein immer mehr in sie eingetragen. ... doch nicht blosz am vorrath zehren will es, es hat auch unaufhör-

Vorwort

lich fortgesonnen und seine ausbeute zu vertiefen getrachtet". Kurz: „in begabten, auserwählten männern halten kraft und ausdauer fast ohne abnutzung weit länger noch".

Wir wünschen dem Philologen Norbert Oellers Gesundheit und auf lange Zeit „kraft und ausdauer" ohne Abnutzung.

Paderborn und Düsseldorf, im März 2016   Die Herausgeber

Collum liberum. Ludwig Börnes Freiheitsbegriff – das eindeutige Besondere

Es gibt vermutlich keinen deutschen Schriftsteller von Ansehen, der mit dem Wort „Freiheit" einen so üppigen Handel getrieben hat wie Börne. Und es gibt wahrscheinlich kein Wort vergleichbarer Gewichtigkeit (dazu mögen „Liebe", „Gerechtigkeit", „Sittlichkeit" und „Notwendigkeit" zählen), das Börne häufiger gebraucht hat als jenes. Eine Musterung zusammengesuchter Belege[1] kann zu der Auffassung führen, es ermangele Börne der präzisen Begrifflichkeit, die gerade wegen der unbezweifelbaren Mehrdeutigkeit des Begriffs[2] wünschenswert sei. „[...] je mehr sich die Belege häufen und je vielfältiger die Verbindungen werden, in denen von ‚Freiheit' die Rede ist, um so weniger kann sich der Beobachter des Eindrucks erwehren, man habe es hier mit einem Schlagwort zu tun, das alles und somit nichts bedeuten könne."[3] „Seinem journalistischen Temperament entsprechend und in Einklang mit seiner Skepsis philosophischer Begriffsbildung gegenüber, hat Börne sich über diesen Begriff, der zum Grundbestand seines Denkens gehört, nie systematisch geäussert."[4]

> Börne war ebenso unphilosophisch wie unhistorisch. [...] er hatte kein Geschichtsbewußtsein, aus dem sich ein empirisches Geschichtsbild hätte entwickeln können, in dem die Freiheit als sowohl geschichtsmächtig wie geschichtsabhängig im Zusammenhang konkreter Ereignisse einen funktionalen Stellenwert gehabt hätte. Zwar hat er über den Begriff der Freiheit oft

---

[1] Die Suche wird neuerdings leicht gemacht durch Inge Rippmanns „Börne-Index" (2 Halbbde., Berlin und New York 1985). Vgl. 2. Halbbd., S. 1114–1116.

[2] In der Regel bedarf der Begriff einer näheren Bestimmung, um korrekt verstanden zu werden: Freiheit des Willens, Freiheit des Denkens, Freiheit des Redens; Freiheit der Wahl des Wohnorts, Freiheit der Wahl des Berufs; Freiheit des Individuums, Freiheit des Volkes, etc.

[3] Wulf Wülfing: Schlagworte des Jungen Deutschland, Berlin 1982, S. 260. Das für die Jungdeutschen generell Gesagte gilt – auch nach Wülfing – im besonderen für Börne.

[4] Ernst Keller: Kritische Intelligenz: G. E. Lessing – F. Schlegel – L. Börne. Studien zu ihren literaturkritischen Werken, Bern und Frankfurt a. M. 1976, S. 155.

genug reflektiert, aber er hat ihn nie systematisch behandelt, ihn nie positiv definiert.[5]

Wie oft hat Börne in seinen überlieferten Schriften und Briefen das Wort „Freiheit" wohl benutzt? Vielleicht tausendmal?[6] Gegen Ende seines Lebens, in der als Testament lesbaren Schrift „Menzel der Franzosenfresser", in der Zorn und Trauer und nur mühsam künstlich verhüllte Resignation über die Feinde der Freiheit, die in Deutschland die eine allgemeine Unfreiheit und die vielen besonderen Unfreiheiten kontrollierten und sicherten, einen gleichsam endgültigen Ausdruck gefunden haben, in dieser Schrift lautet ein nicht ausreichender Definitionsversuch: „Die Freiheit ist gar nichts Positives, sie ist nur etwas Negatives: die Abwesenheit der Unfreiheit."[7] Doch ist sie nicht untätig: „[...] sie kann und will nichts zerstören als die Gewaltsherrschaft."[8] Eine Ortsbestimmung ist nicht weniger pauschal: „Die Freiheit ist überall oder nirgends [...]."[9] (Vielleicht hätte Börne auch sagen können: immer oder nie?[10]) – 1804 hatte der achtzehnjährige Börne seiner mütterlichen Freundin Henriette Herz geschrieben: „Es läßt sich nicht weiter fragen was Freiheit sey, denn sie ist das ewige, ursprüngliche schlechthin Eine, das eins ist mit der Vernunft, eins mit Gott, eins mit dem Unbedingten, das sich selbst erklärt."[11]

Freiheit als „Gott", Freiheit als „Abwesenheit der Unfreiheit" – die Unterschiede dieser Bestimmungen können als unendlich groß oder als unend-

---

[5] Verf.: Ludwig Börne, in: Deutsche Dichter des 19. Jahrhunderts, hg. v. Benno von Wiese, 2. Aufl., Berlin 1979, S. 163.

[6] Wülfing (Anm. 3) hat festgestellt, daß sich Börne in den „Briefen aus Paris" „mehr als zweihundertmal auf die ‚Freiheit' beruft" (S. 261). Bei Inge Rippmann (Anm. 1) machen die Freiheit-Belege für die „Briefe aus Paris" knapp ein Viertel aller angeführten Belege aus.

[7] Ludwig Börne: Sämtliche Schriften, neu bearb. und hg. v. Inge und Peter Rippmann, 5 Bde. [künftig zitiert als: Schriften]. Bd. 1–3: Düsseldorf 1964, Bd. 4 und 5 [Briefe]: Darmstadt 1968, hier: Bd. 3, S. 942.

[8] Ebd.

[9] Ebd., S. 873.

[10] Wülfing (Anm. 3): „Auch der Vorschlag, der ‚Freiheit' [bei Börne] den Status eines Begriffs zu geben, würde wahrscheinlich auf Bedenken stoßen. Dem, was Börne mit ‚Freiheit' meint, kommt man wohl erst dann näher, wenn man diejenige Benennung zum Vergleich heranzieht, die Kant für Raum und Zeit wählt: ‚Freiheit' wäre demnach eine ‚Anschauungsform', innerhalb derer sich alles menschliche Leben abspielen muß, soll es als menschlich, d. h. als ‚Leben' (an)erkannt werden." (S. 262 f.)

[11] Schriften, Bd. 4, S. 102

lich klein verstanden werden; gleich sind sie sich in ihrer Unbestimmtheit, sofern diese aus mangelnder positiver Fixierung resultiert. Auf der Suche nach Belegen für diese Unbestimmtheit des Begriffs können mühelos beliebig viele beigebracht werden. 1814 formuliert Börne seinen Wunsch: „Wir wollen freie Deutsche sein, frei in unserem Hasse, frei in unserer Liebe."[12] Neun Jahre später: „Die Freiheit, für die man *kämpft*, ist eine Geliebte, um die man sich bewirbt; die Freiheit, die man *hat*, ist eine Gattin, die uns unbestritten bleibt."[13] Wieder neun Jahre später, also 1832, schwört Börne liebend-hassend-begehrend, kampfbereit: „Liegt die Freiheit hinter einem Meere von Blut – wir holen sie; liegt sie tief im Kote versenkt, wir holen sie auch."[14] – Wovon spricht Börne?

Als Börne in Frankfurt am Main heranwuchs, war unter dem Eindruck der Liberté-Parole, mit der in Frankreich dem Ancien régime der Garaus gemacht worden war, auch in Deutschland viel von Freiheit die Rede. Doch nicht so sehr die Revolutionsfreunde, deren Zahl verhältnismäßig gering war, weil ihnen Gefahren für Leib und Leben drohten, brachten das Schlagwort (als ein politisches) öffentlich in Umlauf, sondern Dichter und Philosophen, die – angesichts eines als exzessiv empfundenen Umgangs mit der Freiheit, wie sie die Französische Revolution erscheinen ließ – den politischen Begriff zu Gunsten eines philosophisch (moralisch, ästhetisch) verstandenen schnell aufgaben und dabei Überlegungen weiterführten, die in Deutschland nicht zuletzt durch die revolutionären Veränderungen der religiösen Verhältnisse im 16. Jahrhundert entscheidende Impulse erhalten hatten. In Zeiten, in denen jeder Fürst seinen Untertanen vorschreiben konnte, welchen Glauben sie zu bekennen hätten, wurde Luthers Versicherung, der Mensch, der auf Gott vertraue, sei eo ipso ganz frei, zu einer tröstlichen Botschaft, deren Wert sich in der Praxis immer wieder bestätigte. Nicht weltliche Herrschaft und nicht der Dienst am Nächsten können die wahre Freiheit beeinträchtigen, denn, so heißt es in „Von der Freyheyt eyniß Christen menschen", es sei gewiß, „das an dem glaubenn eyn Christen mensch gnug hatt, darff keynis wercks, das er frum sey, darff er den keynis

---

[12] Schriften, Bd. 1, S. 164.
[13] Schriften, Bd. 3, S. 74. – Der Vergleich wird 1831, im 33. der „Briefe aus Paris", als Heine-Paraphrase variiert: „Der Engländer liebt die Freiheit wie seine Frau; der Franzose wie seine Braut; und der Deutsche wie seine alte Großmutter!" (Schriften, Bd. 3, S. 170.) Und aus dem gleichen Vorstellungskreis stammt die noch spätere Bemerkung: „Auch unter den Ehen, welche die Liebe geschlossen, gibt es glückliche, wenn auch selten; aber wer die Freiheit geheiratet, nachdem er sie als Jungfrau geliebt, ist immer unglücklich." (Schriften, Bd. 3, S. 740.)
[14] Schriften, Bd. 3, S. 496.

wercks mehr, ßo ist er gewißlich empunden von allen gepotten und gesetzen, ist er empunden, so ist er gewißlich frey, Das ist die Christlich freiheit, der eynige glaub [...]."[15]

Auch wenn vor groben Vereinfachungen nicht genug gewarnt werden kann, erscheint diese ‚einfache' Behauptung nicht grundlos: Die Reformation in Deutschland hat zu politischen und (vor allem) ‚ideologischen' Verhältnissen geführt, die Ende des 18. Jahrhunderts der Französischen Revolution den Weg ins östliche Nachbarland versperrten. Dabei spielen die unterschiedlichen Auffassungen über die Art der Freiheit, die der Mensch zum Leben braucht, keine geringe Rolle.

Kant hat, wenige Jahre vor Beginn der Französischen Revolution, die Diskussion über das Problem der Freiheit neu eröffnet und dabei ein solides Fundament gelegt, auf dem viele Denkgebäude errichtet werden können, die untereinander ganz unähnlich aussehen mögen. In seinen Schriften zur Ethik „Grundlegung zur Metaphysik der Sitten" und „Kritik der praktischen Vernunft" hat Kant die Freiheit als „Schlüssel zur Erklärung der Autonomie des Willens" bestimmt[16] und definiert: „Der *Wille* ist eine Art von Causalität lebender Wesen, so fern sie vernünftig sind, und *Freiheit* würde diejenige Eigenschaft dieser Causalität sein, da sie unabhängig von fremden sie *bestimmenden* Ursachen wirkend sein kann [...]."[17] Die Freiheit wird von Kant als notwendig angenommen, wenn moralisches Handeln möglich sein soll; daß sie nicht zu beweisen sei und also nur idealiter bestehe, mache sie darum nicht weniger wirksam:

> Ein jedes Wesen, das nicht anders als *unter der Idee der Freiheit* handeln kann, ist eben darum in praktischer Rücksicht wirklich frei [...]. Nun behaupte ich: daß wir jedem vernünftigen Wesen, das einen Willen hat, nothwendig auch die Idee der Freiheit leihen müssen, unter der es allein handle.[18]

Luthers Freiheit eines christlichen Menschen und Kants Freiheit eines vernünftigen Wesens sind Schwestern, die ihre nahe Verwandtschaft offen zeigen. Entfernt, doch erkennbar verwandt mit ihnen ist die Freiheit der Kunst, die ästhetische Freiheit, die den deutschen Klassikern – vor allem Schiller im Anschluß an Kant – zum lösbar erscheinenden Problem wurde. Von ganz anderer Art hingegen ist jene Freiheit, die sich als Abwesenheit

---

[15] Luthers Schriften, hg. v. Eugen Wolff, Stuttgart o. J. (DNL, Bd. 15), S. 84.
[16] Kant's gesammelte Schriften, hg. v. der Königl. Preuß. Akademie der Wissenschaften, 1. Abt., Bd. 4, Berlin 1911, S. 446.
[17] Ebd.
[18] Ebd., S. 448.

politischer Unfreiheit, als aufgehobene Despotie, als überwundene Knechtschaft behauptet. Börne hat zwar dieser Freiheit immer das Wort geredet, doch nicht immer ihr allein. Er ist, als er heranwuchs, nicht nur von den Parolen der Französischen Revolution, sondern auch von den Werken der zeitgenössischen deutschen Literatur angesteckt worden. Um die Voraussetzung und die Entwicklung von Börnes Denken und Schreiben über die Freiheit und Freiheiten verständlicher – nämlich vergleichbar – zu machen, ist ein Blick auf die Behandlung der Freiheitsproblematik durch Schiller vielleicht von Nutzen. Doch zuvor sei noch auf ein merkwürdiges Phänomen hingewiesen – merkwürdig für den, der die religiöse und moralische Freiheit à la Luther und Kant als nicht nur für die deutsche Geistesgeschichte folgenreich annimmt.

Der 1878 erschienene erste Teil des vierten Bandes von Grimms „Deutschem Wörterbuch" handelt das Stichwort Freiheit auf zwei Spalten ab; dabei ist fast ausschließlich von ‚äußerer' Freiheit die Rede: Freiheit im Gegensatz zu Knechtschaft, Freiheit gegenüber dem Kerker, Freiheit vom Band der Liebe und Ehe, etc. Ganz am Schluß des Artikels heißt es dann: „10) *philosophische erklärungen der* freiheit *sprechen wenig an*:",[19] Es folgen vier Kant-Zitate. Es möchte lohnend sein, den politischen (auch: wissenschaftspolitischen) Implikationen dieses Artikels nachzugehen.

Wie wichtig für Schiller die politische Freiheit im Sinne einer Unabhängigkeit von menschenunwürdigem physischen Zwang gewesen ist, belegen viele Partien seines dramatischen Werks von den „Räubern" bis zu „Wilhelm Tell". Es ist auch kaum je bezweifelt worden, daß der Dichter am Anfang der Französischen Revolution mit deren Zielen sympathisierte, auch wenn es an expliziten Zeugnissen für diese Haltung mangelt. Kein Mangel an Zeugnissen herrscht freilich über Schillers eindeutig ablehnende Position gegenüber den französischen Ereignissen ab 1792/93. Die Auffassung befestigte sich in ihm, daß die politische Freiheit aufs schändlichste mißbraucht worden sei, daß Ausschreitung und Gewalt die gleichsam natürlichen Folgen einer falschen Freiheitsvorstellung und deren Verwirklichung hätten werden müssen. „Das Lied von der Glocke" (1799) liest sich strophenweise wie ein versifiziertes antirevolutionäres Manifest: „Freiheit und Gleichheit! hört man schallen, / Der ruh'ge Bürger greift zur Wehr, / Die Straßen füllen sich, die Hallen,/ Und Würgerbanden ziehn umher, / Da werden Weiber zu Hyänen / Und treiben mit Entsetzen Scherz, / Noch

---

[19] Deutsches Wörterbuch, Bd. 4 I, Sp. 113.

Collum liberum

zuckend, mit des Panthers Zähnen, / Zerreißen sie des Feindes Herz. / Nichts Heiliges ist mehr [...]."[20] Heilig und unantastbar war für Schiller die Vernunftfreiheit als moralische Freiheit, wie sie Kant postuliert hatte; die übereinstimmt mit Rousseaus Überzeugung, mit der Schiller das erste seiner drei „Worte des Glaubens" ausspricht: „Der Mensch ist frei geschaffen, ist frei, / Und würd er in Ketten geboren / [...]."[21] Ähnlich hatte er es gelegentlich prosaisch formuliert, so zu Beginn der Abhandlung „Vom Erhabenen": „Nur als Sinnenwesen sind wir abhängig, als Vernunftwesen sind wir frei"[22], oder im dritten der Briefe über die ästhetische Erziehung des Menschen: „[...] das Werk blinder Kräfte besitzt keine Autorität, vor welcher die Freiheit sich zu beugen brauchte, und alles muß sich dem höchsten Endzwecke fügen, den die Vernunft in seiner Persönlichkeit aufstellt".[23]

Die physische Freiheit birgt die Gefahr der Herrschaft ungezügelter Triebe in sich. Die Zügelung der Triebe setzt die Einsicht in die Möglichkeit, Notwendigkeit und Zweckmäßigkeit moralischen Handelns auf Grund der jedem Vernunftwesen eigenen Freiheit des Willens voraus. Solange die Bürger eines Staates diese Einsicht nicht haben, begegnet – in einem *„dynamischen* Staat der Rechte", wie Schiller sagt – „der Mensch dem Menschen als Kraft", während „er sich ihm in dem *ethischen* Staat der Pflichten mit der Majestät des Gesetzes entgegenstellt".[24]

Schiller hat große Anstrengungen unternommen, um den Antagonismus von Sinnlichkeit und Vernunft, von Materie (Stoff) und Geist (Form), von Erscheinung und Sein aufzulösen und Widerstreitendes zu versöhnen (ohne es auf dialektische Manier zu ‚synthetisieren'). Er hat zu diesem Behuf, ausgehend von der ihm nicht bezweifelbaren Autonomie der Kunst, den autonomen, d. h. freien: den gleichermaßen von den Zwängen der Sinnlichkeit wie von den Gesetzen der Vernunft befreiten Künstler vorgestellt, den Prototypen des ästhetischen Menschen, der mit seinesgleichen den „*ästhetischen* Staat" zu bilden vermag, in dem alle einander „nur als Gestalt erscheinen, nur als Objekt des freien Spiels gegenüberstehen". Diese Überlegung, die am Ende der „Ästhetischen Briefe" gewissermaßen als ihre Quintessenz steht, schließt mit der promesse de bonheur als konkret

---

[20] Zitiert nach: Schiller: Sämtliche Werke. Berliner Ausgabe, hg. v. Hans-Günther Thalheim und einem Kollektiv von Mitarbeitern, Bd. 1, Berlin und Weimar 1980, S. 488.
[21] Ebd., S. 436.
[22] Zitiert nach: Friedrich Schiller: Sämtliche Werke, hg. v. Gerhard Fricke und Herbert G. Göpfert, 2. Aufl., Bd. 5, München 1960, S. 489.
[23] Ebd., S. 574.
[24] Ebd., S. 667.

Collum liberum

gedachter Utopie: *"Freiheit zu geben durch Freiheit* ist das Grundgesetz dieses Reichs."[25]

Die Probleme, die in dieser hochgemuten Philosophie Schillers stecken, brauchen hier um so weniger erörtert zu werden, als sie offen daliegen: fraglich ist schon, ob die Geschichte das Bewußtsein von Freiheit gemehrt hat; eindeutig ergebnislos muß jede Suche nach ästhetischen Momenten als Ferment politischer Gemeinwesen enden. Doch damit ist Schillers Idee einer ästhetischen Freiheit nicht abzutun; sie ist – nicht nur für ihn selbst – so wichtig als Motor, ja Bedingung künstlerischer Produktivität, daß noch einige Worte zu ihrer Begründung und zu ihrem Verständnis gesagt sein sollen.

Schiller hat in seinen Briefen an Körner vom Frühjahr 1793, den sogenannten „Kalliasbriefen", in denen er sich mit Kants „Kritik der Urtheilskraft" auseinandersetzt, die darin enthaltene Schönheitslehre nicht nur interpretiert, sondern auch weiterzuentwickeln versucht und dabei die Schönheit als „Freiheit in der Erscheinung"[26] definiert, was nichts anderes heißt, als daß die unsinnliche Freiheit in ihrer „Tochter", der Kunst[27], sinnlich in Erscheinung tritt, ohne selbst als Wirklichkeit anschaulich zu sein. Daß damit eine Idee der Schönheit bezeichnet ist, läßt sich so wenig übersehen wie die Tatsache, daß sie ein Ideal des Kunstschönen möglich macht, in dem jeder Gegensatz von Sinnlichkeit und Sittlichkeit, Körper und Geist, Natur und Kunst, schließlich: Mensch und Gott aufgehoben erscheint und jeder Gedanke an einen moralischen Zweck ausgeschlossen ist. Schiller fordert, daß dieses (unerreichbare) Ziel jeder (notwendigerweise unvollkommen schaffende) Künstler vor Augen haben müsse, wenn er vor Mit- und Nachwelt bestehen wolle. Für den Dichter bedeutet das: Er sei sich bewußt, daß sich die Poesie allein in der Idylle vollenden könne, in der *„aller Gegensatz der Wirklichkeit mit dem Ideale [...] vollkommen aufgehoben sei"*[28], und daß, zum Beispiel, eine geglückte Komödie eine höhere poetische Dignität habe als jede noch so geglückte Tragödie, weil diese allenfalls die durch sie selbst aufgehobene Gemütsfreiheit wiederherstellen könne, während jene, in der Stoff und Handlung gegenüber dem Dichter als

---

[25] Ebd.
[26] Ebd., S. 400.
[27] Vgl. ebd., S. 572: „[...] denn die Kunst ist eine Tochter der Freiheit [...]." (Aus dem zweiten der „Briefe über die ästhetische Erziehung des Menschen".)
[28] Ebd., S. 751. (Aus der Abhandlung „Über naive und sentimentalische Dichtung".)

Collum liberum

einem Kunstschöpfer zurücktreten, „die schöne Aufgabe" habe, „diese Freiheit des Gemüts in uns hervorzubringen und zu nähren".[29]

Die Schillersche Ästhetik ist so klassisch, daß sie sich verselbständigen konnte und damit vielseitig verwendbar wurde. Es liegt auf der Hand, was mit Schillers Dichtungen geschehen konnte und oft genug geschah, wenn sie als eine Seite der Kunst-Medaille, deren andere seine ästhetische Theorie bot, angesehen wurden: sie verloren ihre moralischen Ansprüche und Qualitäten und verkamen zu Mitteln des Zeitvertreibs, der Erbauung und der Belustigung.

Börne kannte die Werke der anerkannten Dichter seiner Zeit sehr gut, vor allem die Jean Pauls, den er über alles verehrte und in seiner Gedenkrede von 1825 als Kämpfer „für die Freiheit des Denkens" und „für die Freiheit des Fühlens", als Sämann „der deutschen Freiheit"[30] schlechthin pries; er kannte Goethe und Schiller: diesen schätzte er, jenen haßte er, und zwar in beiden Fällen nicht aus ästhetischen, sondern aus moralischen Gründen – nach dem Maß ihrer öffentlichen Wirksamkeit zum Wohle des Volks. Diese Haltung entwickelte sich freilich erst allmählich: in seiner ‚Frühzeit' (die bis 1815 oder auch 1818 – dem Gründungsjahr der Zeitschrift „Die Wage" – gerechnet werden mag) ‚studierte' Börne Zeit und Welt in ihren geistigen und politischen Erscheinungen, ordnete sie sich herausbildenden eigenen Anschauungen zu und begann, sie zu werten; in seiner ‚mittleren Phase' (deren Ende durch die Übersiedlung nach Paris – 1830 – markiert ist) relativierte er das ihm Zugekommene unter dem Aspekt seiner liberalen Gesinnungen; in den letzten Jahren seines Lebens schließlich verabsolutierte er seine politische Überzeugung, die eine radikaldemokratisch republikanische geworden war, so daß die Urteile über alles und jeden von der Nähe oder Ferne zu dieser Überzeugung bestimmt wurden. Börnes Äußerungen zur Freiheitsproblematik könnten vermutlich mit einiger Erfolgsaussicht diesem groben Periodenschema zugeordnet werden (um die Verschiedenheit der Begriffsverwendung zu erweisen), aber diese historische (gleichsam ‚vertikale') Betrachtung könnte der systematischen (‚horizontal' ausgerichteten) Untersuchung der Bedeutung(en) des Börneschen Freiheitsbegriffs hinderlich sein. Zu fragen ist hier: Wie hat sich Börne zur Freiheit als einem theologischen (religiösen), einem philosophischen (ethischen, ästhetischen), einem politischen Problem (Phänomen) gestellt?

Der Jude Börne, der auch nach seiner Taufe nicht christlich wurde, hat über die Freiheit von Christenmenschen so wenig reflektiert wie über die Freiheit von Andersgläubigen. Ihm wäre Karl Marx' Aperçu, Religion sei

---

[29] Ebd., S. 725..
[30] Schriften, Bd. 1, S. 792 f.

Collum liberum

„*Opium* des Volks"[31], vermutlich zutreffend erschienen. Das Ziel der Geschichte war ihm nicht ein jenseitiger, sondern der diesseitige Himmel. Über die Freiheit als zentralen Begriff der Schönheitslehre hat Börne desgleichen nichts (oder wenig?) gesagt. Daß er Schillers poetische Werke kannte, ist nicht nur durch vereinzelte Rezensionen, sondern vor allem durch wörtliche oder sinngemäße Zitate aus diesen Werken unschwer zu erkennen. (Oder auch durch einen Satz wie den folgenden, den der Siebzehnjährige, der seine ‚Wirtin' Henriette Herz schwärmerisch liebte, in sein Tagebuch schrieb: „Seitdem ich Madam Herz kenne, wünsche ich mir Göthe oder Schiller zu seyn."[32])

Ob sich Börne mit Schillers ästhetischen Abhandlungen beschäftigt hat, ist zweifelhaft. Da er kein philosophischer Kopf war, ist zu vermuten, daß er dem Studium poetologischer Texte nicht viel Zeit gewidmet hat. Er bedurfte auch keiner theoretischen Grundlegung, um das Geschäft des Kritisierens schöner Literatur betreiben zu können; die Rezensionen, die zum größten Teil in den Jahren 1818–1821 in der „Wage" erschienen, verfahren nach dem Prinzip der „Dialektik von Ethik und Ästhetik"[33], das heißt: die Kunst kann sich nicht ohne Tugend entfalten, diese hat, um sich behaupten zu können, die Darstellung durch die Kunst nötig. Dabei bedeutet Tugend nicht die Qualität eines Einzelnen, sondern die des politischen Gemeinwesens, in dem das Schöne Ausdruck findet. Daraus folgt für Börne: ‚Wahre' Kunst gedeiht am besten unter der Bedingung politischer Freiheit. („Freies Leben ist gleich Schönheit und nur diese Schönheit ist Gegenstand der Kunst."[34]) Das bedeutet ferner: Ästhetische Freiheit ‚an sich' – im Schillersehen Sinne – gibt es für Börne gar nicht.

Wenn Börne von *der* Freiheit spricht, meint er nicht eine unter mehreren, sondern *die eine,* die allein besteht, und zwar genau in jener Bedeutung, die im Grimmschen „Deutschen Wörterbuch" an erster Stelle genannt ist: „*der älteste und schönste ausdruck für diesen begrif, war der sinnliche freihals, collum liberum, ein hals, der kein joch auf sich trägt [...]. die bedeutungen von* freiheit [...]. 1) freiheit *im gegensatz zu* knechtschaft *und* unterwürfigkeit, *was früher* freihals *hiesz* [...]."[35]

---

[31] Karl Marx und Friedrich Engels: Gesamtausgabe, 1. Abt., Bd. 2, Berlin 1982, S. 171. (Aus der Einleitung der Abhandlung „Zur Kritik der Hegel'schen Rechts-Philosophie".)
[32] Schriften, Bd. 4, S. 43.
[33] Vgl. Wolfgang Labuhn: Literatur und Öffentlichkeit im Vormärz. Das Beispiel Ludwig Börne, Königstein/Ts. 1980, S. 167–176.
[34] Ebd., S. 173.
[35] Bd. 4 I, Sp. 111.

Collum liberum

„Freiheit! Wer ist frei? Frei ist, wer alle Kräfte seines Leibes und seiner Seele und alle seine Güter gebrauchen darf wann und wie er will [...].“[36] Natürlich verschließt sich Börne nicht der Einsicht, daß diese Freiheit auch – wie es Schiller im „Lied von der Glocke" zu schildern sich bemüht hat – mißbraucht werden kann: „[...] Frankreich, welches das verderbliche Übermaß der Freiheit erfahren [...].“[37] Doch die Gründe seien mitbedacht: „Wenn man das Volk [...] als ein wildes Tier betrachtet, [...] so wird es zum wilden Tiere, wenn einmal sein Käfig sich auftut. [...] Ein Volk, das sich frei macht, begnügt sich mit der ihm gewordenen Freiheit nicht, sondern nimmt wucherliche Zinsen für die Jahrhunderte der Entbehrung.“[38] Die Herrschenden sollten aus der Geschichte lernen: „Das Volk hat nur da die Freiheit mißbraucht, wo es sie sich *genommen,* nicht da, wo man sie ihm *gegeben* [...].“[39] Die gegebene Freiheit läßt sich durch Gesetze vor Mißbrauch schützen (Börne spricht einmal von „gesetzlicher Freiheit"[40]), und sie verliert nichts, wenn der Satz gilt: „Eine Staatsverfassung darf nichts enthalten als die *Beschränkung* der Freiheit"[41]; denn die Beschränkung sichert ein Höchstmaß an Freiheit für die Gesamtheit der Staatsbürger unter der Voraussetzung der Möglichkeit ihrer Gefährdung durch Willkür Einzelner. Was aber hat zu geschehen, wenn dem Volke das ihm zustehende Recht auf Freiheit vorenthalten wird? Bevor über Börnes energische Collum-liberum-Forderung und die radikalen Konsequenzen, die er aus der fortgesetzten Abweisung dieser Forderung gezogen hat, Genaueres gesagt werden soll, ist noch etwas über einzelne ‚Freiheiten‘, über die Börne gelegentlich spricht, anzuführen.

„Der Unterschied zwischen Freiheit und Freiheiten", bemerkt er einmal, „ist so groß als zwischen Gott und Göttern. Wie die wahre kirchliche Religion besteht in der Erkennung eines einigen Gottes, so besteht die wah-

---

[36] Schriften, Bd. 1, S. 1215. (Aus einer Skizze Geschichte der Deutschen von etwa 1828.)
[37] Ebd., S. 169. – Vgl. aus „Kleine Gedanken über ständische Verfassung" (1818): „Bei einer *einigen* Kammer in den Ständeversammlungen würde freilich das Volk mehr Freiheit haben, als es genießt, wenn ihm die Adels- oder Pairskammer wehrend gegenübersteht; aber eben dieses Übermaß der Freiheit wäre dem Volke gefährlich und würde zum Monarchismus zurückführen." (Ebd., S. 988.) – In späteren Zeiten waren solche Freiheitsprobleme für Börne gegenstandslos.
[38] Schriften, Bd. 2, S. 1070. – Vgl. weitere Überlegungen zum Freiheitsmißbrauch in: Schriften, Bd. l, S. 1097.
[39] Schriften, Bd. 2, S. 262.
[40] Vgl. ebd., S. 283.
[41] Ebd., S. 328.

Collum liberum

re politische Religion in der Erkennung einer einigen Freiheit. Ein Volk kann Freiheit haben ohne Freiheiten und Freiheiten ohne Freiheit."[42] Viele Freiheiten ergeben als Summe nie die Freiheit, diese ist hingegen die Grundlage – der „rechtliche Boden"[43] – aller Freiheiten. Auf die deutschen Verhältnisse wollte Börne die Bemerkung bezogen wissen: „Die Freiheiten, die man zu Zeiten dem Volke gestattete, sollten nichts als eine Probe sein, obwohl die Ketten noch gut anliegen. So geschieht es, daß man eine schon verschlossene Tür wieder öffnet, um zu sehen, ob sie recht verschlossen war."[44]

Die wichtigste der Freiheiten, von denen Börne hier und sonstwo spricht, ist zweifellos die Pressefreiheit, die er einmal die „Wurzel und Blüte aller Freiheit" nennt[45], obwohl er auch der Zensur eine gute Seite abgewinnen kann: sie nötige den Schriftsteller zum sorgsamen Umgang mit der Sprache, veranlasse ihn, „für alte Gedanken neue Ausdrücke zu finden"[46], und fördere dadurch den guten Stil. – Wenn Börne ernst wird und allgemein, wenn er droht und prophezeit, wird seine farbige Rede oft leer: „Die Freiheit der Presse hat für die Regierenden manche Unbequemlichkeit; aber wenn sie dieser ausweichen, stürzen sie sich in Verderben."[47] Aus dem Studium der Geschichte läßt sich das nicht belegen.

Andere Freiheiten? In einer seiner „Schilderungen aus Paris" preist Börne 1823 als deutsche Besonderheit: „die Freiheit im Denken und im Fühlen"; in Frankreich seien „die Herzen und Geister [...] noch eingesperrt".[48] Zwei Jahre später wird diese Besonderheit allerdings eingeschränkt, da es in der Denkrede auf Jean Paul heißt: „Für die Freiheit des Denkens kämpfte Jean Paul mit andern; im Kampfe für die Freiheit des Fühlens steht er allein."[49] Freiheit des Denkens meint Gedankenfreiheit, Freiheit der Gesinnungen, Freiheit des Geistes, auch Freiheit der Wissenschaft; davon ist bei Börne nicht sehr oft die Rede, am häufigsten noch zu Beginn der zwanziger Jahre, als seine politischen Auffassungen wenig gefestigt (viel weniger radikalisiert) waren, als es ihm noch nicht selbstverständlich war, der Behauptung durch Wiederholung Nachdruck zu verleihen: die Deutschen seien „so angeborner knechtischer Natur", daß sie die

---

[42] Ebd., S. 218 f.
[43] Vgl. ebd., S. 219.
[44] Ebd., S. 274.
[45] Schriften, Bd. 3, S. 174
[46] Schriften, Bd. 1, S. 594.
[47] Schriften, Bd. 2, S. 311.
[48] Ebd., S. 56.
[49] Schriften, Bd. 1, S. 792. (Vgl. Anm. 30.)

Freiheit, wenn sie ihnen zufiele, dazu benutzten, „sich ihrer eigenen Freiheit zu begeben".[50] Der Freiheit des Denkens korrespondiert die moralische Freiheit, die Freiheit des Willens im Sinne Rousseaus, Kants, Schillers pp.: „Der Mensch ist frei geschaffen, ist frei [...]." Dieser Freiheitsgedanke ist Börne vertraut, auch wenn er ihn als Jugendlicher zuweilen originell zu wenden versucht: „Der Mensch wird mit Ketten geboren, aber sich frei machen ist ein Werk der Freiheit; ein jeder kann nur seine eignen zerbrechen."[51] Spätere Formulierungen, die auf Schillers Vers Bezug nehmen, lauten dann: „Die Kette, welche bindet, ist so gebunden als das, was sie bindet. Aber der Mensch ist zur Freiheit geboren [...]."[52] Oder es wird aus einer Schrift „das Motto von Schiller: *Der Mensch ist frei geschaffen, ist frei*" zitiert[53] – nun aber, 1831, mit sichtbarem Unbehagen: Die Berufung auf *diese* Freiheit kann *die* Freiheit ja als zweitrangig erscheinen lassen.

Die Freiheit muß es sein, die ganze, unteilbare: die Abwesenheit von Knechtschaft, Sklaverei, Despotie, Tyrannei, Willkürherrschaft, Absolutismus; alle Spuren von Unrecht, Übermut, Grausamkeit der Mächtigen getilgt. Wie aber geschieht das? Durch Revolution, sagt Börne; oder: aus Anarchie. Ohne Gewalt wird Deutschland nicht frei, nicht befreit von der falschen Freiheit, die seine bedeutendsten Köpfe für die wahre ausgeben. Deren Reihe begann mit Luther: „– wie unglücklich hat der uns gemacht! [...] Er hat uns die Freiheit dreihundert Jahre ehe sie fällig war ausbezahlt, und der spitzbübische Diskonto verzehrte fast das ganze Kapital. [...] wenn wir jetzt [...] fragen – wo ist unsere Freiheit? antwortet man: Ihr habt sie schon lange – da ist die Bibel. Es ist zu traurig! Keine Hoffnung, daß Deutschland frei werde, ehe man seine besten lebenden Philosophen, Theologen und Historiker aufknüpft und die Schriften der Verstorbenen verbrennt [...]."[54] Börne hat seine „terroristischen Expektorationen", wie Heine solche Ausfälle nannte[55], in den folgenden Jahren, den letzten seines Le-

---

[50] Schriften, Bd. 2, S. 282. (Der Aphorismus stammt vermutlich aus dem Jahre 1820.)

[51] Schriften, Bd. 1, S.3 f. (Aus einem Fragment über Erziehung aus dem Jahre 1805, in dem es auch heißt: „Erziehung ist Erziehung zur Freiheit.") – Wenig später notiert Börne: „Der Mensch wird mit Ketten geboren, aber sich befreien ist bloß ein Werk der Freiheit. Jeder kann nur seine eignen Bande zerbrechen." (Ebd., S. 147.)

[52] Schriften, Bd. 2, S. 309.

[53] Schriften, Bd. 3, S. 161.

[54] Ebd., S. 175. – Über einen weiteren Ausfall gegen Luther s. u. S. 25.

[55] So Heine in seiner Börne-Schrift von 1840. (Heinrich Heine: Sämtliche Werke in zwölf Bänden, hg. v. Klaus Briegleb, München 1976, Bd. 7, S. 61.)

bens, noch und noch wiederholt und hat mit ihnen sein wichtigstes Werk, die „Briefe aus Paris", gestempelt und gesiegelt. Mag einiges satirisch, anderes ironisch klingen – ernstgemeint war alles. „Das Wort muß ein Schwert sein; mit Dolchen, mit Spott, Haß, Verachtung muß man die Tyrannei verfolgen, ihr nicht mit schweren Gründen nachhinken."[56] Börne erregt sich, bis seine Erregung ihm unleidlich wird[57], bis ihn der Schwindel packt vor sich selbst. Doch dann waltet er wieder des Amtes, das er sich übertragen hat: das collum liberum fordernd, den freien Hals.

> Wenn die Feinde der Freiheit im Kote lagern, soll ich fernbleiben und sie nicht angreifen, um meine Stiefel nicht zu beschmutzen? [...] Wenn es darauf ankörnmt, ein Gift zu mischen, klar, hell, rein, durchsichtig, ohne Farbe, Geruch und Geschmack, unschuldig wie frisches Quellwasser, ein Verleumdungsgift, eine *aqua tofana* – ich verstehe das so gut als einer. Aber nein, ich will die Kerls totschlagen, am hellen Tage und vor aller Augen [...].[58]

„Was andere tun für die Tyrannei, warum sollen wir es nicht für die Freiheit tun? Schwert gegen Schwert, List gegen List, Kot gegen Kot, Hundegebell gegen Hundegebell."[59]

Freiheit des Denkens, Freiheit des Fühlens, Freiheit des Willens – zuviele Worte für Börne, der sich vom ‚Eigentlichen' nicht ablenken lassen wollte durch unbezweifelbare Realitäten, die, so mochte es ihm scheinen, ihre Wertschätzung dem Umstand verdankten, daß sie als gesicherte, nicht verlierbare Freiheiten gegen die ‚Freiheit an sich' als Utopie (verstanden als die ‚wahre' Wirklichkeit der Freiheit) ausgespielt wurden – der Besitz jedes Einzelnen galt mehr als das Eigentum Aller. Börne bestand auf der Konkretheit der Utopie „collum liberum". Daß er dabei der Rigidität seiner veröffentlichten Meinung das Verständnis wohlwollender (auch republikanisch gesinnter) Freiheitsfreunde opferte, schien ihm kein zu hoher Preis –

---

[56] Schriften, Bd. 3, S. 160. – Etwas später: „Die Zeiten der Theorien sind vorüber, die Zeit der Praxis ist gekommen. Ich will nicht schreiben mehr, ich will kämpfen. Hätte ich Gelegenheit und Jugendkraft, würde ich den Feind im Felde suchen; da mir aber beide fehlen, schärfe ich meine Feder, sie soviel als möglich einem Schwerte gleichzumachen. Und ich werde sie führen, bis man sie mir aus der Hand schlägt, bis man mir die Faust abhaut, die mit der Feder unzertrennlich verbunden ist." (Ebd., S. 351.)

[57] Vgl. ebd., S. 662: „Der Haß und der Ekel stiegen mir manchmal bis an den Hals hinauf, und da werde ich meiner Wünsche und selbst meiner Verwünschungen überdrüssig."

[58] Ebd., S. 494.

[59] Ebd., S. 497.

für die Anerkennung, die ihm die Nachwelt zollte, als er tot und keiner Herrschaft länger gefährlich war: er sei, so wurde er gelobt, prinzipientreu und charakterfest gewesen.

„Menzel der Franzosenfresser", Börnes letztes Werk, geschrieben wenige Monate vor seinem Tod, erschienen etwas später, das elegische Komplement der satirischen „Briefe aus Paris", läßt noch einmal Revue passieren, was Börne zwanzig Jahre und mehr umgetrieben hat, wofür er gestritten und gelitten hat, was ihm Schmähung und immer nur gedämpften Applaus gebracht hat: Das deutsche Volk müsse sich seiner Ketten wohl selbst entledigen, weil hier kein Wunder zu erwarten sei.[60] Aber sie schlafen ja, die Deutschen[61], und wären sie wach, blieben sie gewiß untätig: „Das ist der beweinenswerte Jammer, daß [...] die jetzige Stille der deutschen Art vollkommen angemessen ist und daß sich die Deutschen dabei wohlbefinden."[62] *Die* Deutschen, *das* deutsche Volk – damit ist die Gesamtheit der deutschen Untertanen gemeint; die Herrschenden gehören nicht dazu, sind die anderen, die Verderber, deren Untergang vorzubereiten ist.

Am Ende seines Lebens mochte Börne erkannt haben, daß er seine politischen Überzeugungen argumentierend kaum vermitteln konnte; er verlegte sich daher mehr und mehr auf rhetorisch geschickte Überredungsversuche, bei denen die ‚Wahrheit' der Geschichte durch allzu grobe Skizzierung Schaden nehmen mußte. Wenn Pauschalurteile nicht mehr zu differenzieren und zu begründen sind, lassen sie sich auch schwerlich diskutieren. Diese Binsenwahrheit haben die Gegner Börnes (Heine eingeschlossen) oft genug gegen ihn ausgespielt, so hämisch wie selbstgerecht. Es blieb, überlebensgroß: ein Charakter.[63]

Drei ganz verschiedene Zusammenhänge, in die Börne sein Kardinalproblem „Freiheit" gegen Ende seines Lebens plaziert hat, seien noch erwähnt, um Originalität, historische Beschränktheit und persönliche Betroffenheit des literarischen Agitators anzudeuten: Börne hatte den Einfall, die Deutschen hätten ihre Freiheit gewinnen können, wenn sie nach dem Sieg über Napoleon die Waffen nicht niedergelegt, sondern gegen ihre Fürsten gewandt hätten; „dann lebten wir im Vaterlande, glücklich und geehrt, und ihr schnöden Helfershelfer der Tyrannei müßtet in der Welt umherirren, bis

---

[60] Vgl. ebd., S. 890.
[61] Vgl. ebd., S. 933.
[62] Ebd., S. 896.
[63] Über Börnes von Mit- und Nachwelt schulterklopfend belobigte Charakterfestigkeit vgl. die einschlägigen Kapitel in: Johannes Weber: Libertin und Charakter. Heinrich Heine und Ludwig Börne im Werturteil deutscher Literaturgeschichtsschreibung 1840–1918, Heidelberg 1984.

Collum liberum

ihr einen Winkel findet, dunkel genug, eure Schande zu verbergen."[64] Die Geschichte lehrt, wie die Freiheitskriege als Befreiungskriege endeten – damit Herrschaft und Unfreiheit möglich blieben. – Für Börne ist die Reformation, also Luther, der „Totengräber" der deutschen Freiheit.[65] „Vor ihm fand man bei den Deutschen nur Dienstbarkeit, Luther begabte sie noch mit Dienstbeflissenheit."[66] Börne scheint sich seiner – wahrhaft bedenkenswerten – Sache so sicher zu sein, daß es ihm bei der illustrierenden Erläuterung auf die historische Exaktheit nicht mehr ankommt:

> Darum haben alle katholischen Völker, sobald sie sich gegen ihre Tyrannen stark genug gefühlt, ihr Joch abgeschüttelt [...]. Aber bei den reformierten Völkern, wo die Fürsten auf den Rat und mit Einwilligung der Reformatoren die moralische Macht der Kirche an sich gezogen und mit ihrer materiellen Macht vereinigt hatten, mußten die Untertanen die Liebe und Verehrung, die sie früher der Kirche geschenkt, ihren weltlichen Herren als pflichtschuldige Steuer darbringen.[67]

(Hatte Börne nicht recht, als er 1818 sagte, nirgendwo in Europa sei die Unfreiheit größer als im katholischen Österreich?[68]) – Schließlich: Mit großer Bitterkeit spricht Börne in „Menzel der Franzosenfresser" von dem Schicksal der deutschen Juden, die in großer Zahl gegen Napoleon, der ihnen immerhin einige Freiheiten gewährt hatte, gekämpft hatten, nach dem Kriege aber fast überall in deutschen Landen in die Schmach vornapoleonischer Unfreiheit zurückgestoßen worden waren.[69] Die Sätze aus den „Briefen aus Paris" sind mitzulesen: „Ja, weil ich als Knecht geboren, darum liebe ich die Freiheit mehr als ihr. Ja, weil ich die Sklaverei gelernt, darum verstehe ich die Freiheit besser als ihr."[70]

Gibt es das: einen Hals ohne Joch? Das Joch kann schwerer oder leichter sein, und die Utopie seiner Annihilierung hilft, es zu tragen, und es mag dann scheinen, es sei ganz leicht.

---

[64] Schriften, Bd. 3, S. 931.
[65] Ebd., S. 925.
[66] Ebd., S. 927.
[67] Ebd. – Über den Zusammenhang zwischen Reformation und Revolution vgl. auch Schriften, Bd. 2, S. 574.
[68] Vgl. Schüchterne Bemerkungen über Östreich und Preußen (Schriften Bd. 1, S. 633–639).
[69] Vgl. Schriften, Bd. 3, S. 953–955.
[70] Ebd., S. 511.

Collum liberum

Ich habe keine Freiheit hinter mir, und darum keine vor mir. Ich treibe, weil ich werde getrieben, ich reize, weil ich werde gereizt. Der Wind ist heftig, der mich schüttelt; ist das *meine* Heftigkeit? Habe ich den Wind gemacht? Kann ich ihn schweigen heißen? Gibt es Menschen ohne Brust, die nicht zu atmen brauchen – gut für sie; aber sie mögen nicht rechten mit mir; ich brauche die Lebensluft der Freiheit, um fortzudauern.[71]

---

[71] Ebd., S. 469.

Die zerstrittenen Dioskuren. Aspekte der Auseinandersetzung Heines mit Börne[*]

Am 7. September 1841, morgens um 7 Uhr, wurde Heine bei Saint-Germain leicht blessiert; eine Kugel streifte seine rechte Hüfte; diese schwoll an und wurde schwarz.[1] Heines angegriffene Gesundheit war der Preis für die im Duell mit dem Frankfurter Kaufmann Salomon Strauß zurückeroberte Ehre, auf welche dieser einige Wochen zuvor einen erfolgreichen Angriff unternommen hatte: Bei einer Begegnung der beiden Männer – am 14. Juni, an der Ecke rue St. Marc/rue Richelieu in Paris – war es zu einem Wortwechsel gekommen, in dessen Verlauf Strauß seinen Kontrahenten geschlagen hatte – so wenigstens hatte er sich bald nach der Auseinandersetzung deutlich erinnert.

Bereits am 23. Juni hatten die „Mainzer Zeitung" und die „Leipziger Allgemeine Zeitung" den Vorfall in Deutschland publik gemacht, und am 28. Juni hatten die Leser der „Rosen" erfahren, daß die Szene „einen nicht geringen Zusammenlauf von Menschen" erregt habe und von dem „närrischen Einfall" Heines gekrönt worden sei, „nach empfangenen Maulschellen dem Aussteller derselben eine Visitenkarte zu überreichen". Der Berichterstatter, Eduard Kolloff, hatte noch einige persönliche Bemerkungen angeschlossen:

> Er glaube nicht, daß sich Heine nun um Satisfaktion bemühen werde; „denn das Geprahle mit Duelliren ist, wie alles in Heines Schriften, Lüge. Das ganze Wesen dieses unsauberen Autors ist auf die Lüge gestellt; von der Lüge geht sein Treiben aus, auf die Lüge führt es wieder hin; in der Lüge lebt und

---

[*] Aus Heines Werken, Briefen und Gesprächen wird nach folgenden Ausgaben zitiert: Heinrich Heines Sämtliche Werke, hg. v. Oskar Walzel, 10 Bde., Leipzig 1910–1915 (abgekürzt: Heines Werke); Heinrich Heine: Briefe, hg. v. Friedrich Hirth, 6 Bde., Mainz 1950/51 (abgekürzt: Heines Briefe); Gespräche mit Heine, hg. v. H. H. Houben, Frankfurt a. M. 1926 (abgekürzt: Gespräche mit Heine). – Aus den Werken und Briefen Börnes wird nach folgender Ausgabe zitiert: Ludwig Börne: Sämtliche Schriften, hg. v. Inge und Peter Rippmann, 5 Bde., Düsseldorf (Bde. 1–3) und Darmstadt 1964–1968 (abgekürzt: Börnes Schriften).

[1] Vgl. Heine an Campe vom 9. September 1841 (Heines Briefe, Bd. 2, S. 411).

webt er, Lüge ist sein Denken und Dichten; seine Rede und all sein Thun ist Lüge.²

Viele deutsche Zeitungen hatten der Auffassung Kolloffs applaudiert; die Ohrfeigen waren allüberall mit dem Ausdruck der Zufriedenheit registriert worden; außerdem hatte die deutsche Presse mancherlei Verwünschungen auf das Haupt des angeblich Gestraften gehäuft.
Es hat keine Ohrfeigen gegeben. Die Augenzeugen, die Strauß reklamierte, weigerten sich, die ihnen zugedachte Rolle zu spielen. Der Auftritt am 14. Juni mag zwar heftiger gewesen sein, als Heines Darstellung erkennen läßt – „Das ganze Begebniß reducirt sich auf einige hingestotterte Worte, womit jenes Individuum krampfhaft zitternd sich mir nahte, und denen ich lachend ein Ende machte, indem ich ihm ruhig die Addresse meiner Wohnung gab"³ –, aber der Duellgrund ergab sich gewiß erst aus dem späteren Verhalten des in der Öffentlichkeit mit Beifalls-Rufen aufgemunterten Kaufmanns. Am 14. August, nach dessen Weigerung, die „bruits calomnieux et injurieux"⁴ zu widerlegen, forderte Heine zur Auseinandersetzung mit Pistolen – Distanz: 20 Schritte – auf.⁵

Salomon Strauß hatte gewichtige Grunde, die Schmähungen, denen Heine von seiten der Öffentlichkeit ausgesetzt war, eifrig zu befördern: Er war aufs äußerste beleidigt worden. Heine hatte in seiner Schrift über Börne, die Anfang 1840 unter dem vom Verleger Campe gegen Heines Willen gewählten Titel „Heinrich Heine über Ludwig Börne"⁶ erschienen war, die Auffassung vertreten, Strauß (der seit 1832 mit Börnes Freundin Jeanette Wohl verheiratet und mit ihr 1833 nach Paris gezogen war, wo das Ehepaar mit Börne einen gemeinsamen Haushalt führte) habe bei dem Verhältnis zwischen seiner Frau und Börne „nur die dienende Person" gespielt, er habe „die roheren Geschäfte" verrichtet und sei „ein sehr nützlicher Laufbur-

---

² Zitiert nach: Heines Briefe, Bd. 5, S. 333.
³ Heine an Kolb vom 3. Juli 1841 (Heines Briefe, Bd. 2, S. 389 f.).
⁴ Vgl. Heine an Salomon Strauß vom 6. August 1841 (Heines Briefe, Bd. 2, S. 395).
⁵ Vgl. Heine an Salomon Strauß vom 14. August 1841 (Heines Briefe, Bd. 2, S. 395–398).
⁶ Am 8. Mai 1840 schrieb Heine an Campe: „Der Titel des Buches, wie ich Ihnen bereits einmal gemeldet habe, ist: ‚Ludwig Börne, eine Denkschrift von H. Heine.'" (Heines Briefe, Bd. 2, S. 348.) Heines Einspruch gegen den von Campe gewählten Titel (vgl. Heine an Campe vom 24. Juli 1840; Heines Briefe, Bd. 2, S. 358) kam zu spät; über seinen Unmut vgl. seine Briefe an Campe vom 8. August, 14. September und 25. September 1840 (Heines Briefe, Bd. 2, S. 359, 368 u. 370).

Die zerstrittenen Dioskuren

sche für Börne" gewesen.[7] Ein Hahnrei zum Totlachen? Strauß, „dessen", wie Heine vermutete, „bitteres Fleisch ihr [Jeanette] vielleicht manchmal mundete, während ihr Geist sich weidete am süßen Geiste Börnes"[8], vermochte die Schmach, der er ausgesetzt war, nur durch die Solidarität mit der öffentlichen Meinung zu ertragen. Vielleicht gelang ihm gar der Triumph, den Autor der bösartigen Verleumdungen zu vernichten?

Für den Literarhistoriker, der am liebsten klare Verhältnisse sieht und deshalb versucht, Kausalitäten aufzudecken, wo immer sich die Möglichkeit dazu bietet, ist es eine arge Enttäuschung, den Rückzug Heines von der Börne/Wohl/Strauß-Bühne, wie sie sich 1840 dem Betrachter dargeboten hatte, erleben zu müssen. Am 22. Dezember 1845 schrieb Heine an Ludwig Wertheim:

> Ich theile ganz Ihre Ansicht über die Ehrenhaftigkeit der Madame Strauß und das ihr widerfahrene Unrecht. Hätte der Gemahl dieser Dame, als ich mich mit ihm geschossen hatte und verwundet ward, die in solchen Fällen üblichen Höflichkeiten nicht unterlassen, so würde ich mich gewiß meinerseits beeifert haben, seiner Frau die bündigste Ehrenerklärung zu geben, um so mehr, da ich schon damals die feste Ueberzeugung gewonnen, daß die Anzüglichkeiten, die ich mir in Betreff ihrer zu schulden kommen ließ, auf ganz irrigen und grundlosen Annahmen beruheten.[9]

Das bedeutet: Die Verdächtigungen, die Heine in seinem Börne-Buch geäußert hatte und die der Anlaß für laute Dispute gewesen waren, sind wörtlich zu nehmen. Heine hatte nicht mit einer Möglichkeit jongliert, um das Publikum auf höchst subtile Weise zu überlisten[10], sondern er hatte, ungeachtet seiner persönlichen Einstellung zu Fragen der Moral oder Unmoral, den Abscheu dieses Publikums vor einer unmoralischen Verbindung provozieren wollen. Es sei dahingestellt, ob er nur durch Berichte von Zuträgern oder auch auf Grund eigener Beobachtungen zu der Überzeugung gelangt war, das Ehepaar Strauß sei zu tadeln, weil es Börne sehr viele Freiheiten gestattete; es mag auch unerörtert bleiben, ob Heine das Amt des Sittenrichters mit der nötigen Autorität ausübte. Wichtig ist vor allem, daß er sich in zweifacher Hinsicht geirrt hat: Der Lebenswandel der Jeanette Strauß, ihres Mannes Salomon Strauß und ihres Freundes Börne entsprach nicht dem, was Heine mitteilte; und: Die Öffentlichkeit urteilte nicht über die Angegriffenen, sondern über den Angreifer mit Zorn und Verachtung.

---

[7] Heines Werke, Bd. 8, S. 459.
[8] Ebd., S. 461.
[9] Heines Briefe, Bd. 3, S, 33.
[10] Vgl. dazu unten S. 32–39.

Heine hatte die Konformität mit dem Publikum gesucht, er mußte erfahren, daß sein sozialer Status derartige Einverständnisse nicht auf direktem Wege gestattete. Schon seit Jahrhunderten war es durchaus nichts Außergewöhnliches, daß die Dichter außerhalb der zu ihrer Zeit etablierten gesellschaftlichen Ordnungen standen; sie bekämpften, im Namen des Fortschritts, diese Ordnungen oder verhielten sich ihnen gegenüber gleichgültig. Auch Heine hatte sich, wenigstens im ersten Jahrzehnt seiner öffentlichen Wirksamkeit, oft genug als Gegner einer Gesellschaft geäußert, die ihm politisch unfrei und geistig rückständig erschien; er hatte sich allerdings, da ihm der Kampf gegen seine Zeit und für eine bessere Zukunft hinsichtlich der erfolgversprechenden Mittel der Durchführung immer problematischer geworden war, seit seiner Übersiedlung nach Paris mehr und mehr aus der Arena politischer und sozialer Auseinandersetzungen zurückgezogen und anscheinend den Standpunkt des gesellschaftsabgewandten Poeten behauptet. Wie konnte er nun glauben, das Publikum werde sich mit ihm über Jeanette Strauß erregen, die er eine „zweideutige Dame" nannte, „wovon man nicht genau wußte, zu welchem Titel ihr Verhältnis zu Börne sie berechtigte, ob sie seine Geliebte oder bloß seine Gattin"[11]? Die literarische Welt, in der weite Kreise den Dichter des „Buchs der Lieder" als „frivol" und „unsittlich" zu charakterisieren beliebten, reagierte, wie es kaum anders zu erwarten war, auf die moralische Entrüstung mit einer Gegenentrüstung. Die Vorwürfe Heines wurden als infame Schmähung oder aber als Teil einer die Öffentlichkeit nichts angehenden Privatfehde zurückgewiesen.

Es hat Folgen, daß Heine glaubte, über Börne und das Ehepaar Strauß Tatsachen zu berichten[12]; denn es kann angenommen werden, daß auch die anderen Stellen seines Börne-Buches, die nachweislich entschiedener Korrektur bedürfen[13], von ihm für wirklichkeitsgetreu gehalten wurden, also nicht aus literarischen oder taktischen Erwägungen wider besseres Wissen Eingang in das Buch gefunden haben. Und daran läßt sich die Frage knüpfen: Welcher Wert ist den nicht überprüfbaren Angaben Heines zuzubilligen? – Schwerer wiegt ein weiteres Bedenken: Heine wandte sich mit der

---

[11] Heines Werke, Bd. 8, S. 458.
[12] Vgl. dazu auch Gespräche mit Heine, S. 426.
[13] Bereits der Anfang der Schrift enthält einige leicht nachweisbare Unrichtigkeiten: 1815 war Börne nicht Theaterkritiker, wie Heine behauptet (Heines Werke, Bd. 8, S. 351), und es war auch nicht „etwa zehn Jahre" später, daß Heine durch Varnhagen an Börne erinnert wurde (vgl. ebd.); erst 1818 begann Börne, Theateraufführungen zu rezensieren, und spätestens Ende 1821 wurde Heine so auf ihn aufmerksam, daß er seine Publikationen künftig interessiert verfolgte.

Bitte um Unterstützung an das Publikum, ohne zu wissen, daß ihm die Bitte abgeschlagen würde; es scheint, daß er sich selbst und das Publikum überschätzte.

Heine hat die öffentlichen Beurteilungen seiner Person und seiner Werke stets mit Eifer verfolgt. Er hatte nur wenig Grund zur Freude. Denn obwohl von den meisten Rezensenten sein unleugbares poetisches Talent hervorgehoben wurde, überwog die negative Kritik; sie betraf seinen Charakter und die politischen Ansichten, die in seine literarischen Arbeiten eingegangen waren und manch einem verdächtig revolutionär erschienen. Noch 1838 war es nur wenigen zweifelhaft, daß Heine bemüht sei, „als politischer Lehrer und Agitator, Reformator und Märtyrer zu gelten", auch wenn ihm „eine entschiedene Gesinnung, Festigkeit der Grundsätze und des Charakters" fehlten.[14]

Der Emigrant in Paris wurde oft dargestellt, als trage er eine leuchtende Jakobinermütze. In dieser Hinsicht galt Heine als Gesinnungsgenosse Börnes, der ebenfalls in Paris lebte und von dort zu Aufruhr und Umsturz in Deutschland aufrief. Und obwohl die opinio communis befand, daß Börne mehr Charakter, aber weniger Talent als Heine habe, wurde kaum daran gezweifelt, daß Heine und Börne auf Grund ihrer politischen Ansichten gute Freunde, Eiferer für eine gemeinsame Sache seien; der Charakter, das heißt die moralische Haltung geriet bei dieser Konstruktion allerdings ein wenig ins Gedränge. Doch waren die beiden nicht auch Anführer einer literarischen Gruppe, deren Mitglieder sich militant gebärdeten, indem sie das politische Engagement in der Literatur forderten? Mochte diese beiden Schriftstellern gemeinsame Haltung als Ursache oder als Wirkung der Verbindung angesehen werden – die vermeintliche Tatsache der Verbindung wurde davon nicht berührt. Auch als Börne vor aller Welt gegen Heine auftrat, 1833 in den „Briefen aus Paris" und 1835 in der französischen Zeitschrift „Réformateur", glaubte die Öffentlichkeit nicht an einen Bruch der Freundschaft. Zwar berichteten periodische Blätter, die „beiden Kinder des Wahnwitzes" lägen „sich in den Haaren"[15] und es sei sogar „der absolute Zwiespalt zwischen den beiden Koryphäen des deutschen belletristischen Liberalismus offenkundig geworden"[16], aber diese Berichte blieben offensichtlich ohne bemerkenswerte Wirkung. Beinahe formelhaft wurden auch weiterhin Heine mit Börne und Börne mit Heine zusammengenannt. „Heine und Börne" – das meinte eher einen kuranten Begriff als die Namen von

---

[14] Deutsche Viertel-Jahrsschrift, 1. H., Stuttgart und Tübingen 1838, S. 231 (aus der mit „G. P." signierten Abhandlung „Heine's Schriften und Tendenz"; ebd., S. 167–247).

[15] Zeitung für die elegante Welt 1835, Nr. 117 vom 18. Juni.

[16] Blätter für literarische Unterhaltung 1835, Nr. 217 vom 5. August.

Die zerstrittenen Dioskuren

Individuen.[17] Wie eng das Verhältnis zwischen Heine und Börne in der Vorstellung der Zeitgenossen war, das zeigen am besten einige Äußerungen derer, die beiden Schriftstellern in gewisser Weise verbunden waren, ja sogar als ihre Gefolgsleute galten und zudem vertraute Kenner der öffentlichen Meinung waren. Laube bemerkte in den Erinnerungen an seinen Paris-Besuch von 1839, „daß man stets Börne und Heine nebeneinander nannte"[18]; Mundt erklärte nach der Veröffentlichung des Börne-Buches:

> Börne und Heine wurden wenigstens lange so zusammengenannt, wie etwa Schiller und Goethe, und schienen für die neue literarische Bewegung, als deren Väter man sie gewissermaßen betrachten konnte, in diesem Zusammenklang ihrer Namen dasselbe zu bedeuten, was etwa jenes Heroenpaar für die Entwickelung der Literatur ihrer Zeit bedeutete.[19]

Wie wenig über das tiefgreifende Zerwürfnis der vermeintlichen Dioskuren bekannt war, erhellt aus der Ansicht, die Gutzkow vierzehn Tage vor der Veröffentlichung des Börne-Buches äußerte: „In diesen Tagen erscheint Heines Buch über Börne. Es ist eine Apotheose Börnes [...]."[20] Heine hatte sich längst anders entschieden und Börne einen Platz auf Charons Nachen angewiesen, Mundt erkannte: „Das Doppelgestirn Heinrich Heine und Ludwig Börne, eine Constellation des Hasses, hat jetzt auch im Haß sein Ende gefunden [...]."[21]

Es wird über diese „Constellation des Hasses" noch einiges zu sagen sein. Zunächst soll aber die Frage interessieren, welche Motive für die Abfassung und Bekanntmachung der Schrift feststellbar sind; dabei spielt das Publikum eine besondere Rolle. – Solange Börne lebte, wehrte sich Heine nicht unmittelbar und ausdrücklich gegen dessen Angriffe; er hat sich weder an die Öffentlichkeit noch an den Angreifer gewandt. Daß er in Briefen und Gesprächen das sich verschlechternde Verhältnis erwähnte und der Gestalt des kleinen Simson in den „Memoiren des Herrn von Schnabele-

---

[17] Vgl. dazu auch: Literarische Erinnerungen von F. Brunold [August Ferdinand Meyer], 2 Bde., Zürich und Leipzig ²1881, Bd. 1, S. 5; außerdem: Gespräche mit Heine, S. 209 (Anm. 58).
[18] Heinrich Laube: Erinnerungen 1810–1840, Wien 1875, S. 399.
[19] Der Freihafen, 3. Jg., 4. H., Altona 1840, S. 184 (aus dem Aufsatz: Heine, Börne, und das sogenannte junge Deutschland; ebd., S. 182–274).
[20] Gutzkow an Levin Schücking vom 17. Juli 1840 (zitiert nach: H. H. Houben: Jungdeutscher Sturm und Drang, Leipzig 1911, S. 125).
[21] Der Freihafen (Anm. 19), S. 184.

Die zerstrittenen Dioskuren

wopski" unverkennbare Züge Börnes lieh[22], kann nicht als klare Antwort auf die Herausforderung angesehen werden.

Nicht vornehme Zurückhaltung, sondern kluge Berechnung hat Heine zum Stillschweigen bewogen: Welcher deutsche Schriftsteller war nach 1830 heftigerer Kritik ausgesetzt als der Verfasser der „Briefe aus Paris"? Galt Börne nicht allgemein als politischer Phantast, als demagogischer Wirrkopf, als revolutionärer Möchtegern? Einige republikanisch gesinnte Gleichheitsfanatiker mochten ihm die Treue halten, aber sie waren ohne nennenswerten Einfluß und würden vermutlich auch für das Urteil der Nachwelt bedeutungslos sein. Konnte Heine, wenn er das Treiben Börnes ebenfalls mißbilligte, etwas anderes wünschen, als daß sich dieser öffentlich von ihm lossagte? Es blieb dann dem Publikum überlassen, die Folgerungen aus den Verlautbarungen des Gegners zu ziehen. Erklärungen Heines hätten in dieser Situation leicht mißverstanden werden können, als Zeichen gekränkter Eitelkeit vielleicht oder sogar als Ausdruck ungebührlicher Rachsucht.[23]

Heine schwieg also, und dafür sprach wohl noch eine andere Überlegung: Börne hoffte wahrscheinlich – 1833 und 1835 – auf eine Antwort Heines, um seinen Angriff dann verstärkt vortragen zu können. Die Fehde, die vermutlich zu einem unwürdigen Spectaculum ausgeartet wäre, hätte dem Ansehen Heines eher geschadet als genützt, weil seine Privatsphäre – für das Publikum schon lange ein Gegenstand höchsten Interesses – nicht unberührt geblieben wäre. Eine entschiedene Herabsetzung der menschlichen Qualitäten Heines durch Börne hätte aber zweifellos die schon bestehende Tendenz verstärkt, vor lauter sittlicher Entrüstung den Künstler Heine völlig zu vergessen und auch seine politische Haltung mit Kategorien gängiger Morallehren gründlich abzuurteilen.

Die Rechnung Heines ging nur zur Hälfte auf: Zwar verhinderte er durch seine Abstinenz, daß Börne vor aller Welt demonstrierte, was er insgeheim betrieb („Der arme Heine wird chemisch von mir zersetzt"[24]), aber seine Erwartung, die Anwürfe Börnes genügten dem Publikum zur erwünschten Polarisierung des Heine/Börne-Komplexes, erfüllte sich nicht. Nach einem Augenblick der Überraschung hieß es wieder: „Heine und Börne".

---

[22] Vgl. dazu unten S. 51.
[23] Vgl. auch Heines eigene Erläuterungen zu dieser Frage in seinem Börne-Buch (Heines Werke, Bd. 8, S. 501); die Angriffe Börnes hatten in der Öffentlichkeit zweifellos nicht die von Heine behaupteten Wirkungen.
[24] Börne an Jeanette Wohl vom 2. November 1831 (Börnes Schriften, Bd. 5, S. 68).

Heine ertrug die ungewollte Nachbarschaft, solange die Gefahr bestand, daß der reizbare Nachbar in seinem Hause Unheil anrichten konnte. Es war ihm einstweilen genug, daß Börne nicht gegen ihn ausgespielt, nicht auf seine Kosten zu Ehren gebracht wurde. Doch die Zeiten änderten sich und zwangen Heine, den Fall Börne neu zu durchdenken. Schon in den beiden letzten Lebensjahren Börnes, als die Wirkung der „Briefe aus Paris" immer mehr abnahm, und feststand, daß ihr Verfasser nicht imstande war, die politischen Verhältnisse in Deutschland zu reformieren, geschweige zu revolutionieren, hatten sich die Stimmen gemehrt, die mit Anerkennung von dem charakterfesten Menschen sprachen, der ohne Rücksicht auf persönliche Verluste und unter Einsatz aller seiner Möglichkeiten für die Verwirklichung hochgesteckter Ideale kämpfte. Nach dem Tode Börnes im Februar 1837 waren die Stimmen zu einem starken Chor angeschwollen: Der Politiker ist tot, es lebe der edle Mensch! Die Großmut gegenüber dem so oft Geschmähten war außerordentlich; da er nicht mehr lebte, wurde über ihn nil nisi bene gesprochen.

Mit Überraschung und Verdruß bemerkte Heine die Rangerhöhung Börnes. Immer häufiger fiel der Vergleich zwischen den beiden zugunsten des Toten aus, immer häufiger erfolgte der Hinweis auf den Charakter Börnes, der bewundernswerter sei als – das Talent Heines. – Sollte auf einmal vergessen sein, was geschehen war? Heine schrieb am 29. Juli 1837 Johann Hermann Detmold: „Börne scheint wirklich jetzt von den Deutschen kanonisirt zu werden. Dieser ehrliche Mann ist dennoch mit Verläumdungen, die er der Welt über mich insinuirt hat, ins Grab gegangen. – Es ist sehr wahrscheinlich, daß ich mein Stillschweigen über ihn breche."[25] Das Publikum mußte nach Heines Auffassung daran erinnert werden, warum Börne noch vor kurzem als die Personifikation des Wahnsinns angesehen werden konnte[26] und daß die Gründe für diese Beurteilung noch keineswegs nichtig geworden waren; es sollte erfahren, welche politischen Überzeugungen er, Heine, diesem Wahnsinn gegenübergestellt hatte; und schließlich: Es war an der Zeit, über Börnes vielgerühmten Charakter einiges Einschränkende zu berichten.

Den endgültigen Anstoß, das Buch über Börne in Angriff zu nehmen, erhielt Heine sicher durch den Brief seines Verlegers Campe vom 26. August 1838, in dem dieser ihm mitteilte, Gutzkow schreibe eine Biographie Börnes, die als Anhang der von Campe betreuten Börne-Ausgabe erscheinen sollte. Heine hatte berechtigten Grund zu der Annahme, daß Gutzkow sich als Sachwalter Börnes aufspielen werde. Außerdem bestanden Span-

---

[25] Heines Briefe, Bd. 2, S. 202.
[26] Vgl. Gustav Kühne in: Literarischer Zodiacus, Januar 1835, S. 73.

nungen zwischen ihm und Gutzkow, die in der Börne-Biographie ihren Niederschlag finden mochten.

Heine schrieb an seiner Schrift über Börne mit großen Unterbrechungen. Am 12. April 1838 teilte er Campe mit, sein „kostbares Büchlein", das „die Schilderung persönlicher Berührungen in Sturm und Noth" enthalte, sei zu 2/3 abgeschrieben[27]; allerdings war zu diesem Zeitpunkt noch nicht daran gedacht, das Helgoländer Tagebuch, das später den Stoff für das zweite Buch lieferte, zu benutzen.[28] Eine neue Meldung über das Werk erfolgte erst im Februar 1840: „[...] ich glaube, mein ‚Börne' wird als das beste Werk, das ich geschrieben, anerkannt werden"; das Werk habe „neben dem Reiz eines humoristischen Unterhaltungsbuchs, noch außerdem einen dauerhaft historischen Werth".[29] Später ist noch davon die Rede, das Buch werde „einen großen Süccess" erringen und sei deshalb ein ansehnliches Honorar wert[30]; es sei nicht von der Art, „daß es den Regierungen mißfiele"[31], und es handle eigentlich weniger von Börne als von dem „Zeitkreis worinn er sich zunächst bewegte".[32] Dann erschien es, ein paar Wochen vor Gutzkows Börne-Apologie, die schon einige Zeit in Campes Pult gelegen hatte, bevor Heines Diatribe beim Verlag eingegangen war.

Es gehörte zu den bemerkenswertesten Fähigkeiten Heines, die von ihm beobachteten Situationen und Ereignisse realistisch beurteilen, das heißt sie in ihren Ursachen und wahrscheinlichen Wirkungen erklären und beschreiben zu können. In der Regel orientierte er sich auch in seinem Verhalten – das gilt besonders für das erste Jahrzehnt in Paris – an den Erkenntnissen, die er aus der Analyse der Zeitumstände gewonnen hatte, und gab dabei machiavellistischen Prinzipien den Vorzug gegenüber weltfremden Idealen; Gesichtspunkte der Macht waren ihm wichtiger als solche der Moral. Sein Pragmatismus war gleichwohl auf eine Veränderung der bestehenden Wirklichkeit und nicht auf deren Fortbestand gerichtet; es lag in seiner Tendenz, tendenzlos zu erscheinen; er vermied offene Kollisionen

---

[27] Heines Briefe, Bd. 2, S. 309 f.
[28] Laube (Anm. 18), S. 400 f., berichtete, er habe gegen die ursprüngliche Fassung des Buches Bedenken gehabt, „weil es sich in bloßer Polemik herumtummelt, und keine eigentlich Heine'sche Welt aufrichtet". In der Mitte müsse „ein Berg stehen Heine'scher Weltanschauung, welcher die Börne'sche Welt überragt." Als „Berg" habe Heine dann „die Dithyrambe von Helgoland in die Mitte hineingeschrieben." Vgl. dazu auch Heines Brief an Campe vom 18. Februar 1840 (Heines Briefe, Bd. 2, S. 332 f.).
[29] Heine an Campe vom 18. Februar 1840 (ebd., S. 333).
[30] Heine an Campe vom 8. März 1840 (ebd., S. 336).
[31] Heine an Campe vom 18. April 1840 (ebd., S. 346).
[32] Heine an Campe vom 24. Juli 1840 (ebd., S. 359).

mit der Gesellschaft und mit politischen Gewalten, um den Fortschritt zu ermöglichen, der in der Überwindung dieser Gewalten bestand.[33] Er nahm auf den Zeitgeist Rücksicht, wenn er literarisch tätig war, er prüfte den Erwartungshorizont des Publikums, bevor er sich öffentlich äußerte. Heine verstand sein Börne-Buch nicht als absichtsvolle Provokation, die eine vorausberechnete Protestreaktion auslösen sollte, mit der sich vielleicht die Inkonsequenz und Engstirnigkeit, Ungerechtigkeit und Inkompetenz der urteilenden Leser demonstrieren ließe. Heine erwartete oder schloß doch wenigstens nicht aus, daß seine Einwände gegen Börne breite Zustimmung finden würden. War ihm nicht auch eine von der Erfahrung bestimmte publikumsgemäße Argumentation gelungen? Heine irrte. Keines seiner früheren oder späteren Werke erregte auch nur annähernd eine so tumultuöse Empörung wie die Schrift über den „Mitbruder"[34] Börne. Von dem Erscheinen des Buches bis zum Duell mit Salomon Strauß, also länger als ein Jahr, erscholl das Feldgeschrei in der deutschen Presse. Richtung und Stärke des Geschreis mögen ein paar Zitate andeuten:

[...]
Es würde Thorheit seyn, die einzelnen Fäden dieses Gewebes [gemeint ist die Darstellung Börnes durch Heine] aufzutrennen, um ihre morsche Haltlosigkeit zu zeigen. Wer dem falschen Weber etwas genauer auf die Finger gesehen, der wird die Arglist kennen, welche sein flinkes, bald von Thiers, bald von Molé beflügeltes, bald von Egoismus, bald von Neid getriebenes Schifflein lenkt. Wir wollen hier abbrechen, und es unterlassen, in diesem Buche Einzelnes als das Maß aller von Heine bisher geübten Schmach überschreitend näher zu bezeichnen.
Wir fürchten, die wenigen Freunde, die Heine noch in Deutschland zählt, werden sich nach diesem Buche mit Verachtung von ihm wenden und nur die Jünger eines Gentz, die Prädicanten des Princips der Genußsucht werden jauchzen über die pikante Lecture dieses pikanten Buches des pikanten Mannes.[35]

---

[33] Über Heines Fortschrittsgedanken, der zum Fortschrittsglauben wurde, vgl. Wulf Wülfing in: Zeitschrift für Deutsche Sprache 24 (1968), S. 68–71 (aus der Abhandlung „Schlagworte des Jungen Deutschland"; in Fortsetzungen ebd., Bde. 21–26).

[34] Der Ausdruck taucht in der deutschen Übersetzung eines englischen Aufsatzes über Börne und Heine auf (Blätter für literarische Unterhaltung 1832, Nr. 300 vom 26. Oktober); im Original heißt es „coadjutor" (The Foreign Quarterly Review, Bd. 10, London 1832, S. 161).

[35] K. Gödeke in: Die Posaune 1840, Nr. 105 vom 4. September.

Die zerstrittenen Dioskuren

Die junge Literatur hat ein Unglück betroffen, dessen schwere Bedeutung man erst an den Nachwehen erkennen wird. Das Unglück ist: Heine's Buch über Börne. Nicht, als könnten die unheiligen Blätter jenes Buches auf Börne einen Schatten werfen! Fern sei es auch von jedem Vernünftigen, Börne's Manen, die wahrlich vor keinem deutschen Herzen eines Anwalts bedürfen, sich als Vertheidiger aufzudrängen. Das Unglück ist, daß uns Heine schmachvoll verloren ging. Niemand, und wäre er der glühendste Schwärmer für die verlockende Loreley-Muse, Niemand wird es wagen, die erzprosaische, gemeine Versündigung, die Heine in jenem Buche begangen hat, zu entschuldigen; er; oder dies Buch muß lang begraben und vergessen sein, bevor wir wieder mit der alten Lust an seine Lieder denken. Niemand wird sich mehr auf Heine's glänzenden Namen berufen, wo es um mehr als die eitle gloriole, wo es um die Ehre und Ehrlichkeit der jungen Literatur sich handelt. [...]
Geh, Heine, Du bist ein Stümper, Du bist nicht künstlich genug gewesen, um einen einzigen Zug von B's unauslöschlichem Bilde zu verwischen. Und unsere Zeit, wenn ihr der Schatten Börne's naht, wirft Dich von ihrem Schooß, wie eine edle Frau das Schooßhündchen fallen läßt, wenn ihr der treue Gatte aus weiter Ferne kehrt.
Jetzt magst Du hingehen, am Nordseestrand spazieren, und wimmern von Deiner Heimathlosigkeit, und wie Du so ausgestoßen und verkannt seist. Denn jetzt hast Du eine Heimath verscherzt, die Du trotz all Deiner Sünden und Lieblosigkeiten noch in tausend reichen, warmen Herzen gehabt hast! – Das kann ich Dir im Namen der deutschen Jugend sagen.[36]

[...] blieb er [Börne] für uns der Cato Censorinus, der seine Rede nur immer mit demselben einfach schlichten, furchtbar großen Satze schloß. Nun kommt Junker Satan als zweifelhafter Zitherspieler und will ihn durch ein Zotenlied verdächtigen. Er galt für einen Mann von spartanischer Sittenreinheit, und nun beschmutzt der Witz die keuscheste Stelle seines Daseins. Er war edel, streng, nüchtern; und nun will ein lüsterner Faun den Wandel des Gerechten beschimpfen, der Welt einen Ekel aufzwingen, wo sie nur Ehrfurcht fühlte. Die Menschen, selbst seine Feinde, haben ihn für einen Mann von Charakter gehalten. Das läßt ihm Heine; aber er beweist, Charakterfestigkeit sei nichts als Bornirtheit, und entwickelt eine Apotheose der Perfidie, auf deren Gipfel er sein eigen Bild den Leuten zur Anbetung anpreist. O, o verruchter Harfenspieler, kann Dir denn nichts anderes mehr als ein diabolischer Kitzel die schlotternden Saiten spannen?
[...][37]

---

[36] J. Kaufmann in: Zeitung für die elegante Welt 1840, Nr. 174 vom 5. September.

[37] [Anonymus in:] Zeitung für die elegante Welt 1840, Nr. 219 vom 7. November.

Die zerstrittenen Dioskuren

[...] Heine hat dieses schmähliche Werk gewagt und die einstimmige Verdammung ist sein gerechter Lohn. Nur sich selbst hat der Grabesschänder geschadet, denn ob er einige Blumenkronen abgerissen und sich in übermäßiger Eitelkeit damit geschmückt hat, er hat Niemand getäuscht; die Blumen verwelken nur schneller an seinem dürren Herzen, in dem Grabe aber wuchert ihre Wurzel und immer reicher blühen sie auf in jedem Frühlinge, während über dem Grabe des Vergessens, das Heine im Herzen seines Volkes sich selbst bereitete, nur der kahle Schandpfahl hervorragt, den er sich mit diesem Buche gesetzt.[38]

Gutzkow richtete in der Einleitung zu seiner Börne-Biographie heftige Angriffe gegen Heine. Börne selbst wurde ins Gefecht geschickt: Seine Freundin lieferte, noch 1840, unter dem Titel „Ludwig Börnes Urtheil über H. Heine. Ungedruckte Stellen aus den Pariser Briefen" eine Chrestomathie aus ihrer Epistel-Sammlung.

Heine hätte sich denken können, daß er nicht nur Börne, sondern auch die Kritiker, von denen sich einige just ein liberales Alibi gesichert hatten, indem sie die völlig gefahrlose Kanonisation Börnes betrieben, durch seine Schrift bitter kränken mußte. Er hätte auch voraussehen können, daß seine höchst delikaten Formulierungen über Börnes Gesinnung und Handeln eher die Aufmerksamkeit der Sittenrichter als die der Kunstrichter oder Zeitkritiker finden würden. Und seine Richter, darüber war kein Zweifel möglich, glaubten an Normen und persönliche Erfahrungen; eine dieser Erfahrungen bezog sich auf die Charakterlosigkeit Heines.

Es ist nicht einfach, Heines offensichtliche Fehleinschätzung der zu erwartenden Reaktion des Publikums zu verstehen. Für seine rühmenswerte Fähigkeit der Wirklichkeitserfassung scheint der vorliegende Fall kein brauchbares Beispiel zu sein. Aber es genügt nicht, von Heines Fähigkeit und ihren Ergebnissen zu sprechen; es ist auch eine wichtige Eigenschaft in Rechnung zu stellen, die den Realisten Heine so schwer greifbar macht: das Mißtrauen, das zu grundsätzlich skeptischer Lebenshaltung führte.

Heine hat, spätestens seit 1831, keine Art von Dogmatismus gelten lassen; er hat jedes geschlossene System, jede entschiedene Festlegung auf Programme, jedes Glaubensbekenntnis in politischer, ästhetischer oder all-

---

[38] Robert Blum in: Blätter für Literatur und bildende Kunst [=Beilage zur Abend-Zeitung] 1840, Nr. 91 vom 11. November. Über die fast einhellig negative Reaktion auf das Börne-Buch vgl. auch J. E. Braun: Die Festigkeit des öffentlichen Urtheils und Heinrich Heine, in: Europa, Chronik der gebildeten Welt, hg. v. August Lewald, Bd. 4, 1844, S. 513–523. Der Verfasser rückte, wie vorher schon August Boden – vgl. dessen Abhandlung „H. Heine über L. Börne. Zur Charakteristik Heine's", Mainz 1841 –, entschieden von der Polemik gegen Heine ab (vgl. insbes. S. 517).

gemein weltanschaulicher Hinsicht als drohende Gefahr für die geistige Freiheit des Menschen angesehen; er haßte Manifeste und feierliche Gelöbnisse; er bestritt Überzeugungen. – Die Reflexion der eigenen Position hinderte Heine auch immer wieder daran, unbedingtes Vertrauen zu seinen Erkenntnissen zu haben. Er relativierte seine Ansichten ständig, um zu verhindern, daß sie je als herrschende Meinungen verstanden und Gelegenheit zu eindeutiger Festlegung bieten könnten. Ist sein Verhältnis zum Saint-Simonismus oder zu Goethe oder zum Christentum auf einen Nenner zu bringen? Ist seine Haltung gegenüber dem Problem der Volkssouveränität eindeutig bestimmbar? Läßt sich seine Kunstauffassung präzise formulieren?

Es ist nicht ausgeschlossen, daß Heine, der zunächst mit seinem Börne-Buch aufklärerisch-informierend – auch zum Zwecke der Selbstrechtfertigung – wirken wollte, von einer durchaus zutreffenden Einschätzung der Publikumsinteressen und -erwartungen ausgegangen war. Diese Erkenntnis wurde dann ebenso wie das fixierte Ziel suspekt, weil fast schon automatisch die Argumente gegen die Ergebnisse der Wirklichkeitsanalyse und gegen die unverhohlene Tendenz, aus einer Position Überzeugungen abzuleiten und diese zu verbreiten, ins Spiel kamen. Die Relativierung des ursprünglichen Ansatzes gab dann Heine die Möglichkeit, die Rücksicht auf das Publikum aufzugeben und eigene Wege zu gehen, ohne aber die Zweckbestimmung des Werkes prinzipiell zu ändern. Nur so sind die zahlreichen Digressionen (vor allem das Helgoländer Tagebuch), die spielerischen Elemente und auch die auf den ästhetischen Effekt klug berechnete Stilhaltung zu erklären. Der Fall Börne war für Heine zu einem bestimmten Zeitpunkt eben auch zu einem poetischen Motiv geworden. In dieser Situation konnte er auf den Einwand, das Werk werde keinem recht sein, erwidern, er hänge keiner Partei an außer – der eigenen.[39] Und es wundert nicht, als Reaktion auf die ersten Besprechungen des Buchs zu vernehmen: „[...] an dem goldnen Harnisch den ich trage prallen alle diese Pfeile ab."[40]

Heines Börne-Buch galt für einige Jahrzehnte als verabscheuungswürdig. (Selbst Gottfried Kellers poetische Behandlung des Streitfalls zeigt, bei allem Scherz und aller launigen Munterkeit, eine Spur moralischer Entrüstung über die Impertinenz des Angreifers.[41]) Als Thomas Mann 1908 öffentlich bekannte, er „liebe" das Börne-Buch von allen Heineschen Werken

---

[39] Vgl. Laube (Anm. 18), S. 400.
[40] Heine an Campe vom 25. September 1840 (Heines Briefe, Bd. 2, S. 370).
[41] Vgl. die achte Romanze des zweiten Teils von „Der Apotheker von Chamounix" (Gottfried Keller: Sämtliche Werke, hg. v. Jonas Fränkel und Carl Helbling, Bd. 2,1, hg. v. Jonas Fränkel, Bern und Leipzig 1937, S. 260–265).

„am meisten"⁴², da war dieses Bekenntnis eine buchenswerte Rarität. Inzwischen sind die Anhänger Heines den Verteidigern Börnes numerisch weit überlegen; das einst so bitter bekämpfte Buch wird oft mit Heines Augen gesehen⁴³ und als notwendige Abrechnung mit einer politischen Clique, deren Anführer zu unverdienten Ehren gekommen war, geschätzt. Den persönlichen Schmähungen wird nicht mehr die Hauptaufmerksamkeit geschenkt; der beißende Spott Heines wird goutiert oder als verletzend zur Kenntnis genommen; die überhebliche Mitleidsgeste, die in Verbindung mit lapidaren Charakterisierungen vernichtender wirkte als der direkte scharfe Affront – der arme Börne war von edlem Charakter, aber sehr schmächtig und lüstern, und die Juliussonne war ihm ins Hirn gedrungen; er war plebejisch, aber ein guter Schriftsteller und ein großer Patriot; armer Börne, heimgesucht vom Wahnsinn –, diese Geste fasziniert vielleicht oder schreckt ab⁴⁴; – nur Moralisten fallen in den Tenor der Beurteilungen vergangener Zeiten zurück.

Es geht heute nicht mehr so sehr um die Frage nach dem ‚Guten' in Heine (oder in seinem Buch über Börne), es geht auch nach wie vor kaum um die Frage nach dem ‚Schönen' (an Thomas Mann sei wenigstens erinnert: das Buch enthalte „die genialste deutsche Prosa bis Nietzsche"⁴⁵), es geht in erster Linie um die Frage nach dem ‚Wahren', oder: um die Frage nach dem Verhältnis der Realität zu ihrer Darstellung und darüber hinaus um die Frage nach der Angemessenheit oder Berechtigung der unter historischen Aspekten zu beurteilenden Position Heines. Dabei lassen sich weltanschaulich gelenkte Argumentationen nur schwer vermeiden. Zu einfach erscheint es allerdings, mit leichter Hand folgende Rechnung aufzumachen: Heine war sensualistisch, hedonistisch, materialistisch; also fortschrittlich. Börne war spiritualistisch, asketisch, idealistisch; also reaktionär. „Die

---

[42] Notiz über Heine, zitiert nach: Thomas Mann: Reden und Aufsätze II, Frankfurt a. M. 1965, S. 680.

[43] Vgl. z. B. Carl Brinitzer: Heinrich Heine. Roman seines Lebens, Hamburg 1960, S. 280–287.

[44] Vgl. dazu den Hinweis Manfred Windfuhrs (Heinrich Heine, Stuttgart 1969, S. 181), daß sich Heine „durch das Mittel der Selbstironie in die Polemik einbezieht".

[45] Vgl. Anm. 42. – Vgl. dazu Nietzsches in der zuerst 1908 [!] erschienenen Schrift „Ecce Homo" geäußerte Überzeugung: „Man wird einmal sagen, daß Heine und ich bei weitem die ersten Artisten der deutschen Sprache gewesen sind [...]." (Friedrich Nietzsche: Werke in drei Bänden, hg. v. Karl Schlechta, Bd. 2, München 1955, S. 1089.)

marxistische Entscheidung gegen Börne, für Heine"[46] ergibt sich demnach mühelos.

*

Im November 1827 hielt sich Heine einige Tage in Frankfurt auf und machte dort die persönliche Bekanntschaft Börnes und seiner Freundin Jeanette Wohl; an Varnhagen berichtete er: „Ich hätte nie geglaubt, daß Börne so viel von mir hielt; wir waren inséparable bis zum Augenblick, wo er mich zur Post brachte."[47] In ein Exemplar des ersten Teils der „Reisebilder", das er wenig später an Börne und Jeanette schickte, schrieb er: „Anbey ein dummes Buch. Es ist nicht viel Gemüth drin: denn mein Herz ist immer bey Euch."[48]

Zweifellos war die Frankfurter Begegnung herzlich. Heine und Börne werden sich gegenseitiger Hochachtung versichert haben; der eine wird das „Buch der Lieder" und die „Reisebilder", der andere die „Schilderungen aus Paris" und die Jean-Paul-Rede zu loben nicht versäumt haben. Dennoch kann Heines spätere Bemerkung als zutreffend anerkannt werden: „Schon damals in Frankfurt harmonierten wir nur im Gebiete der Politik, keineswegs in den Gebieten der Philosophie, oder der Kunst, oder der Natur – die ihm sämtlich verschlossen waren."[49] Hier ist mit aller Deutlichkeit der gemeinsame Punkt bezeichnet, der den beiden Schriftstellern für wenige Tage das Gefühl gab, ein unzertrennliches Paar zu sein: In der Beurteilung der politischen Situation, in der Forderung nach politischen Veränderungen und in der Auffassung über den Weg zu diesen Veränderungen bestanden keine wichtigen Differenzen.[50] Börne, der tatsächlich ästhetischen und philosophischen Fragen nur schwer zugänglich war, da sie nach seiner Ansicht

---

[46] Als Beispiel für diese undifferenzierte Betrachtungsweise sei genannt: Franz Leschnitzer: Heine contra Börne, in: Die Weltbühne 1956, Nr. 7 u. 8 vom 15. und 22. Februar, S. 212–217 u. 241–245: das Zitat ebd., S. 244.

[47] Heine an Varnhagen vom 28. November 1827 (Heines Briefe, Bd. 1, S. 333). Vgl. Börnes Brief an Vieweg vom 15. Oktober 1827, in dem Heine, vor der Frankfurter Begegnung, als ein „Mann von Geist, Witz und einer sehr leichten und gewandten Schreibart" vorgestellt wird (Börnes Schriften, Bd. 5, S. 719).

[48] Heines Briefe, Bd. 1, S. 334.

[49] Heines Werke, Bd. 8, S. 380.

[50] Über die Entwicklung der Beziehung zwischen Heine und Börne handeln ausführlich: Gerard Ras, Börne und Heine als politische Schriftsteller, Groningen 1926 (insbes. S. 142–178), und Barthélemy Ott: La Querelle de Heine et de Börne, Lyon 1935 (vgl. für die Zeit vor der Julirevolution ebd., S. 1–19).

zur dringlichen Lösung politischer Probleme wenig beitragen konnten, mochte über die Haltung Heines deshalb besonders befriedigt sein, weil er sich mit einem gewissen Recht als dessen Lehrmeister ansehen durfte. Heine hatte sich, spätestens seit 1822, nicht nur in stilistischer Hinsicht zuweilen an Börne orientiert[51], sondern er hatte auch Börnes hartnäckige Forderungen nach Gerechtigkeit, die zu Freiheit und Gleichheit – was auch immer darunter zu verstehen war – führen mußte, übernommen.[52] Börne hätte 1822 dasselbe schreiben können, was Heine schrieb: „Kampf dem verjährten Unrecht, der herrschenden Thorheit und dem Schlechten!"[53] Oder: „Meine Seele glüht zu sehr für die wahre Freiheit, als daß mich nicht der Unmut ergreifen sollte, wenn ich unsere winzigen, breitschwatzenden Freiheitshelden in ihrer aschgrauen Erbärmlichkeit betrachte".[54] Oder: „Das Wort Freiheit [...] war nur der Wahlspruch des Adels, der dem Könige so viel Rechte als möglich abzuwängen suchte [...] die Freiheiten müssen untergehn, wo die allgemeine gesetzliche Freiheit gedeihen soll."[55]

Es war Börnes bedenklicher Irrtum anzunehmen, er sei Heines Freund. Daß ihm die Übereinstimmung in politischen Grundsätzen offenbar als Beweis für die Richtigkeit seiner Annahme genügte, verrät eine für die Beziehung der beiden Schriftsteller höchst folgenschwere Enge des Gesichtskreises, die sich nur aus dem leidenschaftlichen Engagement des Politikers Börne, der sein schriftstellerisches Vermögen ganz und gar in den Dienst des historischen Fortschritts stellte, erklären läßt.

Für Heine galten sicher schon 1827 Börnes Witz, Schlagfertigkeit und stilistische Brillanz mehr als seine politische Agitation. Er sprach auch mit Achtung von seinem Charakter, aber er neidete ihm diesen nicht; denn blieb ihm selbst nicht genug? „Börne [...] ist viel besser als ich, viel größer – aber nicht so großartig."[56] Die Großartigkeit verträgt sich schlecht mit moralischem Rigorismus. – Heine mißtraute schon damals jedem Absolutheitsanspruch und entzog sich dem Zwang zur Festlegung auf Bekenntnisse, die sein Denken und Handeln hätten reglementieren können. Er dachte nicht bloß in politischen Kategorien. Er verstand und schätzte sich beson-

---

[51] Vgl. die Bonner Dissertation von Paul Santkin: Ludwig Börnes Einfluß auf Heinrich Heine, Betzdorf 1913 (insbes. S. 15–39); außerdem: Erich Eckertz: Heine und Börne, in: Euphorion 13 (1906), S. 136 f.
[52] Über den Freiheits-Begriff bei Börne und Heine vgl. Wülfing (Anm. 33), Bd. 24, S. 161–167.
[53] Heine an Immermann vom 24. Dezember 1822 (Heines Briefe, Bd. 1, S. 51 f.).
[54] Heines Werke, Bd. 5, S. 265 (aus: Briefe aus Berlin).
[55] Ebd., S. 295 f. (aus: Über Polen).
[56] Heine an Varnhagen vom 1. April 1828 (Heines Briefe, Bd. 1, S. 354).

ders als Künstler, dem mit der Welt zu spielen erlaubt ist; mit einer Welt, die sich widersprüchlich und zerrissen zeigte und auch nach der bevorstehenden Zeitenwende zu keiner Harmonie finden würde; mit einer Welt, die der Künstler selbst repräsentieren mußte wie kein anderer; denn nur so konnte der Geist der Zeit Gegenstand der künstlerischen Darstellung sein.[57]

Heine hat mit Börne keinen Briefwechsel geführt; er hat ihn nur selten in Briefen erwähnt; er hat sich erst 1840 direkt über ihn öffentlich geäußert. Es ist offensichtlich, daß er keine engere persönliche Beziehung zu ihm gesucht hat. Und manches spricht dafür, daß die Erfahrungen der Frankfurter Begegnung den Entschluß Heines begünstigt, wenn nicht gar ausgelöst haben, die Distanz zu Börne zu wahren. Der Politiker bedrohte den Dichter, indem er ihm – die Gemeinsamkeit von Ideen ausspielend – das Handeln vorschreiben wollte.

Börne sah nicht, daß Heines Ideen nicht nur politischer Natur waren; und er begriff nicht, daß Ideen nicht immer bestimmte Handlungen zwingend fordern. Er hatte sich ein Bild von Heine gemacht, das dazu angetan war, die Vorstellung von den Dioskuren zu wecken.[58] Daß dieses Bild aufs deutlichste mit der Wirklichkeit kontrastierte, wollte oder konnte er nicht wahrnehmen. – Es mußte Heine später scheinen, als habe Börne um ihn geworben. Richtiger ist wohl, daß Börne sich einige Jahre eines Besitzes sicher wähnte, den er als gleichsam von der Natur ihm zugefallen betrachtete. Nur so ist die außerordentliche Gemütsbewegung verständlich, die ihn ergriff und aufs heftigste erschütterte, als er einsah, daß der vermeintliche Weggenosse und Freund durch eine unüberbrückbare Kluft von ihm getrennt war.

Indem sich Börne auf das Gebiet der Politik konzentrierte und dem Schriftsteller das Amt des Tribunen übertrug, erfüllte er eine ideelle Forderung, deren Berechtigung ihm zu keiner Zeit zweifelhaft erschien. Trotzdem konnte er sich nicht aus dem literarischen Leben, das traditionsgemäß von fast ausschließlich unpolitischen Momenten bestimmt war, lösen; denn er war und blieb angewiesen auf ein Publikum, das ihm mit literarischen

---

[57] Vgl. dazu den anonym erschienenen Aufsatz „Heinrich Heine", in: Die Epigonen, Bd. 2, Leipzig 1846, S. 7–60 (insbes. S. 19); außerdem: Ludwig Marcuse: Heine – Melancholiker, Streiter in Marx, Epikureer, [Neuausgabe] Rothenburg ob der Tauber 1970, S. 274–280.

[58] Vgl. dazu den Bericht von Ferdinand Hiller: „Börne [...] war Heines Gespenst, seine bête noire. Bereit, das glänzende Talent jenes von Geist sprühenden Publizisten anzuerkennen, war es ihm doch unerträglich, daß man sie stets als Dioskuren zusammen nannte. ‚Was habe ich mit Börne zu schaffen', rief er ebenso häufig als unmutig aus, ‚ich bin ein Dichter!'" (Gespräche mit Heine, S. 209.)

Vorerwartungen begegnete, das die Palme nur vergab, wenn es sich in verschiedenen Hinsichten befriedigt glaubte. Börne bemühte sich – zumindest vor 1830 –, den sinnlichen (ästhetischen) und moralischen Ansprüchen des Publikums Genüge zu tun, um es auf diesem Wege politisch ansprechen und bewegen zu können. Daß in der Öffentlichkeit die Mittel nicht selten dem Zweck vorgezogen wurden, war ihm eine schmerzliche Erfahrung. Er wollte kein Dichter sein, und doch wurden poetisches Talent, Einbildungskraft, Phantasie, Formgewandtheit von ihm verlangt – im Namen Heines, der alle diese Vorzüge besaß. Es stimmt, was Heine sagte: Börne wurde auf ihn eifersüchtig.[59] Daß Jeanette Wohl sich an Heines Schriften ergötzte, daß sie ihn liebte und, wie Heine selbst glaubwürdig berichtete, „mit großem Enthusiasmus" von seinen Werken sprach[60], das verdroß Börne, und er zürnte gelegentlich der Freundin.[61] Die Eifersucht forderte zu Prüfung und Kritik heraus: Machte Heine nicht vor den Thronen der Herrschenden Kratzfüße? Wurde von ihm nicht gesagt, er sei eitel und nicht sehr moralisch und außerdem ein Feigling?[62]

Börnes Eifersucht hat vielleicht die Grenze zum Neid überschritten; dennoch ist Heines bekannte Erklärung ebenso falsch wie richtig:

> [...] alle seine [Börnes] Anfeindungen waren am Ende nichts anders, als der kleine Neid, den der kleine Tambour-Maître gegen den großen Tambour-Major empfindet: er beneidete mich ob des großen Federbusches, der so keck in die Lüfte hineinjauchzt, ob meiner reichgestickten Uniform, woran mehr Silber, als er, der kleine Tambour-Maître, mit seinem ganzen Vermögen bezahlen konnte, ob der Geschicklichkeit, womit ich den großen Stock balanciere, ob der Liebesblicke, die mir die jungen Dirnen zuwerfen, und die ich vielleicht mit etwas Koketterie erwiedre![63]

Richtig ist, daß bei der Beurteilung Heines durch Börne Eifersucht und ein wenig Neid mit im Spiele waren; falsch ist es, die Ursachen der Beurteilung auf charakterliche Mängel zu reduzieren.[64] Diese Mängel sind im üb-

---

[59] Vgl. Heines Werke, Bd. 8, S. 363.
[60] Ebd., S. 362.
[61] Vgl. Börne an Jeanette Wohl vom 22. Februar und 24. Juni 1828 sowie vom 29. Dezember 1830 (Börnes Schriften, Bd. 4, S. 873, 992 u. 1254).
[62] Vgl. Börne an Jeanette Wohl vom 7. März und 17. Oktober 1828, 10. Juli und 30. Juli 1829 sowie vom 25. Dezember 1830 (Börnes Schriften, Bd. 4, S. 905, 1013 f., 1028, 1074 u. 1247).
[63] Heines Werke, Bd. 8, S. 457.
[64] Heine widersprach hier selbst seiner oft geäußerten Ansicht, Börne zeichne sich durch ‚edlen' Charakter aus; vielleicht spielte er bewußt mit dieser Ansicht, vielleicht polemisierte er auch gegen die öffentliche Meinung, die mit

rigen der Beweis, daß Börne nicht, wie Heine in seiner Schrift zu entwickeln versucht hat, den Typ des ‚Nazareners' ungebrochen repräsentierte, sondern daß seine Tendenz über die asketische Beschränkung, die sinnenfeindliche Geistigkeit und die idealistische Opfergesinnung hinausging. Was er 1836 von sich sagte, mag zwar überraschend sein, darf aber nicht ohne weiteres als falsch abgetan werden: „Ich bin kein dunkler Heraklit, der heitere Anakreon ist mir viel näher verwandt. Wie oft habe ich nicht hier in Paris, mit meinem alten Freunde Heine, bei Punsch und Wein das Hohelied Salomonis durchgejubelt!"[65] Also wäre Börne der Spiritualist mit sensualistischen Neigungen? Was leistet dann noch die typologische Unterscheidung Nazarener – Hellene für die Bestimmung des Verhältnisses zwischen Börne und Heine? Denn Heine charakterisierte sich selbst zwar als ‚Hellenen', als Menschen „von lebensheiterem, entfaltungsstolzem und realistischem Wesen"[66], aber er suchte die Vermittlung zwischen Realität und Idealität, zwischen antiker Sinnenfreude und christlich-jüdischer Sittenstrenge, zwischen Leben und Geist; er verfolgte ein Ideal: die Synthese von Sensualismus und Spiritualismus. – Auch wenn Heine seine geistreiche Entwicklung der für die Typen des Nazareners und des Hellenen gültigen Unterscheidungsmerkmale zu Recht an Börne und sich selbst orientiert haben sollte, wäre damit der Konflikt zwischen beiden noch nicht als unausweichlich zu erklären. Der Nazarener kann mit dem Hellenen grundsätzlich so gut auskommen wie der Sanguiniker mit dem Melancholiker oder der Astheniker mit dem Pykniker. Das Gegensatzpaar hellenisch – nazarenisch zielt – ebenso wie die Begriffspaare klassisch – romantisch, naiv – sentimentalisch, apollinisch – dionysisch – auf eine idealtypische Klassifikation, die solange als heuristisches Hilfsmittel nützlich ist, wie der von Nietzsche bündig ausgesprochene Sachverhalt nicht aus den Augen verloren wird: „Die Antithese ist die enge Pforte, durch welche sich am liebsten der Irrtum zur Wahrheit schleicht."[67] Die moralischen und physischen Gegensätze, die Heine zwischen Börne und sich konstatiert hat, reichen nicht aus, um die Gegnerschaft als notwendige Folge dieser Gegensätze zu begreifen; sie sind allein die Bedingung der Möglichkeit eines kontroversen Verhältnisses in einer besonderen geschichtlichen Situation. Daß sie typologisch fixierbar

---

dem Diktum G. O. Marbachs übereinstimmte: „Börne ist ein Charakter, Heine ein Chamäleon" (Gotthart Oswald Marbach: Ueber moderne Literatur. Zweite Sendung: Börne, Heine, Leipzig 1836, S. 233).

[65] Börnes Schriften, Bd. 3, S. 875 (aus: Menzel der Franzosenfresser).
[66] Heines Werke, Bd. 8, S. 360.
[67] Nietzsche, Werke (Anm. 45), Bd. 1, 1954, S. 563 (aus: Menschliches, Allzumenschliches).

sind, sagt noch nicht, daß sie zur Zuspitzung führen müssen; dazu bedarf es eines konkreten Anlasses.

Heine und Börne konnten erst die Rolle der feindlichen Brüder spielen, als sie durch die Julirevolution und ihre Folgen zu Entscheidungen gedrängt worden waren, die mit beinahe naturgesetzlicher Notwendigkeit die Fehde auslösen mußten. Durch die Revolution an einem und demselben Ort zusammengeführt, gerieten sie bei der Beurteilung der aktuellen politischen Lage und bei der Frage nach dem zweckmäßigen Verhalten angesichts der Wirkungen der Revolution in diametral entgegengesetzte Positionen. Eine Vermittlung war, als die Gegensätze einmal offen zutage getreten waren, nicht mehr möglich. Das gemeinsame Fundament, das Heine bei seinem Besuch in Frankfurt akzeptiert hatte, war zerstört.[68]

1830, als die Kunde von den dramatischen Ereignissen in Paris Börne und Heine erreichte, war das Fundament stabiler als je zuvor: Was Börne empfand, entsprach der Empfindung Heines. In dessen Helgoländer Tagebuch, das in das Börne-Buch Aufnahme fand, heißt es, die Nachrichten von der Revolution seien „Sonnenstrahlen, eingewickelt in Druckpapier", gewesen, „und sie entflammten meine Seele, bis zum wildesten Brand."[69] Und weiter heißt es:

> Fort ist meine Sehnsucht nach Ruhe. Ich weiß jetzt wieder was ich will, was ich soll, was ich muß ... Ich bin der Sohn der Revolution und greife wieder zu den gefeiten Waffen, worüber meine Mutter ihren Zaubersegen ausgesprochen ...[70]

Schließlich:

> Und Deutschland? Ich weiß nicht. Werden wir endlich von unseren Eichenwäldern den rechten Gebrauch machen, nämlich zu Barrikaden für die Befreiung der Welt? Werden wir, denen die Natur so viel Tiefsinn, so viel Kraft, so viel Mut erteilt hat, endlich unsere Gottesgaben benutzen und das Wort des großen Meisters, die Lehre von den Rechten der Menschheit, begreifen, proklamieren und in Erfüllung bringen?[71]

---

[68] Über Heines politische Auffassung vgl. u. a. Alfred Fuhrmann: Recht und Staat bei Heinrich Heine, Bonn 1961; über die sich entwickelnden Gegensätze zwischen Heine und Börne vgl. Paul Reimann: Heine, Börne und das Junge Deutschland, in: P. R., Hauptströmungen der deutschen Literatur 1750 1848, Berlin 1956, S. 695–713.
[69] Heines Werke, Bd. 8, S. 402.
[70] Ebd., S. 405.
[71] Ebd., S. 412.

Börne, der die Pariser Berichte in Soden erhielt, wo er für seine Gesundheit Sorge trug, reagierte wie Heine: Er geriet in einen Begeisterungstaumel und feierte den Anbruch einer neuen Zeit. Um Augenzeuge der welthistorischen Umwälzung zu werden, brach er die Kur ab und eilte nach Paris.

Was Börne in Paris erlebte, enttäuschte ihn. Er sah das Volk um die Früchte der Revolution gebracht. Feile Machenschaften, die Korruptionen der Finanzgewaltigen, des Bürgerkönigs zaudernde Haltung und Unfreiheit kennzeichneten die Szenerie, wie er sie sah; die republikanischen Bestrebungen waren, das stand auf jeden Fall fest, ohne Erfolg geblieben. Börne entschied sich bei der Frage, ob die Revolution nur eine Variation des seit 1814 bestehenden politischen Systems oder einen Wechsel des Systems gebracht habe, für die erste Möglichkeit. Er zog daraus die Konsequenz, daß die Rechte des Volkes stärker zu propagieren seien; er glaubte nun nicht länger an die Chance, daß eine konstitutionelle Monarchie das Recht der Menschen auf Freiheit und Gleichheit verwirklichen würde, und forderte stürmisch weitere Revolutionen, die den republikanischen Ideen zum Sieg verhelfen sollten. Nie zuvor hatte die politische Leidenschaft Börnes ähnlich radikale Formen angenommen, nie zuvor hatte sich sein moralischer Rigorismus so deutlich als treibende Kraft der politischen Aktivität erwiesen. Von nun an kämpfte er für seine Idee: daß die Gewalt zur Gerechtigkeit führen könne. Er verbrüderte sich in seinem Kampf mit Handwerkern und Arbeitern.[72]

Daß Börne, trotz allen Anflügen des Mißtrauens, nicht daran zweifelte, daß Heine mit ihm in politischen Grundsatzfragen übereinstimmte, ergibt sich aus seinen Bemerkungen nach der Lektüre des vierten Teils der „Reisebilder" im Februar 1831: „Das Buch hat mich gelabt wie das Murmeln einer Quelle in der Wüste [...] Ich sprach so allein in dieser Zeit, und Heine hat mir geantwortet."[73] Doch es gibt auch Kritik: „Was mich aber eine Welt weit von Heine trennt, ist seine Vergötterung Napoleons."[74] Das Trennende wurde allerdings einstweilen als quantité négligeable bewertet. Wie anders wäre es zu verstehen, daß Börne, ebenfalls im Februar 1831, den Plan faßte, mit Heine zusammen eine Zeitschrift herauszugeben oder mit ihm eine zur Publikation bestimmte Korrespondenz, die sich mit brennenden Zeitfragen beschäftigen sollte, zu beginnen? „[...] außer uns beiden, fürchte ich,

---

[72] Heine zeigt in seiner Börne-Schrift seinen Widerwillen vor dem „Pöbel", mit dem sich Börne gemein machte, mit nicht zu überbietender Deutlichkeit (vgl. Heines Werke, Bd. 8, S. 386, 430–433 u. 505).

[73] Börnes Schriften, Bd. 3, S. 170 (aus: Briefe aus Paris).

[74] Ebd.

gibt es unter den deutschen Schnecken und Austern kein drittes rotblütiges Tier, das zu brauchen wäre."[75]

Auch Heine war nicht zu brauchen; er blieb die Antwort auf Börnes Vorschlag schuldig; er kannte dessen Absichten und wollte sich, selbst wenn er sie billigte, nicht für sie verwenden. Er opferte seine Freiheit nicht einer abstrakten Idee auf. Und er war der Auffassung: Wer die Revolution sät, muß sicher sein, den Fortschritt ernten zu können, und wer die Popularisierung einer Idee wünscht, verrät das Volk, wenn er es nicht sinnvoll zu handeln lehrt. War für die Sache des Liberalismus schon etwas gewonnen, wenn allerorten Jakobinermützen auftauchten? Was waren politische Ideen wert, die den Bezug zur Realität, zum Leben, zur Idee des Lebens vermissen ließen? Und dann: Wenn sich auch der Dichter in den Dienst der Menschheit stellen sollte, bedeutete das noch nicht, daß er vom Felde der Poesie gänzlich auf das Feld der politischen Agitation wechseln mußte.[76]

Im Mai 1831 traf Heine in Paris ein. Er hatte es nicht eilig, mit Börne zusammenzukommen. Erst Ende September stattete er ihm, nach schriftlicher Einladung, einen Besuch ab. Daß ihm, wie er später sagte, „unheimlich zu Mute" wurde, als er „bedenkliche Funken" aus Börnes Augen leuchten sah und mit „terroristischen Expektorationen" überschüttet wurde[77], mag wörtlich zu nehmen sein oder nicht, Tatsache ist, daß diese erste Begegnung in Paris deutlich machte, wie fremd sich Heine und Börne in ihren politischen Auffassungen geworden waren. Die Desillusion war für Börne furchtbar. Er hatte einen Bundesgenossen erwartet und erlebte einen monarchisch gesinnten Apostaten. Er hatte einen Vorkämpfer revolutionärer Bestrebungen mit den Insignien des Volkstribuns zu begrüßen gehofft und sah sich einem Liberalen mit aristokratischer Gebärde gegenüber, der dem Jakobinertum nur als einer historischen Erscheinung zu applaudieren vermochte.[78] Voller Bitterkeit hat Börne über die Begegnung mit Heine berichtet: „Heine gefällt mir nicht. [...] Es ist ihm nichts heilig, an der Wahrheit liebt er nur das Schöne, er hat keinen Glauben. Er sagt mir offen, er wäre vom juste-milieu [...]."[79] Und wenige Tage darauf schreibt er an Jeanette: „Was ich von ihm [Heine] höre, gibt mir von seinem Charakter

---

[75] Börne an Jeanette Wohl vom 4. Februar 1831 (Börnes Schriften, Bd. 4, S. 1300).

[76] Zu diesem Problemkreis vgl. besonders Paul Konrad Kurz: Künstler – Tribun – Apostel. Heinrich Heines Auffassung vom Beruf des Dichters, München 1967.

[77] Heines Werke, Bd. 8, S. 415 u. 418.

[78] Vgl. Ras (Anm. 50), S. 110–124.

[79] Börne an Jeanette Wohl vom 27. September 1831 (Börnes Schriften, Bd. 5, S. 11 f.).

keine gute Vorstellung. [...] Und Charakterschwäche ist das Gefäß für alle Leidenschaften [...]. Er soll von grenzenloser Eitelkeit sein. Er spielt, und er könnte nichts tun, was mir größeres Mißtrauen gegen ihn einflößte. Er hat schon einmal 50 Louisdor auf einmal verloren."[80]
Börne steigerte sich immer mehr in die Ablehnung Heines hinein. Sein Haß wurde sehr groß und machte ihn blind. Er sah nicht, daß Heine keineswegs aus Mangel an Charakter zu einer eigenen politischen Meinung gekommen war, sondern auf Grund einer genauen Analyse der zeitgenössischen Wirklichkeit. Allerdings schätzte Heine beim politischen Handeln die Effektivität höher ein als die Moralität. Und er stand aus Prinzip missionarischem Eifer skeptisch und glühendem Fanatismus ablehnend gegenüber.

Börne übersah, daß Heine für seine Haltung triftige Argumente ins Feld zu führen hatte; daß er rational zu begründen versuchte, warum die konstitutionelle Monarchie mit liberalen und demokratischen Institutionen der republikanischen Staatsform vorzuziehen sei; daß er sorgfältig über seine Kritik am deutschen Jakobinismus in Paris Rechenschaft ablegte. Börne ignorierte auch diese wichtige Überlegung Heines: Dem Volk werde mit einer rechtlichen Gleichstellung nicht gedient, solange sein materieller Wohlstand nicht gesichert sei; Freiheit und Gleichheit verbürgten nicht den Lebensgenuß des einzelnen (war von der Gleichheit nicht sogar Unheil zu erwarten?[81]); mit der Einführung der Republik ließen sich die sozialen Probleme nicht lösen.[82]

Es ist nicht zufällig, daß Börne die Buchveröffentlichung der 1831/32 entstandenen und zum größten Teil schon in der „Allgemeinen Zeitung" erschienenen „Französischen Zustände" zum Anlaß nahm, öffentlich zu erklären, Heine sei moralisch zu verurteilen und deshalb politisch nicht ernst zu nehmen[83]; denn in keinem seiner früheren Werke hatte dieser so dezi-

---

[80] Börne an Jeanette Wohl vom 1. Oktober 1831 (Börnes Schriften, Bd. 5, S. 18 f.). 1922 hat Anton Kuh einmal von „Börnes gesinnungsengem Haß" gesprochen (vgl. A. K.: Von Goethe abwärts. Aphorismen, Essays, Kleine Prosa, Wien, Hannover und Bern 1963, S. 186); mit diesem Wort wird auch, wie u. a. der Brief an Jeanette zeigt, Börnes Haltung gegenüber Heine treffend charakterisiert.

[81] Vgl. Fuhrmann (Anm. 68), S. 87–93; außerdem aus Caput VI von „Atta Troll": „Strenge Gleichheit! Jeder Esel / Sei befugt zum höchsten Staatsamt, / Und der Löwe soll dagegen / Mit dem Sack zur Mühle traben." (Heines Werke, Bd. 2, S. 187.)

[82] Vgl. dazu die Anm. 68 genannte Abhandlung von Reimann.

[83] Vgl. den 109. der „Briefe aus Paris" vom 25. Februar 1833 (Börnes Schriften, Bd. 3, S. 809–815).

diert dargelegt, was er über Recht und Staat, Revolution und Fortschritt dachte und welche materiellen und geistigen Bedürfnisse des Individuums er für unabdingbar hielt. Heine hatte den republikanisch gesinnten Demokraten den Krieg erklärt; sie waren für ihn gefahrliehe Narren, Utopisten ohne Verständnis für geschichtliche Zusammenhänge.[84] Börnes Antwort ist die Klage über den Verlust eines Freundes, der als Feind hassenswert geworden ist; sie enthält dieselben Vorwürfe, die auch in Briefen an Jeanette Wohl zu finden sind.

Börnes Anklage, Heine sei charakterlos und unmoralisch, stimmte mit der öffentlichen Meinung überein. Heines Vorwürfe gegenüber dem republikanischen Fanatismus deckten sich mit den Vorwürfen, die in der Öffentlichkeit gegen Börne erhoben wurden. Gleichwohl war das Publikum nicht imstande, die Kluft als abgrundtief und unüberwindlich breit anzusehen. In der Tat mag die Situation nicht so eindeutig gewesen sein, wie sie dem heutigen Betrachter erscheint; und es ist nicht einmal sicher, daß der heutige Betrachter angemessen urteilt, wenn er die Gesichtspunkte übernimmt, die nach den überlieferten Zeugnissen der Betroffenen die historische Wirklichkeit charakterisiert haben. Es darf nicht übersehen werden, daß Heine und Börne trotz aller Gegensätze gemeinsame Interessen hatten, daß sie noch lange nach der Einsicht in die Unvereinbarkeit ihrer Standpunkte miteinander verkehrten und einer den anderen wegen mancher Fähigkeiten – besonders der, mit der Sprache zu brillieren – schätzte.[85] Wie problematisch die wechselseitigen Festlegungen waren, läßt sich an einem einfachen Beispiel zeigen: Während Börne, der von Heines Charakterlosigkeit überzeugt war und öffentlich über sie sprach, in einem Brief an Jeanette Wohl gestand: „Ich vermute zwar, daß Heine Schuft ist, aber ich kann ihm keine schlechte Handlung beweisen"[86], konnte Heine, der Börnes ‚edlen' Charakter kaum anzweifelte, aus aktuellen Anlässen über dessen „jakobinische Ränke" Klage führen[87] und sich über die Notwendigkeit äußern, „Schufte, wie Börne und Consorten, [...] unschädlich" zu machen.[88]

Die Kontroverse zwischen Börne und Heine war nur möglich, weil Börnes Enttäuschung über seinen lange gehegten Irrtum, er könne sich auf Heine als politischen Alliierten verlassen, nicht zur Resignation, sondern zur Aggression führte. Börne, der jeden Kompromiß als feigen Verrat an-

---

[84] Vgl. u. a. Ott (Anm. 50), S. 73–92.
[85] Vgl. auch oben S. 45 (Börnes Hinweis auf seinen „alten Freund" Heine).
[86] Börne an Jeanette Wohl vom 5. Januar 1833 (Börnes Schriften, Bd. 5, S. 438).
[87] Heine an Varnhagen vom Mai 1832 (Heines Briefe, Bd. 2, S. 21).
[88] Heine an Varnhagen vom 16. Juli 1833 (ebd., S. 43).

Die zerstrittenen Dioskuren

sah, suchte die Fehde unter dem Zwang zur Selbstbehauptung. Er haßte – und wurde von Heine verachtet.

Das Bewußtsein der Überlegenheit gestattete es Heine, Verachtung zu demonstrieren; gegen Börnes Säbel zog er das Florett; er demütigte den Kontrahenten, indem er mit ihm spielte. Wie wenig dieser in der Lage war, das Spiel zu durchschauen, geht aus manchen Berichten an die Frankfurter Freundin hervor. Ein Beispiel kann hier genügen: „Schon zwanzigmal", schrieb Börne am 8. Dezember 1831, „gestand er [Heine] mir; und das ganz ohne Not, dem Argwohn zuvorkommend: er ließe sich gewinnen, bestechen; und als ich ihm bemerkte: er würde aber dann seinen Wert als Schriftsteller verlieren, erwiderte er: keineswegs, denn er würde gegen seine Überzeugung ganz so gut schreiben als mit ihr."[89] Von der merkwürdigen Annahme, Heine spreche in diesem Fall die lautere Wahrheit, bis zur Mutmaßung, er sei ein gefährlicher Spion, ein gekaufter Agent, war es nicht mehr weit.

In einer Rezension über Heines Börne-Buch heißt es: „H. hatte ihn [Börne] schon früher unter der Gestalt des kleinen Simon [!] in Schnabelewopsky persiflirt, Börne schüttelte still und stumm, wie ein Löwe, den Mückenstich ab [...]."[90] Hatte der Löwe[91] den Stich vielleicht gar nicht gespürt? Nichts spricht dafür, daß Börne gewahr wurde, was nach der Lektüre des im Dezember 1833 erschienenen Fragments „Aus den Memoiren des Herren von Schnabelewopski" viele wußten: daß er – vielleicht neben anderen[92] – für das Bild des kleinen Simson Modell gestanden hatte; für das Bild des schmächtigen Männchens jüdischer Herkunft, gebürtig aus Frankfurt, für das galt, was über alle Frankfurter Juden grundsätzlich zu bemerken war: Sie „können, bei politischen Fragen, so republikanisch als möglich denken, ja sich sogar sansculottisch im Kote wälzen; kommen aber religiöse Begriffe ins Spiel, dann bleiben sie untertänige Kammerknechte ihres Jehovah [...]."[93] Der kleine Simson, der so winzige Ärmchen hat, wie sie Heine später an Börne beschreibt, der so erregbar und heftig und toll ist wie dieser, der sich für Überzeugungen schlägt und im Wahn, er könne die Philister, die Fürsten und ihr Gefolge, gleich dem biblischen Helden durch die Kraft seiner – Arme vernichten, an einer schmerzlichen Wunde zugrunde geht, dieser traurige Held stellte die Gestalt Börnes im Heineschen Parabolspiegel dar. Aber Börne sah sich nicht, sein Blick ging über sich hin-

---

[89] Börnes Schriften, Bd. 5, S. 109.
[90] Zeitung für die elegante Welt 1840, Nr. 174 vom 5. September.
[91] Auf dieses Tier ist J. Kaufmann, der Kritiker, vielleicht durch Börnes ursprünglichen Vornamen – Löw – gestoßen?
[92] Vgl. dazu Windfuhr (Anm. 44), S. 173.
[93] Heines Werke, Bd. 6, S. 360.

weg. Es ist denkbar, daß er sich auch im „Atta Troll", der poetischen Abrechnung Heines mit seiner Zeit[94], nicht wiedererkannt hätte:

> Atta Troll, Tendenzbär; sittlich
> Religös; als Gatte brünstig;
> Durch Verführtsein von dem Zeitgeist,
> Waldursprünglich Sanskülotte;
>
> Sehr schlecht tanzend, doch Gesinnung
> Tragend in der zottgen Hochbrust;
> Manchmal auch gestunken habend;
> Kein Talent, doch ein Charakter![95]

Die Auseinandersetzung zwischen Heine und Börne verlief nicht fair, weil die Kontrahenten sich ungleicher Waffen bedienten. Daß die taktische Geschicklichkeit, der Weitblick und die Geschmeidigkeit nicht zu leugnende Vorteile Heines waren, sollte dabei nicht übersehen und keineswegs negativ beurteilt werden. Das Duell am 7. September 1841 und die erfundene Handgreiflichkeit von Salomon Strauß haben in diesem Zusammenhang den Wert beziehungsreicher Anekdoten.

---

[94] Vgl. u. a. Adolf Paul: Heinrich Heines ‚Atta Troll' – Eine literarisch-politische Satire, in: Zeitschrift für deutsche Philologie 56 (1931), S. 244–269.
[95] Heines Werke, Bd. 2, S. 248.

Mehrfacher Schriftsinn. Rosen und Nachtigallen in Heines Lyrik[*]

Jeder Literatur-Lehrer weiß es, und jeder Literatur-Schüler sollte es wissen: Poetische Texte bedürfen, anders als bloß informierende Sachtexte (wie Telefonbücher, Fahrpläne u. ä.), in der Regel der Interpretation; denn sie sind nicht eindeutig. Formen müssen erkannt, Allegorien entschlüsselt (‚übersetzt'), Symbole ‚verstanden' werden, etc. Der mögliche Interpretationsaufwand bestimmt nicht selten die Qualität von Poesie.

Die Konzentration auf ‚das Poetische' von Poesie schließt nicht aus, daß der Interpret auch Antworten auf die Oberlehrer-Frage „Was will uns der Dichter sagen?" geben sollte; denn oft genug wollen Dichter (wie Schiller, Brecht, Böll, Peter Weiss) auch oder gerade als moralische Instanz ernstgenommen werden.

Der Sinn, den ein Dichter seinem Text, den der Rezipient durch Lektüre, Analyse und Interpretation als ‚bedeutend' entdeckt, ‚mitgibt', kann also durchaus ein mehrfacher sein. Was von einzelnen Dichtwerken gilt, mag auch von einzelnen Dichtern gelten: Am Ende hat sich der einfache Sinn zum mehrfachen erweitert; im historischen Prozeß der poetischen Produktion finden sich mehrere Sinnschichten zueinander oder lösen einander ab. Wie sich eine solche Entwicklung vollziehen kann, ließe sich vermutlich an einer Untersuchung der Lyrik Schillers (vom „Venuswagen" zur „Nänie") gut zeigen. Hier soll, um das Problem wenigstens zu konkretisieren (wenn schon nicht zu lösen), von Heines Lyrik gesprochen werden.

Die folgenden Bemerkungen beziehen sich, hoffentlich hinlänglich deutlich, auf die mittelalterliche Lehre vom vierfachen Sinn der Heiligen Schrift. Was darunter zu verstehen ist, hat im 13. Jahrhundert Augustinus der Dakier fast formelhaft in zwei Versen zusammengefaßt:

Littera gesta docet, quid credas allegoria,
Moralis quid agas, quo tendas anagogia.

---

[*] Der 1987 im Heinrich-Heine-Institut (Düsseldorf) gehaltene Vortrag ist leicht gekürzt (mit dem Titel „Rosen und Nachtigallen. Vom Fremdwerden des Vertrauten in Heinrich Heines Lyrik") zuerst erschienen in: Theorien, Epochen, Kontakte. Festschrift zum 60. Geburtstag von Antal Mádl, hg. v. János Szabó und Ferenc Szász, Budapest 1989, T. 1, S. 125–145.

Das heißt: Die Bibel ist auslegbar 1. als historisches Dokument; 2. als allegorisches Kunstwerk, in dem das Gesagte etwas bedeutet, was es selbst nicht ist; 3. als moralisches Lehrbuch; schließlich 4. als (tropologisches) Mittel der ‚Hinaufführung' (ins ewige Leben), gleichsam als eschatologische Wirklichkeit selbst. Im letzteren Sinne könnte die Bibel mit einem vollkommenen symbolischen Kunstwerk in Beziehung gebracht werden. Rosen und Nachtigallen mögen dazugehören, ohne eine Rolle zu spielen.

*

Wer kennt nicht das alte (aus dem 16. Jahrhundert stammende) Weihnachtslied: „Es ist ein Ros' entsprungen aus einer Wurzel zart"? Hat jemals einer geglaubt, er müsse erklären oder erklärt bekommen, wer oder was diese Rose sei? Wohl nicht, denn die zweite Strophe gibt ja hinlänglich Aufschluß: „Das Röslein, das ich meine, davon Isaias sagt: Maria ist's, die Reine [...]".

Das lyrische Sprechen interpretiert sich selbst, solange klar ist, was der Begriff „Rose" in poetischer Verwendung, also im ‚uneigentlichen' Sprechen bedeutet – eine Metapher für das Schöne, das Reine, für Liebe wohl auch und für manches andere (auch für viel Dorniges natürlich), und dann für Menschen, die durch die gemeinten Eigenschaften ausgezeichnet erscheinen.

In Johann Christoph Adelungs „Wörterbuch der hochdeutschen Mundart", das zuerst 1774–86 erschienen ist, findet sich die sonderbare, weil zu kurz greifende Formulierung, die Rose sei „bey den Dichtern ein Sinnbild, theils der jugendlichen Lebhaftigkeit, theils des Vergnügens, theils aber auch der üppigen Gemächlichkeit [...]"[1]. Wie auch immer: Die Kontexte, in denen die Rose erscheint, lassen bis zu Beginn des 19. Jahrhunderts fast immer und bis heute noch gelegentlich die Bedeutung erkennen, die dem Wort zukommen soll. (Übrigens ist die Rosen-[wie auch die Nachtigallen-]Metapher natürlich keine deutsche Besonderheit, sondern ist in der Weltliteratur weit verbreitet, in der europäischen Antike nicht weniger als in der angelsächsischen und romanischen, der indischen und persischen Literatur.)

„Ehret die Frauen! Sie flechten und weben / Himmlische Rosen ins irdische Leben" – diese Schillerschen Verse[2] bedürfen so wenig eines gelehrten Kommentars wie Goethes: „Denn wer sich die Rosen, die blühenden,

---

[1] Johann Christoph Adelung: Versuch eines vollständigen grammatisch-kritischen Wörterbuchs der hochdeutschen Mundart [...], 3. Theil, Leipzig 1777, Sp. 1478.

[2] Schiller: „Würde der Frauen", Vers 1 f.

bricht, / Den kitzeln fürwahr nur die Dornen"[3] oder Immermanns: „Die schönste Rose, die da blüht, / Das ist der rosenfarbne Mund / Von wonniglichen Weiben"[4] oder Annette von Droste-Hülshoffs: „Die Ros' auch lächelt selig, doch wie lange?"[5] Das unmittelbare Verstehen des metaphorischen Sprechens von und mit der Rose setzt natürlich voraus, daß die Rose als Pflanze, als schöne Blume, zu der auch Dornen gehören, gekannt ist, daß also ihre (abstrakten) Eigenschaften leicht konkretisierbar (meistens personifizierbar) werden.

Es gibt in der Poesie auch unzählige Fälle der Verwendung des Begriffs in ‚eigentlicher' Bedeutung, die dann erst recht nicht erschlossen werden muß. (Etwa: „Rosen knospen dir auf, daß sie mit süßem Duft / Dich umströmen!" kann man bei Klopstock lesen[6], bei Platen: „Wenn erblüht die roten Rosen, / Singt die Nachtigall im Rausche."[7]) Rosen werden in poetischen Zusammenhängen erst dann problematisch, wenn sich ihre Funktion nicht darin erschöpft, etwas unmittelbar oder mittelbar zu sein oder zu bedeuten, sondern darüber hinaus auf den Sinn der Poesie, für die sie gebraucht wurden, verweisen. Was in Hölderlins „Hälfte des Lebens" mit „Rosen" ‚an und für sich' gemeint ist („Mit gelben Birnen hänget / Und voll mit wilden Rosen / Das Land in den See, / Ihr holden Schwäne[...]"[8]), das kann nicht strittig sein: Doch wie diese durchaus real zu denkenden Blumen den ästhetischen Wert des Gedichts mitbestimmen, läßt sich nur durch eine gründliche Interpretation (von der zu sagen ist: sie kann nicht abschließend sein) an den Tag bringen. Die Gewichtigkeit des Problems kann vielleicht durch einen anderen Text hervorgehoben werden: Rilkes Grabinschrift; sie lautet: „Rose, oh reiner Widerspruch, Lust, / Niemandes Schlaf zu sein unter soviel / Lidern."[9] Daß über diese Verse vor einigen Jahren ein Buch von über 200 Seiten erscheinen konnte[10], ist so verwunderlich nicht.

---

[3] Goethe: „Gewohnt, getan", Vers 32 f.
[4] Immermann: „Münchhausen", Ende des 5. Buchs (in „Die Wunder im Spessart").
[5] Annette von Droste-Hülshoff: „Das verlorne Paradies", Vers 24.
[6] Klopstock: „An Cidli", Vers 33 f.
[7] Platen: „Nachbildungen aus dem Divan des Hafis", Nr. 48, Vers 1 f. (Zitiert nach: Platens sämtliche Werke, hg. v. Karl Goedeke, Stuttgart o. J., Bd. 2, S. 269.)
[8] Hölderlin: „Hälfte des Lebens", Vers 1–3.
[9] Zitiert nach: Rainer Maria Rilke: Ausgewählte Werke, hg. v. Rilke-Archiv in Weimar, [Leipzig] 1950, Bd. 1, S. 405.
[10] Joachim Wolff: Rilkes Grabinschrift [...], Heidelberg 1983.

Noch ein letztes Beispiel aus der Lyrik unserer Zeit sei angeführt: Die Rose bei Paul Celan, im Gedicht „Schlaf und Speise", in dem die Finsternis das angesprochene Du zu „Leben und Schlaf" weckt: „Sie kämmt dir das Salz aus den Wimpern und tischt es dir auf, / sie lauscht deinen Stunden den Sand ab und setzt ihn dir vor. / Und was sie als Rose war, Schatten und Wasser, / schenkt sie dir ein."[11] Hier wird die Rosenmetapher (wie auch in der Celanschen „Niemandsrose", dem Titel eines Gedichtbands von 1963) noch einmal metaphorisiert und erhält als neu definiertes Gebilde („Schatten und Wasser") einen aus den übrigen Worten erst zu erschließenden neuen Ort im Denk- und Bildgebäude des Dichters zugewiesen. Das unmittelbare Einverständnis mit solchen Versen sollte die Auseinandersetzung mit ihnen nicht hindern.

Heine macht es dem Leser, so scheint es zunächst, nicht so schwer, wie es ihm Rilke oder Celan machen; aber er stellt doch schwerere Aufgaben als der Dichter des Liedes „Es ist ein Ros' entsprungen" oder als Schiller, schwerer im Hinblick auf seine Rosen-Lyrik wenigstens.

Was die Rosen im Bereich der Flora für die Dichter sind, das sind die Nachtigallen im Bereich der Fauna; es handelt sich um Tiere mit angeborener Geeignetheit für den poetischen Gebrauch. Die durch eifriges Lyrik-Studium erhobenen Befunde ergeben freilich, daß die Blume etwa doppelt so häufig in Gedichten auftaucht wie der Singvogel; das gilt allgemein für die deutsche Literatur bis ins 20. Jahrhundert wie auch in unserem besonderen Fall: für die Lyrik Heines. Die offenkundige Bevorzugung der Rosen gegenüber den Nachtigallen kommt auch darin zum Ausdruck, daß diese in vielen Fällen als Anhängsel jener erscheinen („Rosen und Nachtigallen", wobei die Reihenfolge die poetische Priorität zu erkennen gibt); ferner: In der Lyrik der Gegenwart nimmt sich die Nachtigall wie ein Fabelwesen, ein Unwirkliches, aus, während mit den Rosen noch einiger profitabler Handel getrieben wird. Das liegt nicht nur daran, daß die Existenz des Singvogels augenscheinlich bedrohter ist als die der Zierpflanze, sondern auch (und vielleicht hauptsächlich) daran, daß die metaphorische Verwendbarkeit der Nachtigall weit geringer ist als die der Rose. Die schön singende Nachtigall kann kaum mehr als schönen Gesang und schön singende Menschen bedeuten. („Schön flötete die Nachtigall / Den ersten Sang der Liebe"[12]; Goethe nennt die Sängerin Henriette Sontag eine „flatternde Nachtigall"[13] etc.) Friedrich Rückert hat die poetische Überlegenheit der Rose gegenüber der Nachtigall in die – natürlich der Deutung bedürftigen – Verse gebracht: „Die Nachtigall, sie gellt in tausend Nächten / Nicht

---

[11] Celan: „Schlaf und Speise", Vers 5–8.
[12] Schiller: „Der Triumph der Liebe", Vers 51 f.
[13] Vgl. Goethes Brief an Zelter vom 12. August 1826.

aus die ew'ge Melodie der Rose."¹⁴ – Rose Ausländer, die ihre Mutter als Nachtigall dichtet, macht, bei aller Grenzüberschreitung, die Beschränktheit der Metapher deutlich, wenn sie durch Quantität die fehlende Qualität ersetzen will: „Nacht um Nacht höre ich sie / im Garten meines schlaflosen Traumes / Sie singt das Zion der Ahnen / sie singt das alte Österreich / sie singt die Berge und Buchenwälder / der Bukowina / Wiegenlieder / singt mir Nacht um Nacht / meine Nachtigall / im Garten meines schlaflosen Traumes."¹⁵

*

Aber zu Heine nun endlich, der sein eigenes Spiel treibt mit Rosen und Nachtigallen und dabei, wie in vielem sonst, sowohl von der Tradition bestimmt wurde wie auch von der sich immer stärker behauptenden Einsicht (woher diese auch kam) in die Notwendigkeit von Neuanfängen – in der Kunst nicht weniger als in der Politik. Wie Heine ein wahrhaft moderner Dichter wurde (wenn modern heißt: die gegebene Wirklichkeit – zu der natürlich auch der Bestand historisch gewordener Literatur gehört – zum Gegenstand der Produktion mit dem Ziel ihrer, d. h. der Wirklichkeit Veränderung zu machen), das läßt sich mühelos durch eine Beschreibung seines Lebensweges und der Entwicklung seines schriftstellerischen Werkes aufzeigen; das ist oft genug geschehen. Es läßt sich aber, und das mag nicht ohne Reiz sein, ebenso bestimmt durch gleichsam mikroskopische Untersuchungen, wie das Folgende eine sein möchte, erweisen: Durch das Festhalten an Details, an einzelnen Stilzügen, Problemen, Motiven, Ideen, sich wandelnden ästhetischen und politischen Überzeugungen kann, im günstigsten Fall, eine historische Linie ausgezogen werden, deren Verlauf sich zum charakteristischen Profil des so im Detail Untersuchten fügt – Geschichte als Form.

Wie gelangt im Verlaufe eines über dreißigjährigen Prozesses Heines lyrisches Sprechen von der Ebene des Historischen zur Allegorie, dann auch auf die Ebene des Moralischen und schließlich zum eigentlich Poetischen, zum ‚uneigentlichen' Sprechen, das unvertraut ist, mit dem sich die Tropologie (die Lehre von den Redefiguren) als das unverzichtbare Herzstück der Hermeneutik (der Auslegungskunst) zu beschäftigen hat? Die Frage impliziert das erwähnte Modell des vierfachen Schriftsinns, das in meinen Ausführungen stufenweise zur Anschauung kommen soll.

---

[14] Rückert: „Ghaselen", Nr. 17, Vers 11 f. (Zitiert nach: Friedrich Rückert's gesammelte Poetische Werke in zwölf Bänden, Frankfurt a. M. 1868, Bd. 5, S. 208.)

[15] Rose Ausländer: „Meine Nachtigall", Vers 11–20.

Als Heine 1827, im Alter von 30 Jahren, sein „Buch der Lieder" veröffentlichte (das dann, mit zehnjähriger Verspätung, ab 1837, dem Jahr der zweiten Auflage, zu einem Bestseller wurde wie kaum eine andere Lyriksammlung in deutscher Sprache), da war der Dichter längst kein Unbekannter mehr; die meisten der Gedichte, die nun versammelt wurden, waren vorher bereits erschienen, und zwar in der Regel in der Reihenfolge und in der Komposition, wie sie nun in dem Band auftauchen: Der erste Zyklus mit der Überschrift „Junge Leiden" enthält zum größten Teil die schon 1822 in Berlin selbständig herausgekommenen „Gedichte", der zweite Zyklus „Lyrisches Intermezzo" ist im wesentlichen dem im folgenden Jahr (1823) publizierten Band „Tragödien, nebst einem lyrischen Intermezzo" entnommen; die folgenden Zyklen („Die Heimkehr", „Aus der Harzreise", „Die Nordsee") finden sich fast vollständig im ersten Teil der „Reisebilder" von 1826.

Es ist oft genug gesagt worden und bedarf keiner erneuten Erörterung, daß sich der Zyklus „Junge Leiden" (die Parade der Heineschen Jugendlyrik) von den übrigen Zyklen stärker abhebt als ein anderer Zyklus von einem anderen. Heine ist durch die Poesie seiner Zeit, die sogenannte romantische, aufs nachhaltigste beeinflußt worden, sein Bonner Mentor August Wilhelm Schlegel, der Altvater der Romantik, lehrte ihn nicht nur Verse machen, sondern auch Gefühle kultivieren, er kuppelte ihm, wie Heine 1820 an einen Freund schreibt, die Musen förmlich zu („da er [Schlegel] ihrer vielgenossenen Reize satt ist"[16]); wenig später spricht Heine von seinem „wundersüßen Bräutchen, Fräulein Romantik, geborne Poesie".[17] Die Elogen, die Heine im ersten Zyklus des „Buchs der Lieder" Schlegel macht, sind ganz und gar unironisch; sie sind vielmehr Ausdruck der Bewunderung und Dankbarkeit.

Johann Baptist Rousseau, Heines kluger Freund, der selbst allerlei dichtete, hat die Gedichte von 1822 rezensiert und dabei gesagt: „Durchgehends herrscht die Romantik der Form und des Inhalts strenge vor; dafür wollen wir dem Verfasser unsern Dank sagen, ihn aber bitten, dieses nicht bis ins Klingelnde und Spielende zu verfolgen."[18] – Wenn diese grobe Charakterisierung stimmt: was ist dann von der Verwendung wichtiger Motive, von der Behandlung geläufiger Metaphern zu erwarten? Daß sie romantisch sind. (Das sagt noch nichts über das heikle Problem der Epigonalität des jungen Dichters, die hier auch gar nicht zur Diskussion stehen soll. Nur die

---

[16] Vgl. Heines Brief an Friedrich van Beughem vom 15. Juli 1820.
[17] Im Brief an Friedrich Steinmann und Johann Baptist Rousseau vom 29. Oktober 1820.
[18] Rousseaus Rezension erschien im Februar 1824 in der von ihm herausgegebenen Zeitschrift „Agrippina".

Randbemerkung sei erlaubt: Gegen die These von der Epigonalität der „Jungen Leiden" spricht in erster Linie die Gewandtheit in der Behandlung des Vorgefundenen, eine Gewandtheit, die deshalb substantiell ist, weil die den Versen zugrundeliegenden Erlebnisse – solche schmerzender Liebesbeziehungen v. a. – als persönlich erlitten glaubhaft vermittelt werden.)

Heine spart nicht mit Rosen, aber Nachtigallen kommen erst später. „Mit Rosen, Zypressen und Flittergold / Möcht ich verzieren, lieblich und hold, / Dies Buch wie einen Totenschrein, / Und sargen meine Lieder hinein."[19] – „Laß duften die Rosen, laß scheinen die Sonn, / Mein süßes Liebchen!"[20] Oder noch dies: „Zwei Röslein sind die Lippen dort, / Die lieblichen, die frischen; / Doch manches häßlich bittre Wort / Schleicht tückisch oft dazwischen."[21] Weder als wörtlich zu verstehenden Begriffen noch als Metaphern haftet den Rosen in diesen Texten ein geheimer Sinn an, der durch interpretatorische Verfahren entdeckt werden müßte; auch die Zusammenhänge, in denen sie stehen, heben ihre Eindeutigkeit nicht auf. Der Leser erkennt sie als konventionell, als traditionell; es wird von ihm nichts verlangt als gleichsam historisches Wissen; so wird mit Rosen in Gedichten umgegangen, in der Romantik freilich oft ‚kunstvoller' und ‚schöner', zum Beispiel so: „Rose, süße Blüthe, der Blumen Blum', / Der Kuß ist auf deinen Lippen gemahlt, / O Ros' auf deinem Munde strahlt / Der küssenden Lieb' Andacht und Heiligthum."[22]

Das „Buch der Lieder" ist nur in seinem ersten Teil fast ganz romantisch; Traditionalität und Konventionalität – sowohl in der Sprachbehandlung wie in den Inhalten – treten in den weiteren Teilen zunehmend zurück, so daß geradezu davon gesprochen werden kann, daß sich die Gedichte entromantisieren, daß sich Heine von der Romantik emanzipiert, ja gelegentlich schon antiromantisch erscheint, ohne indes sein literaturkritisches Pamphlet „Die romantische Schule" (in der ersten Fassung von 1833 unter dem Titel „Zur Geschichte der neueren schönen Literatur in Deutschland" erschienen) schon ahnen zu lassen. Der endgültige Bruch mit der Romantik ereignete sich um 1830.

Was nun die Entwicklung innerhalb des „Buchs der Lieder" anbetrifft, so ist zu konstatieren (wieder nur sehr pauschal): Heine wollte schon im „Lyrischen Intermezzo" mehr geben, als er in den „Jungen Leiden" hatte geben können – er wollte auf „die Quelle meiner dunkelen Leiden" aufmerksam machen, er wollte „den Passepartout zu meinem Gemütslazarette"

---

[19] Heine: „Lieder", Nr. 9, Vers 1–4.
[20] „Die Heimführung", Vers 13 f.
[21] „Das Liedchen von der Reue", Vers 9–12.
[22] Aus Ludwig Tiecks „Frühlings- und Sommerlust". Zitiert nach: Ludwig Tieck: Gedichte, 1. Theil, Dresden 1834, S. 225.

‚niederlegen', wie er am 24. Dezember 1822 an Karl Immermann schrieb. Das aber heißt nichts anderes als: Es ging Heine nicht mehr um einzelne Erlebnisse und ihre Darstellung, sondern um sein prinzipielles Verhältnis zur Welt, zu Problemen der Kontingenz wie Liebe, Tod, Krankheit, aber auch schon, wenngleich nur andeutungsweise, zum Gang der Geschichte, und später dann: zur politischen Situation seiner Zeit. Damit stellt sich ihm die Aufgabe, nicht mehr nur die Oberfläche von Erscheinungen widerzuspiegeln, sondern deren Tiefe anzudeuten. Das konnte aber nur geschehen, wenn sich, bei notwendig gleichbleibendem Sprachmaterial, die Art des Sprechens änderte. Heine hob – wenigstens tendenziell – die Eindeutigkeit von Mitteilungen, deren sich der Leser als historisch Denkender schnell vergewissern konnte, auf und gab, zur Konturierung jener ihm wichtig gewordenen Tiefe, der Sprache, was ihr als poetischer zukommt: Mehrdeutigkeit, Mehrdimensionalität. Das heißt: Schon im „Buch der Lieder", beginnend im „Lyrischen Intermezzo", wird der Leser mit Texten konfrontiert, die interpretiert werden müssen, in denen einzelnes oft nicht das Selbstverständliche meint. Rosen und – jetzt endlich auch – Nachtigallen, zum Beispiel. (Fast überflüssig zu sagen, daß die Vokabeln auch weiterhin so verwandt werden, wie wir sie als „Junge Leiden"-Beispiele kennengelernt haben, nun aber gibt es auch das Neue: Von der Historie zur Allegorie.)

Allegorie: das Andersgesprochene, das Uneigentliche – die Rose als Unschuld, die Nachtigall als äußerste Gesangskunst; Metaphern als Allegorien, wie sie bekannt sind. Der Dichter überschreitet nun aber die Grenzen des Bekannten ein wenig, macht einige Schritte in die Fremde, die dem aufmerksamen Leser indes schnell vertraut werden kann, und zwar durch die Hartnäckigkeit, mit der Heine eine Richtung des Anderssprechens verfolgt: des Aussprechens vom Gegenteil des Gemeinten, mithin der Ironie. Diese Ironie findet sich zwar bevorzugt am Ende eines Gedichts, indem eine vorher sorgfältig (schließlich ist zu erkennen: auch schon ironisch) geschaffene Illusion sanft oder heftig, lächelnd oder unter tosendem Gelächter zerstört wird, aber es gibt genügend Fälle ironischer Darstellung in einzelnen Strophen oder gar Versen: „Wenn ich eine Nachtigall wäre", lautet die 3. Strophe des 53. Gedichts des „Lyrischen Intermezzos" (dieses hat insgesamt 4 Strophen): „Wenn ich eine Nachtigall wäre, / So flög ich zu dir, mein Kind, / Und sänge dir nachts meine Lieder / Herab von der grünen Lind." Der Irrealist spielt mit einer nur ausgedachten Situation, deren illusionärer Charakter angedeutet, aber sofort – durch die komisch wirkende „Lind", die dem Dichter bei der Suche nach einem Wort, das sich auf „Kind" reimt, begegnet zu sein scheint – durchbrochen wird. Die ironische Haltung, die aus der Schlußstrophe eindeutig wird („Wenn ich ein Gimpel wäre, / So flög ich gleich an dein Herz; / Du bist ja hold den Gimpeln, /

Und heilest Gimpelschmerz"), läßt sich auch auf den Anfang rückbeziehen: Das Ganze ist eine Parodie des romantischen Volkslieds „Wenn ich ein Vöglein wär [...]".

In die Mitte zwischen einer traditionellen Nachtigallen-Vorstellung (die z. B. im Gedicht „Und wüßten's die Blumen, die kleinen [...]" ganz vorherrscht) und einer ironisch verkehrten läßt sich der Vers „Die Linde blühte, die Nachtigall sang"[23] hineininterpretieren: Zwar stimmt die Szenerie zunächst mit dem Erwarteten überein („Da küßtest du mich, und dein Arm mich umschlang, / Da preßtest du mich an die schwellende Brust"), aber die zweite Strophe bringt die gründliche Desillusionierung, als habe die Nachtigall mit der Liebe nicht das geringste zu tun, als sei sie nur zufällig aufgeboten oder aber: um deutlicher zu machen, daß diese Beziehung (Nachtigall/Liebe) nur noch in alter (und das heißt: nicht mehr wiederholbarer) Poesie ihre Funktion habe: „Die Blätter fielen, der Rabe schrie hohl, / Die Sonne grüßte verdrossenen Blicks; / Da sagten wir frostig einander: ‚Lebwohl' / Da knickstest du höflich den höflichsten Knicks." Keine dritte Strophe mit der Moral von der Geschichte; diese gehört dem interpretierenden Leser, der die Nachtigall als poetisches Requisit neu zu denken hat.

In dem Gedicht „Götterdämmerung" aus dem Zyklus „Die Heimkehr" kriechen gelbe Würmer durch die Lippen von Toten, und dazu singen Nachtigallen Spottlieder, und Wiesenblümchen „lachen hämisch". Im Gedicht „Der Gesang der Okeaniden" aus dem 2. „Nordsee"-Zyklus geht es kaum weniger schaurig zu: Da prahlt ein einsamer Mann, „todkalten Blickes", mit den Lüsten, die er genieße, und es wird nicht einmal eine Illusion erzeugt, weil die unmittelbare Verwerfung (Fort-Werfung) von Fiktionen aus dem poetischen Raritätenkasten als Mitteln des Überlebens nicht fraglich sein soll: Die kühne Formulierung: „Ich koste den süßen Duft der Rose, / Der mondscheingefütterten Nachtigallbraut" lebt – als poetische – gleichsam auf Kosten der traditionellen, der falschen Rosen- und Nachtigallen-Klischees. Um sie zu verstehen, ist nicht nur historisches Bewußtsein, sondern auch der Sinn für literarisches, für allegorisches Sprechen vonnöten.

Den romantischen Rosen geht es im Verlauf des „Buchs der Lieder" auch nicht besser als ihren Leidensgenossen aus dem Tierreich: sie verlieren mehr und mehr ihre angestammte Bedeutung; am Ende wird die Geliebte, die Immergeliebte, zu einer Rose besonderer Art: „Du bist wie eine Rose! / Nicht wie die Rose von Schiras, / Die hafisbesungene Nachtigallbraut; / Nicht wie die Rose von Saron, / Die heiligrote, prophetengefeierte; / Du bist wie die Ros' im Ratskeller zu Bremen! / Das ist die Rose der

---

[23] „Lyrisches Intermezzo", Nr. 22 und 25.

Rosen, / Je älter sie wird, je lieblicher blüht sie, / Und ihr himmlischer Duft, er hat mich beseeligt [...]"[24] etc. („Ros' im Ratskeller zu Bremen": der Name für das Faß im Bremer Ratskeller, das den Rosewein enthielt.) Heine parodiert sein eigenes, wenige Jahre zuvor entstandenes (im 19. Jahrhundert 222mal vertontes) Gedicht: „Du bist wie eine Blume, / So hold und schön und rein; / Ich schau dich an, und Wehmut / Schleicht mir ins Herz hinein. // Mir ist, als ob ich die Hände / Aufs Haupt dir legen sollt, / Betend, daß Gott dich erhalte / So rein und schön und hold."[25] Die Parodie soll weder das Parodierte (das Gedicht) entwerten noch die Geliebte schmähen: sie will sich von der romantischen Vorstellung, die klassisch geworden war, emanzipieren: was eine Rose (oder eine andere Blume) sei oder bedeute, wie sie als Metapher für eine geliebte Frau traditionell geworden war; sie – die Parodie – will durch neues unverbrauchtes Sprechen überraschen, aber nicht um der Überraschung willen, sondern um die Sicherheit im Umgang mit dem Vertrauten zu erschüttern, um den Blick auf andere Realitäten zu lenken, die im täglichen Leben ohnehin das Übliche sind und die nun auch – in allegorischer Verkleidung – der Dichtung zugeführt werden. Deutlich wird im Vergleich der Geliebten mit dem Ratskellerwein, daß Metaphern nicht schon ‚vorhandene' Analogien (hier: zwischen der Pflanze und dem Wein) aufgreifen und sprachlich (‚einfach') wiedergeben, sondern daß Metaphern Erdichtungen (oder: Erfindungen) von Analogien sind. Die Entwicklung der Heineschen Lyrik läßt erkennen, daß der Dichter immer intensiver bestrebt war, die Leistung seiner Poesie zu steigern – sie soll, auf verschiedenen Ebenen, den Fortschritt befördern.

Für etliche Zeit war Heine nicht sonderlich produktiv auf dem Felde der Lyrik. „Die Zeit der Gedichte ist überhaupt bei mir zu Ende, ich kann wahrhaftig kein gutes Gedicht mehr zu Tage fördern", sagte er 1837 in der Vorrede zum 3. Teil des „Salons"; und in der Vorrede zur 2. Auflage des „Buchs der Lieder" (ebenfalls 1837) heißt es: „Seit einiger Zeit sträubt sich etwas in mir gegen alle gebundene Rede [...]. Es will mich bedünken, als sei in schönen Versen allzuviel gelogen worden [...]." Heine auf der Suche nach Wahrheit, die sich der Prosa leichter stelle, wie er glaubte. (Was damit gemeint ist, zeigen die mehr oder weniger politischen Schriften der dreißiger Jahre, auf die hier nicht eingegangen werden kann.)

Im Jahre 1844 erschien Heines zweites Gedichtbuch, „Neue Gedichte"; die meisten der dort in vier (später fünf) Zyklen versammelten Gedichte sind in den Jahren um 1830 und um 1840 entstanden. Wie im „Buch der Lieder", so ist auch in den „Neuen Gedichten" eine Veränderung des lyrischen Sprechens, ja ein Bruch in der Haltung des Dichters gegenüber sich,

---

[24] „Im Hafen", Vers 17–25.
[25] „Die Heimkehr", Nr. 47.

seiner Poesie und der Welt konstatierbar: Ging es dort um die Auflösung einer traditionellen (als romantisch zu charakterisierenden) Weise des Dichtens, um die Einsetzung eines neuen ‚Tons‘ (den man, vereinfachend, ironisch nennen kann), so erscheint hier die Lyrik auf ganz andere Weise verändert: In den Gedichten etwa ab 1840 wird die Suche nach ‚Wahrheit‘ aufgenommen (wie es zuvor in den Prosaschriften geschehen war): nicht die Suche nach ewigen Wahrheiten, sondern die Bemühung um Einsichten in die Wirklichkeit bestehender gesellschaftlicher, also Herrschafts-Verhältnisse, mit denen es, nach Heines Überzeugung, nicht zum besten bestellt war.

„Zeitgedichte" ist der letzte Zyklus der „Neuen Gedichte" überschrieben, in denen es um Politik, und das heißt ja auch immer: um Moral geht. Wie in den fast zur selben Zeit entstehenden großen Versepen „Atta Troll" und „Deutschland. Ein Wintermärchen", so schreibt Heine auch in diesen Gedichten eigentlich Unlyrisches, um nicht lügen zu müssen: Von deutscher Freiheit und Unfreiheit, deutschen Wäldern und deutschen Pudelmützen – „Denk ich an Deutschland in der Nacht, / Dann bin ich um den Schlaf gebracht, / Ich kann nicht mehr die Augen schließen, / Und meine heißen Tränen fließen."[26] Zur selben Zeit (1844) entsteht auch das bei seinem Erscheinen in Flugblattform sofort konfiszierte Gedicht „Die schlesischen Weber" („Deutschland, wir weben dein Leichentuch, – / Wir weben hinein den dreifachen Fluch – / Wir weben, wir weben!"). – Doch wir sind ein Jahrzehnt vorausgeeilt, mitten in die politisch-moralische Epoche Heines, zu der wir gleich noch einmal kurz zurückkehren werden.

Der erste Zyklus der „Neuen Gedichte" heißt „Neuer Frühling" und hält, was er verspricht: Von den insgesamt 54 Gedichten sind die meisten dem Frühling gewidmet. Etwa die Hälfte von ihnen, darunter etliche Rosen- und Nachtigallen-Gedichte, hat der Dichter an besonders trüben Tagen, im November 1830, verfertigt; sie sind also alles andere als Erlebnispoesie, die Unmittelbarkeit ist vorgetäuscht – eben erdichtet; was Heine später wie Lüge vorkommen mochte. Die Gedichte dieses Zyklus knüpfen durchaus an die des „Buchs der Lieder" an, auch wenn sie souveräner, kunstvoller, in Stil und Form zum großen Teil vollendeter sind als die früheren Verse. Romantisches kommt zum Vorschein, jetzt aber nicht mehr als Konvention, sondern in unverwechselbarer Originalität; die Ironie ist nicht mehr so aufdringlich, nicht mehr so sehr auf Effekte bedacht; Heine steht gleichsam über ihr, spielt auch mit ihr.

Halten wir uns weiter an das Modell des vierfachen Schriftsinns, so befinden wir uns noch immer auf der zweiten Ebene, der der Allegorie. In der Tat sind die Rosen und Nachtigallen vom November 1830 am besten auf

---

[26] „Nachtgedanken", Vers 1–4.

dieser Ebene zu verstehen: sie werden ‚anders' behandelt, als es üblich war; ihre Funktion ist aber abhängig von der Kenntnis des Üblichen: daß die Rose schön aussieht und die Nachtigall schön singt, und auch: daß Personifizierungen, Anthropomorphisierungen nichts Ungewöhnliches sind – dagegen dichtet Heine an; zwei Gedichte (ausgewählt aus einem Dutzend, das in Frage käme) sollen das deutlich machen: „Der Schmetterling ist in die Rose verliebt, / Umflattert sie tausendmal, / Ihn selber aber, goldig zart, / Umflattert der liebende Sonnenstrahl. // Jedoch, in wen ist die Rose verliebt? / Das wüßt ich gar zu gern. / Ist es die singende Nachtigall? / Ist es der schweigende Abendstern? // Ich weiß nicht, in wen die Rose verliebt; / Ich aber lieb euch all': / Rose, Schmetterling, Sonnenstrahl, / Abendstern und Nachtigall."[27] Die Fiktion des Dichters ist seine Realität, an der er die Leser teilhaben lassen möchte – eine Realität aus Bildern, die aber nicht üppig ornamentiert sind, die im Gegenteil fast zur Begrifflichkeit verkümmert erscheinen, wenn sie aufgezählt werden. Worte als Liebesobjekte: Rose, Schmetterling, Sonnenstrahl, Abendstern, Nachtigall. Die Reihe ließe sich ja (in jedem Monat) beliebig fortsetzen: Lilie, Mondenschein, Zaunkönig. „Sorge nie", so beginnt ein späteres Gedicht aus demselben Zyklus (ebenfalls im November 1830 geschrieben), „Sorge nie, daß ich verrate / Meine Liebe vor der Welt, / Wenn mein Mund ob deiner Schönheit / Von Metaphern überquellt."[28] Ein weiteres „Ich weiß es nicht"-Gedicht aus dem „Neuen Frühling" führt noch weiter in die Verfremdung vertrauter Metaphern hinein, indem es ein Scheinproblem auftischt, dessen Unlösbarkeit Anlaß für einen – freilich auch wieder problematischen – Lehrsatz bildet: „Die Rose duftet – doch ob sie empfindet / Das, was sie duftet, ob die Nachtigall / Selbst fühlt, was sich durch unsre Seele windet / Bei ihres Liedes süßem Widerhall; –// Ich weiß es nicht. Doch macht uns gar verdrießlich / Die Wahrheit oft! Und Ros' und Nachtigall, / Erlögen sie auch das Gefühl, ersprießlich / Wär solche Lüge, wie in manchem Fall –".[29] Lüge kann ersprießlich sein – sagt das Gedicht mehr? Die Rose und die Nachtigall werden gebraucht, um die Lesererwartung zu durchbrechen, die nicht auf die angesprochenen Empfindungen der Rose und der Nachtigall ausgerichtet ist – allenfalls auf eigene Empfindungen, die sich durch angenehmen Duft und schönen Gesang einstellen können; und nun ist weiterzufolgern: Diese (wie andere) Empfindungen von Menschen könnten auch, um die verdrießliche Wahrheit zu meiden, erlogen sein – ersprießlich wären sie allemal. Nun ließe sich über Wahrheit und Lüge reflektieren. In diesem Gedicht deutet sich, wenn auch erst spielerisch, d. h. anscheinend unernst,

---

[27] „Neuer Frühling", Nr. 7.
[28] „Neuer Frühling", Nr. 35, Vers 1–4.
[29] „Neuer Frühling", Nr. 20.

der moralisierende Heine an. Und so finden wir im Rahmen des vierfachen Schriftsinns unsere Rosen und Nachtigallen, immer mehr verfremdet, auch auf der dritten Stufe: der der Moralität; allerdings in sehr reduzierter Form. Der Grund dafür, daß Heine die Metaphern in seinen politischen Gedichten nicht gebrauchen konnte, ist vielleicht mit dem Umstand in Beziehung zu bringen, daß er – aus welchen Absichten auch immer – darauf verzichtet hat, die bekannt negativen Eigenschaften der Rose (nämlich ihre Dornigkeit) und der Nachtigall (ihre Unansehnlichkeit, wenn nicht Häßlichkeit) in den „Neuen Gedichten" – wie schon vorher im „Buch der Lieder" – poetisch zu verwenden. Also denkt er sich aus, Rose und Nachtigall könnten lügen.

Von welken und welkenden Rosen ist in Heines „Neuen Gedichten" u. a. im Zyklus „Verschiedene" die Rede, ohne daß die Metapher bei dieser Verwendung Überraschendes böte. („Wo sind die Rosen, deren Liebe / Mich einst beglückt? – All ihre Blüte / Ist längst verwelkt! – Gespenstisch trübe / Spukt noch ihr Duft mir im Gemüte."[30]) So verhält es sich auch mit der Nachtigall, die im Romanzenzyklus häufiger vorkommt als die Rose. („Die Nachtigall singt von Lieb' und Kuß – / Es liebt sich so lieblich im Lenze!"[31]) Einmal sind beide Naturerscheinungen gekoppelt: Proserpina in der Unterwelt ‚lechzt' „nach Rosen, nach Sangesergüssen / Der Nachtigall".[32] – In den Zeitgedichten kommt Heine ohne die Rosen aus: Er macht sie fremd, indem er sie zum Verschwinden bringt. In einem Gedicht, „Entartung" überschrieben, kommt freilich die Nachtigall vor, und zwar auf befremdliche, wenn auch bereits bekannte Weise: Nachdem der Dichter die Natur als verlogen geschildert hat (die Fehler der Menschen sind in sie eingedrungen; die Lilien sind nicht keusch, die Veilchen nicht bescheiden – was hat der Mensch da angerichtet?), sagt er: „Ich zweifle auch, ob sie empfindet, / Die Nachtigall, das was sie singt; / Sie übertreibt und schluchzt und trillert / Nur aus Routine, wie mich dünkt." Kein Zweifel: Die Nachtigall-Metapher erhält eine Funktion, wenn auch nur eine bescheidene, auf der Moralitäts-Ebene der politischen Gedichte und wird auf diese Weise ein – freilich schwaches – Bindeglied zwischen dem Allegoria-Schriftsinn und dem der letzten Stufe: der Tropologie, die nach mittelalterlicher Vorstellung die höchste Form der Bibelexegese ist, durch die man gleichsam den Himmel offensieht, in den man dann mittels der „Leiter der Anagogia" gelangen kann.

Heine hat sich im letzten Jahrzehnt seines Lebens, das im wesentlichen ein Sterben war, aus der politischen Arena mehr und mehr zurückgezogen;

---

[30] „Katharina", Nr. 9, Vers 17–20.
[31] „Romanzen", Nr. 13 („Frühling"), Vers 15 f.
[32] „Unterwelt", Nr. 2, Vers 6 f.

er schreibt nun viele Verse, die auf eine andere Wahrheit zielen als die der politischen Verirrungen und Notstände: auf die Wahrheit, die im Gewande des Schönen mit diesem ausgesprochen werden soll als Kunstwahrheit. Es ist oft genug über diese ästhetizistische Volte des Dichters gesprochen worden, und sicher ist nicht falsch, daß – ähnlich wie im Falle Schillers ein halbes Jahrhundert zuvor – die physische Misere zum Verzicht auf politische Aktivitäten jedweder Art beigetragen hat, aber damit ist über die Kunst selbst natürlich nichts gesagt, sondern nur etwas über deren äußere Voraussetzungen, an die zwei Heine-Zitate erinnern sollen: Den Gedicht-Band „Romanzero", der 1851 erschien, nannte der Dichter „ein Mirakel, indem ich mit Ausnahme einiger kleiner Gedichte das ganze Buch in einem Zustande schrieb, wo ich selbst nicht begreifen kann, wie eine solche Manifestation auch nur materiell möglich war"[33]; und wenig später spricht er von seinen Gedichten, die „der Augenblick erzeugt, womit ich meine Leiden verscheuche, Gedichte der Agonie".[34] Damit sind im wesentlichen die nach dem „Romanzero" entstandenen Gedichte gemeint, die schon 1854, also zwei Jahre vor Heines Tod, unter dem Titel „Gedichte 1853 und 1854" als vierte und letzte Heinesche Gedichtsammlung erschienen sind.

Die Lyrik des späten Heine wurde viel gekauft, aber von der öffentlichen Kritik lange Zeit ziemlich verständnislos behandelt, ja ärger noch: geschmäht. In Gustav Kühnes Zeitschrift „Europa" schreibt der Rezensent (vielleicht Kühne selbst?) u. a.: „[...] Heine hat sich bei der Überreiztheit seines Gaumens oft die besten Stoffe verdorben. Sein trödelhafter Bänkelsängerton schleppt Idee und Materie mit dem ganzen jüdelnden Rotwelsch seiner Diktion durch den unsauberen Schmutz [!] des gemeinsten Tandelmarktes. [...] Der alte Liebling Amors streut noch immer in diesem Romanzero manche schöne Rose hin, die sich in ihren eigenen Dornen verblutet."[35] Dem Rezensenten wurde, wie den meisten Zeitgenossen, nicht klar, was Schopenhauer sah: „hinter allen seinen [Heines] Scherzen und Possen merken wir einen tiefen Ernst, der sich schämt unverschleiert hervorzutreten."[36] („Das ausgesprochene Wort ist ohne Scham"[37], heißt es in einem

---

[33] Brief an Oskar Peschel vom 22. Oktober 1851. (Heinrich Heine: Briefe 1850–1856, bearb. v. Fritz H. Eisner, Berlin, Paris 1976 [Säkularausgabe, Bd. XXIII], S. 141).

[34] Aus einem Brief von August Gathy an Julius Campe vom 12. September 1853 (ebd., S. 294).

[35] Zitiert nach Heinrich Heine: Sämtliche Schriften, hg. v. Klaus Briegleb, 6 Bde., München 1968–76, Band 6/II, S. 35.

[36] Ebd., S. 37.

[37] Heinrich Heine: Sämtliche Schriften (Anm. 35), Bd. 6/I, S. 348 (Nr. 33, Vers 99).

Nachlese-Gedicht Heines aus dem Umkreis der „Lamentationen", dem 2. „Romanzero"-Buch.)

Kurz vor seinem Tod, in den „Geständnissen" von 1854, hat Heine gesagt: „[...] mit mir ist die alte lyrische Schule der Deutschen geschlossen, während zugleich die neue Schule, die moderne deutsche Lyrik, von mir eröffnet ward."[38] Sie wurde eröffnet eben mit Heines letzten Gedichten, in denen Rosen und Nachtigallen in gewohnt ausreichender Zahl vorkommen und ein neues Wesen treiben.

In seinem nicht veraltenden Buch „Die Struktur der modernen Lyrik" (1956) hat Hugo Friedrich einleitend zusammengefaßt: „Wenn das moderne Gedicht Wirklichkeiten berührt – der Dinge wie des Menschen –, so behandelt es sie nicht beschreibend und nicht mit der Wärme eines vertrauten Sehens und Fühlens. Es führt sie ins Unvertraute, verfremdet sie, deformiert sie."[39] Mit den Wirklichkeiten der Metaphern, der seit Jahrhunderten vertrauten, wird ebenso umgegangen: verfremdend. Ursache und Tendenz solcher Veränderungen in der Haltung und damit im Sprechen des lyrischen Subjekts sind längst durchforscht und plausibel gemacht: Wenn die Dichtung – wie weiland der Mythos – nicht mehr in der Lage ist, das, was „die Welt im Innersten zusammenhält"[40], zur Anschauung zu bringen, weil die Dichter den Zusammenhang der Dinge nicht mehr erkennen, ja auch nicht einmal glauben können, daß es ihn gebe, und daher davon absehen, ihn zu fingieren, dann tritt – als Reflex auf die unverstehbare Realität – an die Stelle einer wie auch immer gedachten Wirklichkeitsdichtung eine Dichtung der Möglichkeit(en), eine Dichtung aus Partikeln oder Partikularitäten, deren Verhältnis zueinander, also auch deren möglicher Zusammenhang vom Leser bestimmt werden kann nach Kenntnissen und Bedürfnissen je eigener Art. (Unter diesem Aspekt ist vermutlich Franz Kafka der modernste deutschsprachige Dichter.)

Doch zurück (oder endlich hin) zu Heines „Romanzero" und den darin gebrauchten Metaphern Rose und Nachtigall. Auch hier ist die Beschränkung auf wenige Beispiele geboten: Wie fremd wird das Vertraute? Wie stellt es sich als Objekt der Tropologie (im Kontext der allgemeinen Hermeneutik) dar? – „Andre Zeiten, andre Vögel", heißt es am Schluß von Heines „Atta Troll". Andre Zeiten, andre Nachtigallen, ließe sich pointieren, und die Rosen wären ebenso dem Prozeß der Geschichte (der Geschichte der Lyrik Heines in diesem Falle) auszusetzen. Nun können sie stechen („Nichts ist vollkommen hier auf dieser Welt. / Der Rose ist der Stachel beigesellt", beginnt das Gedicht „Unvollkommenheiten" aus den

---

[38] Ebd., S. 447.
[39] Hugo Friedrich: Die Struktur der modernen Lyrik, Hamburg 1956, S. 11.
[40] Vgl. Goethes „Faust" (I), Vers 382 f.

„Lazarus"-Lamentationen, und im Gedicht „Alte Rose" wird tatsächlich gestochen), aber das ist nur äußerlich etwas anderes, innerlich, ‚eigentlich' poetisch vollziehen sich bemerkenswertere Wandlungen: „Siebzehnmal die Rose blühte, / Siebzehnmal ist sie verwelket, / Und die Nachtigall besang sie / Und verstummte siebzehnmal." Diese eine Strophe aus dem achtzehnstrophigen ersten Teil des dreiteiligen Gedichts „Der Dichter Firdusi" gibt die Zeit an, die der Dichter „An dem Webstuhl des Gedankens" saß, aber nicht präzise, denn es ist so wenig an einen Zeitraum von 17 Jahren zu denken wie an einen von einem Jahr; warum aber „siebzehnmal"? Weil es auch zehn- oder zwanzigmal sein könnte; warum Rose und Nachtigall? Weil sie Schönes assoziieren, das die Trauer beschwert; Verwelken, Verstummen, immer wieder – sie meinen nicht sich selbst und nichts Bestimmtes sonst; sie sind Chiffren für Unbestimmtes in Raum und Zeit und organisieren doch, durch die Einbildungskraft eines jeden, der es will (und kann), die Einheit einer Vorstellung von dem Gemeinten, das der Interpretation des ganzen Gedichtes zugrundegelegt werden kann.

Die Uneigentlichkeit der Metaphernverwendung, also die Verfremdung des Vertrauten ereignet sich auch im scheinbar Nebensächlich-Selbstverständlichen, so in dem Gedicht „Altes Lied", in dem ein totes Kind angesprochen wird: „In einer schaurigen Sommernacht / Hab ich dich selbst zu Grabe gebracht; / Klaglieder die Nachtigallen sangen, / Die Sterne sind mit der Leiche gegangen." Natürlich weiß der Dichter so gut wie jeder seiner Leser, daß in schaurigen Sommernächten keine Nachtigallen singen, daß sie keine Klagelieder singen –, das ist so wenig wörtlich zu nehmen wie die Begleitung der Leiche durch die Sterne. Wie aber ist es zu verstehen? Als Anreiz, sich das Verfremdete auf neue Weise vertraut zu machen – es geht ja nicht um die Nachtigall, sondern darum, aus dem Status des Unwirklichen in einen neuen Status des Möglichen hineinzukommen: mit der Poesie zu leben (etwa), die vom Tod handelt: „Und als wir kamen zu deinem Grab, / Da stieg der Mond vom Himmel herab. / Er hielt eine Rede. Ein Schluchzen und Stöhnen / Und in der Ferne die Glocken tönen."[41] Nichts ist hier so gesagt, wie es gemeint ist, – was nicht nur metaphernkundigen Tropologen auffällt.

Zum Schluß der bescheidenen Beispielsammlung sei noch ein Gedicht aus dem letzten Heineschen Gedichtband von 1854 erwähnt, das oft behandelte „Affrontenburg", in dem der Dichter, mit deutlichen autobiographischen Anspielungen, vom Tod des Schönen durch Einwirkung der gemeinen Wirklichkeit spricht. (Theklas Klage um Max Piccolomini – „Das ist das Los des Schönen auf der Erde" – in Schillers „Wallenstein" und die

---

[41] Zum weiteren Verständnis vgl. auch die übrigen drei Strophen (1, 3, 4) des Gedichts: Heine: Sämtliche Schriften (Anm. 35), Bd. 6/I, S. 102 f.

„Nänie" desselben Dichters – „Auch das Schöne muß sterben! / Das Menschen und Götter bezwinget" – mögen einem dabei in den Sinn kommen.) Von einem „vermaledeiten Garten" ist die Rede, in dem sich Kröte, Ratte, Viper und Frosch tummeln, dann heißt es: „Des Gartens Rosen waren schön, / Und lieblich lockten ihre Düfte; / Doch früh hinwelkend starben sie / An einem sonderbaren Gifte. // Zu Tod ist auch erkrankt seitdem / Die Nachtigall, der edle Sprosser, / Der jenen Rosen sang sein Lied; – / Ich glaub vom selben Gift genoß er." Die Verse setzen zu ihrem Verständnis voraus, daß der Leser die traditionelle Bedeutung von Rose und Nachtigall kennt; daß er sieht, wie der Dichter die Tradition verändernd gebraucht (das Schöne wirkt nicht mehr, sondern wird durch Gewalt beseitigt); daß er die Klage als moralische Anklage begreift; daß er schließlich, viertens, aus seinen eigenen Erfahrungen das hinter dem Gesagten Liegende zusammenfügt.

Wolfgang Preisendanz hat in einer 1973 erschienenen Heine-Studie die spezifische Modernität der späten Gedichte aufgezeigt, die sich in einer „ironisch vermittelte[n] Antithetik von Poesie und faktischer Erfahrung"[42] zeige; Charakteristika dieser Modernität seien der Verzicht auf elitäres Sprechen, der Verzicht auf die Verwendung nicht-geläufiger Motive, die Abwendung von „einer metahistorischen inneren Wirklichkeit" und die „Aufhebung der Alternative von Ernst und Komik". So verstanden, entspricht Heines Poesie eher der Brecht-Modernität als der, sagen wir, Rilke-Modernität. Doch ist hinzuzufügen: Heine geht es (wie auch Brecht) meistens nicht um die direkte Vermittlung von Erfahrungen durch Poesie, sondern um diese Poesie selbst, die durch die Erfahrungen Konturen erhält, indem diese durch Verfremdungen ganz anders, als sie dem Leser geläufig sind, in den Blick gebracht werden. Die Antithetik zu erkennen, ist das eine; die der Erfahrung entgegengesetzte Poesie zu interpretieren, ist das andere. Die Erfahrung der Interpretation lehrt dann wohl: Rosen-Gedichte des späten Heine sind prinzipiell nicht weniger ‚schwierig' als Rilkes Grabspruch: „Rose, oh reiner Widerspruch, Lust, / Niemandes Schlaf zu sein unter soviel / Lidern."

Rosen bleiben, wie – wenn auch weit bescheidener – Nachtigallen, solange Spielmaterial für die Poeten, wie es diesen gelingt, deren Realität als ein – um mit Goethe zu sprechen – „offenbares Geheimnis"[43] zu behandeln, dessen Aufklärung freilich nicht unmöglich sein darf, als sinnvolle (wenn auch nicht als mit Sicherheit richtige) Interpretation etwa dieser Goethe-

---

[42] Wolfgang Preisendanz: Heinrich Heine. Werkstrukturen und Epochenbezüge, München 1973, S. 130.

[43] Vgl. z. B. Goethes Brief an Friedrich Ludwig Schultz vom 28. November 1821.

schen Verse aus dem „West-östlichen Divan": „Ist's möglich, daß ich Liebchen dich kose, / Vernehme der göttlichen Stimme Schall! / Unmöglich scheint immer die Rose, / Unbegreiflich die Nachtigall."[44]

---

[44] Aus dem Buch „Suleika". (Zitiert nach: Goethe: Gedenkausgabe der Werke [...], Bd. 3, S. 346.)

Heines Florettübungen. „Die romantische Schule"

Heine wollte kein Herkules sein; denn er wußte, daß es ihm, da er von nur irdischen Eltern abstammte, nicht möglich war, heldenmütig und unerschrocken die Welt von entsetzlichen Plagen zu befreien. Auch schien ihm der Preis zu hoch, den jener Held hatte zahlen müssen, um die Unsterblichkeit erlangen zu können: vergiftet und verbrannt zu werden. Aber die zwölf Taten waren bewundernswert; sie mußten, auf eingeschränktem Feld, mit reduzierten Kräften und bescheidenen Mitteln (und deshalbmit nur geringen Aussichten auf Erfolge), fortgesetzt werden, weil wenigstens zwei der einmal besiegten Übel vor ihrem Ende Kinder gezeugt hatten, denen Kindeskinder gefolgt waren und so weiter. Von Hydra, der Schlange, gab es, wie es schien, Nachkommen zu allen Zeiten; einem abgeschlagenen Kopf wuchsen zwei nach. Und auch Augias hatte sich fortgezeugt; allerorten quoll der Mist aus den Ställen.

Die Reinigung der Ställe ist wünschenswert; wenn sie nicht gelingt, wird vom Unrat gesagt werden können, was 1957 der kluge Cyril Northcote Parkinson vom Unwesen der sich ausbreitenden Bürokratie gesagt hat.[1] Schließlich wird die Menschheit an ihm zugrunde gehen. Die Augias-Ställe aber waren nicht Heines Hauptsorge. Er hatte entdeckt, daß es ein größeres Problem für die Welt, in der er lebte, gab: eine Schlange, die er als Katholizismus der deutschen Romantiker identifizierte. Wissend, daß ihr nicht mit schweren Waffen beizukommen wäre, griff er zum Florett, um sie zu reizen, damit sie sich zeige und erkannt werde. Dann mochte sich der Chor der Einsichtigen zu einem neuen Herkules formieren und eine Macht gewinnen, wie sie einst „Rom, der Herkules unter den Völkern"[2] besessen hatte, und dazu beitragen, „daß die christkatholische Weltansicht ihre End-

---

[1] Vgl. den – englisch zuerst 1957 erschienenen – Aufsatz „Parkinsons Gesetz oder die wachsende Pyramide", in: C. Northcote Parkinson: Parkinsons Gesetz und andere Untersuchungen über die Verwaltung, Düsseldorf, Stuttgart o. J. [1958], S.13–27.

[2] Heinrich Heine: Säkularausgabe (im folgenden zitiert: HSA), Bd. 8 (Über Deutschland; S. 7–123: Die romantische Schule), bearb. v. Renate Francke, Berlin, Paris 1972, S. 11. Nach dieser Ausgabe wird im folgenden „Die romantische Schule" zitiert; der Nachweis schließt sich – lediglich mit der Seitenzahl – dem Zitat im Text unmittelbar an.

schaft erreicht" (2). Dann ist auch ein freiwilliges Scheiden denkbar: wenn diese Religion, „die erprobteste Stütze des Despotismus" (2), sieht, daß ihre Zeit abgelaufen ist: „Denn jede Zeit ist eine Sphynx, die sich in den Abgrund stürzt, sobald man ihr Räthsel gelöst hat" (2). Welches Rätsel verbirgt die Heine-Zeit, das an das – von Oedipus gelöste – Rätsel der Sphinx (daß der Mensch das Wesen ist, welches am Morgen vier-, am Mittag zwei- und am Abend dreifüßig ist[3]) erinnert? Und wie ist der Fortschritt zu erklären, der bei der Lösung des Rätsels erzielt worden ist? Das Rätsel ist dies: Wie konnte es zur Konversion vieler Romantiker zum Katholizismus kommen? Die Antwort: Dunkle Mächte waren im Spiel, die „man aber entdeckte".

Als man aber entdeckte, daß eine Propaganda von Pfaffen und Junkern, die sich gegen die religiöse und politische Freiheit Europas verschworen, die Hand im Spiele hatte, daß es eigentlich der Jesuitismus war, welcher, mit den süßen Tönen der Romantik, die deutsche Jugend so verderblich zu verlocken wußte, wie einst der fabelhafte Rattenfänger die Kinder von Hameln: da entstand großer Unmuth und auflodernder Zorn unter den Freunden der Geistesfreiheit und des Protestantismus in Deutschland. (25)

Die Jesuiten zogen 1805 Adam Müller und 1808 Friedrich Schlegel in den Schoß der katholischen Kirche? So meint es Heine natürlich nicht, aber es konnte ihm nur recht sein, wenn seine Leser es meinten. Und sie sollten auch nicht daran zweifeln, daß Ludwig Tieck und Novalis (die beide zeit ihres Lebens protestantisch waren) und Friedrich Wilhelm Carové (der keiner anderen als der katholischen Konfession je angehörte) den jesuitischen Seelenfängern ins Netz gegangen waren (vgl. 24); daß es im Falle Tiecks und Novalis' so gewesen sei, besagten Gerüchte,[4] die Heine willkommen waren und denen er Nachdruck verlieh: „ihr [der Konvertiten] Uebertritt zum Katholizismus bedurfte eines öffentlichen Akts" (ebd.). Es ging Heine eben nicht um die Genauigkeit einzelner Fakten,[5] sondern um die Richtigkeit allgemeiner Prinzipien.

Heine schrieb „Die romantische Schule", weil ihn die Sorge umtrieb, die Renaissance des mittelalterlichen Aberglaubens, die er zu seiner Zeit in Deutschland wahrzunehmen vermeinte, könne den seit der Reformation erzielten Fortschritt im Bewußtsein der Freiheit behindern. Er erinnerte sich,

---

[3] Warum wird das – von Oedipus gelöste – Rätsel in keiner der zur Zeit im Handel befindlichen kritischen Heine-Ausgaben erläutert?

[4] Vgl. Heinrich Heine: Säkularausgabe, Bd. 8 K, bearb. v. Renate Francke unter Mitarbeit von Heide Hollmer, Berlin 2001, S. 212.

[5] „Die Fakta sind nur die Resultate der Ideen" (HSA 8 [Anm. 2], S. 93).

daß die Jesuiten schon immer als die schärfsten Gegner der Aufklärung die Menschen ins Dunkel von Obskurantismus und Irrationalismus hatten zurücktreiben wollen, daß sie öffentlich und insgeheim gegen Kants 1784 in der Abhandlung „Beantwortung der Frage: Was ist Aufklärung?" entwickelte Grundsätze einer Gesellschaft von freien Staatsbürgern in heftigste Opposition getreten waren. Sie repräsentierten einen „geistlichen Despotism",[6] gegen den Kant schweres Geschütz in Stellung gebracht hatte.

[...] auf eine beharrliche, von niemanden öffentlich zu bezweifelnde Religionsverfassung, auch nur binnen der Lebensdauer eines Menschen, sich zu einigen, und dadurch einen Zeitraum in dem Fortgange der Menschheit zur Verbesserung gleichsam zu vernichten, und fruchtlos, dadurch aber wohl gar der Nachkommenschaft nachteilig, zu machen, ist schlechterdings unerlaubt. Ein Mensch kann zwar für seine Person, und auch alsdann nur auf einige Zeit, in dem, was ihm zu wissen obliegt, die Aufklärung aufschieben; aber auf sie Verzicht zu tun, es sei für seine Person, mehr aber noch für die Nachkommenschaft, heißt die heiligen Rechte der Menschheit verletzen und mit Füßen treten.

Nach einem halben Jahrhundert resümierte Heine: Kants Geschütz, dem es nicht an Pulver fehlte, hatte den Gegner, der sich geschickt zu verbergen wußte, nicht getroffen.

Am 21. Juli 1773 hatte Papst Clemens XIV. das Breve „Dominus ac Redemptor noster", mit dem die Aufhebung des Jesuitenordens verfügt wurde,[7] unterzeichnet; damit sollte der Frieden der Christenheit wiederher-

---

[6] Immanuel Kant: Werke in zehn Bänden, hg. v. Wilhelm Weischedel, Darmstadt 1964, Bd. 9, S. 59. Das folgende Zitat ebd., S. 58.

[7] Nach über einem Jahrhundert sah der Jesuit V. Frins die Gründe für die Aufhebung des Ordens so: „Die planmäßige Bekämpfung, Unterdrückung und endliche Vernichtung des Ordens, das Vorspiel der großen Revolution, war, wie diese selbst, hauptsächlich ein Sieg des Unglaubens und der falschen Philosophie und Aufklärung, welche, von England nach Frankreich verpflanzt, den Sturz der gesammten bestehenden Ordnung anstrebte und in dem über die ganze Welt verbreiteten, durch Ansehen, Wissenschaft und Unterricht, wie durch Seelsorge und Missionen überaus einflußreichen Orden das mächtigste Bollwerk derselben erblickten. Die alten Gegner der Kirche und des Ordens, Protestanten, Jansenisten, Gallicaner, Sectirer jeder Art, schlossen sich mit Freuden den Bestrebungen der Encyklopädisten und übrigen Freigeister an, und so fanden dieselben bald durch ganz Europa Anklang und Unterstützung." (Wetzer und Welte's Kirchenlexikon oder Encyklopädie der katholischen Theologie und ihrer Hülfswissenschaften, 2. Aufl. [...], begonnen von Joseph Cardinal Hergenröther, fortgesetzt von Dr. Franz Kaulen, Bd. 6, Freiburg i. Br. 1889, Sp. 1409 f.) Und weiter: „Nachdem vollends Ma-

gestellt werden. In Preußen war das Breve durch Friedrich II. erst 1780 promulgiert und notifiziert worden; in andern Ländern (wie in Rußland) war dieser gesetzliche Akt nie erfolgt. Es gab sie also noch, die Anti-Aufklärer, und wo sie sich öffentlich nicht zeigen durften, wirkten sie nach verbreiteter Auffassung um so emsiger im Verborgenen, geheimbündlerisch intrigant. Der Hydra waren, nachdem sie einen Kopf verloren hatte, zwei Köpfe nachgewachsen. In Deutschland sahen viele Anti-Katholiken die anhaltenden Aktivitäten der Jesuiten als staatsgefährdende Bedrohung an. Diese zeigte sich nicht zuletzt auf dem Felde der Literatur: Die romantische Schule – so ihre Gegner – war ja nichts anderes als eine jesuitisch gelenkte ‚Bewegung' der katholischen Kirche. Als am 7. August 1814 Papst Pius VII. durch die Bulle „Sollicitudo omnium ecclesiarum" den Jesuitenorden restituierte, gab es in Deutschland nur verhaltenen Protest: Schlimmer konnte es ja nicht werden als zu den Zeiten des Verbots. War das Heines Auffassung?

Ende 1835 (mit der Jahreszahl 1836) erschien „Die romantische Schule" bei Campe in Hamburg, elf Monate nach der im zweiten Band des „Salon" veröffentlichten Abhandlung „Zur Geschichte der Religion und Philosophie in Deutschland", mit der Heine dem deutschen Publikum schon einmal seine vernichtenden Ansichten über die Romantik vorgestellt hatte.[8] Es scheint, als habe er mit Nachdruck (nämlich zweifach) auf drohende Gefahren aufmerksam machen wollen, von denen das Publikum keine hinreichende Kenntnis hatte, weil es glauben konnte, die deutsche Literatur habe längst die abseitigen romantischen Pfade verlassen. Heine beschwor die Gefahren, um die neuen Pfade, die seine eigenen waren, zu befestigen. Er focht mit aller Eleganz gegen eine Attrappe, um als nie gefährdeter Sieger den von ihm präparierten und planierten Platz zu behaupten.

---

ria Teresia unter dem Einfluß der bourbonischen Höfe wie ihrer eigenen Kinder, Joseph I. und Caroline von Neapel, die Jesuiten mit Thränen in den Augen preisgegeben hatte, brach die letzte Kraft des Papstes zusammen, dem alles Temporisiren nichts genutzt hatte." (Ebd., Sp. 1413.)

[8] Daß beide Schriften auf Auftragsarbeiten für das französische Publikum zurückgehen und als Fortsetzung wie Revision von Madame de Staëls „De l'Allemagne" (1813) gedacht waren, soll hier nicht weiter erörtert werden. Ebenso sei nur erwähnt, aber nicht interpretiert, daß Heine seine Kritik an der Romantik für die deutschen Leser im Detail schärfer formuliert als für die französischen. Vgl. dazu: Renate Francke: Die Verabschiedung der Romantik in Heines „Romantischer Schule", in: Philosophie und Literatur im Vormärz. Der Streit um die Romantik (1820–1854), hg. v. Walter Jaeschke, Hamburg 1995, S. 101–119, bes. S. 104–106.

In der Tat waren die meisten Romantiker, als Heine gegen sie auf den Plan trat, im Bewußtsein der Öffentlichkeit weit weniger präsent als die wenigen Klassiker. Ein Vergleich der Schiller- und Goethe-Ausgaben (und der Höhe ihrer Auflagen) mit denen, beispielsweise, der Brüder Schlegel, Novalis', Tiecks und Brentanos würde – ebenso wie eine Zusammenstellung der Veröffentlichungen über die Dichter – vermutlich den eindeutigen Befund ergeben, daß die romantische Schule gerade in den zwanziger und dreißiger Jahren des 19. Jahrhunderts, als einige ihrer Begründer und die meisten ihrer Repräsentanten noch lebten, auf einem Tiefpunkt ihres Ansehens angelangt war, dessen Überwindung erst durch Hermann Hettners Werk „Die romantische Schule in ihrem inneren Zusammenhange mit Göthe und Schiller" (1850) signalisiert wurde. Dazu paßt das unmittelbare Echo, das auf Heines „Romantische Schule" erfolgte:

> Die öffentliche Kritik deutscher Zeitungen nach dem Bundestagsbeschluß [im Dezember 1835] erweckte den Eindruck, als sei RS nur eine vorübergehende Tageserscheinung. ja als habe man sie mit dem Hinweis auf einzelne inhaltliche Schwächen und ihre als anstößig empfundene formale Struktur bereits erledigt. Heines Romantik-Kritik erschien als überwiegend persönlich motiviert und als die private Auseinandersetzung eines ehemaligen Romantikers mit einer nun als lästig empfundenen Vergangenheit.[9]

Die geringe Resonanz, die Heines „Romantische Schule" in Deutschland fand[10], mag auch daran abzulesen sein, daß sie nicht, wie Heine sich das lange gewünscht hatte, in einer erweiterten zweiten Auflage erscheinen konnte.[11] Die beträchtliche Wirkung der Schrift im Ausland[12] hat wohl einen doppelten Grund: Heine gehörte weltweit zu den angesehensten zeitgenössischen Autoren deutscher Sprache, und das Interesse an der klassisch-

---

[9] Manfred Windfuhr in: Heinrich Heine: Historisch-kritische Gesamtausgabe der Werke, Bd. 8/2, bearb. v. Manfred Windfuhr, Hamburg 1981, S. 1093.

[10] Theodor Echtermeyer und Arnold Ruge verfolgten mit ihrer 1839/40 erschienenen antiromantischen Abhandlung „Der Protestantismus und die Romantik" (siehe dazu unten, S. 87 f.) dieselben Ziele wie Heine, nämlich die Annihilierung dessen, was sie als Romantik verstanden; aber Heines Schrift erwähnten sie mit keinem Wort.

[11] Mit dem zunehmenden Interesse, das die Nachwelt an Heines Person und Werk fand, wurde auch der „Romantischen Schule" mehr und mehr Aufmerksamkeit zuteil, wie sich an der Geschichte der Heine-Forschung leicht zeigen läßt. Auf die deutsche Romantik-Forschung, die im ersten Drittel des 20. Jahrhunderts üppig ins Kraut schoß, blieb die Schrift indes ohne nennenswerte Wirkung.

[12] Vgl. Windfuhr (Anm. 9), S. 1098–1116.

romantischen Epoche war im 19. Jahrhundert von Jahrzehnt zu Jahrzehnt – natürlich vorwiegend im europäischen Ausland – gewachsen.

In seinem Romantik-Buch von 1850 konstatierte Hermann Hettner einleitend:

> Seit einigen Jahren ist bei uns der Begriff der Romantik ein reines Parteiwort geworden. Die Tagespresse gebraucht ihn überall nur als Spitz- und Stichnamen. Ein Romantiker ist ihr ein Reactionär, aber nicht ein einfacher Reactionär kurzweg, sondern ein Reactionär aus Doctrin und Bildung.[13]

Bei dieser Feststellung hatte Hettner sicher auch Heines „Romantische Schule" im Auge, aber der Schrift hätte es zu der Feststellung nicht bedurft. Denn daß die Romantiker einer „Doktrin" anhingen, die sich vor allem aus den „Athenäum"-Fragmenten der Brüder Schlegel und Novalis' ablesen ließ, war seit dem frühen 19. Jahrhundert eine weitverbreitete Auffassung, aus der sich dann auch die Folgerung ergab, die Romantiker hätten eine „Schule" gebildet, die gelehrt habe, was und wie zu dichten sei.[14]

---

[13] Hermann Hettner: Die romantische Schule in ihrem inneren Zusammenhange mit Göthe und Schiller, Braunschweig 1850, S. 1.

[14] Friedrich Bouterwek hat in seiner – auch von Heine gekannten und benutzten – „Geschichte der Poesie und Beredsamkeit seit dem Ende des dreizehnten Jahrhunderts" (Bd. 11, Göttingen 1819) vielleicht zum erstenmal die Begriffe „romantisch" und „Schule" unmittelbar zusammengebracht: „Wenn man indessen der neuen Schule, die nun einmal in Ermangelung eines andern Nahmens die romantische heißen mag, nicht mit Unrecht vorwirft, daß ihr Mysticismus gar oft mit dem gesunden Menschenverstande, Ihre Ueberspannung mit der Natur sich entzweit, und daß sie sich geflissentlich auf einen Standpunkt der Schwärmerei gestellt hat, von welchem aus auch die seltsamsten Mißgestalten als schön erscheinen; so muß doch zugestanden werden, daß das wahrhaft Schöne und Große, das in den Bestrebungen dieser Schule liegt, auch in den besseren ihrer Sonette, Canzonen und anderer in dieses Fach gehörenden lyrischen Dichtungsarten sich kund thut." (Ebd., S. 436.) – Wulf Wülfing hat mir den Hinweis gegeben, daß Grabbe in seinem – von Heine ebenfalls gekannten – Aufsatz „Ueber die Shakespearo-Manie" (1827) aus den zwei Worten einen Begriff gebildet hat: „Schiller begann die deutsche Tragödie, Kotzebue die deutsche Comödie zu beherrschen. Die Opposition blieb nicht aus. Wohl vorzüglich gegen Schiller, den mancher beneidete, erhob sich die romantische Schule (die Schlegel, Novalis, Tieck pp.)" (Christian Dietrich Grabbe: Werke und Briefe. Historisch-kritische Gesamtausgabe, bearb. v. Alfred Bergmann, Bd. 4, Emsdetten 1966, S. 34). – Wenn Heine im Brief an Campe vom 11. Oktober 1835 sagte: „Ich hoffe der Titel ‚romantische Schule' gefällt Ihnen" (HSA 21, bearb. v. Fritz H. Eisner, Berlin, Paris 1970, S. 123), dann kann das so verstanden

Die Lehre bestimmte Heine, indem er seine Frage „Was war aber die romantische Schule in Deutschland?" bündig so beantwortete: „Sie war nichts anders als die Wiedererweckung der Poesie des Mittelalters, wie sie sich in dessen Liedern, Bild- und Bauwerken, in Kunst und Leben, manifestirt hatte" (9). Der Satz läßt den aufmerksamen Leser stutzen. Heine nennt die Schule eine historische Erscheinung: „Sie war [...]." Aber er behandelt im dritten Buch – durchaus anerkennend – Romantiker, die noch lebten und dichteten (Tieck, Fouqué, Eichendorff, Uhland u. a.). Handelt es sich bei ihnen um Romantiker, die nicht der romantischen Schule angehörten? Ferner: Wie kann eine Schule eine Wiedererweckung sein? Am Ende ist es deutlich: Nachlässige und ungenaue Formulierungen gehören zur Signatur des Heineschen Buches. Schließlich regt etwas anderes zu Nachfragen an: In Bauwerken manifestiert sich die Poesie? Also ist die Poesie, wenigstens die mittelalterliche, der alle Künste zusammenfassende Ausdruck einer Weltanschauung, in diesem Fall der katholischen Religion?

> Ich spreche von jener Religion in deren ersten Dogmen eine Verdammniß alles Fleisches enthalten ist, und die dem Geiste nicht bloß eine Obermacht über das Fleisch zugesteht, sondern auch dieses abtödten will um den Geist zu verherrlichen, ich spreche von jener Religion durch deren unnatürliche Aufgabe ganz eigentlich die Sünde und die Hypokrisie in die Welt gekommen, indem eben, durch die Verdammniß des Fleisches, die unschuldigsten Sinnenfreuden eine Sünde geworden, und durch die Unmöglichkeit ganz Geist zu seyn die Hypokrisie sich ausbilden mußte; ich spreche von jener Religion, die ebenfalls durch die Lehre von der Verwerflichkeit aller irdischen Güter, von der auferlegten Hundemuth und Engelsgeduld, die erprobteste Stütze des Despotismus geworden. (9 f.)

Ist die romantische Schule die Sachwalterin mittelalterlich spiritualistischer Doktrin? Und ist dies aus den Werken der Romantiker, die Heine mit Vehemenz aufs Korn nimmt, zu belegen? Aus Friedrich Schlegels „Lucinde", deren Lobpreiser Heine hinter Schloß und Riegel wünschte, weil die Titelfigur nichts anderes als „eine unerquickliche Zusammensetzung von zwey Abstrakzionen, Witz und Sinnlichkeit", sei? (46) Aus August Wilhelm Schlegels Schrift „Comparaison entre la Phèdre de Racine et celle d'Euripide" (1807), die zeige, daß der Verfasser, da er „sich selber bestän-

---

werden, als halte er sich für den Erfinder nicht nur des Titels, sondern auch des Begriffs. – Daß in den kritischen Heine-Ausgaben – ebenso wie in den Grabbe-Ausgaben und in literaturwissenschaftlichen Abhandlungen zur ‚romantischen Schule' – nichts zur Geschichte des Begriffs gesagt wird, erweckt den Eindruck, als sei dazu nichts zu sagen. Dabei ist ja keineswegs klar, wer in der Schule lehrte und wer dort lernte.

dig im Spiegel" betrachtete, „in Frankreich gar keine Poesie sah"? (50) Aus den Werken Schellings, der „immer nur philosophirt, aber nimmermehr eine Philosophie [hat] geben können"? (66).

Es ging Heine nicht um die Romantiker, die eine romantische Doktrin in die Praxis umzusetzen bemüht waren, sondern um die vermutete Doktrin, die als Kampfansage an die moderne, zeitgemäße ‚Bewegung', die Literatur und Leben, Kunst und Politik zu amalgieren beschlossen hatte, gedacht war. Es ging Heine darum, Front zu machen gegen die Rückwärtsgewandtheit der finsteren Mächte, die nach seiner Überzeugung im Katholizismus (Jesuitismus) ihren entschiedensten Sachwalter hatten. Er wollte das Zeitalter der Aufklärung in ein aufgeklärtes Zeitalter überführen; dazu bedurfte es der Durchsetzung und Sicherung einer von religiösen und staatlichen Obrigkeiten unabhängigen, einer das spiritualistische Korsett sprengenden, einer „demokratischen" Kunst (8) – der Heineschen Kunst, mit der „das rosige Weltalter der Freude" (93) heraufziehen soll.

„Die romantische Schule" ist weniger eine literaturgeschichtliche als eine politische Schrift. Sie streitet gegen die Reaktion, gegen die drohende Renaissance eines politischen Katholizismus, dessen ultramontane Bestrebungen in Deutschland ihrem Höhepunkt entgegentrieben,[15] als Heine die Romantik für den Despotismus der Vergangenheit mitverantwortlich machte, gleichzeitig aber in der Gegenwart Hoffnungen für die Zukunft erkannte:

> Sein [Jean Pauls] Herz und seine Schriften waren eins und dasselbe. Diese Eigenschaft, diese Ganzheit finden wir auch bey den Schriftstellern des heutigen jungen Deutschlands, die ebenfalls keinen Unterschied machen wollen zwischen Leben und Schreiben, die nimmermehr die Politik trennen von Wissenschaft, Kunst und Religion, und die zu gleicher Zeit Künstler, Tribune und Apostel sind. (94)

---

[15] 1836 erschien der erste Band von Joseph Görres' „Christlicher Mystik", in der er, wie schon zuvor in der von ihm herausgegebenen Zeitschrift „Der Katholik" und in seinen Münchner Vorlesungen, als Voraussetzung für eine Regeneration Deutschlands und Europas die Wiedererstarkung des auf Rom konzentrierten Katholizismus propagierte. Im seit 1835 schwelenden und 1837 offen ausbrechenden Kölner Kirchenstreit zwischen dem Erzbischof Clemens August von Droste zu Vischering und der preußischen Regierung nahm Görres 1838 mit seiner Kampfschrift „Athanasius" vehement Stellung; im selben Jahr gründete er mit seinem Sohn Guido und dem Konvertiten George Phillips die den Ultramontanismus wirkungsvoll unterstützende Zeitschrift „Historisch-politische Blätter für das katholische Deutschland".

Heine verfocht mit Nachdruck die Auffassung, daß der Künstler auch Tribun und Apostel sein müsse. Darum tadelte er an Goethe „die Unfruchtbarkeit seines Wortes, das Kunstwesen, das durch ihn in ganz Deutschland verbreitet wurde, das einen quietisirenden Einfluß auf die deutsche Jugend ausübte, das einer politischen Regeneration unseres Vaterlandes entgegenwirkte" (36 f.). Dagegen Schiller:

> Ihn, den Friedrich Schiller, erfaßte lebendig der Geist seiner Zeit, er rang mit ihm, er ward von ihm bezwungen, er folgte ihm zum Kampfe, er trug sein Banner, und es war dasselbe Banner worunter man auch jenseits des Rheines so enthusiastisch stritt, und wofür wir noch immer bereit sind unser bestes Blut zu vergießen. Schiller schrieb für die großen Ideen der Revolution, er zerstörte die geistigen Bastillen, er baute an dem Tempel der Freiheit, und zwar an jenem ganz großen Tempel, der alle Nazionen, gleich einer einzigen Brüdergemeinde, umschließen soll; er war Cosmopolit. (34)

Heine war überzeugt, daß Goethe ein weit größerer Dichter war als Schiller; aber dieser war, anders als jener, eben nicht nur ein Dichter. Die Frage, ob ein Künstler, wenn er in die Händel der Welt eingreift, dies nicht stets auf Kosten seiner Kunst tut, stellte sich Heine in seiner Schrift nicht ausdrücklich. Später rückte er in Gedanken und Worten dem „König unserer Literatur" (37) immer näher.

Heines „Romantische Schule" enthält eine große Zahl jener Schlagworte, mit denen das Junge Deutschland sich am Ende der „Kunstperiode" profilierte.[16] Romantisch, reaktionär, feudalistisch und mittelalterlich sind Synonyme, mit denen die Jungdeutschen gegen das abgestorbene Alte, gegen die schlechte Vergangenheit einen erbitterten Krieg führten.[17] Der lebendi-

---

[16] Vgl. dazu im einzelnen Wulf Wülfing: Schlagworte des Jungen Deutschland. Mit einer Einführung in die Schlagwortforschung, Berlin 1982, passim.

[17] 1870, in der Einleitung seines bahnbrechenden Werks „Die Romantische Schule. Ein Beitrag zur Geschichte des deutschen Geistes", hat Rudolf Haym an die undifferenzierte Romantik-Kritik der Jungdeutschen erinnert: „Im Bewußtsein der Gegenwart erfreut sich das, was man ,romantisch' nennt, keinerlei Gunst. Die Zeit zwar liegt hinter uns, in der die stimmführende Mehrheit unsres Volkes mit Leidenschaft und Haß dem Romantischen den Krieg machte und sich desselben gleichsam mit Feuer und Schwert glaubte erwehren zu müssen. [...] Weil die Gründer und Jünger des romantischen Literaturgeistes offenkundig Sympathien mit dem Mittelalter, mit dessen Glaubensdunkel, dessen lockeren Staatszuständen, dessen wild, aber poetisch wucherndem Individualismus gehabt hatten, so schien das Wiederauftauchen dieser Tendenzen den Kampf aufleben und Tod gegen die ,Romantik' zu rechtfertigen. Das Reaktionäre war romantisch, und ein Romantiker hieß uns

ge Zeitgeist, von dem nach Heine auch Schiller erfreulicherweise erfaßt war, und „der Glaube an den Fortschritt, ein Glaube der aus dem Wissen entsprang" (94), sollten alle erfüllen, die der Geistesfreiheit und dem Protestantismus zum Sieg über Jesuitismus und Obskurantismus verhelfen wollten. Die Basis aller Anstrengungen war „die richtige Auffassung unserer Zeit und ihrer Bedürfnisse" (95). Etc. Die Schlagworte bilden das Fundament, auf dem Heine das Gebäude seiner Urteile errichtet. Das Fundament ist nicht fest, so daß die Urteile schwanken.

Von den drei Büchern der „Romantischen Schule", die ungefähr den gleichen Umfang haben, handelt das erste zunächst vom „judäischen Spiritualismus" (10), der im wesentlichen „das Mystische, Räthselhafte, Wunderbare und Ueberschwengliche in den Kunstwerken des Mittelalters" (14) bestimmt habe, dann von nichtromantischen Autoren späterer Zeit: von Lessing („der literarische Arminius der unser Theater von jener Fremdherrschaft [der Franzosen] befreite" [17]), von Johann Heinrich Voß („Er ist vielleicht, nach Lessing, der größte Bürger in der deutschen Literatur" [S. 26]), von Goethe (ausführlich), von Schiller. Zwischendurch werden die Antipoden dieser Dichter eingeführt, insbesondere die Brüder Schlegel und Tieck:

> Wenn [...] die Herren Schlegel für die Meisterwerke, die sie sich bei den Poeten ihrer Schule bestellten, keine feste Theorie angeben konnten, so ersetzten sie diesen Mangel dadurch, daß sie die besten Kunstwerke der Vergangenheit als Muster anpriesen und ihren Schülern zugänglich machten. Dieses waren nun hauptsächlich die Werke der christlich-katholischen Kunst des Mittelalters. [...] ward der Calderon übersetzt [...]. Die frommen Comödien des kastilianischen Priesterdichters, dessen poetischen Blumen mit Weihwasser besprengt und kirchlich geräuchert sind, wurden jetzt nachgebildet, mit all ihrer heiligen Grandezza, mit all ihrem sacerdotalen Luxus, mit all ihrer gebenedeiten Tollheit [...]. (20)

> Herr Ludwig Tieck hat durch seinen Roman „Sternbalds Wanderungen" und durch die von ihm herausgegebenen und von einem gewissen Wackenroder geschriebenen „Herzensergießungen eines kunstliebenden Klosterbruders" auch den bildenden Künstlern die naiven, rohen Anfänge der Kunst als Muster dargestellt. [...] Von Raphael wollte man nichts mehr wissen [...]. (21)

---

daher jeder, der, der neugewordenen Zeit zum Trotz, sich auf eine vergangene Bildungsform steifte, um sie durch künstliche Mittel wieder ins Leben zu rufen." (Zit. nach der von Oskar Walzel besorgten vierten Auflage des Werks: Berlin 1920, S. 3. – Das Zitat auch bei Wülfing, Schlagworte [Anm. 16], S. 90.)

Die Annahme ist nicht abwegig, daß Heine die genannten Werke nicht gut, vielleicht gar nicht kannte. Aber das spricht nicht gegen die Schrift, in der Ungenauigkeiten und Fehler so gehäuft anzutreffen sind, daß sie vom Leser als unerheblich und der Anfang des zweiten Buchs: „Mit der Gewissenhaftigkeit, die ich mir streng vorgeschrieben [...]" (45) als ironisch erkannt werden sollten.

Im zweiten Buch macht sich Heine über einzelne Romantiker und einzelne ihrer Werke her: über August Wilhelm Schlegel, der (als wäre er nicht ein begeisterter Anhänger Goethes gewesen!) „immer nur die Poesie der Vergangenheit und nicht der Gegenwart zu begreifen" vermochte (51); über Friedrich Schlegel, dessen Sanskrit-Übersetzungen „im Interesse des Katholicismus geschrieben" wurden (47); über Tieck, der zwar ein „Poet" war – „ein Name, den keiner von den beyden Schlegeln verdient" (56) –, der aber doch zu tadeln ist, weil er unter dem Einfluß seiner Lehrer „nur Mittelalter, nur feudalistisches Mittelalter athmete" (61); über Schelling, Steffens und Görres; dann über E. T. A. Hoffmann und Novalis:

> Die große Aehnlichkeit zwischen beiden Dichtern besteht wohl darin, daß ihre Poesie eigentlich eine Krankheit war. In dieser Hinsicht hat man geäußert, daß die Beurtheilung ihrer Schriften nicht das Geschäft des Critikers, sondern des Arztes sey. Der Rosenschein in den Dichtungen des Novalis ist nicht die Farbe der Gesundheit, sondern der Schwindsucht, und die Purpurglut in Hoffmanns Phantasiestücken ist nicht die Flamme des Genies, sondern des Fiebers. (72)

Das dritte Buch schließlich behandelt mit Zuneigung Brentano und Arnim – als hätten sie sich von der „Schule" emanzipiert; Jean Paul wird vorgestellt, dem die Jungdeutschen folgen; und kunterbunt geht es dann weiter mit Zacharias Werner, Fouqué und (lobend und in großer Ausführlichkeit) mit Uhland („Er ist der Stolz des glücklichen Schwabenlandes und alle Genossen deutscher Zunge erfreuen sich dieses edlen Sängergemüthes" [114]); und zu anderen Dichtern fallen Heine noch Freundlichkeiten ein, zu Eichendorff, Justinus Kerner, Gustav Schwab, Wilhelm Müller. Er hat es eilig, sein Buch abzuschließen.

Die Liste der Fehler und Ungenauigkeiten, die jeder, der sich als Schüler des großen Aristarchus aus Samothrake versteht, nach der Lektüre der „Romantischen Schule" zusammenstellen kann, ist lang. Sie beginnt mit dem ersten Satz: „Den beträchtlichsten Theil dieser Blätter, die ursprünglich in französischer Sprache abgefaßt [...] sind [...]." Richtig ist: Die Artikel, die 1833 unter dem Titel „État actuel de la littérature en Allemagne" in der Zeitschrift „L'Europe littéraire" erschienen waren, hatte François-Adolphe Loëve-Veimars aus dem Deutschen übersetzt. Falsch ist (im Sinne der

Heineschen These von der Mittelalter-Begeisterung der Frühromantiker), daß A. W. Schlegel Shakespeare schon „zu einer Zeit als man sich noch nicht ganz ins Mittelalter zurück enthusiasmirt hatte" (20), übersetzt habe. Falsch ist die Behauptung, daß in Deutschland nie „das Volk dem Beten, der Religion, dem Christenthum, zugänglicher" (22) gewesen sei als am Ende des 18. Jahrhunderts. Falsch ist die Behauptung, Faust habe „die Buchdruckerkunst erfunden" (40). Falsch ist die Annahme, Goethe habe „gegen Indien den bestimmtesten Widerwillen" (42) gehabt. Etc. Falsch sind etliche Daten, fehlerhaft fast alle Zitate, unzuverlässig einige Inhaltsangaben. – Die Beckmesserei führt nicht weit. Ist es nicht gleichgültig, ob Heine Friedrich Schlegels Todesdatum und August Wilhelm Schlegels Geburtsdatum falsch angibt? daß er diesen „jetzt 64 Jahr alt" sein läßt?[18] daß er Hans Sachs statt 1494 schon 1454 (vgl. 64) auf die Welt kommen läßt? daß er Görres als vierten (statt fünften) Alliierten gegen Napoleon (vgl. 67) apostrophiert? daß er als Achim von Arnims Todesjahr 1830 angibt (vgl. 86) statt 1831?

Etwas anderes ist nicht gleichgültig: daß Heine vermutlich gar nicht das Bestreben hatte, exakt zu sein; daß er mit seinem Material spielte; daß er den Leser immer wieder – demonstrativ? – in die Rolle des Famulus zwingt, die diesen nicht erfreuen kann und ihm nahelegt, über sein Besserwissen hinauszudenken. Gegen Ende seiner Schrift sagt Heine, als er von Uhland zu Raupach und Charlotte Birch-Pfeiffer springt, daß dieser Sprung durch „Ideenassoziation, die durch Contraste entsteht" (106), zu erklären sei.

Das Mittel der Kontrastierung ist in der „Romantischen Schule" kunstvoll angewendet; es gehört konstitutiv zur Struktur des Ganzen, es verdeutlicht, daß es um mehr und anderes geht als um unverrückbare Urteile über diesen und jenen. Heine beliebt zu fintieren, mit dem Florett zu treffen und – meistens erst nach geraumer Zeit – den Treffer zu annullieren. Alle Romantiker, die er vehement angreift, erfahren auch Anerkennung von ihm, die Brüder Schlegel sowohl wie Tieck und Hoffmann, sogar Novalis. Aber die Anerkennung macht die Kritik nicht ungültig, sondern soll nur darauf hinweisen, daß jeder Romantiker auch – gemessen an der herrschenden Doktrin – Nicht-Romantiker gewesen sei. Und um diese Doktrin geht es. Mit ihrer Definition wird das Buch eröffnet, und davon handelt es: von Katholizismus, Jesuitismus, Dogmatismus, Spiritualismus, Obskurantismus, Feudalismus, Despotismus als den Merkmalen (der Ideologie) der

---

[18] Friedrich Schlegel sei „im Sommer 1829" gestorben (HSA 8 [Anm. 2], S. 48) und sein Bruder am „5ten September 1767" geboren (ebd.), heißt es. Friedrich Schlegel starb am 12. Januar 1829, sein Bruder wurde am 8. September 1767 geboren, war also 1835 68 Jahre alt.

romantischen Schule. Die persönlichen Erinnerungen, etwa an A. W. Schlegel und Schelling, die Heine zum Besten gibt, lassen sich nur als persönliche Diffamierungen tadeln, wenn ihre Funktion übersehen wird: Sie weisen auf die den Ideen kontrastierende Wirklichkeit hin, deren Grund in eben diesen (falschen) Ideen zu suchen ist. Und so ist auch der hintergründige Witz vieler Formulierungen als wirkungsvoller Kontrast zum Ernst des Verhandelten zu verstehen: etwa die Vergleichung A. W. Schlegels mit dem Gott Osiris zu Beginn des zweiten Buches (vgl. 45); die Erkenntnis, daß A. W. Schlegel nicht zu vergleichen sei mit einem Violinspieler, der, wie Paganini, zur Klasse derer gehört, „welche gut spielen" (49); die Vermutung, daß Heines Pariser Schuhmacher Sakoski nie „so gute Verse gemacht hat, wie unser alter, vortrefflicher Hans Sachs" (64); die Schilderung des Besuchs bei der Göttinger Posthalterin (vgl. 74 f.); die Begründung für das von Tieck veranlaßte „Unglück" vieler schlechter Schauspiele, die von Schauspielern geschrieben wurden, weil diese „in einem schlechten Stücke immer besser spielen, als in einem guten Stücke" (104); etc.

Die Kritik am Kunstprogramm der romantischen Schule ließ sich Heine, wie er glaubte, durch die höchste Autorität bestätigen: durch Goethe.

> [...] dieser brauchte nur das Haupt mit den ambrosischen Locken unwillig zu schütteln, und die Schlegel zitterten, und krochen davon. Ein öffentliches Dokument jenes Einspruchs von Seiten Goethes erschien im zweiten Hefte der Goetheschen Zeitschrift ‚Kunst und Alterthum' und es führt den Titel ‚Ueber die christlich patriotisch neudeutsche Kunst'. Mit diesem Artikel machte Goethe gleichsam seinen 18ten Brümaire in der deutschen Literatur; denn indem er so barsch die Schlegel aus dem Tempel jagte und viele ihrer eifrigsten Jünger an seine eigne Person heranzog, und von dem Publikum, dem das Schlegelsche Direktorium schon lange ein Gräuel war, akklamirt wurde, begründete er seine Alleinherrschaft in der deutschen Literatur. (31)

Der 1817 erschienene Aufsatz („Neu-deutsche religios-patriotische Kunst") beschäftigt sich einleitend zwar auch ein wenig mit den Brüdern Schlegel (und mit Tieck), aber sie werden keineswegs aus dem Tempel gejagt, sondern – bei grundsätzlicher Mißbilligung ihres „altertümelnden christkatholischen Kunstgeschmack[s]"[19] – als ernsthafte Kunsttheoretiker der romantischen „Lehre" (nicht „Schule") gewürdigt.[20] Der Aufsatz beschäftigt sich

---

[19] Zitiert nach der Münchner Ausgabe der sämtlichen Werke Goethes, Bd. 11.2, hg. v. Johannes John, Hans J. Becker, Gerhard H. Müller, John Neubauer und Irmtraut Schmid, München 1994, S. 327.

[20] Über Friedrich Schlegels „Europa" heißt es zusammenfassend (ebd., S. 330): „Diese Europa nun hat, seit sie erschienen [1803] bis jetzt, ein gewissermaßen gesetzgebendes Ansehen bei den Teilnehmern des von ihr begünstigten

im wesentlichen mit der Geschichte der bildenden Kunst, Malerei und Architektur der Deutschen seit Ende des 18. Jahrhunderts und mündet in eine deutliche Kritik an den nazarenischen Künstlern, „welche dem Schein altertümlicher Einfalt nachjagen".[21]

Die andeutende Romantik-Schelte genügte, um Heine in Fahrt zu bringen – weil er glaubte, der mit „W. K. F." („Weimarer Kunst-Freunde") unterzeichnete Aufsatz stamme von Goethe, dessen entschiedene Urteile in aestheticis in diesem Fall besonders hohe Kompetenz haben mußten. Hätte Heine sich dieser Kritik bedient. wenn er gewußt hätte, daß sie von Heinrich Meyer formuliert wurde? Wohl kaum; denn Meyer war 1835 ziemlich vergessen und als Kronzeuge für ein größeres Publikum nicht verwendbar.

Verwendbar war hingegen eine andere Publikation, von der Heine profitierte und auf die er sich zur Stütze seiner Ansichten berufen konnte, weil sie in der Öffentlichkeit weithin Anerkennung gefunden hatte: Johann Heinrich Voß' Pamphlet „Wie ward Friz Stolberg ein Unfreier",[22] in dem mit großer Schärfe – nicht immer sachlich – der 1800 erfolgte Übertritt des einstigen Freundes zum Katholizismus gegeißelt und als Beginn einer unheilvollen Entwicklung, nämlich der Erstarkung einer antiaufklärerischen Bewegung dargestellt wird. Voß, der professionell passionierte Protestant, war davon überzeugt, daß Stolbergs Konversion zu der in den folgenden Jahren verbreiteten „Modesucht" geführt habe, „den Lockungen der römischen Hierarchie" zu folgen:

> das kann, wenn nicht Einhalt geschieht, zu einer hartnäckigen Seuche sich verschlimmern, zu einer hinraffenden Geistespest. Das römische Pfaffenthum verbindet sich mit dem Ritterthum, beide mit feilen Schriftstellern, um die Rohheit des Mittelalters zu erneun. [...] Römlinge in allerlei Form schlängeln umher, zischend und Gift sprizend: ein Graun, nicht uns Evangelischen allein, sondern auch unseren katholischen, nicht mehr unduldsam verkezernden Glaubensbrüdern.[23]

Kunstgeschmacks behauptet, und es ist kein Wunder: denn unstreitig ist in dem was Herr Schlegel vorträgt, verglichen mit andern dieselbe Sache beziehenden Schriften, noch am meisten Bestimmtes, Klares und vornehmlich Folgerechtes anzutreffen."

[21] Ebd., S. 336.
[22] Sophronizon oder unpartheyisch-freymüthige Beyträge zur neueren Geschichte, Gesetzgebung und Statistik der Staaten und Kirchen, hg. v. Heinrich Eberhard Gottlob Paulus, H. 3, Frankfurt a. M. 1819, S. 3–113.
[23] Ebd., S. 3.

Für Voß stand es fest, daß die geheimbündlerisch agierenden Jesuiten, unterstützt von Angehörigen „des hochverrätherischen *Illuminatenbunds*"[24] (die nur scheinbar in Opposition zur katholischen Kirche standen), Stolberg ins Unglück und das geistige Deutschland an den Rand einer Katastrophe gebracht hatten. Nach der Veröffentlichung seiner Ausführungen (1819) wurde Voß viel Beifall gezollt. In der öffentlichen Diskussion, die sich noch einige Zeit hinzog, behielt er das letzte Wort. Stolberg war am 5. Dezember 1819 gestorben.[25] Heine war mit Voß sehr einverstanden, und er würdigte ihn als einen Bruder im Geiste:

> Als nun Fritz Stollberg mit Eclat zur katholischen Kirche überging und Vernunft und Freiheitsliebe abschwor, und ein Beförderer des Obscurantismus wurde, und durch sein vornehmes Beispiel gar viele Schwächlinge nachlockte: da trat Johann Heinrich Voß, der alte siebzigjährige Mann, dem eben so alten Jugendfreunde öffentlich entgegen und schrieb das Büchlein: ‚Wie ward Fritz Stollberg ein Unfreier?' Er analisirte darin dessen ganzes Leben, und zeigte: wie die aristokratische Natur in dem verbrüderten Grafen immer lauernd verborgen lag; wie sie nach den Ereignissen der französischen Revolution immer sichtbarer hervortrat; wie Stollberg sich der sogenannten Adelskette, die den französischen Freiheitsprinzipien entgegenwirken wollte, heimlich anschloß; wie diese Adligen sich mit den Jesuiten verbanden; wie man durch die Wiederherstellung des Katholizismus auch die Adelsinteressen zu fördern glaubte; wie überhaupt die Restauration des christkatholischen feudalistischen Mittelalters und der Untergang der protestantischen Denkfreiheit und des politischen Bürgerthums betrieben wurden. (28)

„Die romantische Schule" setzt Voß, dem „niedersächsischen Bauern" (27), ein Denkmal, in dem der Betrachter Heines eigene Züge erkennen soll.

Es gibt, neben Meyers Kunst-Aufsatz und Voß' Abfertigung Stolbergs, einen dritten Text, den Heine wahrscheinlich zur Konstruktion seiner Schrift benutzte, vielleicht sogar benötigte: Novalis' „Die Christenheit oder Europa". Der Aufsatz war 1826 nahezu vollständig (mit dem Untertitel „Ein Fragment") in die vierte Auflage der Werke des Novalis aufgenommen worden, nachdem sich Schelling, A. W. Schlegel und auch Goethe gegen seine Veröffentlichung in den – zuerst 1802 erschienenen – Schriften

---

[24] Ebd., S. 42.
[25] Vgl. dazu Norbert Oellers: Stolberg, das Christentum und die Antike. Der Streit mit Schiller, in: Leopold Graf zu Stolberg (1750–1819). Beiträge zum Eutiner Symposium im September 1997, hg. v. Frank Baudach, Eutin 2002, S. 109–126.

des Dichters ausgesprochen hatten.²⁶ Heine erwähnte ihn, aus welchen Gründen auch immer, nicht; daß er ihn kannte und von ihm sogar zu seiner Polemik gegen Mittelalter, Katholizismus und Jesuitismus angeregt wurde, kann aber kaum in Frage gestellt werden; denn nicht wenige Passagen, vor allem die Anwürfe gegen die Jesuiten (zum Teufel mit ihnen, die durch ihr Verbot gestärkt worden waren), sind am besten verständlich, wenn sie auf die Ausführungen des – von Heine ja auch den Konvertiten zugerechneten – Novalis bezogen werden. Die Beziehungen im einzelnen ans Licht zu bringen, sollte der Heine-Forschung nicht schwerfallen.²⁷

Heines „Die romantische Schule" ist ein geistreicher Essay in eigener Sache. Die politischen, religiösen und literarischen Tendenzen der Vergangenheit, die allesamt als romantische stigmatisiert werden, müssen ein- für allemal durch die Hinwendung zur zukunftsorientierten Gegenwart ins Nichts verbannt werden; nur so kann die Literatur dazu beitragen, ein aufgeklärtes Zeitalter, ein Zeitalter der Freiheit und des Kosmopolitismus, herbeizuführen. Der Hydra mußten die Köpfe, die Heine mit seinem (etwas vergifteten) Florett zu momentaner Unbeweglichkeit gebracht hatte, noch durch einen Herkules abgeschlagen und dann verbrannt werden. Als der Held mit einem Säbel anrückte, erwies sich die Schlange als Phantom.²⁸

Heines im Fechter-Stil durchgeführte Ausfälle gegen die Romantik bedeuten natürlich nicht, daß alle Dichtungen aller Romantiker für tot erklärt werden sollten. Vieles bleibt zu achten, zu bewahren und zu pflegen. Heine

---

[26] In der fünften Auflage fehlt der Aufsatz wieder. Dafür gab der Herausgeber Ludwig Tieck, vielleicht auch mit Blick auf „Die romantische Schule", diese Erklärung: „[...] es schmerzte mich, diesen nur schwachen Ausdruck des tiefsinnigen Novalis der Lesewelt hingeworfen zu sehn, und in einer Zeit, in der Partheikämpfe und Fanatismus so manches bessere Gemüth entstellen und verwirren. Es geschah auch, was ich befürchtet hatte, die Sektirer schalten auf Novalis, als wenn er ein ihnen feindlicher Sektirer wäre. Andre wollten in ihrem Eifer für die gute Sache mich oder Fr. Schlegel für den Verfasser des angefochtenen Aufsatzes ausgeben [...]." (Novalis: Schriften, Berlin 1837, T. 1, S. XXXVII.)

[27] Vgl. die nützlichen Ansätze eines Vergleichs in Renate Franckes Aufsatz „Die Verabschiedung der Romantik in Heines ‚Romantischer Schule'" (Anm. 8), S. 110–112. – Die Annahme Franckes, daß Heine „Die Christenheit oder Europa" nicht erwähnte, um Novalis zu schonen, ist nicht sonderlich überzeugend. Eine andere Möglichkeit wäre zu prüfen: Der auf Originalität versessene Heine, der keine Mühe hatte, das von Novalis Gesagte in sein Gegenteil zu verkehren, wollte sich nicht dem Verdacht des Ideenschmuggels aussetzen.

[28] Siehe die abschließenden Bemerkungen zu Echtermeyers und Ruges „Der Protestantismus und die Romantik".

lobte, was er an sich gelobt wissen wollte: Tiecks „Schätze seiner Phantasie, seines Gemüthes und seines Witzes", eine in seinen Novellen herrschende „geheimnißvolle Innigkeit, ein sonderbares Einverständniß mit der Natur" (59 f.); Brentanos „zerstörungssüchtige Liebenswürdigkeit" und seine „jauchzend blühende Tollheit" (77); Arnims, des Protestanten, Meisterschaft „in der Darstellung der Zerstörniß" und der „furchtbaren, unheimlichen, grausigen und gespenstischen Geschichten" (87 u. 89); Uhlands, des Protestanten, „Adel der Gefühle und Würde der Gesinnung" (103). Die Beispiele lobender Charakterisierungen lassen sich beträchtlich vermehren.

Am 11. Oktober 1835 schrieb Heine an Campe: „Ich bin jetzt mit dem Buch zufrieden, ich glaube es enthält keine einzige schwache Stelle und es wird als nützliches lehrreiches und zugleich ergötzlich unterhaltendes Buch länger leben als der Verfasser [...]."[29] Damit sollte der zögernde Verleger gedrängt werden, das Buch, das in der Tat die Horazische Feststellung: „aut prodesse volunt aut delectare poetae"[30] bestätigt, schnell auf den Markt zu bringen.

*

Nachtrag. Vier Jahre nach der „Romantischen Schule" schlugen Theodor Echtermeyer und Arnold Ruge mit dem Säbel auf die Romantik ein. In den „Hallischen Jahrbüchern für deutsche Wissenschaft und Kunst" versuchten sie, sich auf die Autorität ihres Lehrers Hegel stützend, der ungeliebten ‚Bewegung' vollends den Garaus zu machen. Ihre Abhandlung „Der Protestantismus und die Romantik. Zur Verständigung über die Zeit und ihre Gegensätze. Ein Manifest", die sich 1839/40 durch 30 Nummern der Zeitschrift hinzog,[31] geht von der zum Zeitpunkt der Veröffentlichung als staatsgefährdend angesehenen Erstarkung ultramontaner Bestrebungen in Deutschland aus und versucht, deren romantische Wurzeln freizulegen und zu durchschlagen. Mit großem Ernst stellten die Verfasser dar, wie die durch Reformation und Aufklärung errungenen Fortschritte in der Geschichte des deutschen Geistes durch katholische und katholisierende

---

[29] HSA 21 (Anm. 14), S. 123.
[30] De arte poetica, V. 333.
[31] Das Manifest wurde in den letzten Jahrzehnten zweimal nachgedruckt: Hildesheim 1972 (hg., kommentiert und mit einem Vorwort versehen von Norbert Oellers) und in: Philosophie und Literatur im Vormärz. Der Streit um die Romantik (1820–1854). Quellenband, hg. v. Walter Jaeschke, Hamburg 1995, S. 192–325. Vgl. auch Norbert Oellers: Die „Hallischen Jahrbücher" und die deutsche Literatur, in: Philosophie und Literatur im Vormärz (Anm. 8), S. 141–152.

Romantiker zunichte gemacht wurden, indem diese unter öffentlichem Beifall eine Haltung vertraten, die sich durch viele – zum Teil synonym zu verstehende – Adjektive kennzeichnen ließ: antiaufklärerisch, mittelalterlich, feudalistisch, katholisch, pietistisch (!), jesuitisch, irrational, unfrei, subjektivistisch, phantastisch, reaktionär, frivol, wollüstig, lügnerisch, heuchlerisch; und immer: falsch. Das „Manifest" schlägt auf ein Phantom ein. Was es bewirken wollte, verrät der erste Satz des Schlußkapitels:

> An diesem Punkt unseres Manifestes angelangt, wo wir nun hoffen dürfen die Sympathieen aller Freunde der Freiheit, den innersten und ernsten Geist des Protestantismus, den reformatorischen Trieb unserer großen und tiefbewußten Zeit für uns gewonnen zu haben und wiedergewonnen, wo vielleicht eine voreilige Weichlichkeit sich verletzt fühlte durch den scharfen Widerspruch gegen einzelne bisher für harmlos gehaltene Repräsentanten des unfreien Princips – hier wollen wir einen Rückblick thun, und einen Ueberblick des ganzen großen Gebietes der fixen Idee, in dem so viel renommirte Namen figuriren, veranstalten, um niemand zu täuschen über die Complicationen und Wendungen, die eine erschöpfende Kritik des romantischen Geistes immer noch vor sich hätte, die aber freilich nur im Laufe einer längeren Zeit und durch rastloses Zusammenwirken aller gesunden Kräfte unserer wissenschaftlichen und künstlerischen Gegenwart auszumessen und zu überwinden sein werden.[32]

So ernst hatte es Heine nicht gemeint. Er wurde von Echtermeyer und Ruge auch nicht erwähnt. In den beiden folgenden Jahren machten die „Hallischen Jahrbücher" gelegentlich auf die grundsätzliche Bedeutung des Manifests aufmerksam; dann geriet es in Vergessenheit. „Die romantische Schule" fand nach Heines Tod hier und da Beachtung – als ein Werk des Dichters, dem die Kunst doch mehr am Herzen lag als die Wissenschaft und das Leben. Die Ställe des Augias lassen sich nicht durch poetische und nicht durch ästhetische Werke ausmisten. Und die Hydra ist ja doch nur eine Fiktion.

---

[32] Hallische Jahrbücher für deutsche Wissenschaft und Kunst 1840, Nr. 64, Sp. 510 f.

Heines „Hebräische Melodien"

Alles ist Vermächtnis, vieles Testament – das Geschriebene des jüdischen Dichters Heine, der am 28. Juni 1825 in Heiligenstadt getauft wurde und dabei seinen Vornamen Harry eintauschte gegen Johann Christian Heinrich, aber sein Judentum nicht preisgab. Gegen Ende seines Lebens drängt sich noch einmal vieles zusammen von dem, was ihm widerfahren war, was er erfahren hatte aus Vorzeiten und in seinen Gegenwarten; so in den „Hebräischen Melodien", dem letzten Zyklus seiner letzten selbständig erschienenen Gedichtsammlung „Romanzero" (1851). Die Gedichte lassen sich lesen wie die aufs Wesentliche zusammengefaßte Summe einer vielverzweigten Geschichte.

Wo anfangen, da doch vieles zum Thema schon geschrieben und gesagt wurde? Bei den Großeltern? Bei den Eltern? Bei den Erinnerungen Heines an seine Kindheit und Jugend? Bei den frühen Veröffentlichungen, mit denen sich der Verfasser Harry Heine als „H. Heine" vorstellte (was sich später als praktisch erwies, weil das Initial leicht zum Taufnamen Heinrich verlängert werden konnte)?

Der nicht getaufte Jude wäre vor allem in seiner Tätigkeit als Mitglied des Berliner „Vereins für Cultur und Wissenschaft der Juden", dem er am 4. August 1822 beitrat, anzusehen. Was tat er in diesem ‚Assimilationsverein', um Hoffnungen (welche?) zu stärken und Überzeugungen (welche?) zu gewinnen?[1] Es mag auch die Trauer über das nahe Ende des Vereins gewesen sein, die ihn im Oktober 1824 (in Göttingen) an Moses Moser (in Berlin) dichten ließ:

Brich aus in lauten Klagen,
Du düstres Martyrerlied,
Das ich so lang getragen
Im flammenstillen Gemüth'.

---

[1] Vgl. dazu Edith Lutz: Der „Verein für Cultur und Wissenschaft der Juden" und sein Mitglied H. Heine, Stuttgart, Weimar 1997; dies.: Heinrich Heine und der „Verein für Cultur und Wissenschaft der Juden", in: Heinrich Heine und die Religion, ein kritischer Rückblick. Ein Symposium der Evangelischen Kirche im Rheinland vom 27.–30. Oktober 1997, hg. v. Ferdinand Schlingensiepen und Manfred Windfuhr, Düsseldorf 1998, S. 65–80.

Es dringt in alle Ohren,
Und durch die Ohren in's Herz;
Ich habe gewaltig beschworen
Den tausendjährigen Schmerz.

Es weinen die Großen und Kleinen,
Sogar die kalten Herr'n,
Die Frauen und Blumen weinen,
Es weinen am Himmel die Stern'.

Und alle die Thränen fließen
Nach Süden, im stillen Verein,
Sie fließen und ergießen
Sich all' in den Jordan hinein.[2]

Ist dies der große Judenschmerz, acht Monate vor der Taufe, durch die sich Heine, wie es scheint, zum Marranen machte? Seit April 1824 schrieb er am „Rabbi von Bacherach", hatte den Stoff dazu in der Göttinger Bibliothek zusammengetragen, „eine Fülle der Belehrung und des Schmerzes".[3] Über das Fragment ließe sich so reden, als sei es einer der beiden Pfeiler, auf denen die Brücke ruht, über die der Lebensweg des Juden Heine führte. Der andere Pfeiler, nicht so massiv, aber haltbar auch er: der Zyklus der „Hebräischen Melodien", der die „Gedächtnißfeyer"-Verse nicht zurücknimmt: „Keine Messe wird man singen, / Keinen Kadosch wird man sagen, / Nichts gesagt und nichts gesungen / Wird an meinen Sterbetagen."[4] Danach noch der kurze Weg bis ans Ende: das Nachwort des „verlorenen Sohnes"[5] zum „Romanzero", die Vorrede zur zweiten Auflage von „Zur Geschichte der Religion und Philosophie in Deutschland": „Ich bekenne [...] unumwunden, daß alles, was in diesem Buche namentlich auf die große Gottesfrage Bezug hat, ebenso falsch wie unbesonnen ist"[6]; schließlich die „Geständnisse" des von der Lektüre der Bibel tief Bewegten („ich verdanke

---

[2] Heinrich Heine: Säkularausgabe (im folgenden zitiert: HSA). Werke, Briefwechsel, Lebenszeugnisse, hg. v. den Nationalen Forschungs- und Gedenkstätten der klassischen deutschen Literatur in Weimar und dem Centre National de la Recherche Scientifique in Paris, Berlin, Paris 1970–76, Bd. XX, S. 178.

[3] Ebd., S. 167 (Brief an Moses Moser vom 25. Juni 1824).

[4] Heinrich Heine: Historisch-kritische Gesamtausgabe der Werke (im folgenden zitiert: DHA), in Verbindung mit dem Heinrich-Heine-Institut hg. v. Manfred Windfuhr, 16 Bde., Hamburg 1973–97, Bd. III/1, S. 114.

[5] Ebd., S. 179.

[6] DHA VIII/I, S. 497.

ihr viel. Sie hat [...] das religiöse Gefühl wieder in mir erweckt"[7]), der die Nähe des über alles und alle geschätzten Moses („er schuf Israel!"[8]) suchte – auf dem Weg ins Gelobte Land. Dies und anderes gehört zum Kontext der „Hebräischen Melodien", der so komplex und kompliziert ist, daß hier nur flüchtig auf ihn gezeigt werden soll.

Wer über die „Hebräischen Melodien" spricht, sollte auch, wenigstens mit einigen Sätzen, über den Weg sprechen, der zu ihnen hin und über sie hinaus geführt hat. Er braucht sich dabei aber nicht mit der gelegentlich nachdrücklich vertretenen These zu beschäftigen, Heine sei „das einzige große Beispiel geglückter Assimilation, das die gesamte Geschichte der Assimilation aufzuweisen hat"[9]; oder, noch nachdrücklicher formuliert: „Einmal zumindest, einmal ist einem Dichter in unserem Land die große Synthese zwischen Deutschtum und Judentum als Summe zweier Identitäten gelungen [...] und dieser einzige war Heinrich Heine."[10] Das ist so problematisch wie die oft wiederholte Versicherung, mit den „Hebräischen Melodien" habe Heine zum Judentum zurückgefunden. Denn ist es nicht gerade umgekehrt? Er hat nirgendwohin zurückgefunden, in ihm konnte keine Synthese glücken, weil sich These und Antithese nicht aufhoben, weil in der Kluft zwischen ihnen das Verhängnis lauerte, so daß, wer sich hineinbegab, unheilbar verwundet, ja selbst zur Wunde wurde. So hat es zwar Adorno nicht gemeint, dessen Essay „Die Wunde Heine" mit der lapidaren Feststellung ans Ende kommt: „Die Wunde Heine wird sich schließen erst in einer Gesellschaft, welche die Versöhnung vollbrachte"[11]; aber immerhin kann dieses Bild zur Steigerung gebraucht werden: Die Wunde bezeichnet nicht nur, sondern sie war und bleibt – hier räumlich vorgestellt – die dauernde Kluft, die auch und gerade Heine ist.

Also darum geht es nicht im folgenden, nicht um Heines Judentum oder Nichtjudentum, nicht um den angeblich revertierten Heine, nicht um das spezifisch Jüdische der „Hebräischen Melodien", das zu bestimmen mir nicht zukommen kann[12], natürlich auch nicht um biographische Details aus den Zeiten vor und nach der Entstehung der Gedichte. Weltanschauliches (Ideologisches), das immer auch zu Bewertungen drängt, soll aus den Be-

---

[7] DHA XV, S. 42.
[8] Ebd., S. 41.
[9] Hannah Arendt: Sechs Essays, Heidelberg 1948, S. 89 (aus dem Essay „Die verborgene Tradition").
[10] So Walter Jens am 13. Dezember 1997 bei der Heine-Gedenkfeier in Hamburg (zitiert nach „General-Anzeiger" [Bonn] vom 15. Dezember 1997).
[11] Theodor W. Adorno: Noten zur Literatur [I], Frankfurt a. M. 1958, S. 152.
[12] Vgl. dazu Ruth L. Jacobi: Heinrich Heines jüdisches Erbe, Bonn 1978, S. 13–23, 77, 83 f.

merkungen, die weitgehend philologischer Natur sind, ausgeschlossen bleiben. Es soll um die Feststellung von Befunden und den Versuch ihrer Deutung gehen, um die Beschreibung dessen, was wann wie entstand und aufgenommen wurde, mit dem Ziel, das Gewordene als Poesie zu verstehen; ein flüchtiger Punkt in der Rezeptionsgeschichte wird neu markiert, nicht mehr.

Der „Romanzero", Heines – nach dem „Buch der Lieder" (1827) und den „Neuen Gedichten" (1844) – dritte selbständig veröffentlichte Gedichtsammlung, erschien im Oktober 1851 bei Campe in Hamburg. Die meisten der Gedichte sind vermutlich in den Jahren 1848 bis 1851 entstanden; sie waren eine der beiden „Tröstungen", die „kosend" an seinem Krankenlager saßen, wie der Dichter seinem Verleger am 30. April 1849 schrieb: „meine französische Hausfrau und die deutsche Muse". Er setzte hinzu: „Ich knittele sehr viel Verse, und es sind manche darunter, die wie Zauberweisen meine Schmerzen kirren, wenn ich sie für mich hin summe. Ein Poet ist und bleibt doch ein Narr!"[13] Die Formulierung hat dazu geführt, daß gelegentlich Jagd nach Knittelvers-Gedichten im „Romanzero" gemacht wurde, um herauszufinden, welche Teile der Sammlung im Mai 1849 entstanden sein könnten; ein solches Bemühen ist allerdings nicht sonderlich sinnvoll, weil „knitteln" ja keineswegs nur im Sinne eines Metrik-Lehrbuchs zu verstehen ist.

So wenig wie die – von einigen Ausnahmen abgesehen – genaue Entstehungszeit der Gedichte der ersten beiden Bücher („Historien" und „Lamentazionen") angegeben werden kann, so wenig läßt sich sagen, wann die meisten der „Hebräischen Melodien", nämlich „Prinzessin Sabbath" und die „Jehuda ben Halevy"-Gedichte, entstanden sind. Nur das Motto („O laß nicht ohne Lebensgenuß / Dein Leben verfließen! / [...]"[14]) und das letzte Gedicht der Sammlung („Disputazion") lassen sich zeitlich fixieren: Bei dem Motto handelt es sich um Verse, die Heine am 13. März 1846 in das Stammbuch Friederike Friedlands (einer Schwester Ferdinand Lassalles) eingetragen hat, und „Disputazion" entstand, wie sich aus Heines Korrespondenz ergibt, im Juli und August 1851 – „das schönste meiner Gedichte", wie es im Brief an Campe vom 21. August 1851 heißt[15], bevor es mit allen anderen Gedichten sechs Tage später auf den Weg nach Hamburg geschickt wurde. Dafür, daß sowohl „Prinzessin Sabbath" wie auch die vier „Jehuda ben Halevy"-Gedichte Mitte 1850 oder ein wenig später geschrieben wurden, gibt es Anhaltspunkte, aber keine Gewißheit. – Noch dies ge-

---

[13] HSA XXII, S. 314.

[14] DHA III/1, S. 124. – Die „Hebräischen Melodien" werden im folgenden ohne weiteren Nachweis nach dieser Ausgabe zitiert.

[15] HSA XXIII, S. 112.

hört zur Entstehungsgeschichte, die mit dem Druck ihr Ende fand: Unter dem vierten Jehuda-Gedicht steht „(Fragment)". Da sich der Zusatz sehr wohl – wie „(Ist fortzusetzen.)" am Ende von Goethes „Wilhelm Meisters Wanderjahren" – allein auf das unmittelbar voranstehende Gedicht (bei Goethe ist es das Schiller-Gedicht „Im ernsten Beinhaus war's", bei Heine das letzte Jehuda-Gedicht) beziehen läßt, ist der Hinweis nicht überflüssig, daß Heine den Zusatz auf den gesamten Zyklus bezogen wissen wollte, wie er am 26. September 1851 Campe schrieb. (Goethe hingegen wollte vermutlich keine Fortsetzung seines Romans, sondern die Fortsetzung seiner dem toten Freund gewidmeten Terzinen ankündigen.) Zur korrekten Plazierung des Heineschen Zusatzes „(Fragment)" konnte es dann nicht mehr kommen, weil Campe den Druck der Gedichtsammlung so eilig betrieben hatte, daß er schon Anfang Oktober abgeschlossen werden konnte.

Der genaueren Bemühung um das Verständnis der „Hebräischen Melodien" (die gedrängte Zeit verlangt hier die Konzentration auf den Mittelteil) mögen ein paar Sätze der Erinnerung vorausgehen über das, was zu lesen ist. „Hebrew Melodies", so nannte Byron 24 Gedichte, die 1815 mit Vertonungen Isaac Nathans erschienen, Liebesgedichte zum großen Teil mit biblischen Bezügen, aber ohne religiöse Bekenntnisse. Zwei Unsterblichkeitsgedichte lassen sich so verstehen, aber gerade in ihnen sind Anklänge an die hebräische Bibel nicht zu entdecken. Am ehesten ist das abschließende Hiob-Gedicht „A spirit pass'd before me: I beheld" unmittelbar auf eine Textstelle der Heiligen Schrift (Hiob 4, 15–19) zu beziehen; es kann gar als deren Paraphrase gelesen werden. Außerdem enthält Byrons Zyklus zwei „Bei den Wassern Babels"-Gedichte: „Oh! weep for those [...]" („Weint um die Weinenden an Babels Strand") und „We sat down and wept by the waters" („Bei den Wassern Babels saßen wir und weinten"), den Anfang des Psalms 137 zitierend, wie es Heine in seinem zweiten Jehuda-Gedicht auch getan hat. Es gibt gewiß mehr Übereinstimmungen und Parallelen zwischen Byrons und Heines „Melodien"; nach ihnen genauer zu suchen, wäre ein reizvolles Geschäft, weil sich wohl erweisen würde, daß nicht nur die Titel und einzelne Verse oder gar Versgruppen und Formen (Vers- und Strophenformen, um die einfachsten Beispiele zu nennen) übereinstimmen, sondern daß auch der von den Dichtern intendierte ‚Sinn', dem die um ‚Bedeutungen' bemühten Leser nahezukommen nicht müde werden sollten, sehr wohl vergleichbar ist. Dabei ergäbe sich vermutlich für den Literarhistoriker, daß Heine, der ‚deutsche Byron'[16], die

---

[16] Daß Heine schon in jungen Jahren Byron mit Begeisterung rezipierte und einige seiner Gedichte ins Deutsche übersetzte und daß er wenig später in den Berliner Salons Elise von Hohenhausens und Rahel Varnhagens als „deut-

"Hebrew Melodies" als ‚Quelle' benutzend und sie variierend, den englischen Dichter um eine Generation ‚überholt' und damit einen Platz gefunden hat zwischen diesem und den modernen Lyrikern der Jahrhundertwende. Der Vergleich begänne tunlichst beim Titel: Während Byron nicht zuletzt für Komponisten schrieb und damit Vertonungen als Komplemente seiner Texte forderte, sind Heines Gedichte Melodien in einem mittelbaren, auf jeden Fall ganz anderen Verständnis des Wortes; darüber soll später noch etwas gesagt werden.

Das Motto sagt's: „[...] baue dein Hüttchen im Thal / und nicht auf dem Gipfel." Was nichts anderes heißt als: Sorge für deine Sicherheit, wenn du sie wünschst; auf der Höhe bist du verloren wie die, von denen nun zu dichten ist. – „Prinzessin Sabbath": Der nobilitierte Festtag, das Leben auf dem Gipfel, das den Niedriggestellten (Israel, den „Hund", der „die ganze Woche / Durch des Lebens Koth und Kehricht, / Gassenbuben zum Gespötte", umherstreunt) für Augenblicke beglückt – weil er aufgehen kann im schönen Schein der Liturgie, im Glanz der „Frau Prinzessin Sabbath", die „Perl' und Blume aller Schönheit" ist, wie sie der Dichter (Heine nennt schon hier – statt Salomo Halevi Alkabez – „Don Jehuda ben Halevy") beschrieben hat. Und dann wird noch ein Loblied angestimmt auf das Sabbat-Mahl, das der erneuten Verwandlung des Prinzen, des der Prinzessin Angetrauten, in den Hund vorausgeht; er kehrt vom Gipfel zurück ins Tal, dort sollte er überleben – als Hund.

Jehuda ben Halevy. Fragment. I–IV. – „Jehuda Halevi war ein großer jüdischer Dichter in hebräischer Sprache." So beginnt Franz Rosenzweigs Vorwort zur Auswahl der von ihm übersetzten „Zionslieder"[17] des spanisch-jüdischen Poeten und Philosophen, der um 1075 in Tudela geboren und 1141 oder später in Ägypten oder vielleicht sogar in Jerusalem oder auf dem Wege dorthin eines natürlichen oder unnatürlichen Todes gestorben ist. Und weiter heißt es bei Rosenzweig: „Alle jüdische Dichtung im Exil verschmäht es, ihr Im-Exil-Sein zu ignorieren. Das würde geschehen, wenn sie jemals wie andre Dichtung die Welt unmittelbar aufnähme. Denn die Welt, die sie umgibt, ist Exil und soll es ihr bleiben. Und in dem Augenblick, wo sie diese Haltung aufgäbe, wo sie sich dem Einstrom dieser Welt öffnete, würde ihr diese Welt heimisch, hörte auf, Exil zu sein."[18] – Mit diesen Sätzen ist angedeutet, was Heines Jehuda-Gedichte zu Gedichten eines Juden im Exil machen. Sie nehmen die Welt nicht unmittelbar

---

scher Byron" Ansehen fand, ist allgemein bekannt und braucht hier nur erwähnt, nicht aber erläutert zu werden.

[17] Jehuda Halevi: Zionslieder. Mit der Verdeutschung und Anmerkungen von Franz Rosenzweig, Berlin 1933 (Bücherei des Schocken Verlags 2), S. 5.

[18] Ebd., S. 5 f.

auf; sie spiegeln eine jüdische Welt im Exil, um sie vernehmbar zu machen – nicht als ein Ich, das Heine heißt, sondern als lyrisches Ich, das in – wie es nicht anders sein kann – deutlicher Distanz zum Subjekt des Dichters, als Objekt der Geschichte Aufmerksamkeit fordert.

Was zu lesen (und noch zu erläutern) ist – der Befund: Es beginnt mit der Fortsetzung dessen, was im folgenden Gedicht (II) am Anfang steht: „Lechzend klebe mir die Zunge / An dem Gaumen [...]", mit Psalm 137 (V. 5–6) also. Jehuda ben Halevy, der Dichter mit den „schön gereimten Lippen", tritt aus der Schar der bärtigen „Traumgestalten" hervor, sein Leben wird nachgedichtet, wie er als Knabe die Heilige Schrift „In der uralt hergebrachten / Singsang-Weise, Tropp geheißen", rezitiert, den Talmud studiert, der Halacha kundig wird und so „Alle Künste der Polemik" erlernt; daneben aber und vor allem zieht ihn die Hagada an, zu der er flieht, wenn er vom Halacha-„Gezänke" „betäubet" ist, und sein Herz wird „ergriffen" von „Jener seligen Geheimwelt, / Jener großen Offenbarung, / Die wir nennen Poesie." Und wird zum Poeten, zur „Feuersäule des Gesanges[19], / Die der Schmerzenskarawane / Israels vorangezogen / In der Wüste des Exils." (Exil: das ist, wie Ägypten und Babylon, die Diaspora der Juden nach der Zerstörung Jerusalems im Jahr 70 – zu Jehudas Zeiten so gut wie zu denen Heines und später.) Der Dichter ist ausgezeichnet durch die Gnade seines Schöpfers, der seine „schöne Seele" geküßt hat, wie der Herr Moses geküßt hat, als er ihm, dem Sterbenden, das Gelobte Land zeigte. Der Dichter ist unmittelbar zu Gott, da dieser ihn liebt. „Nur dem Gotte steht er Rede, / Nicht dem Volke – In der Kunst / Wie im Leben kann das Volk / Tödten uns, doch niemals richten." Das ist, mit wenigen Worten aufs schönste gesagt, klassisch-romantische Genie- und Autonomie-Ästhetik; „uns" – das sind alle Dichter, die, wenn sie das Höchste wollen, in ihren Werken die Liebe Gottes bezeugen. Die Dichter werden wieder aufgerufen zu Beginn des folgenden, mit Psalm 137 einsetzenden Gedichts: „Bey den Wassern Babels saßen / Wir und weinten [...]"; und das „Wir" konzentriert sich aufs „Ich": „[...] jahrtausendlange / Kocht's in mir. Ein dunkles Wehe! / Und die Zeit leckt meine Wunde, / Wie der Hund die Schwären Hiobs." Ein Albtraum („mein westöstlich dunkler Spleen") – Menschentränen „rinnen / Auf die Erde", eine kochende Sud hebt den Deckel eines Kessels, verdampft dann – weicht wiedergewonnener Freude an dem poetischen Vermögen, das sich hebt im Gedanken an Jehuda ben Halevy: „Ja, er ward ein großer Dichter, / Absoluter Traumweltsherrscher / Mit der Geisterkönigskrone, / Ein Poet von Gottes Gnade" – kein Troubadour im herkömmlichen Sinne, keiner, der eine Laura besang; seine „Herzensdame"

---

[19] Vgl. dazu 2. Mose 13,21–22: Der Herr zieht nachts in einer Feuersäule vor den Kindern Israels einher, sie aus Ägypten führend; ähnlich ebd., 36–38.

„War ein traurig armes Liebchen, / Der Zerstörung Jammerbildniß, / Und sie hieß Jerusalem." Ihr war Jehuda hingegeben, den „graue[n] Trümmern", die „Einmal in dem Jahr, an jenem / Neunten Tag des Monats Ab" weinten. Sehnsucht erfüllt den Dichter (so, wie es in Heines Quelle, in Michael Sachs' 1845 erschienenem Werk „Die religiöse Poesie der Juden in Spanien" dargestellt ist[20]), sein Schicksal gleicht dem des Geoffroy Rudel, über das Heine sein „Historien"-Gedicht „Geoffroy Rudèl und Melisande von Tripoli"[21] geschrieben hat: Da er die ferne Geliebte endlich erreicht, stirbt er. „Auch Jehuda ben Halevy / Starb zu Füßen seiner Liebsten, / Und sein sterbend Haupt, es ruhte / Auf den Knien Jerusalems."

Das dritte Jehuda ben Halevy-Gedicht, über das nachher noch etwas Genaueres gesagt werden soll (wie auch über das letzte der „Hebräischen Melodien"), handelt vom Schmuckkästchen des Königs Darius, das Alexander in die Hände fiel und dessen Inhalt er verteilte; eine kostbare Perlenschnur nahm ihren Weg durch Zeiten und Länder, bis sie schließlich in Paris landete: „Und sie schimmerte am Hals / Der Baronin Salomon." (Gemeint ist Betty, die Frau des Pariser Bankiers Rothschild.) Das Kästchen indes behielt Alexander, er verwahrte darin die Werke Homers. Damit ist, genau in der Mitte des Gedichts, der Übergang zum Wichtigeren besorgt: „Käm' ich in Besitz des Kästchens, // Und mich zwänge nicht Finanznoth / Gleich dasselbe zu versilbern, / So verschlösse ich darin / Die Gedichte unsres Rabbi –". Es sind „Thränenperlen", „Perlenthränen", aufbewahrt in „rohe[r] Schale", ein „Perlenthränenlied" vor allem, „die vielberühmte Klage / Die gesungen wird in allen / Weltzerstreuten Zelten Jakobs // An dem neunten Tag des Monats, / Der geheißen Ab" – „das Zionslied / Das Jehuda ben Halevy / Sterbend auf den heil'gen Trümmern / Von Jerusalem gesungen –".[22] Da er sang, tötete ihn „ein frecher Sarazene"; doch eine Sage will, dieser sei von Gott gesandt („Gar kein böser Mensch [...] / Sondern ein verkappter Engel"), um den Dichter „in's Reich der Sel'gen" zu holen;

---

[20] Vgl. Michael Sachs: Die religiöse Poesie der Juden in Spanien, Berlin 1845, S. 290 f.: „In diesen [auf der Wallfahrt nach Jerusalem gedichteten] Liedern sehen wir den ersten Keim sehnsüchtigen Verlangens nach dem geweiheten, von der unverlöschlichen Schrift der Geschichte bezeichneten Orte sich regen: die wichtigsten Punkte, die der Dichter auf seinem Zuge berührt, die Personen, denen er begegnete und die den liebenswürdigen frommen Sänger gastlich begrüßt [!], – die mannigfachen Stimmungen, von denen seine Seele bewegt worden, das alles wird uns in zierlichen, bald trüb gefärbten, bald sonnighellen Bildern vorgeführt."

[21] DHA III/I, S. 47–49.

[22] Vgl. dazu Franz Rosenzweig: Jehuda Halevi (Anm. 17), S. 68–71; das Gedicht „An Zion" (deutsch und hebräisch) ebd., S. 64–69.

dort wird ihm ein prächtiger Empfang bereitet: „Lecho Daudi Likras Kalle." (Der Vers [Komme, Freund, der Braut entgegen] verknüpft das Gedicht mit dem Eingangsgedicht des Zyklus, mit „Prinzessin Sabbath"; er steigert das irdische Fest zum himmlischen.)

In schneidendem Kontrast zum vorangegangenen beginnt das letzte Jehuda ben Halevy-Gedicht: „Meine Frau ist nicht zufrieden / Mit dem vorigen Capitel" – das Kästchen habe der Ehemann doch am besten „zu Gelde machen" sollen, für die Schriften Jehudas täte es auch ein Pappfutteral; wer überhaupt sei dieser Dichter? Über ihn und andere „Aus dem großen Goldzeitalter / Der arabisch-althispanisch / Jüdischen Poetenschule" wird sie informiert, insbesondere über Iben Esra, der, von Tataren aus Jerusalem verschleppt, in der Gefangenschaft Kühe melken mußte, durch schönen Gesang aber die Freiheit wiedererlangte. Es schließt sich die Schlemihl-Sequenz an, das poetologische Herzstück des ganzen Zyklus[23]; Apollo, der Dichtervater: ein „göttliche[r] Schlemihl"; und alle seine Kinder: Schlemihle. Schlemihl der Erste, das ist Schlemihl ben Zuri Schadday, der, so weiß es die Volkssage, von Pinhas (dem Sohn Eleasars) getötet wurde, als dieser Simri, der „Buhlschaft trieb mit einem Weibsbild / Aus dem Stamm der Kananiter", zu töten vermeinte.[24] – „Drey Jahrtausende verflossen, / Seit gestorben unser Ahnherr, / Herr Schlemihl ben Zuri Schadday. // Längst ist auch der Pinhas todt – / Doch sein Speer hat sich erhalten, / Und wir hören ihn beständig / Ueber unsre Häupter schwirren. // Und die besten Herzen trifft er – / Wie Jehuda ben Halevy, / Traf er Moses Iben Esra / Und er traf auch den Gabirol –". Des letzteren Geschichte, mit charakteristischen Varianten des von Michael Sachs Berichteten[25], bildet den Schluß dieser Melodie. Die „Disputazion" folgt noch, das erbitterte, von Vorurteilen diktierte Wortgefecht zwischen Rabbi Juda und Frater Jose, das keine Antwort auf die Frage erlaubt, ob dem christlichen oder dem jüdischen Gott „die wahre Göttlichkeit" zukomme. Die um ihre Meinung gebetene Königin „spricht am Ende: // Welcher Recht hat, weiß ich nicht – / Doch es will mich schier bedünken, / Daß der Rabbi und der Mönch, / Daß sie alle beide stinken." Die Betonung sollte wohl auf dem letzten Wort und nicht auf „alle beide" liegen. Freilich: Die unvoreingenommenen Leser und Hö-

---

[23] Vgl. dazu Hartmut Steinecke: „Wir stammen von Schlemihl". Jüdische Dichter-Bilder in Heines Romanzero, in: ders.: Unterhaltsamkeit und Artistik. Neue Schreibarten in der deutschen Literatur von Hoffmann bis Heine, Berlin 1998 (Philologische Studien und Quellen 149), S. 195–213.

[24] Die ‚wahre' Geschichte der Buhlschaft und ihrer Folgen wird im 4. Buch Mose, Kap. 25 beschrieben; von der Identität Simris und Schlemihls ist im Talmud die Rede.

[25] Vgl. Sachs (Anm. 20), S. 213–248.

rer, zu denen die christliche Königin ja nicht zählt, sollte es wohl bedünken, daß der Mönch mehr stinkt als der Rabbi, und dies nicht nur, weil jener mehr sagt als dieser. (Der Rabbi gehört allerdings auch nicht zu den „besten / Dialektischen Athleten" der Halacha, der talmudischen Fechterschule.) Die „Hebräischen Melodien" wurden – wie der „Romanzero" überhaupt – von der zeitgenössischen Kritik mit mehr Ablehnung als Zustimmung aufgenommen. Verdrießlich waren nicht nur die als belanglos angesehenen Inhalte der Gedichte („gereimte Anekdoten mit ziemlich stumpfer Pointe"), sondern auch deren Form: „[...] wenn man es nicht durch die Abtheilung der Verse sähe, würde man schwerlich glauben daß er [Heine] etwas anderes als Prosa habe schreiben wollen."[26] In der Tat: Es gibt nicht wenige Strophen, die sich als Prosa lesen lassen, wie etwa diese (aus dem zweiten Jehuda-Gedicht): „Ein gar wunderlicher Pilger / Mocht' es sein, die Augen lugten / Wie aus tausendjähr'gem Trübsinn / Und er seufzt': ‚Jerusalem!'" Nur: da es sich um Verse handelt, sind sie auch so, nämlich als Verse zu lesen; die Möglichkeit, sie wie ungebundene Sprache aufzunehmen und zu zitieren, impliziert nicht mehr (aber auch nicht weniger) als die Warnung vorm verfälschenden Skandieren der – in diesem Fall – vierhebigen Trochäen: „Éin gar wúnderlícher Pílger" usw. Zur Poesie gehört, daß sie ohne Heftigkeit auskommt; der Schein der Wahrheit ist immer zweifellos. – Nicht unerwähnt soll freilich bleiben, daß Heine zuweilen auch ausbricht aus dem Einerlei der Singsang-Trochäen, als sei er ihrer selbst überdrüssig. Der Rabbi spricht: „Um für deine Saat zu düngen / Meines Geistes dürren Acker, / Mit Mistkarren voll Schimpfwörter / Hast du mich beschmissen wacker." Und wenig später: „Doch sein Fleisch ist delikat, / Delikater als Schildkröten."

Dem einfachen (und gelegentlich betont einfachen) Sprechen korrespondiert das ganz Andere der Heineschen Gedichte: die Vielzahl der Neologismen, die förmlich in die Augen und von da in den Kopf springen, als seien sie bedeutend, die aber erkennbar nichts sein wollen als Spiel: „Vögeltümlichkeit" und „Luftkindgrillenart", „Kußrechtskasuistin" und „Philantröpfchen", aber auch „Wonnebrot" und „Schattenbeine", „Traumweltsherrscher" und „Weltarschpauker", „herzblutglühend" und „blutfraßgierig". Erfindungen wie andere auch, diese etwa: daß der erschlagene Gabirol ein Mirakel bewirkte: „[...] siehe! aus dem Boden, / Wo die Leiche eingescharrt war, / Wuchs hervor ein Feigenbaum / Von der wunderbarsten Schönheit. // Seine Frucht war seltsam länglich / Und von seltsam würz'ger Süße; / Wer davon genoß, versank / In ein träumerisch Entzücken." Bei

---

[26] Beide Urteile von Friedrich Martin von Bodenstedt im „Sonntagsblatt zur Weser-Zeitung", 2. November 1851 (zitiert nach DHA III/2, S. 483).

Sachs hatte Heine gelesen: „Gabirol soll durch den Neid eines maurischen Edelmannes gefallen sein, der [...] den Gemordeten unter einem Feigenbaume seines Gartens vergrub. Der Baum, von edlem Blute getränkt, trug Früchte von ungewöhnlicher Süße [...]."²⁷ Dieses Wunder war zu überbieten, um der Macht des Toten im Lebendigen besonderen Nachdruck zu verleihen. Da gibt's nichts zu deuten.

Die heftigsten zeitgenössischen Attacken gegen Heines „Romanzero" (und im besonderen gegen die „Hebräischen Melodien") finden sich in der in Leipzig erschienenen „Allgemeinen Zeitung des Judenthums".²⁸ Da wird das „Verfehlte, das Leere, Weitschweifige, Nüchterne der meisten Piècen" getadelt und beklagt, daß Heine, „der Weltbürger, der Heide, der französirte, der Pariser [...] seine jüdischen Witze, wie seine Witze über Juden und Judenthum niemals [hat] loswerden können"; den „Hebräischen Melodien" werden die „unsterblichen, alle Tiefen des menschlichen Herzens anklingenden Gesänge Lord Byron's" entgegengestellt; und zu den Jehuda ben Halevy-Gedichten heißt es, sie seien von schwer erträglicher „Länge und Langstiligkeit" und insgesamt „gänzlich verfehlt". Das brauchte nicht erwähnt zu werden, wenn sich in der Geschichte der Heine-Rezeption Desinteresse und ins Grundsätzliche gehende Kritik an den „Hebräischen Melodien" nicht fortgesetzt hätten.²⁹

---

²⁷ Sachs (Anm. 20), S. 219 f.
²⁸ Die anonyme Rezension erschien am 17. und 24. November 1851. Hier zitiert nach DHA III/2, S. 495 und 886.
²⁹ Helmut Koopmann, der mit zahlreichen Publikationen die Heine-Forschung gemehrt hat, gehört zu den Kritikern der „Hebräischen Melodien". Am Ende eines 1978 erschienenen Aufsatzes über Heines „Romanzero" hat er seine „Zweifel" an der Qualität der „Hebräischen Melodien" so zusammengefaßt: „Das Gedicht Jehuda ben Halevy ist Fragment. Das letzte Gedicht, ‚Disputation', ist ‚in großer Eile' geschrieben. Es hat einen dissonanten Schluß, der weder dem Rabbi noch dem Mönch recht gibt. Heine selbst hat von den Mängeln gesprochen, welche dem Buch durch Eilfertigkeit anhaften und die nun einmal vorhanden seien, auch wenn die große Menge sie nicht sähe. Schließlich: der Titel ist Byrons ‚Hebrew Melodies' nachgebildet. Alles das stimmt bedenklich angesichts der Heineschen Sorgfalt in Fragen der Dichtung. Man wird auch kaum Heines Krankheit verantwortlich machen können. Hier drängt sich vielmehr der Verdacht auf, daß die Poesie nicht leisten konnte, was der zu Gott zurückgekehrte Poet offenbar von ihr verlangte. Die ‚Hebräischen Melodien' wirken wie ein Ausweg, der keiner war. Die Poesie ließ sich nicht theologisieren. Und die von Heine selbst so offen zugegebenen Flüchtigkeiten scheinen hier ihren tieferen Grund zu haben. Formale Schwächen sind stets ein verräterisches Indiz." (Zeitschrift für deutsche Phi-

Zum besseren Verständnis der Gedichte wäre noch mancherlei zu untersuchen notwendig: Die Byron-Bezüge, die es, wie schon gesagt, in beträchtlichem Maße gibt, müßten einmal genauer erforscht und analysiert werden, als es bisher geschehen ist. Oder der Vergleich mit Heines Quellen, besonders mit dem für ihn so wichtigen Buch von Michael Sachs[30], dessen literarhistorische Darstellungen er auf mannigfache Weise variiert hat, sollte einmal mit aller Sorgfalt durchgeführt werden; denn nirgendwo sonst lassen sich die Intentionen des Dichters müheloser fassen als in den demonstrativen Abwendungen vom Überlieferten, an dessen Stelle etwas Neues gesetzt wird. Ähnliches wäre zu sagen von den Erkenntnissen, die sich aus der Beschäftigung mit der Entstehungsgeschichte eines Werks (das ja immer ist, was es geworden ist – nie unmittelbar zu Gott) ergeben könnten, nicht zuletzt aus der Beschäftigung mit den überlieferten Entstehungsvarianten. Dafür, andeutend, nur zwei Beispiele von unterschiedlicher Länge und unterschiedlichem Gewicht.

Die Schlußstrophe des zweiten Jehuda-Gedichts ist das Konzentrat aus ursprünglich drei, metrisch noch unfertigen, Strophen, in denen des Dichters Reise von Spanien über Ägypten nach Palästina beschrieben wird: „Auch Jehuda ben Halevy / Trieb's von hinnen, er bestieg / Eine spanische Felucke, / Die ihn nach Kairo brachte. // Mit der Karawane ging er / Von Ägypten nach Arabien, / Und den Wüstensand durchwandernd / Kam er nach Jerusalem. // Auf des Tempels Trümmern saß er / Singend seine große Kinne, / Das berühmte Klaglied ‚Zion', / Als ihn traf der Speer des Todes."[31]

So hieß es zunächst. In einem zweiten Anlauf wurde dieser Text zusammengefaßt, so daß die unerhörte Begebenheit, die viel dramatischer sein soll als die zuvor erzählte Rudel/Melisande-Geschichte, den Leser förmlich überfällt – als eigentliche Pointe des Gedichts, das ja die Sehnsucht nach Jerusalem als – im doppelten Sinn des Wortes – Motiv des Dichtens behandelt. Nun also heißt es: „Also starb auch dieser Pilger [alternativ: „Dichter"] / Zu den Füßen seiner Liebsten, / Und sein müdes Haupt, es ruhte / Auf den Knien Jerusalems." Nötig war nun noch die abschließende Poetisierung im Detail. Die Strophe sei noch einmal zitiert:

---

lologie 97, Sonderheft [Studien zur deutschen Literaturgeschichte und Gattungspoetik. Festgabe für Benno von Wiese], Berlin 1978, S. 69.)

[30] Ludwig Rosenthal hat für seine Ausführungen über die „Hebräischen Melodien" – wie es scheint: intensiver als sonstwer – das Buch von Sachs genutzt. (Vgl. ders.: Heinrich Heine als Jude, Frankfurt a. M. u. a. 1973, S. 290–314.) Den einzelnen Belegen (‚Befunden') schließen sich allerdings kaum erhellende Auswertungen (‚Interpretationen') an.

[31] Vgl. DHA III/2, S. 889. Die folgende Variante ebd.

„Auch Jehuda ben Halevy / Starb zu Füßen seiner Liebsten, / Und sein sterbend Haupt, es ruhte / Auf den Knien Jerusalems." (Welch eine Welt tut sich auf zwischen „müdes Haupt" und „sterbend Haupt"!) Ein zweites, ziemlich beiläufiges Beispiel für den Nutzen der Betrachtung von Varianten beim Bemühen um das Verständnis des als fertig Überlieferten: Im dritten Jehuda-Gedicht gelangen die Perlen des Darius an die Tänzerin Thais aus Korinth: „Diese trug sie in den Haaren, / Die bacchantisch aufgelöst", heißt es im endgültigen Text. Zuvor gab's die – wie der Leser freilich erst nach der Kenntnis der zweiten Fassung weiß – blassen und auch nicht ganz ‚stimmenden' Verse: „Diese [die Perlen] trug sie als ein Stirnband, / Draus hervor das Haar geflattert".[32] – Genug der praktischen Vorschläge zur Auseinandersetzung mit Dichtungen, hier: mit den „Hebräischen Melodien".

Zum Schluß meines Vortrags-Fragments seien mir noch ein paar Bemerkungen zum dritten und zum vierten Jehuda-Gedicht gestattet. Das kostbare Kästchen des Darius, dessen Inhalt durch die Welt ging, überall dort war und ist, wo die „Notabilitäten" des Schmuckes bedürfen, um zu scheinen, was sie nicht sein können – dieses Kästchen wurde vom großen Alexander zum Behältnis der Werke seines Lieblingsdichters Homer bestimmt; und so war's recht getan: die Gesänge der Helden dem Helden, der das Schöne als Symbol seiner Macht in äußerem Glanz verbirgt und im Traum die Gestalten der Vorwelt zu sich ruft. An dieser Stelle springt der Dichter in die Gegenwart, das Ich erinnert sich, in der Blüte der Jugend auch „Die Gesänge von den Thaten / Des Peliden, des Odysseus" geliebt zu haben, aber nun: „Still davon – gebrochen liegt / Jetzt mein stolzer Siegeswagen, / Und die Panther, die ihn zogen, / Sind verreckt, so wie die Weiber, // Die mit Pauk' und Zimbelklängen / Mich umtanzten, und ich selbst / Wälze mich am Boden elend, / Krüppelelend – still davon –". An die Erwähnung des physischen Elends knüpft sich die Hoffnung, daß die Verheißung, die einst Jehuda ben Halevy zuteil wurde und die sich erfüllte, auch ihm, dem Kranken, helfen möge, erlöst zu werden. Das fällt nun alles zusammen: Das Liebste, weil es das Schönste ist und nicht von dieser Welt (die Dichtung Jehudas), gehört ins schönste Produkt menschlichen Kunsthandwerks, das Alexander-Kästchen, dessen Glanz aber nun erlischt, da es nur noch „die rohe Schale" ist, „Die den besseren Schatz verschließet". Der Schatz, das Zionslied Jehudas, wurde geboren aus der Qual der Sehnsucht nach Gott, „Sterbend auf den heil'gen Trümmern / Von Jerusalem gesungen –". Das Glücksversprechen, vom lyrischen Ich für sich beschworen, erfüllte sich für Jehuda doppelt: sterbend gelang ihm das Äußerste, gestorben empfing ihn „das Chor der Engel [...] mit Musik". Zu den Melodien, die da erklingen, gehört vielleicht als Text das Zionslied, ganz sicher wäre die

---

[32] Ebd., S. 890.

Idylle geeignet, die Schiller dichten wollte: „[...] alles Sterbliche ausgelöscht, lauter Licht, lauter Freyheit, lauter Vermögen – keinen Schatten, keine Schranke [...]."³³ An der Nahtstelle zwischen Zeit und Ewigkeit, im Bewußtsein des nahen Todes, vollzieht sich das Wunder, als Dichter zur Vollkommenheit zu gelangen – durch den Kuß Gottes. Erst jetzt und hier heben sich die Grenzen zwischen Besonderem und Allgemeinem auf, wird die Kunst, wozu sie bestimmt ist: ganz symbolisch (wie es sich Schelling und Goethe gedacht haben); und sie wird damit auch so mythologisch, wie Friedrich Schlegel in seinem „Gespräch über die Poesie" gefordert hat, daß Dichtung sein müsse: ausgehend vom „milde[n] Widerschein der Gottheit im Menschen", dem „zündende[n] Funken aller Poesie", sich ständig erweiternd, um „sie der höchsten zu nähern", um sie „an das große Ganze auf die bestimmteste Weise anzuschließen".³⁴ So will Heine, der große Romantiker, Dichtung hier verstanden wissen: nicht als philosophische und theologische Disputation über das Heilige, wie sie in der Halacha geführt wird (diese wird im ersten Jehuda-Gedicht dem „grelle[n] Tageslicht der Sonne", also der Aufklärung verglichen), sondern als Erklärung und Auslegung des Heiligen durch das gotterfüllte Wort, die Hagada, die wie „das mildre Mondlicht" leuchtet und erscheint als ein „Garten, hochphantastisch", „Achtes Wunderwerk der Welt". Nichts Poetischeres ist denkbar.

Jehuda erreicht sterbend das Ziel, zu dem er schon lange auf dem Weg war. Mit ihm verbindet sich das Ich des hier noch einmal vorgestellten Gedichts; es möchte das Schicksal des Angekommenen teilen. Wahrscheinlich hat Heine deswegen die von Michael Sachs als „ungeschichtliche Erfindung Späterer" berichtete „Erzählung", daß Jehuda ben Halevy „beim Eintritte in die verwüstete Gottesstadt [...] von der Lanze eines heranstürmenden Arabers seinen Tod gefunden"³⁵, als authentisch benutzt – um der ‚heimgekehrten' Dichter und der in Gott lebendigen Poesie willen. Auch nach Paris leuchtet Jerusalem.

Der letzte Teil des Jehuda ben Halevy-Zyklus führt, wie erwähnt, zunächst abrupt vom Jenseits ins ganz und gar Diesseitige. Die Frau, die nichts weiß von der Größe des Dichters, dessen Werke verdienten, im schönsten Schmuckkästchen verschlossen zu sein, wird über den Grund ihrer Unwissenheit belehrt: Ihre schlechte französische Erziehung habe zu ihrer „holden Ignoranz" geführt; dieser sei am besten durch das Erlernen des Hebräischen zu begegnen: „Widme ein'ge Jahre solchem / Studium, du

---

[33] Brief Schillers an Wilhelm von Humboldt vom 29. und 30. November 1795 (Schillers Werke. Nationalausgabe, Bd. 28, Weimar 1969, S. 120).
[34] Athenäum, Bd. 3 (1800), 1. Stück, S. 101 und 61.
[35] Sachs (Anm. 20), S. 291.

kannst alsdann / Im Originale lesen / Iben Esra und Gabirol // Und versteht sich den Halevy, / Das Triumvirat der Dichtkunst". Die Frau, die über das Schicksal Jehudas schon informiert ist, erfährt, welches Leben die beiden anderen Dichter führen mußten – auch sie Fremdlinge auf dieser Welt, „unstät, heimathlos", in Gefangenschaft verschleppt der eine, ermordet der andere. Die Berichte über Iben Esra und Gabirol sind voneinander abgesondert, unterbrochen durch die 25 Strophen umfassende Passage, in der vom „bösen Unstern" des „Dichterschicksals" im allgemeinen, grundsätzlich und ein- für allemal, gesprochen wird – Reflexion und Klage des lyrischen Dichter-Ichs, das, wie alle Dichter, zum Geschlecht der Schlemihle gehört.

Der Schlemihl („Schlemihl I.") in Heines Gedicht ist nicht der Schlemihl der Erzählung Chamissos, der aus Eigennutz seinen Schatten verkauft; er ist auch nicht der Schlemihl des Talmud, der identisch ist mit dem hurenden Simri, der seiner Sündhaftigkeit wegen getötet wird; er ist der „unversehens" – statt des sündigen Simri – Getötete; er ist Heines Schlemihl, sein Urahn und er selbst. – Das lyrische Ich fragt den „Dekan der Schlemihle" (der Genitiv ist als objectivus wie als subjectivus zu verstehen), fragt also Chamisso nach dem „Ursprung" der Gestalt. „Doch er konnt' mich nicht befried'gen / Und verwies mich drob an Hitzig". Hitzig (Julius Eduard), als Elias Daniel Itzig 1780 geboren und 1799 zum Protestantismus konvertiert, ein tieffrommer (darum das dem Namen vorgesetzte „H", das die Abkürzung von „Heiliger" sein könnte?), aber auch ein sehr gelehrter Mensch – Hitzig erzählt nach einigem Zögern die biblische Geschichte von der Buhlschaft Simris und des Buhlenden Ende. Nichts von Schlemihl; den gibt es aber, wie Hitzig weiß, in einer mündlich überlieferten Sage des Volks: als den „ganz Unschuld'gen", den Pinhas' Speer durch bösen Zufall traf. Nichts von der schriftlichen Überlieferung des Talmud, daß Simri und Schlemihl (Schumiel) einer und derselbe waren. Da denkbar, ja wahrscheinlich ist, daß Heine – anders als die meisten seiner Leser – diese Überlieferung gekannt hat (wie hätte er sonst Simri und Schlemihl überhaupt zusammenbringen können?), läßt sich seine von ihm unter der angenommenen Autorschaft Hitzigs erfundene Schlemihl-Figur als Kontrast zur talmudischen Simri = Schlemihl-Version erkennen, wie sie ganz sicher als Kontradiktion des bekannten Chamisso-Schlemihl erkannt werden soll. Ein neuer Mythos wird begründet[36], rückgewendet bis hin zu Apollo, der als Gott der Dichter zugleich der Urvater aller Schlemihle ist, da ihn das Unglück traf, daß sich Daphne unter seinem Andrängen in einen Lorbeerbaum verwandelte. Dieser Mythos ist nicht der monotheistischen Religion entgegengesetzt, sondern er nimmt diese auf, indem die Volkssage den bibli-

---

[36] Vgl. dazu auch Markus Küppers: Heinrich Heines Arbeit am Mythos. Münster, New York 1994, S. 168–174.

schen Bericht interpretiert. Die Halacha wird ergänzt, überhöht durch die Hagada – Heines Erzählung, Heines Mythos vom Dichter als dem in dieser Welt stets Bedrohten, dem unschuldig Ausgestoßenen, dem Paria, dem – spätestens seit dem Mittelalter – sprichwörtlichen ‚Pechvogel', der, wie vielfach berichtet wird, ausgezeichnet ist durch ein hohes Maß an Weltkenntnis und Selbsterkenntnis, der überlebensfähig ist, solange der Speer des Pinhas ihn nicht durchbohrt, durch Witz, Ironie und subtilen Humor.

Heines Schlemihl-Geschichte ist nicht zuletzt die Geschichte der Dichter im Exil, in der Diaspora, die Geschichte derer, die getötet werden für Sünden, die andere taten. Der Gedanke, der sich einstellen könnte: hier werde stellvertretend Sühne geleistet für Verbrechen anderer, die auf diese Weise ‚erlöst' werden, braucht sicher nicht nachdenklich verfolgt zu werden; denn diese Art christlicher Vorstellung lag Heine fern. Die Erscheinung des ‚wahren' Dichters, des ‚wirklichen' Schlemihl ist nicht an die Voraussetzung gebunden, daß er als Jude verfolgt wird; alle Dichter, gleich welcher Religion, bilden zusammen das Personal des Schlemihl-Mythos, befinden sich außerhalb der Gesellschaft, in deren Herrschaftsbereich zu sein sie gleichwohl gezwungen sind. Ein wenig hält auch die Hoffnung am Leben, daß die verruchten Taten entdeckt und die Täter bestraft werden; so geschieht's, am Ende des Jehuda ben Halevy-Fragments, mit dem Mörder Gabirols. Daß seine Bestrafung keine abschreckende Wirkung hatte, ließe sich als Thema der Fortsetzung dieser Dichtung annehmen. Doch Heine hat, als letztes Gedicht seiner „Hebräischen Melodien", nur noch die grotesk-tragische „Disputazion" gedichtet, in der zwei Religionsfanatiker gegeneinander anstinken. Wir wissen, wer sich in früheren und späteren Zeiten, nicht durch Gedanken und Worte, sondern durch schreckliche Taten auf dem wüsten und immer wüster gewordenen Feld der physisch ungleichen Auseinandersetzungen behauptet hat, wer watete im Blut, das ewig zum Himmel schreit. „[...] wer über gewisse Dinge den Verstand nicht verlieret, der hat keinen zu verlieren", sagt in Lessings „Emilia Galotti" die Gräfin Orsina zu Odoardo.[37] Über andere als über diese gewissen, uns immer wieder überfallenden Dinge soll, in aller Nüchternheit, zu allerletzt etwas gesagt werden: über den Titel des „Romanzero"-Buchs „Die hebräischen Melodien".

1. Angeregt wurde der Titel, wie bekannt und gesagt, durch Byrons „Hebrew Melodies", die im Deutschen, ohne Noten, als „Hebräische Gesänge" schnelle Verbreitung fanden. Heine gab diesen Gesängen, die ja in erster Linie Texte, poetische Texte in Versen meinen – wie die im Deutschen so genannten „Gesänge" der Epen Homers oder Vergils oder die „Gesänge" des Goetheschen Epos „Herrmann und Dorothea" – ihre origi-

---

[37] 4. Aufzug, 7. Auftritt.

nale Bezeichnung „Melodies"/„Melodien" zurück, vermutlich ohne ihr musikalisches Komplement mitzubedenken. Die Byronschen Gedichte sind, so mochte Heine (für sich) bestimmt haben, auch Musik; und er wünschte, daß seine Gedichte (Gesänge) es nicht weniger seien; mit ihnen wollte er auch, wie es im zweiten Jehuda-Gedicht heißt, seinen Dichter-„Helden" „besingen".

2. Es ist nicht so, daß Heine unbedingt seine Gedichte als „Melodien" ausgeben wollte; möglich ist, daß der Titel sich – wenigstens auch – auf die Inhalte bezieht (wie es ja üblich ist: Schillers „Taucher" berichtet die dramatische Geschichte eines Menschen, der tauchte). Heines „Hebräische Melodien" handeln von dem, was sie bezeichnen: vom „Hochzeitcarmen" in der „Prinzessin Sabbath" zum Beispiel, vom Eingangslied im ersten Jehuda-Gedicht, vom „alten Text", der in der „uralthergebrachten / Singsang-Weise, Tropp genannt", vorgetragen wird, von den „Liedern" des Dichters Jehuda ben Halevy; und so geht es weiter: Lieder reihen sich an Lieder, „Festgesänge" und nicht zuletzt „Klagelieder" (die nicht mit denen des Jeremias wetteifern, doch sicher an sie erinnern wollen). „Also saß er und er sang"; „Und er fing zu singen an". Nur im letzten Gedicht, in der „Disputazion", ist von musikalischen Tönen nichts mehr zu lesen und zu hören; das Gedicht zeichnet sich aus als Muster einer ‚Un-Melodie'.

3. Heines Gedichte sind, den Texten von Volksliedern ähnlich, auch Weisen über vorgegebene (hier: jüdische) Themen; sie intonieren gewissermaßen überlieferte Volksliteratur durch das poetische Sprechen.

4. Heines in den „Hebräischen Melodien" zu Tage tretende poetologische Ansichten lassen schließlich noch eine weitere (etwas gewagte) Überlegung zu: Die Melodien sind eine Abfolge von Tönen (in raschem Wechsel von hohen und niederen), zu denen die Texte noch zu schreiben sind, oder besser: die auf Texte ganz verzichten können. Das würde bedeuten, daß die dargestellten Inhalte nur als Hinweise zu gelten haben, wie diese Töne, die Form, die Sprachmelodie angemessen zu begreifen sind. Im späten Werk Heines ist ja Schillers hochfliegende Erklärung durchaus präsent: „Darinn also besteht das eigentliche Kunstgeheimniß des Meisters, *daß er den Stoff durch die Form vertilgt*".[38] Wie lassen sich Worte als Stoff ‚vertilgen'? In einem der letzten Heineschen Gedichte, das beginnt: „Es träumte mir von einer Sommernacht" und das gerichtet ist „An die Mouche", heißt es: „Das ausgesprochne Wort ist ohne Schaam, / Das Schweigen ist der Liebe keusche Blüthe."[39] Die Dichtung – auch sie ein Liebesdienst – kommt natürlich nicht ohne Worte aus; aber sie sind, aufgehoben in ‚Melo-

---

[38] Schillers Werke (Anm. 33), Bd. 20, Weimar 1962, S. 382.
[39] DHA III/1, S. 394.

dien', nur das notwendig Nebensächliche und haben allenfalls den Wert von Arabesken.

„Wie sollten wir singen auf fremder Erde Lieder vom Herrn? / Vergesse ich dein, Jerusalem, dann soll meine Rechte verdorren!"[40]

---

[40] Psalm 137, Vers 4 f. – Zitiert nach: Die Heilige Schrift des Alten und Neuen Testamentes. Nach den Grundtexten übersetzt und hg. v. Vinzenz Hamp, Meinrad Stenzel und Josef Kürzinger, 13. Aufl., Aschaffenburg 1961, S. 714.

Die Bestrafung der Söhne. Zu Kafkas Erzählungen „Das Urteil", „Der Heizer" und „Die Verwandlung"

Als Kafkas Erzählung oder, wie sie im Untertitel heißt: ‚Geschichte' „Das Urteil" 1913 erschienen war, reagierte die zeitgenössische Kritik verwirrt und unsicher; sie behalf sich damit, Verwirrendes und offenbar nicht Aufzulösendes im Kafkaschen Text zu bemerken, und dabei wurde der Figur des Vaters, der seinen Sohn zum Tod verurteilt, besondere Aufmerksamkeit zuteil. Auch Kurt Pinthus, der im übrigen Kafkas „ruhige, einfache, klare Erzählungsweise" zu loben wußte, hatte mit dem alten Bendemann seine Schwierigkeiten, die auch nicht dadurch behoben wurden, daß er ihn „irrsinnig" nannte und dem Urteil jede Berechtigung absprach.[1] Daß es Kafka in seiner Geschichte um die Demaskierung einer korrupten und parasitären Väterwelt gegangen sei – „Stumpfheit, Verkommenheit, Schmutz macht sie aus" –, stand für Walter Benjamin, anderthalb Jahrzehnte später, unverrückbar fest.[2] Und bis heute ist die Gestalt des alten Bendemann für viele Interpreten faszinierender und wichtiger als die seines Sohnes, wobei allerdings in der Beurteilung des Vaters mehr und mehr eine Wendung zum Positiven eingetreten ist. Die Frage scheint also angebracht zu sein, ob „Das Urteil" nicht eher die Geschichte eines Vaters als die eines Sohnes ist.

Als, ebenfalls 1913, das erste Kapitel des späteren Amerika-Romans unter der Überschrift „Der Heizer. Ein Fragment" erschienen war, lobte die Kritik des Dichters Stil, dessen Präzision und Reife, hob das geglückte Arrangement der Figuren hervor (wie Oskar Walzel[3]) oder bemängelte die anscheinende Kompositionslosigkeit (wie Robert Musil[4]), fand insgesamt aber nur schwer Zugang zu einer Geschichte, die den Eindruck einer gewissen Belanglosigkeit machte und deren Titelgestalt, der Heizer, ja auch nicht gerade besonders lebhaft und plastisch zum Vorschein kam. Daß „Der Heizer" schon ein Kapitel aus dem Leben Karl Roßmanns, ein Kapitel des

---

[1] Vgl. Jürgen Born: Franz Kafka und seine Kritiker, in: ders. et al., Kafka-Symposion, Berlin ²1966, S. 127–159; hier: S. 151.
[2] Benjamins Aufsatz über Kafka erschien zuerst 1934 in der „Jüdischen Rundschau"; hier zitiert nach Walter Benjamin: Angelus Novus, Frankfurt a. M. 1966, S. 250.
[3] Vgl. Jürgen Born (Anm. 1), S. 140–146.
[4] Musils Besprechung in: Neue Rundschau 1916, Bd. 2, S. 1421–1426.

Die Bestrafung der Söhne

Buches „Der Verschollene" darstellte, mußte der Kritik verborgen bleiben, und völlig undurchsichtig war, daß die Geschichte eines bestraften Sohnes erzählt wurde.

Mit der „Verwandlung" war es anders bestellt: Daß im Mittelpunkt dieser erst 1915 – drei Jahre nach der Niederschrift – erschienenen Erzählung Gregor Samsa steht, konnte nicht zweifelhaft sein. Wohl aber war auch hier nicht selbstverständlich, daß an Gregor, indem er vom Leben über die Verwandlung zum Tod kommt, eine durch den Vater verhängte Strafe vollstreckt wird.

Die Geschichten von drei Söhnen – so hat Kafka „Das Urteil", „Der Heizer" und „Die Verwandlung" selbst gesehen. In einem Brief an seinen Verleger Kurt Wolff vom 11. April 1913 heißt es, die Geschichten „gehören äußerlich und innerlich zusammen, es besteht zwischen ihnen eine offenbare und noch mehr eine geheime Verbindung, auf deren Darstellung durch Zusammenfassung in einem etwa ‚Die Söhne' betitelten Buch ich nicht verzichten möchte."[5] Daß der Sammelband nicht erschien, ändert nichts an dem Zusammenhang seiner Teile.

Daß die Geschichten auch durch das Motiv der Strafe miteinander verbunden sind, ist ebenfalls durch Kafka bezeugt: Am 15. Oktober 1915 schlug er seinem Verleger vor, einen Sammelband zu veröffentlichen, der unter dem Titel „Strafen" die Erzählungen „Das Urteil", „Die Verwandlung" und „In der Strafkolonie" enthalten sollte. (Der Plan wurde, nachdem ein Jahr lang von ihm gesprochen worden war, dann auch fallengelassen.) Und zu den bestraften Söhnen Georg Bendemann und Gregor Samsa gesellt sich Karl Roßmann als bestrafter Sohn: Er werde „strafweise umgebracht", hat Kafka am 30. September 1915 in sein Tagebuch notiert, freilich schuldlos und „mehr zur Seite geschoben als niedergeschlagen".[6] Die Schuldlosigkeit Roßmanns und die Art seiner Exekution hängen mit seiner Jugendlichkeit zusammen: Wäre er nicht knapp sechzehn-, sondern, wie Josef K., dreißigjährig, dann wäre auch seine Bestrafung die Folge von Schuld gewesen. Georg Bendemann und Gregor Samsa werden nicht schuldlos strafweise umgebracht.

Das Vertrauen auf die Stichhaltigkeit der Bemerkungen Kafkas und auf deren Brauchbarkeit als eines Interpretationsansatzes gründet auf der Überzeugung, daß Kafka nicht teilbar ist, sei es in Leben und Werk, in Dichter und Interpret, in private und öffentliche Person oder in andere Dualismen. Wie vielleicht kein anderer deutschsprachiger Autor dieses Jahrhunderts

---

[5] Franz Kafka: Briefe 1902–1924, hg. v. Max Brod, Frankfurt a. M. 1958, S. 116.

[6] Franz Kafka: Tagebücher 1910–1923, hg. v. Max Brod, Frankfurt a. M. ²1954, S. 481.

hat Kafka darauf insistiert, daß er in allem er selbst sei; das Schreiben gehöre zu ihm wie sein Körper. Kafkas Schreiben ist in der Tat integraler Bestandteil einer höchst komplizierten und daher von Psychoanalytikern immer wieder mit Eifer durchforschten Persönlichkeit, der auch nur annähernd beizukommen, ein intensives Studium des Werks und ein extensives Studium von Zeit und Umständen unerläßlich ist.

> Als es in meinem Organismus klar geworden war, daß das Schreiben die ergiebigste Richtung meines Wesens sei, drängte sich alles hin und ließ alle Fähigkeiten leer stehn, die sich auf die Freuden des Geschlechtes, des Essens, des Trinkens, des philosophischen Nachdenkens, der Musik zuallererst, richteten. Ich magerte nach allen diesen Richtungen ab.[7]

So lautet eine Tagebucheintragung im Jahre 1912, dem Jahr der Abfassung der hier zu behandelnden Geschichten. – In einem Brief an Felice Bauer vom 1. November 1912 heißt es: „Meine Lebensweise ist nur auf das Schreiben hin eingerichtet ..."[8] Oder wenig später, am 20. April 1913: „[...] Du hast es nicht genug begriffen, daß Schreiben meine einzige innere Daseinsmöglichkeit ist."[9] Oder: „Ich habe kein literarisches Interesse, sondern bestehe aus Literatur, ich bin nichts anderes und kann nichts anderes sein."[10] Ist dieses aber wahr – und vieles spricht dafür, daß es wahr ist oder doch richtig –, dann ist es notwendig, bei jeder Kafka-Interpretation diese Einheit von Leben und Werk, die Einheit der – Antithesen bündelnden – Person im Blick zu behalten. Sicher sind soziologische, rezeptionsästhetische und marxistische, geistesgeschichtliche und auch psychoanalytische Deutungen reizvoll und im einzelnen ergebnisreich – wenn es nicht gerade, wie in einem in Leipzig erschienenen Schriftsteller-Lexikon, heißt, Kafka habe „das Hintergründige in den vielfältigen Beziehungen des Menschen zur bürgerlichen Gesellschaft (verzerrt) transparent zu machen" verstanden, „ohne jedoch das Wesen der Erscheinungen zu erfassen"[11] –; aber diese Ergebnisse werden in der Regel mehr vom Ansatz der Interpretation bestimmt als vom Untersuchungsobjekt; die Auslegungen gehören mehr zur Sphäre der Ausleger als der des Ausgelegten, der selbst nichts anderes versuchte,

---

[7] Ebd., S. 229 (2. Januar 1912).
[8] Franz Kafka: Briefe an Felice und andere Korrespondenz aus der Verlobungszeit, hg. v. Erich Heller und Jürgen Born, Frankfurt a. M. 1967, S. 66.
[9] Ebd., S. 367.
[10] Ebd., S. 444 (Brief vom 14. August 1913).
[11] Günter Albrecht et al.: Lexikon deutschsprachiger Schriftsteller von den Anfängen bis zur Gegenwart, Bd. 1, Leipzig ²1972, S. 435.

als seine Subjektivität objektiv zu machen, und zwar nicht in erster Linie für ein bestimmtes Publikum, sondern für sich selbst.

Kafka schrieb, um einen Dialogpartner für sich zu gewinnen, mit dem er seine Lebenssituation ungefähr bestimmen konnte. Er veröffentlichte, um seiner Intrasubjektivität den Schein der Intersubjektivität zu geben, um sich des Partners, also seiner selbst in Gestalt der Literatur vergewissern, um sich distanzieren zu können; um beurteilbar, also auch veränderbar zu bleiben unter wechselnden Perspektiven; alles nur im Hinblick auf sich selbst. Unter den Folgen, die sich aus dieser Voraussetzung ziehen lassen, sei die eine erwähnt: Daß Kafka zahlreiche seiner Werke nicht veröffentlichte, bedeutet nicht, daß er sie für literarisch mißglückt ansah, sondern vielmehr, daß sie aus Mangel an intrasubjektivem Gehalt ungeeignet erschienen, die Position eines ernstzunehmenden Dialogpartners einzunehmen. Dieser Gesichtspunkt hat bis heute im Durcheinander der Kafka-Literatur keine Rolle gespielt, obwohl sich gegen ihn schwerlich Argumente vorbringen lassen, die sich auf einen als falsch verstandenen Biographismus stützen.

Anders als bei Thomas Mann oder Bert Brecht oder Stefan George muß der Zugang zu den Werken Kafkas über die Person des Autors genommen werden, wenn nicht die Beliebigkeit der Beurteilung zur Maxime der Interpretation gemacht werden soll. Kafkas Dichtungen müssen also, bevor sie nach Sinn und Bedeutung durchjagt werden, als Positionsbestimmung des Schreibenden akzeptiert werden, wobei die Position sehr wohl durch unbeantwortbare Fragen fixiert sein mag. Noch einmal und anders: Es geht nicht darum, nach Botschaften Kafkas an die Welt zu suchen, sondern darum zu erkennen, wie sich Kafka durch seine schriftstellerische Produktion seiner selbst vergewissern wollte, indem er sich durch die Veröffentlichung des Geschriebenen gleichsam ausstellte. Wenn ihm seine Versuche, die ebenso als Flucht vor sich wie Annäherung an sich gelten können, nicht gelingen wollten, war damit nichts gegen ihre Notwendigkeit gesagt. In dem nicht abgeschickten Brief an den Vater vom November 1919 sieht Kafka das so:

> Ich habe schon angedeutet, daß ich im Schreiben und in dem, was damit zusammenhängt, kleine Selbständigkeitsversuche, Fluchtversuche mit allerkleinstem Erfolg gemacht, sie werden kaum weiterführen, vieles bestätigt mir das. Trotzdem ist es meine Pflicht oder vielmehr es besteht mein Leben darin, über ihnen zu wachen, keine Gefahr, die ich abwehren kann, ja keine Möglichkeit einer solchen Gefahr an sie herankommen zu lassen.[12]

---

[12] Franz Kafka: Hochzeitsvorbereitungen auf dem Lande, hg. v. Max Brod, Frankfurt a. M. 1966, S. 218.

Die Bestrafung der Söhne

Innerhalb kurzer Zeit – von September bis Dezember 1912 – schrieb Kafka die Erzählungen „Das Urteil", „Der Heizer" und „Die Verwandlung"; er schrieb sie nach einer in allen drei Geschichten nachklingenden, wenn nicht thematisierten seelischen Erschütterung; er bestimmte die Geschichten ohne Zögern für den Druck. Soviel Gemeinsames legt es nahe, die Geschichten unter einem gemeinsamen Aspekt näher zu betrachten.

Wenn es richtig ist, daß Kafka seine Geschichten zuallererst für sich selbst geschrieben hat, dann verdient die Adresse, an die er sein „Urteil" richtete, besondere Beachtung. „Eine Geschichte von Franz Kafka für Fräulein Felice B." ist der Titel unterschrieben. Der Angesprochenen ist die Geschichte also nicht nur dediziert – wie Goethe seinen Briefwechsel mit Schiller Seiner Majestät, dem König von Bayern, dediziert hat –, sondern sie ist unmittelbar für sie geschrieben worden, sie wurde damit zur Geschichte der Angesprochenen. Ein Versuch von vielen, über die Kafka später zu Milena sagte: „Nicht-Mitteilbares mitzuteilen, etwas Unerklärliches zu erklären."[13] Die Erfahrungen bestimmten die Variationen: In der zweiten Auflage (1916) begnügte sich Kafka mit der Widmung: „Für F."; in der dritten Auflage (1920) verzichtete er auch darauf.

Am 13. August 1912 lernte Franz Kafka Felice Bauer, Stenotypistin aus Berlin, im Hause seines Freundes Max Brod kennen. Wochen einer qualvollen poetischen Unproduktivität lagen hinter ihm; das wenige, was geschrieben worden war, taugte nicht und wurde bald wieder vernichtet. Die Erscheinung des Fräuleins übte eine merkwürdige Wirkung auf Kafka aus; ihre Körperlichkeit fesselte ihn. (Ins Tagebuch notierte er: „Knochiges leeres Gesicht, das seine Leere offen trug. Freier Hals. [...] Fast zerbrochene Nase. Blondes, etwas steifes reizloses Haar, starkes Kinn. Während ich mich setzte, sah ich sie zum erstenmal genauer an, als ich saß, hatte ich schon ein unerschütterliches Urteil."[14] Das Urteil mochte auch ihn selbst und seine Beziehung zu Felice betreffen.) Kafka beginnt einige Wochen später einen Briefwechsel mit Felice Bauer, in dem in der Tat Literatur und Leben unlösbar amalgamiert erscheinen. Die letzten Monate des Jahres 1912 vergehen im Rausch des Schreibens, nicht nur von Briefen, sondern auch von Geschichten, deren erste eben ausdrücklich für Felice bestimmt wurde: Literatur als Leben.

In der Nacht vom 22. zum 23. September schreibt Kafka „Das Urteil" in einem Zuge nieder, mit nie gekannter Geschwindigkeit, in „fürchterliche[r] Anstrengung und Freude", wie er im Tagebuch festhält: „Nur so kann geschrieben werden, nur in einem solchen Zusammenhang, mit sol-

---

[13] Franz Kafka: Briefe an Milena, hg. v. Willy Haas, Frankfurt a. M. 1966, S. 191.
[14] Tagebücher (Anm. 6), S. 285.

Die Bestrafung der Söhne

cher vollständigen Öffnung des Leibes und der Seele."[15] Vereinfacht schematisiert ließe sich wohl darstellen, daß Kafkas Öffnung des Leibes und der Seele von der Hoffnung auf eine Liebesbeziehung – eine Verlobung und vielleicht mehr – mitbestimmt worden sei, in dem Sinne, daß die Nichterfülltheit der Hoffnung ein Kompensationsbedürfnis provozierte, das die poetische Produktion, geradezu eruptiv, in Gang setzte. (Liebe sei, hatte Kafka am 5. November 1911 ins Tagebuch geschrieben, „nur durch Literatur oder durch den Beischlaf" zu befriedigen.[16] Unter dem Druck der Alternative diskreditierte er später die zweite Möglichkeit.) Wie faßt nun Kafka seine Liebesbeziehung zu Felice in einer Geschichte zusammen?

Das Drama besteht aus einer Exposition und einem Akt, der auf Wirkung durch Präzipitation angelegt ist: Georg Bendemann – Kafka weist ausdrücklich darauf hin, daß der Name mit seinem eng zusammenhänge – ist verlobt mit Frieda Brandenfeld (zu denken ist: Felice Bauer; mehrmals hat Kafka mit buchhälterischer Sorgfalt darauf hingewiesen); einem in Petersburg lebenden Freund, dem es nicht sonderlich gut geht, teilt Georg, auf Bitten Friedas, die Verlobung mit. Die eigentliche Handlung nun: Georg sucht seinen Vater in dessen dunklem Zimmer auf, um ihm Mitteilung von dem Brief an den Freund zu machen; der Vater, der seit dem Tode seiner Frau mehr und mehr verwahrlost ist, bezweifelt, daß Georg tatsächlich einen Freund in Petersburg habe. Georg nimmt eine Verwirrung des Vaters an, trägt ihn ins Bett; dieser springt in die Höhe und klagt seinen Sohn an: Den Freund habe er verraten, um „die widerliche Gans" heiraten zu können, die vor ihm die Röcke gehoben habe; ihn, den Vater, habe er im Bett erledigen wollen. „Ein unschuldiges Kind warst du ja eigentlich, aber noch eigentlicher warst du ein teuflischer Mensch! – Und darum wisse: Ich verurteile dich jetzt zum Tode des Ertrinkens!" Und Georg vollstreckt das Urteil an sich selbst. „Liebe Eltern, ich habe euch doch immer geliebt", sind seine letzten Worte, bevor er sich von der Brücke ins Wasser fallen läßt. „In diesem Augenblick ging über die Brücke ein geradezu unendlicher Verkehr."

Kafka hat „Das Urteil" geschätzt wie wenige seiner Arbeiten; er hat die „innere Wahrheit" der Geschichte hervorgehoben, die freilich immer wieder „zugegeben oder geleugnet" werden müsse[17], auch vom Autor selbst, dem es – seltener Glücksfall – gelungen war, zum erstenmal, schreibend mit sich eins zu sein und also anders als sonst. Deshalb konnte er sich gerade hier ansehen wie einen, der aus sich herausgetreten war, sich objektiv gemacht hatte und darum beurteilbar erschien.

---

[15] Ebd., S. 294.
[16] Ebd., S. 146.
[17] Briefe an Felice (Anm. 8), S. 156 (4./5. Dezember 1912).

Die Bestrafung der Söhne

Kafka, seine Geschichte überdenkend, fand, daß sie die Geschichte eines Vater/Sohn-Verhältnisses sei: „Der Freund ist die Verbindung zwischen Vater und Sohn [...]."[18] Aus dieser Verbindung erhebt sich der Vater und bildet einen Gegensatz zu Georg, der den Freund verloren und die Braut noch nicht als Frau gewonnen hat. Sie wird, schreibt Kafka, „da eben noch nicht Hochzeit war, [und sie] in den Blutkreis, der sich um Vater und Sohn zieht, nicht eintreten kann, [...] vom Vater leicht vertrieben." Georg bleibe schließlich nur der „Blick auf den Vater", deshalb wirke „das Urteil, das ihm den Vater gänzlich verschließt, so stark auf ihn". Die Braut also kann als Vehikel der Auflösung betrachtet werden. Gegenüber Felice, der er brieflich immer wieder „Das Urteil" als „Deine kleine Geschichte" ausgab[19], half er sich über jede exakte Auslegung mit der Bemerkung hinweg, die Geschichte sei gar nicht zu erklären, ein zusammenhängender Sinn fehle ganz und gar.[20]

Doch im Tagebuch steht mehr und Wichtigeres: „Folgerungen aus dem ‚Urteil' für meinen Fall [die Beziehung zu Felice]. Ich verdanke die Geschichte auf Umwegen ihr. Georg geht aber an der Braut zugrunde."[21] Was heißt das aber anders als: Frieda (Felice), die Braut, sprengt durch ihre Existenz, die sich in der Absichtserklärung bekundet, den Sohn heiraten, für sich besitzen zu wollen, die engste Beziehung, die nach Kafkas nicht nur zeitweiliger Überzeugung denkbar erscheint: die Beziehung zwischen Vater und Sohn, die durch die Abhängigkeit des Sohnes oder die (legitime) Herrschaft des Vaters gekennzeichnet ist. Der Sohn vergeht sich an dem Vater, zerstört die Beziehung, indem er das tertium commune, das hier in der Gestalt eines Freundes personifiziert wird, preisgibt zugunsten eines anderen, wesensmäßig fremden Menschen, der durch nichts anzieht als durch rohe Körperlichkeit. Der Sohn hat sich, lange bevor der Vater ihn bestraft, aus dem einzig denkbaren reinen Verhältnis, das zwischen Menschen bestehen kann, mutwillig ausgeschlossen. (Von einem solchen Verhältnis als einem „reinen" Kreis spricht Kafka mit Vorliebe, wenn er Argumente gegen die Ehe, besonders gegen die eigene Heirat zusammenträgt.)

Der Alte hat den Abfall des Sohnes längst erkannt; er benutzt die erste Gelegenheit, da der Sohn sich an ihm zu vergreifen scheint, ihn dem leiblichen Tod zuzuführen. Wie sich Georg geistig-moralisch längst von seinem Vater entfernt hat, so soll er es nun auch körperlich tun. Der Tod durch Er-

---

[18] Tagebücher (Anm. 6), S. 296 (11. Februar 1913).
[19] Vgl. die Briefe vom 30. November 1912, 4./5. Dezember 1912, 6. Dezember 1912, 13./14. Februar 1913.
[20] Vgl. den Brief vom 2. Juni 1913.
[21] Tagebücher (Anm. 6), S. 315 (13. August 1913, am Jahrestag der ersten Begegnung).

Die Bestrafung der Söhne

trinken ist kein beliebiges Exekutionsverfahren, sondern wohlüberlegt: Der Strom nehme die Leiche fort, so daß sie nicht einmal an einem zu bezeichnenden Ort der Erde wiedergegeben werden kann. Ob die Ruhelosigkeit des Ertrunkenen als Strafe über den Tod hinaus anzusehen ist, sei dahingestellt. Auf jeden Fall mußte, da der reine Kreis der Vater/Sohn-Beziehung nicht wieder herzustellen war, die Trennung endgültig und radikal sein. Keine zerbrochene Liebe ist je zu erneuern. Wie sehr sich Vater und Sohn auseinandergelebt hatten, enthüllt die schmerzliche Frage des Alten: „Glaubst du, ich hätte dich nicht geliebt, ich, von dem du ausgingst?", der die letzten Worte des Sohnes korrespondieren: „Liebe Eltern, ich habe euch doch immer geliebt."

Da nun die Beziehung gestört ist für alle Zeiten: ist daraus zwingend zu folgern, daß die Verfehlung die Strafe nach sich ziehen muß? Warum vollstreckt Georg das Urteil an sich? Warum geht er nicht fort und heiratet Frieda, die Braut? Daß der lebende Vater Macht über den Sohn ausübt, ist deutlich, aber diese Macht kann es in Zukunft nicht mehr geben: Nach der Verkündigung des Urteils stürzt er mit hartem Schlag aufs Bett, es ist aus mit ihm; keineswegs ist er der überlegen Überlebende. Der Sohn folgt ihm in den Tod nach.

Es geht offenbar nur teilweise für Georg darum, eine Schuld zu sühnen; wichtiger für seinen Entschluß ist vermutlich die Einsicht, daß er die Chance erhält, einem Leben zu entgehen, das den Keim des Todes in sich enthält, also Sterben ist. Georg vollstreckt, was Kafka häufig genug für sich selbst durchdacht hat. Er geht aus der Welt, bevor er sich ganz an sie verloren hat, bevor ihm durch Hingabe seine Identität abhanden gekommen ist; oder, wenn er sich vor der Selbstaufgabe durch Hingabe bewahren konnte: bevor er den Kampf mit der Welt aufgenommen hat, einen völlig aussichtslosen Kampf, wie die nie heilende Lebenswunde, die bei Kafka eine entscheidende Rolle spielt, signalisieren mag. So stehen die Dinge in Wahrheit, grausamer – weil folgerichtiger –, als ein bloßer Generationenkonflikt, mit dem sich viele Interpreten nutzlos plagen, je sein kann. An der Braut, die im „Urteil" wie in vielen Geschichten Kafkas nicht ins Zentrum der Ereignisse rückt, sondern so fern bleibt, wie es ihre Funktion, Bezugspunkt der Hauptfigur zu sein, gerade noch gestattet, entscheidet sich das Schicksal Georgs. Die Braut fällt nicht das Urteil, aber sie bewirkt es; und mehr noch: ihretwegen nimmt Georg die Strafe auf sich, um einer anderen Bestrafung zu entgehen.

Der Tagebuchnotiz vom 14. August 1913: „Georg geht aber an der Braut zugrunde", dieser Notiz folgen die Sätze: „Der Coitus als Bestrafung des Glückes des Beisammenseins. Möglichst asketisch leben, asketischer als ein Junggeselle, das ist die einzige Möglichkeit für mich, die Ehe zu ertragen." Die körperliche Beziehung offenbart nicht allein die Kluft zwischen den Partnern, sondern sie zerreißt auch, nach Kafkas Ansicht, jeden Einzelnen in zwei Hälften, die nur hilfsweise mit den Begriffen „physisch" (oder „sinnlich") und „geistig" zu charakterisieren sind. Dieser Riß muß, um nicht tödlich zu sein, aus dem Bewußtsein gebracht werden, führt also zur Aufgabe der Person. Eine Ehe erfordert demnach, um Bestand haben zu können, entweder die strengste Askese (Subordination des Körperlichen) oder die Hinnahme der Hingabe (Subordination des Geistigen). Im aktuellen Fall, um den es Kafka in seinem „Urteil" geht – in seiner Beziehung zu Felice –, kommt das eine für die Braut nicht infrage (daran lassen Kafkas Briefe aus dieser Zeit sowie sein Tagebuch nicht den geringsten Zweifel), während das andere den Bräutigam abstößt.

Zur gleichen Zeit, als Kafka über den Zusammenhang zwischen dem „Urteil" und seiner eigenen Situation Klarheit gewann, stellte er eine Liste mit Argumenten für und gegen seine Heirat zusammen. Das wohl wichtigste Argument formulierte er so: „Die Angst vor der Verbindung, dem Hinüberfließen. Dann bin ich nie mehr allein."[22] Um nicht hinüberfließen zu müssen in das Niemehr-Alleinsein, bringt sich Georg Bendemann – durch den Sturz in das fließende Wasser – zu Tode und rettet damit sein Alleinsein, endgültig und für alle Zeiten. Im Fallen vernimmt Georg noch einmal den Lärm einer Welt, in der länger zu leben ihm nicht möglich ist: „In diesem Augenblick ging über die Brücke ein geradezu unendlicher Verkehr." Kafka verband mit diesem Schlußsatz eine präzise Vorstellung, die sich in das Antithesen-Gerüst, in das sein Leben und Schreiben gedrängt war, mühelos einfügen läßt: „Weißt du, was der Schlußsatz bedeutet?" fragte er Max Brod. „Ich habe dabei an eine starke Ejakulation gedacht."[23]

Indem Kafka das Schicksal Georgs aufschrieb, erfuhr er, wie nie zuvor, das Glück einer unzerteilten Existenz im Prozeß des Schreibens: er war mit sich allein wie ein Toter. („Ich brauche zu meinem Schreiben Abgeschiedenheit, nicht ‚wie ein Einsiedler', das wäre nicht genug, sondern wie ein Toter."[24]) Diese Einheit einmal mutwillig – durch eine eheliche Verbindung – aufgeben zu können, mochte Besorgnisse in ihm erwecken. Notfalls mußte der Vater, Kafkas Vater, der schon häufiger das In-die-Höhe-Heben der Röcke zudringlicher Frauenspersonen als gefährlich und verwerflich kritisiert hatte, ein entscheidendes Machtwort sprechen, damit die Gunst des Augenblicks genutzt werde: die Wahrung der Identität durch den Tod. Doch Kafka war nicht zu helfen, sein Vater verurteilte ihn nicht zum Tode (was den Sohn zuweilen verwunderte), und so blieb die Last des Schreibenmüssens und dabei die Vorstellung von Sterben und Tod:

---

[22] Tagebücher (Anm. 6), S. 311 (21. Juli 1913).
[23] Max Brod: Über Franz Kafka, Frankfurt a. M. 1974, S. 114.
[24] Briefe an Felice (Anm. 8), S. 412 (26. Juni 1913).

Die Bestrafung der Söhne

Für mich [...], der ich glaube, auf dem Sterbebett zufrieden sein zu können, sind solche Schilderungen [des Sterbens] im geheimen ein Spiel, ich freue mich ja in dem Sterbenden zu sterben [...].[25]

*

Den ersten Entwurf (oder die erste Fassung) seines Romans „Der Verschollene" hatte Kafka im Sommer 1912 vernichtet; unmittelbar nach der Niederschrift des „Urteils" begann er von neuem. „Kafka in Ekstase", notierte Max Brod am 29. September; „Kafka in unglaublicher Ekstase", so am 1. Oktober; und am folgenden Tag: „Kafka, der weiter sehr inspiriert ist. Ein Kapitel fertig."[26] Dieses Eingangskapitel des Romans, mit der Überschrift „Der Heizer. Ein Fragment", erschien als selbständiges Bändchen im Mai 1913 bei Kurt Wolff in Leipzig. Dem Verleger hatte Kafka gesagt: „[...] es ist ein Fragment und wird es bleiben, diese Zukunft gibt dem Kapitel die meiste Abgeschlossenheit."[27] Das heißt: Die Entscheidung, das Unvollständige nicht vollständig machen zu wollen, ist abschließend, und zwar in doppeltem Sinne: endgültig und das Fragment auf den Endpunkt seiner möglichen Entwicklung fixierend; es gehört zur Eigenart der Heizer-Geschichte, Fragment zu sein.

Als der sechzehnjährige Karl Roßmann, der von seinen armen Eltern nach Amerika geschickt worden war, weil ihn ein Dienstmädchen verführt und ein Kind von ihm bekommen hatte, in dem schon langsam gewordenen Schiff in den Hafen von New York einfuhr, erblickte er die schon längst beobachtete Statue der Freiheitsgöttin wie in einem plötzlich stärker gewordenen Sonnenlicht. Ihr Arm mit dem Schwert ragte wie neuerdings empor und um ihre Gestalt wehten die freien Lüfte.

So beginnt „Der Heizer"[28], und mit diesem Beginn werden wichtige Informationen gegeben und nicht weniger wichtige Andeutungen gemacht: Karl (die Assoziation an Kafka stellt sich leicht ein) ist von offenbar nicht unbegüterten Eltern – „arm" erscheinen sie dem gehorsamen Sohn im Sinne von „bedauernswert" – nach Amerika strafverfügt worden, weil eine Verführung durch ein Dienstmädchen (auch Kafka hatte eine solche erlebt) unliebsame Folgen gezeigt hatte. Da Karl seiner Freiheit beraubt wurde, be-

---

[25] Tagebücher (Anm. 6), S. 448 (13. Dezember 1914).
[26] Max Brod (Anm. 23), S. 113.
[27] Briefe (Anm. 5), S. 115 (4. April 1913).
[28] An dieser Stelle sei angemerkt, daß die folgenden Gedanken zum Teil angeregt worden sind durch die schöne „Heizer"-Interpretation des hier gefeierten Jubilars: Franz Kafka: Der Heizer. Mit einem Nachwort von Benno von Wiese, Frankfurt a. M. 1975 (Bibliothek Suhrkamp 464), S. 57–84.

Die Bestrafung der Söhne

trachtet er das Land der Freiheit und die Statue der Freiheitsgöttin mit besonderen Augen. Seine Erwartungshaltung bewirkt, daß ihm das Sonnenlicht plötzlich stärker als vorher zu sein scheint; er glaubt, besonders scharf sehen zu können, in Wahrheit versieht er sich: Die Göttin trägt ja kein Schwert, sondern eine Fackel in der Hand. Kafka ist hier sicher keinem Irrtum erlegen; da ihm ein Kritiker schrieb, womit die Libertas tatsächlich ausgestattet ist, wäre im Falle eines Irrtums wohl eine Korrektur in der zweiten Auflage des „Heizers" (1916) zu erwarten gewesen. Nein: Karl Roßmann, kindlich-schutzbedürftig, sieht tatsächlich ein Schwert, und es gereicht ihm wohl zum Trost. Dafür, daß Karl im Schwert auch ein Mittel der Unterdrückung und Peinigung erkennen würde, liefert der Text keine Anhaltspunkte. Es bleibt also nicht bei der einen Fehlleistung Roßmanns: das fälschlich als real Angenommene wird auch noch falsch, weil einseitig nur, eingeschätzt. Von den Folgen des doppelten Versehens – tödlichen Folgen – berichtet der ganze Amerika-Roman.

(Diese Sicht der Dinge – wie auch eine denkbare andere – ermöglicht die Abstinenz des Erzählers: Er verzichtet auf gelassene Darstellung aus der Distanz, auf weise Überlegenheit, auf Deutung und Beurteilung, das heißt er tritt gar nicht in den Vordergrund. Das ist leicht verständlich: Eine erzählerische Objektivität kann es für Kafka überhaupt nicht geben; der Versuch, schreibend sich selbst näher zu kommen, verlangt ein Äußerstes an subjektiver Beobachtung und Wertung des handelnd oder denkend Erfahrbaren. Der anscheinend objektive Erzählerstandpunkt kann allenfalls darin gesehen werden, daß nicht zweifelhaft bleibt, daß alles aus der subjektiven Perspektive des Helden – oder Anti-Helden – betrachtet wird.)

Was aber geschieht nun im „Heizer"? Karl, im Begriff, das Schiff zu verlassen, bemerkt, daß er seinen Regenschirm vergessen hat, sucht diesen Gegenstand des Schutzes, gerät in die Kabine eines Heizers, der ihm berichtet, ein Vorgesetzter habe ihm Unrecht zugefügt; Karl ernennt sich zu des Heizers Anwalt; vor dem Kapitän, im Beisein hoher Beamter, fordert er das Recht für seinen Mandanten; vergeblich; einer der Anwesenden stellt sich als Onkel Karls vor; die Beiden verlassen das Schiff. „Es war wirklich, als gäbe es keinen Heizer mehr."

Karl Roßmann wird durch seine Verbannung nach Amerika für etwas bestraft, das er weder moralisch noch juristisch zu verantworten hat, dafür, daß ihm seine Freiheit genommen wurde. An seiner ‚objektiven' Schuldlosigkeit ist nicht zu zweifeln. Davon, daß die Eltern oder das Dienstmädchen schuldig seien, ist nicht die Rede. Der Eltern gedenkt Karl mit Liebe, er bedauert, ihnen Schmerz zugefügt zu haben. Nicht die Folgen des Unvermeidbaren sind ihm schrecklich, sondern dieses Unvermeidbare, das die Strafe nach sich zog: Widerlich war ihm der Kopulationsvorgang, er erinnert sich, daß ihn „eine entsetzliche Hilfsbedürftigkeit ergriffen" hatte. Sol-

Die Bestrafung der Söhne

che und ähnliche Formulierungen finden sich in anderen Geschichten Kafkas und in seinen Tagebüchern zuhauf: Immer wieder wird die Geschlechtsbeziehung als Gefährdung der Person, als Sich-Verlieren reflektiert und als abschreckend vorgestellt. Es geht Kafka in diesem Fall weder um eine Anklage des Dienstmädchens noch um eine Exkulpation Karls, sondern darum, daß der Mensch – gleichgültig, ob Kind oder Erwachsener – im Geschlechtlichen seine Einheit verliert, hilfsbedürftig wird und doch keine Hilfe erwarten kann. Karl ist nun in einen neuen Lebensbereich vorgestoßen, in dem er die verlorene Einheit nicht wiedergewinnen, aber vielleicht eine andere Einheit finden kann. (Die Zerstörung dieser Illusion beschreibt dann der Roman.)

Karl wurde von seinem Vater zu einem neuen Leben verurteilt wie Georg Bendemann von seinem Vater zum Tode. Er nimmt dieses Urteil an, indem er – ob bewußt oder nicht, ist gleichgültig – die endgültige Trennung von den Eltern betreibt: Der Schirm ist abhanden gekommen, nun vernachlässigt Karl auch noch seinen Koffer, der alles enthält, was ihn materiell an seine Eltern bindet, einschließlich einer Veroneser Salami. Diese Trennung von den Eltern und damit der Vergangenheit erscheint notwendig, damit Neues gelingen kann: Vielleicht doch der Rückzug auf die eigene Person? Karl, der Knabe, macht einen Versuch in dieser Richtung, der kläglich scheitert: Er legt sich ins Bett des Heizers und fühlt sich hier wohl. (Der Heizer: ein Vertreter der untersten sozialen Schicht; ein Ausgestoßener, ein Bestrafter; einer, dessen Beruf es ist zu wärmen; – es sei dahingestellt, ob bei Karls Aufenthalt im Heizer-Bett Homoerotisches mit im Spiel ist.) Karl fühlt sich „heimisch" in des Heizers Bett, er ist frei „von allen Sorgen", frei wohl vor allem von dem Gedanken an das Bett, das er mit dem Dienstmädchen teilen mußte. Ein Glücksversprechen leuchtet kurz auf: die Möglichkeit, frei zu leben. Im Bett des Heizers, so scheint es, wird keine Herrschaft ausgeübt. Der Schein trügt, die Repression läßt nicht lange auf sich warten: Laut und immer lauter dringt der Marsch von Männern in die Kabine des Heizers. „Sie gingen offenbar [...] in einer Reihe, man hörte Klirren wie von Waffen." Der Auszug der Schiffskapelle drängt den Heizer und Karl zum Aufbruch.

Karl erprobt nun eine zweite Möglichkeit, sich in der Welt einzurichten: Er solidarisiert sich mit dem Heizer, stilisiert ihn zu seinem Freund, setzt ihn gar an die Stelle seines (verlorenen) Vaters, obwohl er selbst, der Vater Karl Roßmann, bei alledem eine väterlich-überlegene Haltung einnimmt. Der Konflikt ist programmiert; der Ersatz-Vater wird Karl strafen.

Karl streitet für das Recht des Heizers. Weiß er, was er tut? Es ist durchaus fraglich, ob es Karl überhaupt je um den anderen und nicht vielmehr stets allein um sich selbst geht. Er, der – wenn auch mit Schirm, so doch nicht ausreichend geschützt – in die weite neue Welt gejagt wurde, erwartet, angesichts einer kriegerisch bewehrten Libertas, die Ächtung von Gewalt, die zur Unfreiheit führt, wie sein Beispiel und das des Heizers deutlich zeigen. Die partielle Übereinstimmung der Fälle läßt Karl völlig übersehen, daß mit dem Heizer nichts zu gewinnen ist, weil dieser, aus welchen Gründen auch immer, seinen eigenen Fall ganz anders beurteilt als sein zufällig aufgetauchter zudringlicher Advokat. Der Heizer stellt die Herrschaftsverhältnisse nicht grundsätzlich infrage, er ist nur an seinem Vorteil, also an möglichst wenig Nachteilen interessiert; vor dem Kapitän spielt er, wie Karl findet, eine höchst klägliche Rolle. Karl scheitert mit seinem Hilfsplan, weil er den, dem seine Hilfe vorgeblich gelten soll, gar nicht kennt; er darf nicht einmal sicher sein, daß dem Heizer tatsächlich Unrecht widerfahren ist. Dieser spielt die ihm angetragene Vater-Rolle nur eine kurze Szene: indem er Karl abweist, ihn dafür bestraft, daß er – eigennützig und hilflos – Hilfe zu leisten versprach, die nur möglich wäre bei einem pervertierten Vater-Sohn-Verhältnis. Nachdem deutlich geworden ist, daß vom Heizer nichts mehr zu erwarten ist, kann er in der Versenkung verschwinden. Mit dem Onkel wird ein neuer Versuch gemacht. Der Roman zeigt die Wiederkehr des Gleichen: Karl wird von seinem Onkel, einem weiteren Ersatz-Vater, auf bekannte Weise bestraft: fortgewiesen.

*

Das Sich-Verlieren an die Welt, wie es nach Kafkas Auffassung besonders in Geschlechtsbeziehungen zum Ausdruck kommt, die dadurch bedingte Spaltung des Menschen, dokumentiert durch den Riß, der die gleichsam ‚natürliche' Vater/Sohn-Einheit zerstört, stets vom Sohn ausgehend, der sich verändert (der Vater ist bei Kafka fast immer statisch monumental, ihm kommt daher das unveräußerliche Recht des Beurteilens und Richtens zu, das durch keine Schwankungen der Lebenseinstellung gefährdet werden darf), –Entfernung also des Sohnes vom Vater, dann die ausdrückliche Fortweisung, die Strafe: immer wieder findet sich dieses Schema bei Kafka, wie im „Urteil" so im „Heizer" und kaum anders in der „Verwandlung": Gregor Samsa (wieder, von Kafka bestätigt, ein offenbares Kryptogramm) ist wieder ein Sohn, dem Unheil im Bett widerfährt:

> Als Gregor Samsa eines Morgens aus unruhigen Träumen erwachte, fand er sich in seinem Bett zu einem ungeheueren Ungeziefer verwandelt.

Dieser Einfall kam Kafka am Morgen des 17. November 1912 im Bett: Er wollte nicht aufstehen, weil er sich von Felice völlig abgeschnitten wähnte, sehnsüchtig wartete er auf ein Zeichen der Verbindung. Und obwohl dieses Zeichen dann wenig später eintraf, begann Kafka am selben Tag die Geschichte der äußersten, der tödlichen Verlassenheit zu schreiben: Wie das

Die Bestrafung der Söhne

Ungeziefer, in drei Akten, stirbt. Fast drei Wochen brauchte Kafka zur Fertigstellung, er war mit dem Schluß gar nicht zufrieden, er fand das Ganze überhaupt „eine ausnehmend ekelhafte Geschichte", wie er schon am 24. November an Felice schrieb. Gleichzeitig legte er nahe, die Geschichte als den Versuch der Selbstreinigung anzusehen: Als abzustoßendes Ingredienz einer verzweifelten Existenz sollte die Geliebte sie ohne Groll und vielleicht sogar verständnisvoll aufnehmen. Und er sagte ihr (immer wieder): Das Schreiben berechtige ihn zu leben, und setzte (einmal) hinzu: Sie, Felice, sei „eine zweite Berechtigung zum Leben".[29]

(Kafkas zuweilen angestellte Überlegungen über den Zusammenhang zwischen seinem Schreiben und seiner Liebe sind vermutlich nur theoretisch zu stützen: In der Tat hatte Kafka gar nicht zwei Berechtigungen zum Leben, sondern es gab nur die Alternative – entweder/oder – zwischen Antithesen, und diese Alternative war auch nur eine scheinbare, weil Kafka durch die kaum eingestandene Präferenz einer der beiden prinzipiell gleichberechtigten Thesen eine Vorentscheidung längst getroffen hatte, die dann in einem mühsam qualvollen Prozeß schließlich zur – widerruflichen – Entscheidung weitergeführt wurde: zur Entscheidung für das Schreiben.)

Das erste Kapitel der „Verwandlung" berichtet von den Überlegungen Gregors, wie er in verwandelter Gestalt das bisherige Leben als Mitglied einer Familie, zu der neben den Eltern noch eine Schwester gehört, und als Reisender in Tuchen fortsetzen könne. Es berichtet von Verletzungen, die sich Gregor zufügt, und anderen, schwereren, die ihm vom Vater zugefügt werden; davon, daß der Vater das Tier als Tier behandelt, obwohl er weiß, daß es sein Sohn Gregor ist. – Das zweite Kapitel berichtet von Verhältnissen der Angehörigen zu Gregor: Die Mutter fällt bei seinem Anblick in Ohnmacht, der Vater bewirft ihn mit Äpfeln – einer dringt „förmlich in Gregors Rücken ein" –, die Schwester, die ihn zuerst umsorgt hat, wird immer gleichgültiger. Sie ist es auch, die im Schlußkapitel den Eltern rät, das Tier „loszuwerden". Gregor, den verfaulten Apfel im Rücken, stirbt. „An seine Familie dachte er mit Rührung und Liebe zurück." Die Familie atmet auf, richtet sich auf ein neues Leben ein, „die Aussichten für die Zukunft" werden als „durchaus nicht schlecht" bezeichnet.

Die Geschichte ähnelt in vielen Einzelheiten dem „Urteil" und in einigen dem „Heizer": Ein Sohn wird entfernt. Die offenkundigen Parallelen der Geschichten brauchen nicht aneinandergereiht zu werden; sie liegen auf der Hand. Problematisch erscheinen hingegen nach wie vor die Vater/Sohn-Beziehung und deren Funktion im Ganzen der Geschichte. Denn während der alte Bendemann im Laufe der Kafka-Forschung zunehmend positiver – und sei es nur neutral – gesehen wurde, blieb das Bild des alten

---

[29] Briefe an Felice (Anm. 8), S. 163 (6./7. Dezember 1912).

Samsa als eines herrischen Despoten, dem die Hinrichtung eines unschuldigen Menschen zur Last zu legen sei, dominant. Dieser Auffassung korrespondiert das Mitleid mit dem sterbenden Gregor, für den der Tod eine Erlösung von unerträglichem Leiden sei. – Zweifellos ist „Die Verwandlung" vielschichtiger und mehrdeutiger als „Das Urteil" und „Der Heizer", so daß entschiedenen Interpretationen mit Mißtrauen begegnet werden mag, aber einiges läßt sich doch zur Stützung der These beibringen, Gregor werde für ein Vergehen bestraft, das in seiner Beziehung zum Vater gründet.

Der alte Samsa verurteilt seinen Sohn zweifellos nicht zur Verwandlung, aber er hat Anteil an der Verwandlung und bestraft schließlich den Verwandelten so, daß dieser stirbt. Wenn es mit der Bestrafung seine Richtigkeit haben soll, dann muß in der Verwandlung der sichtbare Höhepunkt eines verfehlten Lebens gesehen werden. Das scheint naheliegend: Wie anders ließe sich erklären, daß der Bestrafte, sterbend, mit Liebe an den Strafenden zurückdenkt, daß er also akzeptiert, was ihm zugefügt wurde, wie Georg Bendemann das Urteil des Vaters annimmt und Karl Roßmann die Strafe des Vaters klaglos erleidet?

Gregor Samsa, der viel arbeitete, um die Schulden seines Vaters, den er zur Seite gedrängt hatte, tilgen zu können und seine Angehörigen, die sich von ihm abhängig wußten, wohlleben zu lassen, war unter dem Druck des Arbeitszwanges und unter dem Druck der familiären Bindungen ein asozialer Mensch geworden, schlimmer noch: ein Störer, ein Verderber seiner Familie. In seiner Hand, in seiner Gewalt waren seine Angehörigen, abgerichtet zur Unselbständigkeit, verkümmernd in den Beziehungen zueinander. Die Harmonie war längst dahin, die Schwester vor allem wurde durch Gregor zusehends den Eltern entfremdet.

Als Gregor, der längst Vereinzelte, aufwacht, aus Träumen, die ihn das „möbelerschütternde Läuten" des Weckers überhören lassen (schon hatte er also seine Pflicht versäumt), aus Träumen, in denen sich seine Metamorphose antizipierend vollzogen haben mochte, war er zur Unkenntlichkeit, zur offenbaren Menschenlosigkeit gebracht; und darüber wunderte er sich nicht. Was anders kann das heißen, als daß die Entwicklung der Dinge konsequent verlaufen war, daß der Endpunkt einer längst begonnenen Fluchtbewegung, heraus aus dem Menschlichen, was heißt: heraus aus den menschlichen Bindungen erreicht war? Daß die Verwandlung im Bett stattfand, ist ja nicht verwunderlich: Die Wehrlosigkeit ist nirgends größer, – auch Josef K.s Prozeß beginnt mit der Verhaftung im Bett; wäre Karl Roßmann im Bett des Heizers geblieben, wäre es ihm kaum besser ergangen als im Bett des Dienstmädchens; Georg Bendemann wußte, warum er den Vater betten wollte, und dieser gestattete nicht, daß Georg sich mit Frieda bettete; und der Landarzt wird zum Zeichen seiner Ohnmacht ins

Die Bestrafung der Söhne

Bett gelegt; und Raban, in den „Hochzeitsvorbereitungen auf dem Lande", wähnt im Bett, „die Gestalt eines großen Käfers, eines Hirschkäfers oder eines Maikäfers", angenommen zu haben; und die Peinigungen in der Strafkolonie werden an Menschen vollzogen, die auf einem Bett festgeschnallt sind; usw.; – hier, im Bett, kann der Traum von der Trennung des Menschen von sich selbst und der Welt, der Rückzug auf das vermeintlich ‚reine Ich', zu einer gräßlichen Realität werden. Gregor, schon Ungeziefer, denkt über die Anstrengungen seines Berufs nach, über die Plagen des Reisens, das schlechte Essen, den mangelnden menschlichen Verkehr. „Der Teufel soll das alles holen!" Gregor will sobald wie möglich kündigen, das heißt er will fliehen, als er schon auf der Flucht ist; wohl bemerkt er seine Veränderung, aber noch, so scheint es, sieht er darin kein generelles Hindernis, sein bisheriges Leben fortzuführen; so nahe also war er bereits vorher an diese Ungeziefer-Existenz, die nun augenfällig war, herangekommen, daß eigentlich schon längst (wenn nicht immer) getrennt waren: Form, Gestalt, Schein auf der einen Seite (dies ist nun dahin), Wesen, Bewußtsein, Substanz auf der anderen Seite; damit läßt sich unter Wesen menschlichen Aussehens nicht leben.

Bevor Gregor zur Erkenntnis der Unvereinbarkeit seiner selbst mit allem übrigen kommt, stellt er Überlegungen an, wie wohl die Reaktion der anderen auf seine verwandelte Erscheinung sein könne.

> Würden sie erschrecken, dann hatte Gregor keine Verantwortung mehr und konnte ruhig sein. Würden sie aber alles ruhig hinnehmen, dann hatte auch er keinen Grund sich aufzuregen, und konnte, wenn er sich beeilte, um acht Uhr tatsächlich auf dem Bahnhof sein.

Keine Verantwortung mehr haben müssen, ruhig sein dürfen – das hatte sich Gregor sehnlich gewünscht. Die Familie war ihm eine so große Last wie der Beruf, beides untrennbar verbunden.

Der Prokurist seiner Firma berichtet, daß Gregor im Beruf deutliche Regressionserscheinungen habe erkennen lassen; die Mutter weiß über den Verfall von Gregors Familiensinn ebenso glaubhaft zu berichten: Abends, im Kreise der Angehörigen, habe Gregor Fahrpläne studiert oder sich mit Laubsägearbeiten beschäftigt, wahrhaft kindisch. Daß dennoch die Familie, besonders der Vater, von Gregor völlig abhängig war, kennzeichnet ein geradezu perverses Herrschaftsverhältnis. Dieses verkehrt sich nun – nicht zum Guten, aber zum Natürlichen, Ordnungsgemäßen – durch Gregors Verwandlung; alle Angehörigen werden dadurch in den Stand gesetzt (keineswegs gezwungen), produktiv tätig zu werden, der kränkliche Vater kräftigt sich allmählich, die Schwester blüht auf. Nur die Mutter muß noch auf ihr Glück warten, bis das scheußliche Lebewesen, ihr Sohn, verletzt auf

Die Bestrafung der Söhne

vielfache Weise durch sich selbst, erschüttert durch Gefühle der Schuld, vernachlässigt durch die Schwester und in seinem Lebensnerv schließlich getroffen durch den strafenden Vater, aus dieser Welt geht. Dann ist alles gut.

Keine zerstörte Weltordnung wird wiederhergestellt, keine Wahrheit wird verkündet, außer der, daß gegen die Notwendigkeit jeder Widerstand sinnlos, wenn auch geboten ist. Diese Notwendigkeit und die Vergeblichkeit des Widerstandes gegen sie hat Kafka in seinem Brief an den Vater einige Jahre später minutiös dargestellt. Die Erzählungen, von denen hier die Rede war, erscheinen unter dem gewählten Aspekt als antizipierte Variationen dieses autobiographischen Berichts.

Kafka empfand sich zeitlebens als Sohn, der Strafen auf sich zog, da er sich der Welt entziehen wollte. Er war nämlich, gegen den Willen des Vaters, ein Dichter. Die ihm nahe standen, die Bräute vor allem, mußten es büßen. Aber er machte es sich selbst auch nicht leicht, wenn er sich, die Folgen abwägend, für das Schreiben und gegen die Ehe, beispielsweise, entschied. Er wußte sehr wohl, daß er, indem er sich so reduzierte, zugrunde gehen mußte wie Gregor Samsa, dessen Wunde, aus der Hand des Vaters, nicht heilen konnte.

„[...] ich liege auf dem Boden vor Dir und bitte, stoße mich fort, alles andere ist unser beider Untergang", schrieb Kafka am 30. August 1913 an Felice; und zwei Tage später: „Die Lust, für das Schreiben auf das größte menschliche Glück zu verzichten, durchschneidet mir alle Muskeln." Da sich die Situation Kafkas so darstellt, auch wenn sie nicht so war, ist deutlich die Richtung angegeben, in der sich die Ausleger der autobiographischen Dichtungen Kafkas mit guten Gründen bewegen dürfen.

Den höchst vertrauenswürdigen Geistlichen im Dom-Kapitel des „Prozeß"-Romans läßt Kafka sagen (und zwar, um die Unanfechtbarkeit des Gesagten sicherzustellen, zitieren als von kompetenten Auslegern gesagt): „Richtiges Auffassen einer Sache und Mißverstehen der gleichen Sache schließen einander nicht aus."

Franz Kafkas „Eine kaiserliche Botschaft"

Am 29. März 1917 schenkte Kafka seiner Schwester Ottla ein Buch „Chinesische Volksmärchen", übersetzt von Richard Wilhelm[1]; die Widmung auf dem Titelblatt lautet: „Für Ottla / von dem ‚Schiffer, der polternd in seine Barke sprang'".[2] Was Kafka als Zitat kennzeichnete, stammt von ihm selbst. Im sogenannten „Oktavheft C" findet es sich am Schluß der Erzählung „Beim Bau der chinesischen Mauer", die in den von Hans-Joachim Schoeps und Max Brod besorgten Nachlaßveröffentlichungen[3] um gerade diesen Schlußteil gekürzt wurde und erst seit einem Jahr [1993; d. Hgg.] in der überlieferten Vollständigkeit gedruckt vorliegt.[4] Als „Fragment zum ‚Bau der chinesischen Mauer'" hat Brod allerdings diesen Schlußteil, den

---

[1] Chinesische Volksmärchen, übersetzt und eingeleitet von Richard Wilhelm, mit 23 Wiedergaben chinesischer Holzschnitte, Jena 1914.

[2] Vgl. das Faksimile in: Jürgen Born: Kafkas Bibliothek. Ein beschreibendes Verzeichnis, Frankfurt a. M. 1990, S. 86.

[3] Schoeps veröffentlichte „Beim Bau der chinesischen Mauer" zuerst in: Der Morgen, 6. Jg., Heft 3 (August 1930), S. 219–230 (Aus dem Nachlaß Franz Kafkas / Ein Fragment / Beim Bau der chinesischen Mauer). In einem kurzen „Nachwort" (S. 230 f.) sieht Schoeps „in der unnachahmlichen, real-symbolischen Darstellungsweise des Dichters das Grundthema Kafkaschen Lebens und Erlebens anklingen. Die Einsamkeit des Einzelnen in der Welt und seine Sehnsucht nach Eingliederung in einen Sinnzusammenhang durch Mitarbeit an einem Werk der Gesamtheit." Schoeps weist in seinem Nachwort auch auf Margarete Susmans Aufsatz „Das Hiob-Problem bei Franz Kafka" hin, der im April 1929 in derselben (Zweimonats-)Zeitschrift (Der Morgen, 5. Jg., H. 1, S. 31–49) erschienen war. – Der von Max Brod (und Schoeps) herausgegebene Band „Beim Bau der chinesischen Mauer. Ungedruckte Erzählungen und Prosa aus dem Nachlaß", der 1931 bei Kiepenheuer in Berlin erschien, bietet also nicht, wie meistens gesagt wird, den ersten Druck der Erzählung. (Die richtige Angabe allerdings in: Maria Luise Capito-Mayr und Julius M. Herz: Franz Kafkas Werke. Eine Bibliographie der Primärliteratur [1908–1980], Bern und München 1982, S. 46.)

[4] Vgl. Franz Kafka, Kritische Ausgabe. Nachgelassene Schriften und Fragmente I, hg. v. Malcolm Pasley, Frankfurt a. M. 1993, S. 337–357. (Ebd., S. 357: „Ich [...] sah nur wie [...] der Vater stiller wurde und der Schiffer polternd in die Barke sprang und wegfuhr.")

er offenbar – entgegen dem handschriftlichen Befund – nicht als unmittelbare Fortsetzung des vorangehenden Textes ansah, schon 1937 in dem – bei Heinrich Mercy Sohn in Prag – erschienenen Band der „Tagebücher und Briefe" Kafkas bekanntgemacht. Die Geschichte vom „Schiffer, der polternd in seine Barke sprang", hat Jost Schillemeit, ausgehend vom Widmungstext für Ottla, schon vor einem Jahrzehnt ebenso vorsichtig wie scharfsinnig interpretiert.[5] Darauf wird noch einmal zurückzukommen sein.

Die Eintragungen ins „Oktavheft C", die zum größten Teil die Erzählung „Beim Bau der chinesischen Mauer" umfassen, erfolgten zwischen Ende Februar und Ende März 1917[6]; vielleicht hat Kafka mit ihnen begonnen, nachdem er Anfang März aus der Alchimistengasse auf dem Hradschin ins Schönborn-Palais unterhalb des Hradschin (Marktgasse 15) umgezogen war. Die Entstehungszeit von „Eine kaiserliche Botschaft" dürfte auf jeden Fall mit ‚Mitte März 1917' einigermaßen exakt anzugeben sein.

März 1917: Kafkas Tagebuch ist leer, die aus dieser Zeit überlieferte Korrespondenz ist so spärlich, daß sie der Leere Nachdruck zu geben scheint.[7] Kafka war sich und der Welt in diesen Wochen offenbar sehr fern.

Auf der Vorderseite des letzten Blattes des „Oktavhefts C" hat Kafka eine Titelliste zusammengestellt, die auf die geplante Veröffentlichung eines neuen Bandes mit Erzählungen vorausweist; darunter befindet sich auch – an dritter Stelle nach „Ein Traum" und „Vor dem Gesetz" – der Titel „Eine kaiserliche Botschaft".[8] Auf der Rückseite desselben Blattes ist ein „Sonntagsbesuch" bei Ottla notiert[9] – vielleicht hat Kafka der Schwester am 25. März aus seinem gerade vollgeschriebenen Heft vorgelesen und ihr vier Tage später den Band „Chinesische Volksmärchen" geschickt, für den sie sich nach dem Gehörten interessiert haben mochte? Wie auch immer: Der Plan, zwölf Erzählungen zu veröffentlichen, von denen „Eine kaiserliche Botschaft" und die im Anschluß an „Beim Bau der chinesischen Mauer" ebenfalls ins „Oktavheft C" eingetragene Erzählung „Ein altes

---

[5] Der unbekannte Bote. Zu einem neuentdeckten Widmungstext Kafkas, in: Juden in der deutschen Literatur. Ein deutsch-israelisches Symposion, hg. v. Stéphane Moses und Albrecht Schöne, Frankfurt a. M. 1986, S. 269–280.
[6] Vgl. Franz Kafka. Kritische Ausgabe (Anm. 4), Apparatband, S. 86.
[7] Vielleicht hat Kafka im März 1917 tatsächlich nur den einen Brief geschrieben, der bisher bekannt geworden ist. Am 14. März mahnte er den Kurt Wolff Verlag, auf eine am 20. Februar geschriebene Karte zu antworten. Vgl. Franz Kafka: Briefe, hg. v. Max Brod, Frankfurt a. M. 1958, S. 135.
[8] Vgl. Franz Kafka (Anm. 4), Apparatband, S. 84.
[9] Vgl. ebd., S. 85.

Blatt" die zuletzt geschrieben waren, stammt wohl von Ende März 1917.[10]

Am 7. Juli 1917 schickte Kafka „dreizehn Prosastücke" an Kurt Wolff; auf dessen freundlichen Zuspruch schrieb er am 27. Juli: „Falls Sie eine Ausgabe dieser kleinen Prosa (jedenfalls kämen noch zumindest zwei kleine Stücke hinzu: das in Ihrem Almanach enthaltene ‚Vor dem Gesetz' und der beiliegende ‚Traum') jetzt für richtig halten, bin ich sehr damit einverstanden [...]."[11] Zehn der zwölf in der Titelliste vom März angeführten Erzählungen wird Kafka also Anfang Juli nach Leipzig geschickt haben[12]; außerdem „Ein Besuch im Bergwerk" und „Die Sorge des Hausvaters"[13] sowie „Ein Bericht für eine Akademie".[14]

Am 20. August 1917 teilte Kafka seinem Verleger mit, in welche Reihenfolge er die fünfzehn übersandten Erzählungen gebracht haben wolle. Als Titel des Buches schlug er „Ein Landarzt", als Untertitel „Kleine Erzählungen" vor.[15] Seine Wünsche – auch der später vorgetragene, die Erzählung „Der Kübelreiter" aus der Sammlung auszuschließen – wurden schließlich, nach einigem Hin und Her, von Wolff erfüllt. Allerdings vergingen bis zur Veröffentlichung über zwei Jahre. Erst Ende 1919 kam der Band auf den Markt.[16] Zwölf der vierzehn Erzählungen sind in dem halben

---

[10] Vgl. auch die Titelliste im „Oktavheft B" (vom Februar 1917), die mit der späteren Liste weitgehend übereinstimmt. (Franz Kafka [Anm. 4], Apparatband, S. 81 f.)

[11] Vgl. Briefe (Anm. 7), S. 156 f.

[12] Diese Vermutung kann freilich nur richtig sein, wenn der in der Liste mit „Die kurze Zeit" bezeichnete Text identisch ist mit dem im Druck unter der Überschrift „Das nächste Dorf" erschienenen (für den keine handschriftliche Fassung überliefert ist). Dieser Text beginnt: „Mein Großvater pflegte zu sagen: ‚Das Leben ist erstaunlich kurz. [...]'"

[13] Beide Erzählungen sind handschriftlich nicht überliefert; sie könnten nach März 1917 entstanden sein. „Ein Besuch im Bergwerk" ließe sich freilich auch mit dem Titel „Kastengeist" in Beziehung bringen, der in der Liste des „Oktavhefts B" genannt wird.

[14] Der erste (größere) Teil dieser Erzählung ist Bestandteil des vornehmlich im April 1917 geschriebenen „Oktavhefts D". Vgl. Franz Kafka (Anm. 4), S. 390–399. Diesen Teil schickte Kafka – zusammen mit elf anderen Erzählungen – am 22. April 1917 an Martin Buber. Vgl. ebd., Apparatband, S. 88 f.

[15] Vgl. Briefe (Anm. 7), S. 158 f.

[16] Die Annahme von Ludwig Dietz, der Band sei – entgegen der „Copyright 1919"-Angabe des Verlags auf der Rückseite des Titelblatts – vermutlich „erst gegen Ende 1920" erschienen (in: Jürgen Born u. a.: Kafka-Symposion, Berlin, 1965, S. 119), ist nicht zutreffend, denn am 19. Dezember 1919 heißt es in der jüdischen Wochenschrift „Selbstwehr" (in derselben Nummer, in

Franz Kafkas „Eine kaiserliche Botschaft"

Jahr von Ende 1916 bis Mitte 1917 entstanden, nur die Parabel „Vor dem Gesetz" und die Erzählung „Ein Traum" (die auch in den Umkreis des „Process"-Romans gehört[17]) waren wenigstens zwei Jahre vorher geschrieben und bereits 1915 bzw. 1916 veröffentlicht worden.[18]

*

Zehn der vierzehn Erzählungen des „Landarzt"-Bandes waren, als dieser schließlich vorlag, bereits in verschiedenen Zeitschriften, Zeitungen und Anthologien gedruckt worden; darunter auch „Eine kaiserliche Botschaft". Diese Erzählung war am 24. September 1919 in der Neujahrs-Nummer der seit Herbst 1918 von Felix Weltsch herausgegebenen zionistischen Prager Wochenschrift „Selbstwehr" erschienen[19], zu deren Lesern Kafka vermutlich seit 1911 gehörte.[20] (In derselben Zeitschrift war vier Jahre zuvor die Parabel „Vor dem Gesetz" zum erstenmal gedruckt worden.) Zum Verständnis von „Eine kaiserliche Botschaft" ist ihr Publikationsort vielleicht

---

der „Die Sorge des Hausvaters" aus dem „Landarzt"-Band abgedruckt wurde): „Vor Jahresschluß sind einige bedeutsame Bücher von Prager jüdischen Autoren erschienen. auf die wir heute vorläufig nur kurz hinweisen wollen. / Franz Kafka: Ein Landarzt, kleine Erzählungen / erweitert die von Kafka in seinem ersten Buche ‚Betrachtung' geschaffene Form zum Portrait (Elf Söhne), zum Memoirenfragment (Ein Bericht für eine Akademie), zur Novelle (Ein Landarzt). Die vielen unterirdischen Beziehungen des Buches zu einem spezifisch modern jüdischen Desorientiertheitsgefühl (vergl. die in dieser Nummer veröffentliche Skizze: Die Sorge des Hausvaters) geben den in krystallreiner und unerhört melodiöser Prosa geschriebenen Kunstwerken eine Nuance seltsamer Melancholie." (Zitiert nach Hartmut Binder: Franz Kafka und die Wochenschrift ‚Selbstwehr', in: Deutsche Vierteljahrsschrift 41 [1967], S. 283–330; hier: S. 300.) Auf diese Notiz hat Ludwig Dietz in einer späteren Veröffentlichung zwar selbst hingewiesen (Franz Kafka. Die Veröffentlichungen zu seinen Lebzeiten [1908–1924]. Eine textkritische und kommentierte Bibliographie, Heidelberg, 1982, S. 106 [zu „Die Sorge des Hausvaters"]), aber er hat daraus nicht den naheliegenden Schluß gezogen, daß der Band, von dem so gesprochen wurde, dem Schreiber vorgelegen haben müsse. Vielmehr bleibt er bei seiner Ansicht, daß sich die Herstellung „bis [...] Ende 1920 hingezogen" haben könnte (ebd., S. 109). Im übrigen ist seine Darstellung der Entstehungsgeschichte des „Landarzt"-Bandes (ebd., S. 106–113) vorzüglich.

[17] Die Erzählung beginnt: „Josef K. träumte:".
[18] Vgl. Ludwig Dietz (Anm. 16), S. 85–126; hier: S. 106 f. und 109.
[19] Selbstwehr. Unabhängige jüdische Wochenschrift, Jg. 13, Nr. 38/39, 4 .
[20] Über Kafkas Beziehung zur Selbstwehr vgl. den in Fußnote 16 genannten Aufsatz von Hartmut Binder.

von einiger Wichtigkeit. Vielleicht ist der Text ja gar keine ‚chinesische', sondern eine ‚jüdische' Erzählung? Weil die „Sage" vom Kaiser, der „dem jämmerlichen Untertanen [...] von seinem Sterbebett aus eine Botschaft gesendet" hat[21], in der Handschrift eindeutig ein Bestandteil der Erzählung „Beim Bau der chinesischen Mauer" ist und mit dieser *expressis verbis* verbunden wird durch den Hinweis, das geschilderte Verhältnis zwischen (chinesischem) Kaiser und Volk werde durch sie „gut ausgedrückt", liegt es nahe, sie zur Deutung der Erzählung zu verwenden als deren ‚eigentliches' Zentrum, wie es ähnlich geschieht mit der Türhüterlegende („Vor dem Gesetz") in bezug auf das Ganze des „Process"-Romans. Die Erzählung, so hat Gerhard Neumann gesagt[22], behandle „die Herausbildung eines sozialen Mythos (des Baus der Chinesischen Mauer) als Identifikationsrahmen einer Volksgemeinschaft"; die Sage bilde

> den Kern und gewissermaßen das Siegel der Argumentation. Sie stellt die Diagnose eines ins Mythische vergrößerten patriarchalischen Sozialmodells, dessen Prinzip, die unendlich vermittelte, hierarchisch geregelte Kommunikation, eine Wechsel-Identifikation zwischen einzelnem und Staat nicht erlaubt: das Ganze als Torso [...], der einzelne als bezugsloser Träumer.

Ähnlich sind andere Interpreten verfahren, etwa Peter U. Beicken, der in der Erzählung den „Widerspruch von absolutem Autoritätsanspruch und ganz konkreter Unfähigkeit" dargestellt sieht und verdeutlicht:

> In der ‚Sage' nimmt dieser Widerspruch zwischen konkreter Unfähigkeit (der sterbende Kaiser) und absolutem Anspruch des Institutionellen (das Kaisertum) Gestalt an und zeitigt verheerende Folgen: der individuelle Mensch wird zum verinnerlichten, passiv gestimmten Träumer, der in der Haltung des Gläubigen der Irrationalität eines unfähigen Systems ausgeliefert ist.[23]

Da Kafka bei der Niederschrift von „Beim Bau der chinesischen Mauer" Literatur über China und chinesische Literatur als Quelle benutzt hat (wie Hartmut Binder gezeigt hat[24]), scheint es für den Interpreten keine andere Möglichkeit zu geben, als Kafka zu folgen und den Kaiser der die Erzäh-

---

[21] Franz Kafka: Nachgelassene Schriften (Anm. 4), S. 351.
[22] In: Kafka-Handbuch, hg. v. Hartmut Binder, Bd. 2, Stuttgart 1979, S. 324 f.
[23] Peter U. Beicken: Franz Kafka. Eine kritische Einführung in die Forschung, Frankfurt a. M. 1974, S. 313 f.
[24] Vgl. Hartmut Binder: Kafka-Kommentar zu sämtlichen Erzählungen, München 1975, S. 218–221.

lung erläuternden „Sage" wie den Kaiser der Erzählung als chinesischen zu behandeln. Doch in der 1919 erschienenen Geschichte „Eine kaiserliche Botschaft" ist weder von einem chinesischen Kaiser die Rede, noch wird durch eine Ortsangabe auf China als Land des Berichteten verwiesen. Dem Interpreten des so isolierten Textes werden damit größere Freiheiten gestattet; mehr Rechte, mehr Pflichten. Zu welchen Ergebnissen eine auf „Eine kaiserliche Botschaft" zentrierte Untersuchung führen kann, hat beispielsweise Walter Weiss gezeigt, der mit einer subtilen „grammatischen Interpretation" die Besonderheiten des Kafkaschen Sprechens (Satzbau, Metaphorik, Tempus-Modus-Gefüge, Umschlag vom Konjunktiv II zum Indikativ, Beiwörter, Verwendung des Personalpronomens Du) analysiert hat[25] und dabei zu bemerkenswerten Einsichten in die Struktur und (damit) in die Bedeutung des Textes gekommen ist.[26]

Auf ganz andere Weise als Weiss hat sich Heinz Politzer der Parabel „Eine kaiserliche Botschaft" genähert: indem er sie mit Hugo von Hofmannsthals Gedicht „Der Kaiser von China spricht" aus dem Jahre 1898 verglichen hat. Politzers – nicht recht überzeugende – These lautet: „seine [Kafkas] ‚Kaiserliche Botschaft' ist eine Antwort auf die Hofmannsthalschen Verse, ihre Variation und gewissermaßen ihre Parodie."[27] Immerhin

---

[25] Walter Weiss: Dichtung und Grammatik. Zur Frage der grammatischen Interpretation, in: Satz und Wort im heutigen Deutsch. Probleme und Ergebnisse neuerer Forschung, Düsseldorf 1967 (Sprache der Gegenwart, Bd. 1), S. 236–258.

[26] Vgl. etwa ebd., S. 254: „Der überraschende und normwidrige Umschlag vom Konjunktiv II zum Indikativ in der hypothetischen Periode, die mehrseitig bezogenen Beiwörter, das doppelsinnige *du*, all diese ungewöhnlichen oder auch gegen die grammatischen Normen verstoßenden Grammatika verwischen Unterscheidungen zwischen Innen und Außen, zwischen Subjektivem und Gegenständlichem: Das, was als ‚nur gedacht' gekennzeichnet wird, ist deutlicher an das Subjekt gebunden als das, was als wirklich gegeben hingestellt wird. Das orientierende Beiwort ‚*kaiserlich*' ist stärker gegenstandsbezogen als das charakterisierende. Das Satzadjektiv ‚*herrlich*' ist stärker subjektbezogen, d. h. auf den Sprecher bezogen, als das charakterisierende Beiwort *herrlich*. Das *du* des Selbstgesprächs ist enger mit dem Subjekt verbunden als das *du* des Dialogs. Wir beobachten hier einen Vorgang der Objektivierung des Subjektiven und der Subjektivierung des Objektiven, der gegenseitigen Durchdringung von Subjekt und Objekt. Gerade dieser Vorgang wird vielfach als eines der Hauptkennzeichen der modernen Dichtung genannt."

[27] Heinz Politzer: Zwei kaiserliche Botschaften. Zu den Texten von Hofmannsthal und Kafka, in: Modern Austrian Literature 11 (1978), Nr. 3/4, S. 105–122; Zitat: S. 110.

sind Politzers Beobachtungen für den Literaturwissenschaftler, dem es um das Verständnis literarischer Zusammenhänge geht, erhellender als Versuche der Erklärung des Kafkaschen Textes unter „Oedipal aspects", auf die etwa Herman Rapaport, bezugnehmend auf Michel Foucault, seine Aufmerksamkeit gerichtet hat.[28]

*

Literatur, die sich auf vorgegebene – und allgemein zugängliche – ‚Quellen' (seien es historische Ereignisse, wissenschaftliche oder poetische Texte o. a.) bezieht, ist dem Leser um so verständlicher, je deutlicher ihm der Umgang des Autors mit dem Vorgegebenen ist. Daß Schiller für seine „Jungfrau von Orleans" Lionel erfunden hat und Brecht in seinem „Leben des Galilei" Barberini ein Jahrzehnt vor dessen historisch verbürgter Inthronisation zum Papst aufsteigen ließ, sagt über die Intentionen der Stückeschreiber mehr als ihr Festhalten an geschichtlichen Fakten (etwa daran, daß die Franzosen durch Johanna zum Sieg über die Engländer geführt wurden, daß Galilei seine wissenschaftlichen Erkenntnisse widerrufen hat); denn Veränderungen und Ergänzungen des Überlieferten sind ja nichts anderes als Verbindungsglieder zwischen diesem und seiner Deutung. Daher sind – tatsächliche oder vermeintliche – ‚Referenztexte' einem Literaturinterpreten stets hochwillkommen.

Nicht (so sehr) Hofmannsthals Gedicht „Der Kaiser von China spricht", vielmehr ein Text Kierkegaards bildet die Folie, vor der Kafka die Parabel „Eine kaiserliche Botschaft" abgebildet hat. Das hat schon vor einigen Jahren Christiaan L. Hart Nibbrig angedeutet, indem er seinen Überlegungen zum Schluß von „Eine kaiserliche Botschaft" angefügt hat: „Ganz anders reagiert bei Kierkegaard der ‚Tagelöhner' auf das ‚Ärgernis' der ‚Botschaft', die von dem ‚mächtigsten Kaiser' an ihn ergeht und die er nicht in seinen ‚Kopf bekommen' kann; weil er sich ‚nie hatte träumen lassen ..., daß der Kaiser wüßte, er wäre da.'"[29]

Kafka besaß Kierkegaards „Die Krankheit zum Tode" in der 1911 bei Diederichs in Jena erschienenen Ausgabe.[30] Die Nähe des Kafkaschen Tex-

---

[28] Vgl. Herman Rapaport: An Imperial Message: The Relays of Desire, in: Modern Language Notes 95 (1980), Nr. 4, S. 1333–1337.

[29] Christiaan L. Hart Nibbrig: Die verschwiegene Botschaft oder: Bestimmte Interpretierbarkeit als Wirkungsbedingung von Kafkas Rätseltexten, in: Deutsche Vierteljahrsschrift 51 (1977), S. 459–475; Zitat: S. 465 f.

[30] Übersetzt und mit Nachwort von H. Gottsched. – Es handelt sich um den achten Band der von Gottsched und Ch. Schrempf besorgten zwölfbändigen Ausgabe der Gesammelten Werke Kierkegaards. – Vgl. auch Jürgen Born (Anm. 2), S. 115.

tes zu dem Kierkegaards wird – wie die Entfernung jenes von diesem – augenfällig, wenn beide Texte nebeneinandergestellt werden.

Kierkegaard[31]

Wenn ich mir einen armen Tagelöhner denke und den mächtigsten Kaiser, der je gelebt hat, und dieser mächtigste Kaiser bekäme plötzlich den Einfall, einen Boten zu dem Tagelöhner zu schicken, der nie davon geträumt hatte und in dessen Herz nie der Gedanke aufgestiegen war, daß der Kaiser von seinem Dasein wisse, und der sich unbeschreiblich glücklich preisen würde, wenn er den Kaiser bloß einmal sehen dürfte, was er dann Kindern und Kindeskindern als die wichtigste Begebenheit seines Lebens erzählen würde / wenn der Kaiser zu diesem Tagelöhner einen Boten schickte und ihn wissen ließe, daß er ihn zum Schwiegersohn haben wolle: was dann? Dann würde der Tagelöhner menschlicherweise etwas oder sehr verlegen werden und sich geniert fühlen, es würde (und das ist menschlich), ihm menschlich, wie etwas höchst Sonderbares, etwas Verrücktes vorkommen, worüber man am allerwenigsten zu einem anderen Menschen reden dürfe, da er selbst schon in seinem stillen Sinn nicht weit von der Erklärung ist, auf die alle Nachbarn und Bekannten möglichst bald lebhaft verfallen würden, nämlich: daß der Kaiser ihn zum Narren halten wolle, so daß er zum Gelächter für die ganze Stadt

Kafka[32]

Der Kaiser – so heißt es – hat Dir, dem Einzelnen, dem jämmerlichen Untertanen, dem winzig vor der kaiserlichen Sonne in die fernste Ferne geflüchteten Schatten, gerade Dir hat der Kaiser von seinem Sterbebett aus eine Botschaft gesendet. Den Boten hat er beim Bett niederknien lassen und ihm die Botschaft ins Ohr zugeflüstert; so sehr war ihm an ihr gelegen, daß er sich sie noch ins Ohr wiedersagen ließ. Durch Kopfnicken hat er die Richtigkeit des Gesagten bestätigt. Und vor der ganzen Zuschauerschaft seines Todes – alle hindernden Wände werden niedergebrochen und auf den weit und hoch sich schwingenden Freitreppen stehen im Ring die Großen des Reichs – vor allen diesen hat er den Boten abgefertigt. Der Bote hat sich gleich auf den Weg gemacht; ein kräftiger, ein unermüdlicher Mann; einmal diesen, einmal den andern Arm vorstreckend schafft er sich Bahn durch die Menge; findet er Widerstand, zeigt er auf die Brust, wo das Zeichen der Sonne ist; er kommt auch leicht vorwärts, wie kein anderer. Aber die Menge ist so groß; ihre Wohnstätten nehmen kein Ende. Öffnete sich freies Feld, wie würde er fliegen und bald wohl hörtest Du

---

[31] Die Krankheit zum Tode, Jena 1911, S. 81 f.

[32] Ein Landarzt. Kleine Erzählungen, München und Leipzig 1919, S. 90–94.

Franz Kafkas „Eine kaiserliche Botschaft"

(Kierkegaard)

würde, in die Witzblätter käme und die Geschichte von seiner Vermählung mit des Kaisers Tochter auf dem Jahrmarkt verkauft würde. Doch soll er Schwiegersohn des Kaisers werden, so muß es wohl bald eine äußere Tatsache werden, so daß sich der Tagelöhner mit seinen Sinnen davon überzeugen kann, wieweit es dem Kaiser Ernst damit ist, oder ob er den armen Menschen bloß zum besten haben, für sein ganzes Leben unglücklich machen und ihm zum Irrenhaus verhelfen will; denn das *quid nimis* ist zur Stelle, das so schrecklich leicht in sein Gegenteil umschlagen kann. Eine kleine Gunsterweisung würde der Tagelöhner fassen können, die würde in der Kleinstadt, von dem hoch geehrten gebildeten Publikum, von allen alten Weibern, kurz von den 500000 Menschen verstanden werden, die in jener Kleinstadt wohnen, die freilich hinsichtlich der Volksmenge sogar eine sehr große, dagegen in Hinsicht auf Sinn und Verstand für das Außerordentliche eine sehr kleine Kleinstadt ist / aber das mit dem Schwiegersohn werden, das ist viel zu viel.

Und gesetzt nun, es wäre nicht von einer äußeren Tatsache die Rede, sondern von einer inneren, so daß also kein Faktum dem Tagelöhner zur Gewißheit verhelfen kann, sondern der Glaube selbst das einzige Faktum ist, so daß also alles dem Glauben überlassen wird, ob jener Mann genug demütigen Glauben hat, es glauben zu dürfen, denn frecher Mut kann zum Glauben nicht helfen;

(Kafka)

das herrliche Schlagen seiner Fäuste an Deiner Tür. Aber statt dessen, wie nutzlos müht er sich ab; immer noch zwängt er sich durch die Gemächer des innersten Palastes; niemals wird er sie überwinden; und gelänge ihm dies, nichts wäre gewonnen; die Treppen hinab müßte er sich kämpfen; und gelänge ihm dies, nichts wäre gewonnen; die Höfe wären zu durchmessen; und nach den Höfen der zweite umschließende Palast; und wieder Treppen und Höfe; und wieder ein Palast; und so weiter durch Jahrtausende; und stürzte er endlich aus dem äußersten Tor – aber niemals kann es geschehen – liegt erst die Residenzstadt vor ihm, die Mitte der Welt, hochgeschüttet voll ihres Bodensatzes. Niemand dringt hier durch und gar mit der Botschaft eines Toten. – Du aber sitzt an Deinem Fenster und erträumst sie Dir, wenn der Abend kommt.

(Kierkegaard)

wieviele Tagelöhner gäbe es dann wohl, die diesen Mut hätten? Wer aber diesen Mut nicht hätte, würde sich ärgern; das Außerordentliche würde ihm fast wie ein Spott über ihn klingen. Er würde dann vielleicht offen und ehrlich eingestehen: so etwas ist mir zu hoch, ich kann es nicht fassen, d. h. daß ich es gerade heraussage, es ist eine Torheit.

Kierkegaards Tagelöhner-Geschichte bezieht sich auf die Bibel: Im 1. Brief an die Korinther[33] erinnert Paulus an das, was „geschrieben steht: ‚Was kein Auge gesehen und kein Ohr gehört hat und in keines Menschen Herz gedrungen ist, was Gott denen bereitet hat, die ihn lieben'." Das „Geschriebene" findet sich bei Isaias:[34] „Tätest du Furchtbares doch, das wir nicht erhofft, so daß Berge wankten vor dir, / und das, was man von Urzeit an nicht gehört! Kein Ohr hat gehört, kein Auge gesehen, einen Gott außer dir, der für den etwas tut, der auf ihn harrt."

Nicht nur auf Kierkegaards Text scheint sich Kafkas Parabel zu beziehen, sondern auch auf die Verse des Isaias, die dem auf Gott (gläubig) Harrenden verheißen, es werde etwas für ihn getan. Doch so wenig es bei Kafka um das Problem des Glaubens, das von Kierkegaard erörtert wird, geht, so wenig geht es um ein gottvertrauendes Harren, das Erfüllung der Hoffnung verspricht. Der Traum ist an die Stelle der Hoffnung getreten; er wird nie ‚wahr'. Denn die Geschichte hat nicht überliefert, daß je eine kaiserliche Botschaft den möglichen Empfänger erreicht hat; vielleicht hat es eine solche Botschaft nie gegeben außerhalb des Traums, weshalb sie nur als ‚Gegenstand' einer „Sage" wiedererzählt werden kann: „so heißt es". Der Traum von der Botschaft war und ist (und wird sein), wie die Präsensform des Schlußsatzes verdeutlicht. Und wenn einmal eine Botschaft ergangen sein sollte, dann mag sie weiterergehen: in der Gegenwart, in der Zukunft. Daher ist das Perfekt statt des Imperfekts am Platz: „Der Kaiser [...] hat [...] eine Botschaft gesendet." Doch keine erträumte Botschaft wird je ankommen; „niemals, niemals kann es geschehen".

*

---

[33] 1. Korinther 2, 9.
[34] Isaias 64,2–3.

Jost Schillemeit hat in seiner erwähnten Interpretation des Widmungstextes Kafkas für seine Schwester Ottla[35] deutlich gemacht, daß die fragmentarische Erzählung, die Kafka kurz nach der Parabel von der kaiserlichen Botschaft ins „Oktavheft C" eingetragen hat und die den Schluß von „Beim Bau der chinesischen Mauer" bildet[36], mit Kafkas Lebenssituation um 1917 sehr viel zu tun hat. Der „Schiffer der polternd in seine Barke sprang", taucht im Zusammenhang mit der „Nachricht vom Mauerbau" auf und macht dem Vater des seinerzeit zehnjährigen Ich-Erzählers Mitteilungen, auf deren „Wahrheit" er mit Nachdruck besteht; dann fährt er davon. Der Leser erfährt nicht, was er gesagt hat.

In der Widmung nimmt Kafka die Rolle des Schiffers an, dessen nur geflüsterte Wahrheiten nicht öffentlich werden. Sie betreffen wohl, so vermutet Schillemeit mit guten Gründen, Probleme, mit denen sich Kafka zur Zeit der Niederschrift der Erzählung intensiv auseinandergesetzt hat: Probleme des Zionismus. Der Schiffer, „ein Mittler zwischen Nähe und Ferne, Familie und Volk, [...] ist nicht einfach ein allegorisches Bild für das Verhältnis Kafkas zu diesen zeitgenössischen, historisch faßbaren Ereignissen. Und doch bestehen hier offenbar Beziehungen, und Ottla, die Schwester, muß sie verstanden haben – Ottla, von der wir wissen [...], daß ihr Verhältnis zum Zionismus damals seit langem sehr viel eindeutiger, positiver und unkomplizierter war als das ihres Bruders."[37] Daß die Widmung in den Band „Chinesische Volksmärchen"[38] eingetragen wurde, belegt nicht mehr, als daß Ottla „Beim Bau der chinesischen Mauer" kannte; ein Zusammenhang zwischen der Erzählung und den Märchen ist nicht zu erkennen.[39]

Es ist hier nicht der Ort, über Kafkas spätestens seit 1915 hin- und hergewendete Haltung zum Zionismus, zur Frage der Rückkehr der Juden in das Land Israel, das Land der Väter, mit Zion (Jerusalem) als religiösem und politischem Mittelpunkt, zu sprechen (und dabei zu wiederholen, was andernorts schon gesagt ist[40]); aber die Tatsache, daß „Eine kaiserliche

---

[35] Vgl. Anm. 5.
[36] Vgl. Franz Kafka. Kritische Ausgabe (Anm. 4), S. 356 f.
[37] Vgl. Schillemeit (Anm. 5), S. 279.
[38] Vgl. Anm. 1.
[39] In seinem Buch „Kafkas ‚Beim Bau der chinesischen Mauer' im Lichte themenverwandter Texte" (Würzburg 1991) geht Ralf R. Nicolai auf mögliche literarische Quellen Kafkas gar nicht ein; die chinesischen Volksmärchen werden nicht erwähnt; freilich auch nicht Isaias und Kierkegaard; auch nicht das Zionismus-Problem.
[40] Vgl. zum Beispiel Felix Weltsch: The Rise and Fall of the Jewish-German Symbiosis. The Case of Franz Kafka, in: Publications of the Leo Baeck Institute of Jews from Germany. Year Book 1 (1956), S. 255–276; Hartmut Binder (Anm. 16).

Botschaft" zuerst in der militant für den Zionismus streitenden Wochenschrift „Selbstwehr" erschienen ist, verdient einige Aufmerksamkeit.

Kafka hat die 1907 begründete Zeitschrift vermutlich seit 1911 gelesen[41]; seit 1917 hat er sie abonniert und bis zu seinem Tode bezogen. Daß er sich immer wieder mit dort behandelten Themen beschäftigt hat, erhellt aus zahlreichen Briefen und Tagebuchnotizen. Daß er nie ein Zionist strikter Observanz gewesen ist, steht mit seinem lebhaften Interesse an den Zielvorstellungen dieser – in erster Linie politischen – ‚Bewegung' natürlich nicht im Widerspruch. Er bejahte diese Vorstellungen nicht, aber er hielt sie auch nicht für falsch. Er beteiligte sich an der in dem Blatt geführten Diskussion, indem er in ihm einige seiner Erzählungen (Parabeln) veröffentlichte.

Am 7. September 1915 erschien in der Neujahrs-Nummer der „Selbstwehr" Kafkas Parabel „Vor dem Gesetz", die zu Lebzeiten des Dichters noch dreimal (zuletzt im „Landarzt"-Band) veröffentlicht wurde. Wenn sie das Zentrum des „Process"-Romans ist, dann läßt sich auch dieser als Beitrag Kafkas nicht nur zu allgemeinen Problemen des Judentums, sondern auch zum besonderen Problem des Zionismus lesen. Denn „Vor dem Gesetz" beschreibt, daß „ein Mann vom Lande" heimkehren will zu seinem Ursprung und vergeblich darauf wartet, daß ihm gestattet wird, die Tür, die für ihn bestimmt ist, zu durchschreiten. Daß er schließlich, das Ziel vor Augen, stirbt, ist notwendig. Daß er sein Ziel nicht erreichen konnte, ist so wenig seine Schuld wie die des ihn behindernden Türhüters.[42] Der Domgeistliche (der weniger weiß, als ein Rabbiner zu wissen meint, und deshalb sich weniger irrt) hatte gute – Kafkasche – Gründe, im „Process" gegenüber Josef K. die Ansicht der „Erklärer" (nicht nur der Erklärer der Türhüter-Geschichte) zu zitieren: „Richtiges Auffassen einer Sache und Mißverstehen der gleichen Sache schließen einander nicht vollständig aus." Was allein ‚richtig' ist: daß es die „Schrift" gibt. „Die Schrift ist unveränderlich und die Meinungen sind oft nur ein Ausdruck der Verzweiflung darüber."[43] Die Verzweiflung entspringt der Einsicht in die Unveränder-

---

[41] Vgl. dazu und zu den folgenden Bemerkungen den vorzüglichen (in Anm. 16 genannten) Aufsatz Hartmut Binders.

[42] Einigermaßen absurd erscheinen die gelegentlich vertretenen Ansichten, der Mann hätte sich ja den Zutritt mit Gewalt verschaffen können (und sollen); nicht weniger absurd ist der Vorschlag, er hätte gut daran getan, wieder dorthin zu gehen, woher er gekommen war.

[43] Franz Kafka. Kritische Ausgabe. Der Proceß, hg. v. Malcolm Pasley, Frankfurt a. M. 1990, S. 297 und 298.

lichkeit der Schrift, deren Interpretation immer auch falsch sein kann und nie richtig sein muß.[44] ,Zionistisch' betrachtet, könnte „Vor dem Gesetz" – als „Selbstwehr"-Beitrag – Kafkas Auffassung andeuten, daß die Heimkehr des jüdischen Volkes zwar notwendig sei, aber nicht gelingen könne; Zion bleibt das unerreichbare Ziel, dessen Wirklichkeit nur dadurch bezeugt wird, daß am Ende der Vergehende „im Dunkel einen Glanz" wahrnimmt.[45]

„Eine kaiserliche Botschaft" ist Kafkas zweiter Beitrag für die „Selbstwehr". Die Parabel (die „Sage") ist als Komplement der früheren Parabel (der „Legende") lesbar. Der einzelne erwartet das Heil nicht (mehr) von einer Hinwendung zu einem konkreten Ziel, sondern träumt, zuhause am Fenster sitzend, von einer Botschaft des allerhöchsten Gebieters. Die Botschaft ist – wie das Gesetz – inhaltlich nicht bestimmt; der Träumende erlebt sie nur ,als solche', vergleichbar einer Schrift ,an sich'. Nur so ist sie wirklich: erträumt und leer.

Wichtiger als die Frage, ob der Kaiser überhaupt seinem „jämmerlichen Untertanen" eine Botschaft zugedacht hat, und viel wichtiger als die andere, welchen Inhalt sie wohl gehabt haben könnte, ist die berichtete Tatsache, daß die Botschaft die eines Sterbenden sei und dann sogar die eines Toten. Die Parabel spricht am Ende nicht von der Botschaft eines bereits (inzwischen) Gestorbenen, sondern ausdrücklich von der „Botschaft eines Toten". Der Kaiser, wenn er denn tatsächlich einen Boten losgeschickt haben sollte, wäre ein zu Lebzeiten Gestorbener gewesen. Die Sage vom Kaiser, seiner Botschaft und dem die Hindernisse nicht („niemals, niemals") überwindenden Boten stellt sich schließlich als Traum des Untertanen heraus, der mit Kierkegaards Tagelöhner nicht einmal die Freiheit teilt, zu glauben oder nicht zu glauben. Indem eine Botschaft erträumt wird, wird der „stehende Sturmlauf"[46] des Boten mitgeträumt.

In „Vor dem Gesetz" ist der Mann vom Lande angesichts des Glanzes, der aus dem Gesetz bricht, gestorben. In „Eine kaiserliche Botschaft" ist der Untertan „vor der kaiserlichen Sonne in die fernste Ferne" geflüchtet

---

[44] Vgl. zur Deutung der Parabel als ,Schrift' Gerhard Kurz: Meinungen zur Schrift. Zur Exegese der Legende ,Vor dem Gesetz' im Roman ,Der Prozeß', in: Franz Kafka und das Judentum, hg. v. Karl Erich Grözinger, Stéphane Moses und Hans Dieter Zimmermann, Frankfurt a. M. 1987, S. 209–223.

[45] Vgl. Der Proceß (Anm. 43), S. 294.

[46] Vgl. dazu Kafkas Notiz über seinen „Widerwillen gegen Antithesen" im Tagebuch vom 20. November 1911: „unsern kleinen Einfall haben wir im Kreis herumgejagt. [...] Sie [die Antithesen] [...] sind stehender Sturmlauf [...]." (Franz Kafka. Kritische Ausgabe. Tagebücher, hg. v. Hans-Gerd Koch, Michael Müller und Malcolm Pasley, Frankfurt a. M. 1990, S. 259 f.).

Franz Kafkas „Eine kaiserliche Botschaft"

und fristet sein Dasein nur noch als „Schatten". Die Alternative: entweder Tod oder Leben als Traum stellt sich weder dort noch hier; denn von Wahlmöglichkeiten wird nicht gesprochen. Die Existenz des Kaisers wird so wenig bestritten wie die des Gesetzes und so wenig wie die Zions und der Ziele des Zionismus. Aber erreichbar ist nichts: nicht das Gesetz, nicht der Kaiser (vermittelt durch eine Botschaft), nicht Zion. Der Tagelöhner kann nicht der Schwiegersohn des Kaisers werden, und wer auf Gott harrt, für den wird nichts getan. Was der Schiffer geflüstert hat, bevor er wieder „polternd in seine Barke sprang", läßt sich wohl erraten: Geschichten vom Bau der chinesischen Mauer und darunter deren wichtigste, die so eng mit dem Leid des nichtgläubigen jüdischen Erzählers zu tun zu haben scheint.

„[...] die Höfe wären zu durchmessen; und nach den Höfen der zweite umschließende Palast; und wieder Treppen und Höfe; und wieder ein Palast; und so weiter durch Jahrtausende [...]." Auch Boten ist nichts mehr zu wünschen, als daß sie nur im Traum vorkommen.

Notwendig, aber sinnlos: K.s Kampf ums Schloß, im Schnee

Max Brod, der sich nicht denken konnte, daß sein Freund Kafka anders war, als er zu sein schien, hat sonderbare Erläuterungen zu einigen seiner Werke verbreitet. Dazu gehört, daß er im Nachwort zur ersten Ausgabe des Amerika-Romans „Der Verschollene" (1927) angab, die Leidensgeschichte Karl Roßmanns habe „versöhnlich ausklingen" sollen. „Mit rätselhaften Worten deutete Kafka lächelnd an, daß sein junger Held in diesem ‚fast grenzenlosen' Theater [von ‚Oklahama'] Beruf, Freiheit, Rückhalt, ja sogar die Heimat und die Eltern wie durch paradiesischen Zauber wiederfinden werde."[1] Im ‚Naturtheater' muß sich – dafür spricht alles – die Spur Roßmanns verlieren; als ‚Negro' hat er keine Chance, eine würdige Existenz zu führen.[2] – Auch über das von Kafka geplante Ende des „Schloß"-Romans wußte Brod noch 1957 Hoffnungsvolles zu berichten, das ihm sein Freund anvertraut hatte: „Er [K.] läßt in seinem Kampfe nicht nach, stirbt aber vor Entkräftung. Um sein Sterbebett versammelt sich die Gemeinde, und vom Schloß langt eben die Entscheidung herab, daß zwar ein Rechtsanspruch K.s, im Dorfe zu wohnen, nicht bestand – daß man ihm aber doch mit Rücksicht auf gewisse Nebenumstände gestatte, hier zu leben und zu arbeiten."[3] Um einen solchen Schluß zu liefern, hätte Kafka einen anderen Roman schreiben müssen. K., der Fremde, wird als Toter ein Mitglied der Gemeinde, die ihn als Lebenden von sich ferngehalten hat? Das Schloß erweist sich auf einmal als Realität und öffnet sich dem, der es gesucht hat? Soll K. vielleicht als Landvermesser arbeiten, obwohl es nichts zu vermes-

---

[1] Zitiert nach: Franz Kafka: Amerika. Roman. Frankfurt a. M. und Hamburg 1956 (Fischer Bücherei 132), S. 233.

[2] Wie es Roßmann-Negro vermutlich ergehen wird, hatte Kafka dem von ihm gründlich studierten und für seinen Roman ‚benutzten' Amerika-Bericht Arthur Holitschers (1912) entnehmen können: „Ohne viel Federlesens wird ein Farbiger in den Süd- und Mittelstaaten an den nächsten Ast geknüpft, niedergeknallt oder verbrannt, auf bloßen Verdacht hin, oder aber nur, weil das Volk wieder einmal Blut sehen oder verbranntes Menschenfleisch riechen möchte." (Arthur Holitscher: Amerika heute und morgen. Reiseerlebnisse, 5. Aufl., Berlin 1913, S. 368.) Dazu zeigt eine Photographie (ebd., S. 367) zwei in einen Baum gehängte Neger sowie zehn davor und daneben postierte Weiße, von Holitscher betitelt: „Idyll aus Oklahama".

[3] Franz Kafka: Das Schloß. Roman, Frankfurt a. M. 1958, S. 313.

sen gibt? Der überlieferte Text legt eine ganz andere Vermutung nahe: K., der sich sechs Tage vergeblich bemüht hat, ein von ihm fixiertes (vielleicht nur ausgedachtes) Ziel zu erreichen, wird am siebten Tag, dem Ruhetag, ins Nichts, möglicherweise in den Westwest, ins weit jenseitige Land (ins Totenreich, ins Reich der Schatten)[4] befördert, nachdem ihn der Fuhrmann

---

[4] Natürlich ist „Das Schloß" auch eine ‚jüdische Geschichte'. Es geht um ein Leben in der Diaspora, inmitten abweisender Bewohner eines Dorfes; es geht, wie in der Parabel „Vor dem Gesetz", um die vergebliche Anstrengung, zu jener gedachten Ordnungsinstanz zu gelangen, die über die Möglichkeit und Unmöglichkeit des Existierens zu entscheiden scheint; es geht, sehr versteckt, auch um ‚Zion', den Ort des erwarteten Heils, der sich im Verborgenen hält. Kafkas jahrelange Auseinandersetzung mit dem Zionismus hat in dem Roman seine deutlichen Spuren hinterlassen. Kurz vor dem auf März 1922 zu datierenden Beginn der Niederschrift heißt es im Tagebuch: „Diese ganze Litteratur ist Ansturm gegen die Grenze [d. i. ‚die letzte irdische Grenze'] und sie hätte sich, wenn nicht der Zionismus dazwischen gekommen wäre, leicht zu einer neuen Geheimlehre, einer Kabbala entwickeln können. Ansätze dazu bestehn." (Franz Kafka: Tagebücher, hg. v. Hans-Gerd Koch, Michael Müller und Malcolm Pasley [Kritische Ausgabe], Frankfurt a. M. 1990, S. 878.) Eine Woche später dann, am 23. Januar 1922: „Es war so als wäre mir wie jedem andern Menschen der Kreismittelpunkt gegeben, als hätte ich dann wie jeder andere Mensch den entscheidenden Radius zu gehn und dann den schönen Kreis zu ziehn. Statt dessen habe ich immerfort einen Anlauf genommen, aber immer wieder gleich ihn abbrechen müssen (Beispiele: Klavier, Violine, Sprachen, Germanistik, Antizionismus, Zionismus, Hebräisch, Gärtnerei, Tischlerei, Litteratur, Heiratsversuche, eigene Wohnung) Es starrt im Mittelpunkt des imaginären Kreises von beginnenden Radien, es ist kein Platz mehr für einen neuen Versuch [...]." (Ebd., S. 887.) K. im „Schloß" will einen neuen Anlauf nehmen, aber er kommt über seinen Kreis nicht hinaus: Die Literatur berichtet von seinen Heiratsversuchen und seiner verfehlten Anstrengung, das verheißene Gelobte Land zu entdecken (und vielleicht zu vermessen); da das Verfehlen notwendig ist, ist der Bericht sowohl antizionistisch wie zionistisch. Kafka zieht, ebenfalls im Januar 1922, für sich das vorläufige Fazit: „Die Sehnsucht nach dem Land? Es ist nicht gewiß. Das Land schlägt die Sehnsucht an, die unendliche." (Ebd., S. 883.) Es ist Palästina, das Land im Osten, in das er, wie es in einem Brief an Max Brod vom März 1918 heißt, zwar nicht „übersiedelt", aber gelegentlich, „mit dem Finger auf der Landkarte hingefahren" ist. (Franz Kafka: Briefe 1902–1924, Frankfurt a. M. 1958, S. 237.) – Daß K. sich im „Schloß"-Roman nach Westwest orientiert, läßt sich als Kommentar seines Erfinders zum Zionismus (antizionistisch oder zionistisch – gleichviel) verstehen. Im November 1920 heißt es in einem Brief an die Freundin Milena Jesenská: „Wir kennen doch beide ausgiebig charakteristische Exemplare

Gerstäcker, der sich unschwer mit Charon, dem Fährmann, in Verbindung bringen läßt, ‚übernommen' hat. „K. lachte, hing sich in Gerstäckers Arm und ließ sich von ihm durch die Finsternis führen."[5]
Natürlich ist es ebenso reizvoll wie einfach, bei den sechs Tagen, über die der Roman berichtet, an die Schöpfungsgeschichte, bei Gerstäcker an Charon, bei der Grafschaft Westwest an den Hades, beim Schloß an den (eingebildeten, ‚verkehrten') Zionsberg, bei K., dem „ewigen Landvermesser" (37), an Kafka, den ‚ewigen Juden' (Ahasver), bei Schwarzer, dem Sohn eines Unterkastellans, an einen Sohn der Hölle, bei den Gehilfen an die Dioskuren und bei jeder anderen im Roman vorkommenden Figur an eine andere Gestalt aus dem ‚wirklichen Leben' oder aus der Mythologie zu denken; aber damit wird der Roman in eine Vielzahl von Bausteinen zerlegt, die sich nicht mehr zu dem „Schloß", dem sie entnommen sind, so zusammenfügen lassen, daß dieses in Stil und Ausführung ohne weiteres wiedererkannt werden könnte.[6] Es sei daher im folgenden von anderen Be-

---

von Westjuden, ich bin, soviel ich weiß, der westjüdischeste von ihnen, das bedeutet, übertrieben ausgedrückt, daß mir keine ruhige Sekunde geschenkt ist, nichts ist mir geschenkt, alles muß erworben werden, nicht nur die Gegenwart und Zukunft, auch noch die Vergangenheit [...]." (Franz Kafka: Briefe an Milena. Erweiterte und neu geordnete Ausgabe, hg. v. Jürgen Born und Michael Müller, Frankfurt a. M. 1983, S. 294.) Von der Last der Vergangenheit hatte Kafka schon in einem seiner ersten Briefe an Milena, am 3. Juni 1920, gesprochen: „Bedenken Sie auch Milena, wie ich zu Ihnen komme, welche 38jährige Reise hinter mir liegt (und da ich Jude bin, eine noch soviel längere) [...]." (Ebd., S. 41.) – Apropos Milena: Wie „Der Proceß" leicht als Felice-Roman verstanden werden kann, so „Das Schloß" als Milena-Roman. Das wäre in einer gesonderten Studie zu zeigen.

[5] Franz Kafka: Das Schloß, hg. v. Malcolm Pasley (Kritische Ausgabe), Frankfurt a. M. 1982, S. 495. – Im folgenden werden Zitate aus dieser Ausgabe mit Seitenangaben im fortlaufenden Text nachgewiesen.

[6] Wohin es führt, wenn aus dem Roman die ägyptische, griechische, römische und germanische Mythologie, außerdem Jüdisches und Christliches, romantische Dichtung und idealistische Philosophie (und manches andere) deduziert wird, hat Dagmar Fischer eindrucksvoll mit ihrem immensen Opus „Kafkas Schloß Astralis. Eine Divina Commedia im theatrum astronomicum" (3 Tle., Frankfurt a. M., Berlin, Bern, New York, Paris, Wien 1992) bewiesen. Es sei dahingestellt, ob das mit der Arbeit gesteckte Ziel erreicht wurde: „Es handelt sich bei dem Versuch einer Dekodierung des Rätselcharakters der Dichtung Kafkas, basierend auf der Methode einer text-immanenten Interpretation, die etymologische, symbolische, (astral-)mythologische, religionswissenschaftliche, astronomische, astro-physikalische, astrologische (jüdisch-chaldäische Sternenweisheit), philosophische und psycho-

Notwendig, aber sinnlos

obachtungen die Rede, zu denen Kafkas letztes großes Opus dem Betrachter Anlaß gegeben hat und die vielleicht aus einigen Dunkelheiten wenigstens ins Halbhelle führen.

Was jedermann weiß: Fast alle Texte Kafkas sind höchst sonderbar, auf den ersten Blick befremdend. So ist es auch mit dem Schloß-Roman, der schon -zig Male interpretiert wurde und noch häufiger interpretiert wird, und kein Stillstand der Bemühungen um das ‚richtige' Verständnis ist in Sicht. Der Roman ist voller Widersprüche und Paradoxien im einzelnen, die textkonstituierend zu sein und deshalb manche Lösungsmöglichkeiten anzubieten scheinen; doch deren Realisierungen lösen den Text nicht selten bis zur Unkenntlichkeit auf; dieser ist zu realistisch, um schlankweg als surrealistisch bestimmt werden zu können, er ist kaum abbildbar in anderen – etwa künstlerischen – Darstellungen, die immer nur beliebig sein können, wie eng sie sich auch dem Text anverwandeln wollen.

Die Fabel ist aufs einfachste wiederzugeben: K., ein reduzierter Josef K. (wie dieser schon weniger vollständig war als Karl Roßmann), kommt eines Abends zur Winterzeit in einem Dorf, das „in tiefem Schnee" (7) lag, an, findet in einem Wirtshaus, dem „Brückenhof", eine Unterkunft, behauptet, vom Grafen Westwest (dessen Existenz er erst im Wirtshaus erfährt) als Landvermesser bestellt worden zu sein, macht sich am nächsten Tag auf die Suche nach seinem angenommenen Dienstherrn, den er im Schloß vermutet. Dorthin strebt er nun durchs winterliche Dorf: „Hier reichte der Schnee bis zu den Fenstern der Hütten [...], aber oben auf dem Berg ragte alles frei und leicht empor, wenigstens schien es so von hier aus." (17)[7] Beim Näherkommen vermeint K. zu erkennen, daß die Schloßanlage „aus vielen eng aneinanderstehenden niedrigem Bauten bestand" – „ein recht elendes Städtchen, aus Dorfhäusern zusammengetragen" (17). Schon nach wenigen Seiten kann dem Leser, der „Das Schloß" zum ersten Mal liest, aber mit Kafkas Werk ein wenig vertraut ist, nicht zweifelhaft sein: K. kommt nicht an. Doch ist K.s Bemühung – anders als die Josef

---

logische Zusammenhänge eruiert, nur um das einigermaßen feste Fundament eines Teilbausystems an Kafkas ‚Chinesischer Mauer' – ein Analogon für dessen universelle Poesie – [...]." (Ebd., S. 1199.) Der Versuch *als* Fundament? Mag sein, mag nicht sein: *dieses* Fundament trägt Kafkas „Schloß" nicht.

[7] Die Wortwahl läßt erkennen, daß K. sich versieht wie Karl Roßmann bei der Ankunft im Hafen von New York: „[...] erblickte er die schon längst beobachtete Freiheitsgöttin wie in einem plötzlich stärker gewordenen Sonnenlicht. Ihr Arm mit dem Schwert ragte wie neuerdings empor und um ihre Gestalt wehten die freien Lüfte." (Franz Kafka: Der Verschollene, hg. v. Jost Schillemeit [Kritische Ausgabe], Frankfurt a. M. 1983, S. 7.)

K.s – nicht von vornherein als sinnlos, wenn auch als letzten Endes mit Sicherheit erfolglos zu erkennen, weil es anscheinend Teilerfolge gibt, die für die Realität des Schlosses, des Grafen Westwest, ja auch des an K. erteilten Auftrags und damit für seinen Beruf als Landvermesser sprechen können. Zwei Gehilfen stellen sich ein, von denen K., dessen Reden schon früh wenig glaubwürdig erscheinen, am Vorabend zwar behauptet hat, sie kämen am folgenden Tag „mit den Apparaten" (9) nach, die nun aber offenbar als Abgesandte des Schlosses ihrem neuen Herrn zur Hand gehen sollen. Daß sie, die zunächst K.s Frage: „Ihr seid meine alten Gehilfen, die ich nachkommen ließ, die ich erwarte?" (31) bejahen, nicht zu helfen vermögen, hängt mit ihrer fragwürdigen Herkunft ebenso zusammen wie mit den von K. verfolgten Zielen, die mit seinem Landvermesser-Geschäft, zu dem er offenbar nicht befähigt ist, nur in loser Beziehung stehen. Bevor er die Arbeit aufnimmt, will er seinen Arbeitgeber kennenlernen.

Das Personal vermehrt sich: Ein hoher Schloßbeamter mit dem sprechenden Namen Klamm[8] läßt durch einen Boten namens Barnabas[9] einen Brief überbringen (dessen Herkunft so fragwürdig ist wie die Existenz Klamms selbst): „Ihr nächster Vorgesetzter ist der Gemeindevorsteher des Dorfes" (40). Bevor K. dem Gemeindevorsteher seine Aufwartung macht, nähert sich Klamm, von dem er glaubt, er sei der für ihn wichtigste Verbindungsmann zum Schloß: In einem Wirtshaus, dem „Herrenhof", läßt er sich mit Frieda[10], einem Schankmädchen, ein, von der es heißt, sie sei die Geliebte Klamms. Die Erfahrung der Liebe, besser: des körperlichen Beisammenseins mit Frieda ist das wichtigste Ergebnis, das der Besuch im „Herrenhof" zeitigt. (Klamm darf er durch ein Guckloch beobachten: „Ein mittelgroßer dicker schwerfälliger Herr." [60]) Daß der Gemeindevorste-

---

[8] Neben dem lateinischen „clam" (verhohlen, heimlich) ist an das tschechische „klam" (Trug, Betrug, Täuschung) zu denken.

[9] Barnabas teilt seinen Namen mit dem Begründer der frühchristlichen Gemeinde in Antiochia, der Legende nach war er einer der 70 Jünger Jesu, auch als Gefährte des Paulus wird er gelegentlich genannt und als Märtyrer gefeiert; auch spricht eine Überlieferungsvariante davon, daß er der erste Bischof von Mailand gewesen sei. Soll Barnabas den Fremden, von dem er zunächst sein Heil erwartet, missionieren? Vielleicht ‚bekehren' zu seiner Schwester Amalia? Daß ihm schon auf Erden ein dauerhaft schweres Los auferlegt wurde, ist leicht einzusehen.

[10] Der Name verheißt nichts Gutes: Von Frieda Brandenfeld in der Erzählung „Das Urteil" heißt es am 11. 2. 1913 im Tagebuch: „Frieda hat ebensoviel Buchstaben wie Felice [...], Brandenfeld hat den gleichen Anfangsbuchstaben wie Bauer und durch das Wort ‚Feld' auch in der Bedeutung eine gewisse Beziehung." (Tagebücher [Anm. 4], S. 492.) Felice Bauer aber, die Geliebte, wurde Kafka zur Qual.

her, K.s, des selbsternannten Landvermessers, angeblicher Vorgesetzter, erklärt, die Gemeinde brauche keinen Landvermesser, kann nicht überraschen, auch nicht K.s Requirierung als Landschuldiener, auch nicht das Scheitern seiner ‚Liebe' zu Frieda, auch nicht die Vergeblichkeit aller seiner Bemühungen, auf Umwegen (die sich stets als Irrwege erweisen) seinem Ziel näher zu kommen. So reihen sich die Tage aneinander, sechs insgesamt, mit stets neuen Erwartungen und den dazu gehörigen Niederlagen. Einmal, am dritten Tag schon, wird K. höchstes Lob erteilt, im doppelten Sinn: von hoch oben und überschwenglich. Man sei, heißt es in einem von Barnabas überbrachten Brief, mit seiner Arbeit sehr zufrieden, und dann wird er aufgemuntert: „Lassen Sie nicht nach in Ihrem Eifer! Führen Sie die Arbeiten zu einem guten Ende!" (187) Immerhin erkennt K., daß hier ein Irrtum vorliegen muß: „Der Herr ist falsch unterrichtet. Ich mache doch keine Vermesserarbeit", sagt er zu Barnabas (189). Aber bis ans Ende seiner Tage wird er nicht begreifen, daß jede Art von Kommunikation, die er pflegt, auf Irrtümern beruht und zu weiteren Irrtümern führt; dabei wird gar nicht gesagt, daß K. sich auf den Umwegen, die er zu seinem Ziel einschlägt, deshalb verirrt, weil er sich auf die ihm zugekommenen Hilfspersonen (die Gehilfen Arthur und Jeremias, Barnabas, Frieda, auch Olga) einläßt.[11] Auf sich gestellt, würde er natürlich so wenig erreichen wie der Mann vom Lande, dem das Gesetz verschlossen bleibt, zu dem er sich auf den Lebensweg gemacht hat.

Herrschaft ist überall, nicht durchschaubar und immer verderblich. Das zeigt sich am deutlichsten an der Barnabas-Familie. Weil sich einmal Amalia den sexuellen Ansinnen eines (vermeintlichen) Schloßbeamten, der Sortini genannt wird[12], widersetzt hat, wird die ganze Familie ins Unglück gestürzt, das nun (seit mehr als drei Jahren bereits) mit allen, vor allem körperlichen Mitteln rückgängig gemacht werden soll. Olga wird zur Hure der Schloßknechte, Barnabas zum Boten, der sich im Hin- und Herrennen erschöpft. Amalias anhaltender Widerstand gegen die Zumutungen ‚von oben' mögen ehrenwert sein, kann aber nicht zur Nachahmung empfohlen

---

[11] Ähnliches ist ja auch vom ‚Schicksal' Josef K.s im „Proceß" zu sagen: Daß der Domgeistliche ihn tadelt: „Du suchst zuviel fremde Hilfe [...] und besonders bei Frauen" (Franz Kafka: Der Proceß, hg. v. Malcolm Pasley, Frankfurt a. M. 1990, S. 289), läßt sich ja nicht so verstehen, daß Josef K. zu helfen gewesen wäre, wenn er weniger Hilfe gesucht hätte, sondern verweist auf den Umstand, daß Hilfen jeder Art vergeblich sind. Die sich anschließende Parabel zerstört dann die Hoffnung auf eine Alternative.

[12] Auch diesen Namen hat Kafka offenbar sorgsam gewählt (lat. sors: Los, Schicksal, Zufall).

werden; er stabilisiert die aussichtslose Lage. Die Eltern sind zu Lebzeiten Gestorbene.

K.s Ende, das ihn fern vom Schloß zufällt, wird ihn nicht ins Land der Seligen führen; wenigstens gibt es im Roman für eine solche Erwartung keinen Grund, und zwar aus keiner der verschiedenen Perspektiven, aus denen der Erzähler den Kasus betrachten läßt und selbst betrachtet. Auch die Träume des Protagonisten, die seine Erlebnisse in der ‚wirklichen Welt' ergänzen, ohne sie zu deuten, enthalten keine Versprechungen, daß für ihn etwas anderes bereitsteht als der Verlust der Welt. Mit der Transzendenz ist, wenn sie denn überhaupt ins Spiel gebracht werden soll, nur als Begriff zu hantieren; sie bleibt also leer. Die Immanenz ist auf keinen eindeutigen Begriff zu bringen; deshalb herrscht Blindheit. Es ist, als habe der Schnee die Erde unkenntlich gemacht, wie „Nebel und Finsternis" bei K.s Ankunft keinen Blick auf „das große Schloß" (7) gestatten. Da der Begriff vom Schloß bei dessen Anblick am folgenden Tag zerfällt, ist das, was fortan gesehen wird, nur Schein. Sollte es auch einen Herrn haben (was im Laufe des Romans weder bestätigt noch dementiert wird), dann allenfalls einen, der – die frühe Vermutung wird bald zur Gewißheit – zu keiner Hilfeleistung bereit und in der Lage ist. Aber die Notwendigkeit ist nicht zu leugnen: Das Schloß ist nicht nur zu suchen, weil (wenn) es eine Utopie ist, sondern auch, weil es, ganz unutopisch, wirksam ist, weil es in besonderer Weise Menschen leben läßt. Die Paradoxie ist nicht die des Erzählers, sondern die des Lebens, das realistisch beschrieben werden soll. Die poetischen Metaphern, die es reichlich gibt, sind bei diesem Unternehmen die Kräftigungsmittel, die eine trostlose, aber von Hoffnungen, von sinnlosen Hoffnungen gejagte Existenz befördern. Da ist wenig Platz für Allegorien, nach denen der klügelnde Verstand um so intensiver Ausschau hält, je weiter er sich von der geschilderten Realität entfernt wünscht.[13]

Der so deutlich erzählte Roman, der ausgezeichnet ist durch goethesche Klarheit, Prägnanz und Einfachheit (‚Simplizität'), gibt Fragen über Fragen auf, die nacheinander gestellt und auf die mit dem gegebenen (nie zureichenden) Erkenntnisvermögen Antworten gesucht werden können in der Hoffnung, durch die Komposition der Antworten auf die Spur des Ganzen zu kommen, bestätigt oder widerlegt zu bekommen, was im allgemeinen gesagt wurde. So übel ist ja das altehrwürdige Verfahren nicht, das sich auf

---

[13] Die gesuchte, weil gewünschte Fremdheit des Kafkaschen Werks (in toto) hat dazu geführt, daß sich die Ausleger immer wieder anstrengen, allegoretische Kunststücke zu inszenieren. Daher ist es nicht verwunderlich, daß sich viele Deutungen schroff gegenüberstehen. Vielleicht wollte Kafka, dieses ahnend, deshalb seinen Nachlaß verbrannt wissen. Das von ihm Veröffentlichte hatte ja auch schon genug Verwirrendes gezeigt.

den Grundsatz stützt: Die notwendigen Einzelbeobachtungen und -analysen gehen von dem zunächst gewonnenen Urteil über das Ganze aus, von einem, wenn nicht Vor-Urteil, so doch vorläufigen Urteil. Die Hauptthese verteilt sich auf einige untereinander verbundene Einzelthesen: In Kafkas Schloß ist der Himmel leer; die Welt spiegelt Sinn vor, der sich nie erweist; das Schloß ist notwendig, aber existiert vermutlich nicht; K. ist kein ausgebildeter Landvermesser und hat keine Gelegenheit, etwas zu vermessen; manche Geschichten sind wohl wichtige Bestandteile des Ganzen, aber fehlten sie, wäre das Ganze – hinsichtlich seiner ‚Bedeutung' – nicht prinzipiell anders, auch nicht, wenn sie anders wären. Die Erzählung im ganzen dominiert das Erzählte im einzelnen; deshalb sind die Variationen desselben nicht redundant, sondern textkonstituierend.

Die Überlegenheit Kafkas, die sich in seinem letzten großen Werk auf jeder Seite zeigt, macht es auch möglich, daß sein Witz, der zuweilen den Humor streift oder sogar in ihn übergeht, die spielerische, aber natürlich nur scheinbar (künstlich kunstvoll) heitere Behandlung auch ernstester Erscheinungen und Ereignisse, so offen zu Tage tritt wie in keinem seiner früheren Werke. Die Gehilfen, zum Beispiel, sind durchaus lustige Gesellen, die allerlei Allotria treiben, das Kindern im Zirkus Spaß machen könnte, wenn „sie in scheinbar kindlichem Spiel etwa ihre Hände als Fernrohre verwendeten und ähnlichen Unsinn trieben oder auch nur herüberblinzelten [zu K.] und hauptsächlich mit der Pflege ihrer Bärte beschäftigt schienen, an denen ihnen sehr gelegen war und die sie unzähligemal der Länge und Fülle nach miteinander verglichen und von Frieda beurteilen ließen." (73 f.)

„[...] gegen Späße gibt es keine Einwände" (146), sagt der Lehrer, als K. – „in Hemd und Unterhosen" (153) – ihm von seinem Besuch beim Vorsteher berichtet. Dort hatte dieser – wegen eines Gichtanfalls im Bett liegend – seinem Besucher mancherlei Verwirrendes über das vom Schloß ausgehende bürokratische Wesen berichtet, auch bemerkt, K.s Fall sei „einer der kleinsten unter den kleinen" (107). Im Mittelpunkt seines Berichts steht der fleißige Beamte Sordini, ein Italiener, der, wie dem Vorsteher zu Ohren gekommen ist, durch „Aufmerksamkeit, Energie, Geistesgegenwart" ausgezeichnet sei und von dem es heiße, daß in seinem Zimmer „alle Wände mit Säulen von großen aufeinander gestapelten Aktenbündeln verdeckt" seien:

> es sind dies nur die Akten die Sordini gerade in Arbeit hat, und da immerfort den Bündeln Akten entnommen und eingefügt werden, und alles in großer Eile geschieht, stürzen diese Säulen immerfort zusammen und gerade dieses fortwährend kurz aufeinander folgende Krachen ist für Sordinis Arbeitszim-

mer bezeichnend geworden. Nun ja, Sordini ist ein Arbeiter und dem kleinsten Fall widmet er die gleiche Sorgfalt wie dem größten. (106)

Es scheint so, als habe Cyril Northcote Parkinson sein vielzitiertes – zuerst 1958 bekannt gemachtes – Gesetz, nach dem sich die Bürokratie immer weiter ausdehnen wird, bis sie allen verfügbaren Raum und alle verfügbare Zeit beanspruchen und so den Weltuntergang herbeiführen wird, nach der Lektüre des Kafkaschen Romans formuliert.

„Es war spät abend als K. ankam." (7) So beginnt der Erzähler seinen Roman. Fragen drängen sich auf, die schnell beantwortet werden: „Wer ist K.? Wo kam er an? Er ist ein „Mann in den Dreißigern" (11), der irgendwo, vielleicht in seinem „Heimatstädtchen" (17)[14], Frau und Kind zurückgelassen hat und nach getaner Arbeit „etwas heimbringen" will (13). Der Zufall will es, daß er die Rolle eines Landvermessers annehmen kann in dem Dorf, in das ihn der Zufall geführt hat, in das er sich „verirrt" hat (8)[15], ein Dorf jenseits einer „Holzbrücke" (7), von dem aus „auch nicht der schwächste Lichtschein [...] das große Schloß" andeutet. (7). An Superlativen ist kein Mangel: Der Wirt ist „von dem späten Gast äußerst überrascht und verwirrt" (7); irgendwer, der vielleicht mit dem Schloß etwas zu tun hat, weiß, daß K. der „ewige Landvermesser" (37) ist, dieser spricht am dritten Tag seines Aufenthalts im Dorf davon, er habe eine „endlose Reise" (95) gemacht. Irgendwer (hier: ein Landvermesser ohne Land) sucht irgendwo (hier: in einem abgelegenen Dorf jenseits der „Landstraße" [7], im Niemandsland) irgendetwas (hier: das Schloß, das sich K. als Existenzgrund und -ziel fingiert) – immer. Die Unternehmung erfordert, um überhaupt durchgeführt werden zu können, eine gewisse Kindlichkeit des ‚Helden', die sich mit gewollter Energie (‚Kampfbereitschaft') verbindet. Daß der Erfolg ausbleiben wird, ist von Anfang an gewiß. Nur deshalb wird der Roman erzählt, wie jedem aufmerksamen Leser früh verdeutlicht wird.

Auch wenn auf die Meinungen der vielen im Roman umherschwirrenden Personen nie unbedingt Verlaß ist, so sind doch die Urteile der Dorf-

---

[14] Schon am zweiten Tag überlegt K., ob es nicht „vernünftiger" gewesen wäre, „wieder einmal die alte Heimat zu besuchen, wo er schon so lange nicht gewesen war". (18) Am selben Tag, müde vom vielen Gehen, als K. „seine Gedanken nicht beherrschen konnte", beherrschte ihn noch einmal das ferne Vergangene: „Immer wieder tauchte die Heimat auf und Erinnerungen an sie erfüllten ihn." (49)

[15] Er sei „einigemal vom Weg abgeirrt" (9), berichtet K. wenig später im „Brückenhof", in das es ihn verschlagen hat. Nach kürzester Zeit scheint es ihm allerdings geraten (weil er fürchtet, im anderen Falle sein Nachtquartier einzubüßen?), so zu tun, als sei das Dorf das ausgesuchte Ziel seiner langen Reise gewesen.

bewohner über den Fremden, der sonderbare Bedürfnisse hat, für das Verständnis der nie gelingenden Kommunikation von nicht zu unterschätzender Bedeutung. K. wird, wie andere Personen – die Gehilfen und Barnabas, der sich anstrengt, dem Schloß nützlich zu sein – gelegentlich als „kindlich" (84, 243) und „fast kindisch" (368) charakterisiert; er selbst gesteht, daß seine Vorstellungen, die er sich von der Schloßbehörde gemacht hat, die er nun „in ihrer unentwirrbaren Größe" erkennt, „kindlich" gewesen seien (291). Freilich spricht K. meistens nicht wie ein Kind. Er scheint in vielen Fällen bedächtiger, abwägender, logischer zu denken und zu reden als sein jüngerer Bruder Josef K. im „Proceß". Gerade darin liegt die vom Erzähler wohlkalkulierte Verführung, die von ihm für den Leser ausgeht: daß er die heikle Situation, in die er geraten ist, zu analysieren versteht, daß er anscheinend (tatsächlich natürlich scheinbar) sinnvolle, auf jeden Fall verständliche Ziele verfolgt und dabei nicht nur verkehrte Mittel gebraucht.

Daß der Schloßberg bei K.s Ankunft im Dorf verborgen ist, gehört zu den Bedingungen, die seinen Aufenthalt in dem ihm fremden Bezirk möglich macht. Einmal, unwissentlich, in den Bann des gedachten Schlosses geraten – es ist nicht mehr gutzumachen; es ist auch nicht rückgängig zu machen. Töricht ist der (nicht selten von Kafka-Deutern vorgetragene) Gedanke, K.s Flucht aus der Heimat, das Zurücklassen der Familie habe ihn schuldig gemacht, und so erleide er nun das verdiente Schicksal. Kafka erzählt keine erbaulichen Geschichten, keine Volksmärchen für Kinder jeden Alters, er schlägt sich nicht auf die Seite einer moralischen (religiösen) Instanz. Eines geschieht und ein Zweites und ein Drittes. Das wird erzählt, Schritt für Schritt, aus wechselnden Perspektiven.

Es ist müßig, sich mit der Frage zu beschäftigen, ob dem Schloß, dessen Wesen als das aus der Ferne (Westwest) planmäßig arrangierte Unwesen einer vernichtenden Scheinhaftigkeit erkennbar wird, eine ‚objektive Realität' zukommt oder nicht. K. ist dem Schloß verfallen, die Dorfbewohner sind auf das über ihnen sich Erhebende fixiert. Auch wenn das eine und das andere der Einbildung K.s entspringt (wofür viel spricht): Die Geschichte wird von einer solchen ‚Erkenntnis' eines Deutungssuchers nicht berührt. In dem Rahmen, in dem erzählt wird, gibt es das Schloß; es gibt auch Bewohner des Schlosses, die leibhaftig in Erscheinung treten: Klamm, Erlanger, Bürgel; auch mit Sortini ist zu rechnen, während Sordini, der bis zur Erschöpfung tätige Beamte, dem Kopf des bettlägerigen Vorstehers entsprungen sein könnte – als Vorbote der letzten Tage der Menschheit, so wahr wie falsch.

Warum bleibt K. in dem Dorf, in das er nicht nach Wunsch und Plan gelangt ist? Letztlich deshalb, weil er zu einer Lüge seine Zuflucht nahm, als es darum ging, das Nachtlager zu sichern. Das mag, angesichts der Schwere der folgenden Ereignisse, banal erscheinen, ist aber keineswegs

,unwahrscheinlich'; und jedem Leser steht es frei anzunehmen, daß schon diese Lüge von einer ‚höheren Notwendigkeit' bestimmt wurde. Auf jeden Fall hat sich K. damit in den Bannkreis des Schlosses begeben, den er nicht mehr verlassen kann und irgendwann nicht mehr verlassen will. Auf Friedas dringenden Wunsch, fortzugehen, „irgendwohin, nach Südfrankreich, nach Spanien", erwidert K: „Auswandern kann ich nicht [...], ich bin hierhergekommen, um hier zu bleiben. Ich werde hier bleiben." Und er fügte, vieles erklärend, hinzu: „Was hätte mich denn in dieses Land [!] locken können, als das Verlangen hier zu bleiben." (215)

Wovon erzählt der Roman? Vom Kampf des unwissenden K. mit einer Institution, von der unbekannt bleibt, wie sie, ja: ob sie – jenseits des Erzählten – existiert, das heißt ob es über die Auftretenden hinaus noch deren Gewährsleute, Hintermänner, Drahtzieher, Manipulatoren, ewig fern, ewig mächtig, gibt. Die Herren vom Schloß sind wie die Herren vom Gericht (im „Proceß"), leibhaftig oder nicht, erzählte Wirklichkeit. Wie kommt K. dazu, ihnen den Krieg zu erklären? Weil er sie für verderbend hält und deswegen für strafwürdig? Weil er den Kampf ‚an und für sich' zur Selbstbestätigung und Selbstbehauptung nötig hat? Jeder kann diese durchaus berechtigten Fragen nach seiner Mutmaßung, seiner Überzeugung, seinem Gefühl oder seinem Geschmack für sich entscheiden. Das erleichtert dann das weitere Urteilen, führt aber nicht zu einer unanfechtbaren Deutung des Romans. Ein Blick auf wesentliche Strukturmerkmale hilft da ein wenig weiter. Die Geschehnisse, die von K. ausgehen und wenigstens zu einem Teil von ihm bestimmt werden, knüpfen sich an seinen Entschluß, gegen das (ihm unbekannte) Schloß energisch vorzugehen, es zu bekämpfen.

Kaum eingeschlafen, wird K. von einem Mann namens Schwarzer aufgeschreckt, der sich als Sohn des Schloßkastellans ausgibt (was sich später als Anmaßung erweist: der Vater ist ein kleiner Unterkastellan). Gegen das drohende Ausweisungsgebot, das vermutlich Schwarzers Willkür entspringt, wehrt sich K. mit der Erfindung, der Graf habe ihn als Landvermesser bestellt. Schwarzer, voller Mißtrauen, telefoniert mit seinen Oberen, erfährt, daß K. die Unwahrheit gesagt habe, doch dann heißt es plötzlich, die Annahme, K. habe gelogen, sei ein Irrtum, K. könne bleiben. Was folgt, präludiert und dominiert das weitere Geschehen:

> K. horchte auf. Das Schloß hatte ihn also zum Landvermesser ernannt. Das war einerseits ungünstig für ihn, denn es zeigte, daß man im Schloß alles Nötige über ihn wußte, die Kräfteverhältnisse abgewogen hatte und den Kampf lächelnd aufnahm. Es war aber andererseits auch günstig, denn es bewies seiner Meinung nach, daß man ihn unterschätzte und daß er mehr Freiheit haben würde als er hätte von vornherein hoffen können. (12)

K., hellwach, glaubt also zu wissen, wie er mit dem Schloß, das ihm völlig fremd ist, umgehen muß. Er nimmt ohne triftigen Grund an, daß seine aus der Not geborene Behauptung, zum Landvermesser bestellt worden zu sein, und zwar vor der Ankunft im Dorf, vom Schloß als korrekt akzeptiert werde. Er folgert aus der Annahme, „im Schloß" sei „alles Nötige über ihn" bekannt, daß dies für ihn „ungünstig" sei. Welche Fakten belasten ihn, die seinem Gegner einen Vorteil verschaffen? K. denkt sich einen eigenen Vorteil aus: Das Schloß hätte nicht bedacht, in welche Gefahr es sich begebe, wenn es ihn als Landvermesser zulasse; die Anstellung garantiere einen Freiraum, in dem sich die Niederlage des Kontrahenten vorbereiten ließe. Die Formulierung „von vornherein" ist geeignet, den Eindruck zu verstärken, K. habe sich bereits aus der dem Leser vertrauten Lebenswirklichkeit verabschiedet. Wann hatte er überhaupt etwas in bezug auf Freiheit und Unfreiheit „hoffen können"? Vielleicht ist die erste Zeit seiner Anstellung gemeint, also etwas Zukünftiges? Fast scheint es, als habe sich K.s Denken die Vorstellung eingedrängt, er sei als Gefangener des Schlosses auf Anordnung des mächtigen Grafen Westwest hinter die Brücke ins Dorf gebracht worden, um die Gelegenheit zu bekommen, den ihm verbliebenen Freiheitsraum zu erweitern. An seine Freiheitserwartung schließt K. noch einen Satz an, der weniger rätselhaft als – vor allem im Kontext des zuvor Gesagten – wirr erscheint:

> Und wenn man glaubte durch diese geistig gewiß überlegene Anerkennung seiner Landvermesserschaft ihn dauernd in Schrecken halten zu können, so täuschte man sich, es überschauerte ihn leicht, das war aber alles. (12 f.)

Das Schauern überträgt sich noch nicht auf den Leser; der weiß aber nun, daß K. im Dorf ist, um gegen das Schloß, das er noch nicht wahrgenommen hat, zu kämpfen; auch dessen Kampf gegen ihn nimmt er für gewiß an. Wie er zu dieser Gewißheit gekommen ist, bleibt sein Geheimnis. Seine Entscheidung zum Kampf hat unentdeckbare Gründe, sie wäre auch gegen ein Nichts, das immer unverwundbar ist, gefallen; der Ausgang wäre fraglos. Es stellt sich heraus: Das Schloß wird für K. der Ersatz für ein Nichts; und so ist sein Kampf im vorhinein entschieden. Nachdem K. den vermeintlichen oder tatsächlichen Brief vom Schloß erhalten hat („Sie sind, wie Sie wissen, in die herrschaftlichen Dienste aufgenommen. Ihr nächster Vorgesetzter ist der Gemeindevorsteher des Dorfes [...]" [40]), räsoniert er, der Brief enthalte manche Drohung, auch Gewaltandrohung, „aber mit dieser Gefahr mußte er den Kampf wagen. Der Brief verschwieg ja auch nicht, daß, wenn es zu Kämpfen kommen sollte, K. die Verwegenheit gehabt hatte, zu beginnen". (43) Und später, auf dem Weg zum Vorsteher, noch einmal: daß „K. für etwas lebendigst Nahes kämpfte, für sich selbst, überdies

Notwendig, aber sinnlos

zumindest in der allerersten Zeit aus eigenem Willen, denn er war der Angreifer, und nicht nur er kämpfte für sich, sondern offenbar noch andere Kräfte". (92 f.) Kräfte freilich benötigt K., um bestehen zu können, übermenschliche gar, da nur so der Abgrund des Nichts zu überspringen wäre. Aber er hat nicht einmal Kräfte genug, um sich die geraden Wege unermüdet durch den Schnee zu bahnen. Beim ersten Gang mit Barnabas zu dessen Familie überkommt K. eine große Schwäche. „[...] um schließlich weitergeschleift werden zu können, würde seine Kraft wohl noch ausreichen", denkt er (50). Und wenig später, im Barnabas-Haus, ist er überzeugt, daß die „Leute aus dem Dorf" ihm wohl helfen würden, „seine Kräfte gesammelt zu halten", während „solche scheinbare Helfer" (wie Barnabas) „an der Zerstörung seiner Kräfte" arbeiteten (53 f.). Die Einsicht in sein Unvermögen kompensiert K. immer wieder durch unsinnige, weil durch nichts begründete Erwartungen, er könne sein Ziel erreichen. Im ersten Gespräch mit Gardena, der Brückenhofwirtin, die ihm sagt, er sei „hinsichtlich der hiesigen Verhältnisse entsetzlich unwissend" (90), hilft sich K. mit anscheinend unwiderleglichen nichtssagenden Allgemeinplätzen: „Freilich unwissend bin ich [...], aber es hat doch auch den Vorteil, daß der Unwissende mehr wagt und deshalb will ich die Unwissenheit und ihre gewiß schlimmen Folgen gerne noch ein Weilchen tragen, solange die Kräfte reichen." (91) Kampf also, Kampfbegier wenigstens, aber ohne Kraft – Don Quijote und die Windmühlen.

K. wird immer müder; müde war er ja schon ins Dorf gekommen, am Ende, im Zimmer Bürgels, eines der vielen vermuteten Schloßbeamten, von dem sich K. Entscheidendes verspricht, ist er sterbensmüde, setzt sich aufs Bett des Beamten, und während dieser fortwährend redet, überfällt den Besucher der Schlaf: „K. schlief, es war zwar kein eigentlicher Schlaf, er hörte Bürgels Worte vielleicht besser als während des frühern totmüden Wachens [...], aber das lästige Bewußtsein war geschwunden, er fühlte sich frei" (415). Das Gefühl der Freiheit wird begleitet vom Gefühl des Triumphs: Im Traum besiegt K. einen Schloßbeamten.

Ein Sekretär, nackt, sehr ähnlich der Statue eines griechischen Gottes, wurde von K. im Kampf bedrängt. Es war sehr komisch und K. lächelte darüber sanft im Schlaf, wie der Sekretär aus seiner stolzen Haltung durch K.s Vorstöße immer aufgeschreckt wurde [...]. Der Kampf dauerte nicht lange, Schritt für Schritt und es waren sehr große Schritte rückte K. vor. War es überhaupt ein Kampf? Es gab kein ernstliches Hindernis, nur hie und da ein Piepsen des Sekretärs. Dieser griechische Gott piepste wie ein Mädchen, das gekitzelt wird. (415 f.)

Notwendig, aber sinnlos

Wachgeworden, überkommt K. der lebhafte Wunsch, nun in einen tiefen Schlaf „ohne Traum und Störung" zu versinken; er könnte „auf diese Weise allen entgehn" (419). Da der Wunsch erfüllt wird, kommt K. zu spät zum beabsichtigten Rendezvous mit Erlanger, einem wieder als bedeutend angesehenen Beamten, der K.s Schritten wohl ein wenig mehr Festigkeit verleihen könnte, wie der schon vielfach Gedemütigte zu hoffen beliebt. Doch Erlanger ist, als K. ihn trifft, schon im Aufbruch begriffen; seine kurze Erklärung hat weniger mit K. als mit Klamm, der die Phalanx der Gegner anführt, zu tun: Frieda, dessen – und für eine kleine Weile auch K.s – Geliebte, müsse zu Klamm zurück. Der mächtige Erlanger weiß nicht (wie sollte er es auch wissen?), daß Frieda K. bereits verlassen und sich wieder im Herrenhof, Klamms Dorf-Unterkunft, eingerichtet hat. Sie hat mißbilligt, daß K. seine Diener entlassen hat; sie ist unglücklich darüber, daß K. nicht mit ihr irgendwohin ausgewandert ist, „irgendwohin, nach Südfrankreich, nach Spanien" (215). Dort, sagt sie, nachdem die Trennung längst vollzogen ist, „könnten wir irgendwo in Sicherheit sein, immer beisammen, Deine Hand immer nahe genug, sie zu fassen" (399). In der Klarheit ihrer Rede verbergen sich alle Unmöglichkeiten ihrer und K.s Existenz.

Der unwissende Erlanger, den K. – wie andere, die nichts wissen – für wissend hält, vermehrt erst spät das Personal des Romans, kaum früher als Bürgel, der als Sekretär des Beamten Friedrich (von dem nichts Näheres bekannt wird) gilt, – Erlanger also wird K. von Barnabas, dem Boten, annonciert: er sei ein Sekretär von Klamm. „Ein schwacher kleiner Herr, er hinkt ein wenig. [...] er ist berühmt wegen seines Gedächtnisses und seiner Menschenkenntnis, er zieht nur die Augenbrauen zusammen, das genügt ihm, um jeden zu erkennen" (376). Dieser Charakterisierung mag dem Wissen des Lesers entsprechen: daß Erlanger nichts weiß. Nachdem er seine falschen Sätze gesprochen hat, entschwindet er „vom Diener gefolgt schnell aber ein wenig hinkend den Gang hinab." (429)

Bis in die Details der Formulierung reicht die verkehrte Welt, da es nicht, wie zu erwarten wäre, „hinkend aber schnell", sondern „schnell aber hinkend" heißt, als sei die Schnelligkeit das der Person Eigentümliche, ja Notwendige, das Hinken aber das Zufällige. Doch gerade dieses, das Hinken, ist ihm, dem Westentaschen-Teufel ohne Kompetenz und Macht, das von der Natur ihm Mitgegebene.

Wichtiger als der kurz angebundene Erlanger und der breit schwadronierende Bürgel ist für K. der geheimnisvolle Klamm, von dessen Geschäften die seines Verhältnisses zu Frieda die auffallendsten sind. Für die Geschichte K.s ist freilich auch ein Beamter von Bedeutung, der nicht leibhaftig in Erscheinung tritt: Galater, Klamms Vertreter. Er hat, so wird gegen Ende des Romans gesagt, „damals" (367) die Gehilfen zu K. geschickt – damals heißt: vor wenigen Tagen. Drei Jahre zuvor, kurz vor dem

Notwendig, aber sinnlos

unseligen Feuerwehrfest, dessen Folgen die ganze Barnabas-Familie ins immerwährende Unglück stürzten, hatte er schon einmal eine Rolle gespielt: Barnabas' Vater hatte ihn, „den schweren Galater", „bei einem Brand im Herrenhof" gerettet, hatte ihn „im Laufschritt auf dem Rücken hinausgetragen". So erinnert sich Olga, die Tochter, und fügt hinzu: „Ich bin selbst dabei gewesen, es war zwar keine Feuersgefahr, nur das trockene Holz neben einem Ofen fing zu rauchen an". (297) Keine Feuersgefahr also, aber ein Brand. Der Schein dominiert wie so oft die Realität. Daher mag es auch nur scheinen, als gebe es Galater, als gebe es Klamm. Der Leser kann fast jede ,Aussage' des Romans in einander entgegengesetzten Bedeutungen verstehen und in Kontexten zusammenführen, die ihm nach Bedarf sinnvoll oder sinnlos vorkommen. Das Erzählte ist eine Summe von Möglichkeiten, die in der Wirklichkeit der Struktur der Dichtung ,aufgehoben' sind, keineswegs dialektisch vermittelt, sondern unvereinbar als Thesen und Antithesen fortbestehend, austauschbar, demnach nur im Höheren erhalten, nicht aber negiert und nicht qualitativ verändert.[16]

Wer ist Klamm? Richtiger wäre es zu fragen: was ist er, welche Funktion kommt ihm zu? „Ein mittelgroßer dicker schwerfälliger Herr" (60), den K. am zweiten Tag seines Aufenthaltes im Dorf durch ein Guckloch in einem Herrenhof-Zimmer erspäht. Er fungiert als eine Art Gegen-K. im Roman, Frieda ist ihre Verbindung. Klamm ist zu sehen und auch zu hören; er ruft vernehmlich nach Frieda, als diese im Ausschank mit K. zusammenliegt[17]; aber er ist für K. nicht zu sprechen. Auch als K. dem Gegner auflauert, ein ganzes Kapitel hindurch (am dritten Tag), kommt er nicht ans Ziel. Allerdings verstellt er ihm den Weg zur Kutsche, die ihn vom Herrenhof zum Schloß bringen soll. Deshalb läßt Klamm kurzerhand abspannen. Das Ende dieses Kapitels suggeriert, der Erzähler wolle dem Leser einen Schlüssel zum Schloß in die Hand geben. Die Täuschung wird durch den verführerischen Glanz der Darstellung bewirkt:

> Und als nun nach Beendigung der Arbeit im Stall der Kutscher quer über den Hof gieng [...], da schien es K. als habe man nun alle Verbindung mit ihm

---

[16] Ähnlich ist es mit Schillers Stofftrieb und Formtrieb bestellt: In den Produkten des Spiels sind sie erkennbar, aber nicht als ,Synthese' vereint. Die Dialektik Hegels, mit der sich so wohlfeil Geschichte und Geschichten erklären läßt, hat Schiller nicht, wie so gern versichert wird, ,vorweggenommen'; sie war auch Goethe fremd und vielen Dichtern nach ihm, beispielsweise Kafka.

[17] An diesem ,Ereignis' des Romans angelangt, traf der Autor eine wichtige Entscheidung: Aus dem bis hierhin geschriebenen Ich-Roman wurde, natürlich auch rückwirkend, ein Er-Roman. Das verschaffte dem Erzähler eine weitere Perspektive.

Notwendig, aber sinnlos

abgebrochen und als sei er nun freilich freier als jemals und könne hier auf dem ihm sonst verbotenen Ort warten solange er wolle und habe sich diese Freiheit erkämpft wie kaum ein anderer es könnte und niemand dürfe ihn anrühren oder vertreiben, ja kaum ansprechen, aber – diese Überzeugung war zumindest ebenso stark – als gäbe es gleichzeitig nichts Sinnloseres, nichts Verzweifelteres als diese Freiheit, dieses Warten, diese Unverletzlichkeit. (168 f.)

Wie reimt sich das zusammen: daß es K. schien, er sei frei, daß er überzeugt war, daß diese Freiheit sinnlos sei? Doch nur so: was ihm scheint, ist so wirkend, als sei es wirklich. Zwischen Sein und Nichtsein (Schein) gibt es keinen prinzipiellen Unterschied, das eine steht nicht gegen das andere, sondern neben ihm. Was K. tut und unterläßt, kann im einzelnen als gut und böse, falsch und richtig oder sonstwie qualifiziert werden – insgesamt ist es nur beschreibbar und entzieht sich jeder Beurteilung; denn die Einsicht in einen nur als möglich zu denkenden Gesamtzusammenhang der Ereignisse, Situationen und Beziehungen wird planmäßig versperrt. Ob K. ein Liebesverhältnis mit Frieda sucht oder nicht, ob er auf Klamm wartet oder nicht, ob er dem Dorfsekretär die von diesem geforderten Auskünfte verweigert oder nicht – die Geschichte ließe sich immer auch anders erzählen und wäre kaum eine andere.

Während „Der Proceß" – wie der Titel schon sagt – ein Roman der fortschreitenden Ereignisse ist, so ist „Das Schloß" im wesentlichen ein Roman der Situationen, genauer: der Verhältnisse oder Beziehungen, wie sich aus dem Statisches benennenden Titel auch folgern läßt. K. wird in Verhältnisse hineingebracht, durch sich selbst oder durch andere, die er nicht durchschauen kann, und er versucht, Beziehungen herzustellen, die allein dem Zweck dienen sollen, der angenommenen Herrschaft des Grafen Westwest auf die Schliche zu kommen – kämpfend im Schnee. Kein Zweifel: es ist müßig, über die Gründe für dieses Begehren zu spekulieren. Sicher ist das Banale: nur über Beziehungen zu den Menschen, die Beziehungen zu höhergestellten Menschen haben, läßt sich in der Hierarchie vorankommen. K.s Verhältnis zu Frieda wird durch deren Verhältnis zu Klamm bestimmt; dieser wird nun einmal gebraucht, weil er als hoher Beamter gilt, der K. einmal einen Brief geschrieben hat: „Der Vorstand der X. Kanzlei." (40) Für K. ist klar, daß Klamm „sein Vorgesetzter" (58) ist; ihn will er bekämpfen, von ihm will er sich befreien, obwohl er gelegentlich die Überzeugung hat, daß er ihn braucht, um seinem Ziel näherzukommen. Ist er Repräsentant eines Unrechtssystems? Was wäre gewonnen, wenn er aus dem Weg (der in jedem Fall ja, wie es scheint, nur über ihn führen kann) geräumt würde?

Notwendig, aber sinnlos

Alle Verhältnisse, die K. eingeht (zu Frieda, zu einzelnen Dorfbewohnern, zu seinen Gehilfen, zu Barnabas und dessen Familie), erweisen sich schnell als einseitig und damit als Unverhältnisse; sie tragen deshalb auch nicht dazu bei die erstrebten ‚eigentlichen' Verhältnisse zu befördern. Darin mag der Grund dafür zu suchen sein, daß Kafka seinen Roman – ähnlich übrigens wie Goethe seinen „Wanderjahre"-Roman – zu einer Art Cento, einer kunstvoll zusammengefügten Geschichten-Collage gemacht hat. Durch K. auf die Bühne gebracht, interessieren die einzelnen Figuren, die kein Eigenleben haben dürfen, für sich selbst. Das gilt in besonderem Maße für Barnabas, seine Schwestern Olga und Amalia sowie deren Eltern.

Am zweiten Tag seines Aufenthalts im Dorf macht K. die Bekanntschaft der Barnabas-Familie: die seltsam gestörten Eltern („beide [...] gingen schon seitdem K. eingetreten war, aus ihrer Ecke auf ihn zu und hatten ihn noch lange nicht erreicht" [52]), Amalia „mit ihrem ernsten geraden unrührbaren vielleicht auch etwas stumpfen Blick" (55), Olga, die sanfter erscheint, geselliger auch, wie ihr Bruder im Dienste des Schlosses – als Hure der Schloßknechte im Herrenhof. Was es mit den Sonderbarkeiten der Familie auf sich hat, wird gegen Ende des Romans, am fünften Tag K.s im Dorf, ausführlich erzählt, als eigene Geschichte und brauchbar als Modell anderer Geschichten, von denen eine die des Protagonisten K. sein sollte.

Olga berichtet, daß auf der Familie ein Fluch liege. Vor über drei Jahren, an einem 3. Juli[18] habe ein Feuerwehrfest stattgefunden unter Beteiligung von Schloßbeamten, von denen einer, Sortini mit Namen, an Amalia Gefallen gefunden habe. Am folgenden Tag habe er ihr einen Brief geschrieben, den sie nach der Lektüre zerrissen und dem Boten ins Gesicht geworfen habe. „Es war eine Aufforderung zu ihm [Sortini] in den Herrenhof zu kommen [...]. Der Brief war in den gemeinsten Ausdrücken gehalten". (302) Mit ihrer Weigerung lud Amalia den Fluch auf die ganze Familie. „[...] wenn ich einen solchen Brief bekommen hätte", sagt Olga, „ich wäre gegangen. Ich hätte die Furcht vor dem Kommenden nicht ertragen, das konnte nur Amalia." (305) Alle Freunde und Bekannten meiden von Stund an die Familie, der Vater wird aus dem Feuerwehrverein ausgeschlossen, er bricht psychisch und physisch zusammen: Die Strafe für Amalias Unbotmäßigkeit ist wahrhaft ungeheuerlich: Fünf Menschen werden in die Isolation gedrängt, ohne Verfügung irgendeiner Instanz. „Wir alle wußten", erinnert sich Olga, „daß keine ausdrückliche Strafe kommen werde. Man zog sich nur von uns zurück. Die Leute hier, wie auch das Schloß. Während man aber den Rückzug der Leute natürlich merkte, war vom Schloß gar nichts zu merken." (326) Alle Versuche, Zugang zum Schloß zu finden und dort um Absolution der ‚Schuld' Amalias zu bitten,

---

[18] Notabene: Kafkas Geburtstag.

schlugen naturgemäß fehl. Drum beeiferten sich Barnabas und Olga, ihr Glück in den Diensten des Schlosses zu suchen. Ihr Eifer war notwendig, aber nutzlos. Amalia allein hielt auf ihrem Platz aus. „[...] sie hatte damals an jenem Morgen die Führung der Familie an sich gerissen und hielt sie fest. [...] Aug in Aug mit der Wahrheit stand sie und lebte und ertrug dieses Leben damals wie heute." (329–331) Kein Zweifel, was das soll: Der einzige Mensch des Romans, der sich so verhält, daß er wenigstens vom Leser Anerkennung verdient, bringt durch sein Verhalten tödliches Unglück über seine Nächsten.

Die Amalia-Geschichte wird lose mit der K.-Geschichte verknüpft; denn es gibt neue Hoffnung für die Familie, als Barnabas mit einem Brief zu K. geschickt wird. Dieser ist freilich nur für Barnabas bestimmt, weil er, K., mit Schloß und Dorf nichts zu tun hat, weil er der ewig Fremde, der ungelernte arbeitslose Feldvermesser ist, der am siebten Tag nicht mehr da ist.

Olga ist in ihrem Leid schon ziemlich hellsichtig geworden, da sie zu zweifeln beginnt an allen früheren Ansichten über das Schloß und seine Beamten. Alles kann ja völlig anders sein als gedacht, als befürchtet, als erhofft: Klamm ist nicht Klamm, die Kanzlei keine Kanzlei, die Strafe keine Strafe. Gibt es Gerechtigkeit? Es ist ungewiß, was das ist; darum braucht darüber nicht räsoniert zu werden. Auch nicht über Sätze wie diese, die jeder Vernünftigkeit zu entbehren scheinen, von Olga ganz unironisch gesagt: „Unglückliche Beamtenliebe gibt es nicht. [...] Wir [...] wissen, daß Frauen nicht anders können, als Beamte zu lieben wenn sich diese ihnen einmal zuwenden, ja sie lieben die Beamten schon vorher, so sehr sie es leugnen wollen". (310 f.) Dieses Denkschema, das von der Überzeugung, die Wahrheit zu sagen, bestimmt ist, erscheint im „Schloß" als Signatur der heillos durcheinandergewürfelten und weder im einzelnen noch im ganzen durchschaubaren Welt, ihrer Geschichte, die eine Geschichte von menschlichen Beziehungen ist, die sich stets gründen auf den Zusammenhang des Nichtgekannten, Nichterkennbaren, Nichtüberlieferten. Kafkas Roman ist auch die Parodie der pädagogischen Provinz eines optimistischen deutschen Klassikers.[19]

---

[19] Es wäre gewiß ein reizvolles und erfolgversprechendes Unterfangen, „Das Schloß" mit Kafkas Lektüre des Goetheschen „Wanderjahre"-Romans in Beziehung zu bringen. Kafka antwortet, so scheint es, auf die darin verstreuten Novellen, er antwortet insbesondere auf die Idee der pädagogischen Provinz, auf das Heiligtum des Schmerzes; und nicht zuletzt: der durch Simplizität ausgezeichnete Stil, hier wie dort, ließe sich so analysieren, daß Nähe und Distanz Kafkas zu Goethe beschreibbar würden. – In diesem Zusammenhang sei der Hinweis erlaubt, daß Kafkas erster Roman „Der Verschollene" mancherlei mit Goethes erstem „Wilhelm Meister"-Roman, den „Lehrjahren", zu tun hat. Der Versuch, eine Beziehung zwischen Kafkas „Der

Notwendig, aber sinnlos

Alles ist eng in dem Roman: das Denken, das Handeln, der Raum, die Zeit. Die Enge wird durchbrochen durch die Sprache, durch ein eigentümliches Sprechen, das Weite suggeriert. Immer wieder wird die Zeitgrenze verschoben, wenn vom dem gerade Geschehenen als dem „damals" Geschehenen berichtet wird: „damals in der Nacht" (75) heißt es, und gemeint ist die vergangene Nacht, und so sprechen auch die Brückenhofwirtin und K. von „damals" (84, 89, 128, 129 u. ö.), wenn an die nahe Vergangenheit erinnert wird; und Hans Brunswick, ein zwölfjähriger Knabe, denkt nicht weiter zurück als einen Tag, wenn er davon spricht, sein Vater habe „damals" (229) K. aufsuchen wollen etc.[20] Der Entzeitlichung entsprechen Metaphern der Enträumlichung wie „ewig" und „unendlich"[21], und dazu gehören dann auch, in entsprechenden Kontexten, Schnee- und Nacht-Metaphern. Dem entschiedenen, nämlich begrenzten Denken begegnet Kafka in seinem Roman (nicht anders als in seinen anderen Werken) durch die gleichmäßig häufige Verwendung von „vielleicht"-Vorbehalten, von „es schien"-Wendungen, von „als sei"-Einschränkungen etc. Aber nirgends sonst ist ein so üppiger Gebrauch der adversativen Konjunktion „aber" gemacht wie im „Schloß".[22] Damit wird häufig eine Gewißheit mit einer anderen, ihr in gewisser Weise entgegengesetzten verknüpft: Es ging zwar vorwärts, aber der Weg war lang (vgl. 21); eigentlich braucht man keine Gäste, aber hin und wieder doch (vgl. 24); K. wird von zwei Männern „schweigend aber mit aller Kraft" (25) fortgezogen (als gäbe es eine logische Verbindung zwischen der Kraft und dem Schweigen); ähnlich: der Fuhrmann ist jämmerlich, aber unerbittlich (vgl. 30); das Benehmen der Gehilfen ist nach K.s Ansicht „sinnlos, aber abscheulich" (75); oder: „Was sie sagt, ist ja wahrscheinlich belanglos, aber doch nicht immer" (474). Immer wieder werden Gewißheit und Vermutung vertauscht wie Schein und Sein, wie Dorf und Schloß; sie sind ja vielleicht eines und dasselbe.

Proceß" und Goethes „Die Wahlverwandtschaften" herzustellen, ist schon einmal unternommen worden. (Verf.: Goethes ‚Die Wahlverwandtschaften' und Kafkas ‚Der Prozeß', in: Jahrbuch des Wiener Goethe-Vereins 1982–84, S. 301–312.)

[20] Im „Schloß" finden sich 71 Verwendungen der Zeitbestimmung „damals" (vgl. Synoptische Konkordanz zu Franz Kafkas Romanen, bearbeitet von Heinrich P. Delfosse und Karl Jürgen Skrodzki, 3 Tle., Tübingen 1993 [Indices zur deutschen Literatur, Bd. 26–28], T. 1, S. 391). Dabei wird sowohl auf die nahe wie auf die ferne Vergangenheit Bezug genommen. Das Vergangene ist immer nur ein Zeitpunkt.

[21] Vgl. Konkordanz (Anm. 20), T. 1, S. 581; T. 3, S. 1808.

[22] Die Konkordanz (Anm. 20) führt das Wort nicht mit einzelnen Belegstellen auf. Eine flüchtige Zählung ergab über 1200 Verwendungen.

Notwendig, aber sinnlos

Es bleibt dem Leser überlassen, das weithin Offene des Romans mit seinen eigenen Erkenntnissen, Überzeugungen und Mutmaßungen zu füllen, nach jeder Lektüre vielleicht neu, um zu bestätigen, daß es zum Signum der Kunst gehört, nicht eindeutig, also ein- für allemal verständlich (und damit trivial) werden zu können. Vermutlich vermittelt Kafkas letztes großes Opus nur diese wenigen Gewißheiten: Der Schnee auf dem Weg zum Schloß läßt sich nicht einfach wegräumen, das Schloß ist nicht erreichbar, und K.s sinnloser Kampf ist nicht zu verachten.

Scheinend, vielleicht, aber. Wirklichkeit in Kafkas Romanen

Zu den wenigen Texten Kafkas, die den Interpreten von jeher kaum Probleme gemacht haben, gehört die 1917 erschienene, schon im Tagebuch vom 9. November 1911 „vorweggenommene" kurze Erzählung „Auf der Galerie", in der ein junger Zirkusbesucher zunächst träumt, wie es in der Manege zugehen könnte (das Geschäft mit der zum Äußersten, brutal zu Höchstleistungen angetriebenen lungensüchtigen Kunstreiterin), dann: die Umkehrung (die liebevolle Behandlung der Reiterin durch den Zirkusdirektor) mit dem rührenden Schluss: „da dies so ist, legt der Galeriebesucher das Gesicht auf die Brüstung und, im Schlußmarsch wie in einem schweren Traum versinkend, weint er, ohne es zu wissen."[1] Möglichkeit und Wirklichkeit scheinen hier, sprachlich durch Konjunktiv und Indikativ voneinander abgesondert, gegenübergestellt zu sein, wobei die schöne Wirklichkeit den Besucher, der sie nicht erwartet hat, zu Tränen rührt. Das ist so einfach nicht; denn die Wirklichkeit ist (nicht nur im Traum) nichts als Schein, die Möglichkeit (irgendeine) das eigentliche Sein, das offenbar nicht zu erkennen ist, weil es durch die Erfahrung (das Ansehen des Geschehens) verdeckt wird. Dass in der Erzählung „zwei Versionen der Wirklichkeit" beschrieben werden, „zu denen sich der fiktive Betrachter unterschiedlich – eingreifend oder abwartend – verhalten kann" (so neuerdings Peter-André Alt[2]), ist vom Erzähler vermutlich nicht gemeint, denn die verschiedenen Modi werden kaum gewählt, um „Lichtseite (Indikativ) und Schattenseite (Konjunktiv) der Kunst"[3] darzustellen, sondern um der anscheinenden Wirklichkeit mit einer Möglichkeit, die durch das nicht zweifelsfrei zu vermittelnde Wissen einer ‚wirklichen Wirklichkeit' angenommen wird, zu begegnen. Dafür spricht auch, dass der Galeriebesucher „im Schlußmarsch wie in einem schweren Traum" versinkt: Er fällt nicht in einen Traum, sondern erfährt den (anscheinend tatsächlich wahrgenommenen) Marsch *wie* einen Traum, der ihn (im Traum!) von der Zirkus-Wirklichkeit als Schein befreit – auf Kosten eines Bewusstseins, das immer nur falsch sein kann.

---

[1] Franz Kafka: Drucke zu Lebzeiten, hg. v. Wolf Kittler, Hans-Gerd Koch und Gerhard Neumann (Kritische Ausgabe), Frankfurt a. M. 1994, S. 263.
[2] Peter-André Alt: Der ewige Sohn. Eine Biographie, München 2005, S. 498.
[3] Ebd.

Scheinend, vielleicht, aber

Was Kafka in „Auf der Galerie" auf knappem Raum zusammendrängt, indem er, den Phänomenologen widersprechend und Kant anscheinend bestätigend, die ‚Dinge in der Erscheinung' von den ‚Dingen an sich' durch eine unüberbrückbare Kluft voneinander trennt, hat er in vielen seiner Erzählungen und in seinen drei Romanen ähnlich vorgeführt, da er sich immer wieder, freilich nicht einfallslos konsequent des „Tricks" bedient, Konjunktiv und Indikativ zu „vertauschen", um die erfahrene Wirklichkeit der Protagonisten als nur scheinbar (daher im Konjunktiv, nicht selten in indirekter Rede) zu kennzeichnen, während das nicht zu Tage Liegende als Mögliches, aber eben ganz und gar Ungewisses häufig in der Wirklichkeitsform (im Indikativ) an den Leser zu dessen notwendiger Verunsicherung herangetragen wird.

Zur Verdeutlichung, dass subjektiv als Realität Aufgefasstes nicht einmal als virtuelle Wirklichkeit vermittelbar ist, weil es feststehenden ‚Tatsachen' widerspricht, bedient sich Kafka häufig der „wie"-Vergleiche, mit denen sich die Vergleichenden isolieren, etwa am Anfang von „Der Verschollene": Karl Roßmann sah „die schon längst beobachtete Statue der Freiheitsgöttin wie in einem plötzlich stärker gewordenen Sonnenlicht. Ihr Arm mit dem Schwert ragte wie neuerdings empor".[4] Aber es gibt deutlichere Hinweise auf die Fragwürdigkeit von Sein und Schein, auf die Dialektik von Erleben und Versehen, von Erinnern und Vergessen, von Hoffen und Scheitern. Die Entwicklungen der Kafkaschen Roman-‚Helden' vollziehen sich als umgekehrte Echternacher Springprozession: drei Schritte zurück, zwei nach vorne. Am Ende wird jeweils die Grenze der belebbaren Welt erreicht, der in sie Verwickelte aus ihr genommen.[5]

Es gibt vermutlich keinen Autor der Weltliteratur, der anscheinend Gewisses so oft modifiziert, relativiert und korrigiert hat, wie es Kafka mit dem Wort „aber" getan hat. Der geradezu inflatorische Gebrauch dieser – nach „und" am häufigsten bei ihm vorkommenden – Konjunktion[6], der für

---

[4] Franz Kafka: Der Verschollene, hg. v. Jost Schillemeit (Kritische Ausgabe), Frankfurt a. M. 1983, S. 7. Zitate aus dem Roman werden künftig mit „V" und Seitenzahl im Text nachgewiesen.

[5] Das gilt auch für Karl Roßmann, der im Naturtheater von Oklahoma verschwindet, und für den selbsternannten Landvermesser K., der am siebten Tag seines Versuchs, ins Schloss und damit zum Grafen Westwest zu gelangen, ‚abberufen' werden sollte.

[6] Das Wort findet sich in den Romanen durchschnittlich zwei- bis dreimal pro Druckseite (der kritischen Kafka-Ausgabe). Vgl. Synoptische Konkordanz zu Franz Kafkas Romanen. Der Verschollene – Der Proceß – Das Schloß, bearb. v. Heinrich P. Delfosse und Karl Jürgen Skrodzki, 3 Bde., Tübingen 1993, Bd. 1, S. 6. Dass Kafka zuweilen auch „aber" als Adverb im Sinne von

Scheinend, vielleicht, aber

alle drei Romane festzustellen ist, führt auf höchst einfache, nämlich direkte Weise dem Leser vor Augen, dass der Erzähler darum besorgt ist, eindeutige Ansichten und Urteile, die auf ein wie auch immer geartetes ‚Weltbild' schließen lassen könnten, zu vermeiden. Das liegt in der Logik seiner in Unsicherheit mündenden Skepsis hinsichtlich des menschlichen (nicht nur seines!) Erkenntnisvermögens, das weiter führen könnte als zu nach vereinbarten Regeln gewonnenen Ergebnissen, etwa in der Mathematik oder Physik.

Ein Blick auf einige „aber"-Konstruktionen mag den Befund verdeutlichen. Im „Verschollenen" hebt Karl Roßmann, als er das Schiff verlassen will, „den Koffer auf die Achsel"; es schließt sich die Adversion an: „Aber wie er über seinen Bekannten hinsah, [...] merkte er, daß er seinen Regenschirm unten im Schiff vergessen hatte." (V, 7 f.) Aus dem Unverbundenen – dem Aufheben des Koffers und dem Vergessenhaben des Schirms – wird eine Beziehung der Entgegensetzung gemacht, die sich damit erklären lässt, dass jedwedes Denken und Handeln eines Menschen durch ihn selbst in einem Verhältnis zueinander steht. Mit den Dingen ist es nicht anders: Roßmann lief über „kurze Treppen, die einander aber immer wieder folgten" (V, 8). Was ist durch die Konjunktion gewonnen? Die Einsicht, dass sich auch kurze Treppen in die Länge ziehen können? Zweifellos soll „aber" der Kürze der Treppen etwas entgegensetzen, das langen Treppen ganz und gar nicht entspricht; es soll die Erwartung des Laufenden korrigieren. Beim Heizer angekommen, erkennt Roßmann, dass er sich verirrt habe: „ich habe es während der Fahrt gar nicht so bemerkt, aber es ist ein schrecklich großes Schiff" (V, 9). Warum sagt er nicht, er habe sich verirrt, weil das Schiff – was er vorher offenbar nicht bemerkt hat – so groß sei? Weil es nicht um das große Schiff, sondern um den fehlenden Überblick Roßmanns geht. So geht es weiter: „‚Aber kommen Sie doch herein', sagte der Mann [...]." (Ebd.) „‚Aber der Gang ist doch ganz leer', sagte Karl [...]." (Ebd.) „Kaum war er [Roßmann] aber drin [im Bett] [...]." (V, 10) Es scheint, als sei der Erzähler nicht damit einverstanden, auch einfache Begebenheiten und Situationen umstandslos, ohne Widerhaken dem Leser zu sagen. Liest (versteht) dieser die Texte (Hauptsätze in der Regel) anders, wenn sie in den Fällen, in denen durch „aber" ein Sachverhalt nicht merklich nuanciert wird, um dieses Wort gekürzt werden?[7]

---

lat. „iterum" oder „rursus" gebraucht, wie es am häufigsten wohl in Luthers Bibelübersetzung geschieht, sei wenigstens erwähnt. Ob Adverb oder Konjunktion – nicht immer ist das zweifelsfrei zu bestimmen: „Eben aber winkte der Kapitän dem Schubal ab." (V, 35)

7   Ein Experiment könnte eine Antwort auf diese Frage bringen: Das erste Kapitel des „Verschollenen" („Der Heizer") werde in drei Versionen (mit dem

Der überbordende „aber"-Gebrauch findet sich auch in den beiden folgenden Romanen, beginnend auf den ersten Seiten, so im „Proceß": Josef K. wartete „ein Weilchen" auf sein von der Köchin nicht zur gewohnten Zeit gebrachtes Frühstück, „dann aber, gleichzeitig befremdet und hungrig, läutete er".[8] „,Wer sind Sie?' fragte K. [...]. Der Mann aber ging über die Frage hinweg [...]." (P, 7) Im „Schloß": K. ist im Wirtshaus angekommen, „der Wirt hatte zwar kein Zimmer zu vermieten, aber er wollte [...] K. in der Wirtsstube [...] schlafen lassen."[9] K. schlief ein. „Aber kurze Zeit darauf wurde er schon geweckt." (S, 7)

Häufiger als im „Verschollenen" hat Kafka im „Proceß", und häufiger als im „Proceß" hat er im „Schloß" die adversative Konjunktion eingesetzt, um Wörter und Sachverhalte verschiedener ‚Felder' (und damit verschiedener Bedeutungsebenen) zusammenzufügen, so dass der Leser auf die Beziehungslosigkeit, ja Unvereinbarkeit des anscheinend sowohl als auch-‚Gültigen' (das durch die Verwendung der Konjunktion „und" benannt werden könnte) aufmerksam wird. Die drei Herren aus Josef K.s Bank sahen den Verhafteten „entgegenkommend aber ernst" an (P, 23); ein Wächter entfernte sich „mit sehr eiligen aber sehr kurzen [...] Schritten" (P, 96); bei Titorelli zog Josef K. „den Rock aus, legte ihn aber über die Knie" (P, 210); später legte er „die Hand auf seinen Winterrock, konnte sich aber nicht einmal entschließen, den Rock anzuziehen." (P, 219) Etc. Im „Schloß" sind vergleichbare, dem Leser fremd erscheinende Wendungen noch zahlreicher: K. vermutet, dass im Dorf „vielleicht alles aus Stein gebaut war, aber der Anstrich war längst abgefallen" (S, 17); von Gerstäcker ist die Rede als von „dem jämmerlichen aber unerbittlichen Fuhrmann" (S, 30); Frieda und K. „rollten in einer Besinnungslosigkeit, aus der sich K.

Text Kafkas, mit einem Text, in dem ein Viertel, und einem anderen, in dem ein Drittel der kafkaschen „aber" fehlen) an drei begabte, an Literatur interessierte Germanistikstudenten des zweiten Semesters gegeben, die den Inhalt des Kapitels auf zwei Seiten nacherzählen sollen. Es ist zu vermuten, dass die Unterschiede der Nacherzählungen nichts oder nicht viel mit den „aber"-Streichungen zu tun haben würden. Ganz anders wäre es mit Interpretationen aller drei Texte durch einen und denselben Studenten bestellt; hier würden sich notwendig Varianten ergeben, vielleicht auch unterschiedliche Wertungen.

[8] Franz Kafka: Der Proceß, hg. v. Malcolm Pasley (Kritische Ausgabe), Frankfurt a. M. 1990, S. 7. Zitate aus dem Roman werden künftig mit „P" und Seitenzahl im Text nachgewiesen.

[9] Franz Kafka: Das Schloß, hg. v. Malcolm Pasley (Kritische Ausgabe), Frankfurt a. M. 1982, S. 7. Zitate aus dem Roman werden künftig mit „S" und Seitenzahl im Text nachgewiesen.

fortwährend aber vergeblich zu retten suchte, paar Schritte weit" (S, 68); dass ihm die Gehilfen auflauern, findet K. „sinnlos, aber abscheulich" (S, 75); Erlanger ging „schnell aber ein wenig hinkend" (S, 429); die Herrenhofwirtin „lief mit ausgebreiteten Armen, aber ihre Schritte waren kurz und geziert" (S, 441). Etc.

Während Kafka mit seiner „aber"-Vorliebe angedeutet hat, dass die von ihm beschriebenen Wirklichkeiten (oder Möglichkeiten) keineswegs eindeutig ‚strukturiert' sind, sondern ihre Eigenart durch die Koexistenz des sich Ausschließenden gewinnen, übt er mit einer anderen Vokabel grundsätzliche Kritik an der Möglichkeit sicheren Erkennens selbst der erscheinenden Dinge: „vielleicht". Gibt es einen anderen Dichter, der in diesem Maße seine Zweifel an dem, was er schildert, immer wieder artikuliert? In Kafkas Romanen wird das Ungewissheits-Adverb so oft gebraucht, und zwar in allen drei Romanen etwa gleich häufig, dass kein Interpret darüber hinwegsehen sollte.[10] Viele Kafka-Deutungen, die aus diesem oder jenem Grund auf eindeutige ‚Aussagen' des Dichters festgelegt sind, verstoßen nicht nur vielleicht, sondern gewiss gegen die in die Texte eingeschriebenen, freilich nie zweifelsfrei zu eruierenden Absichten des Dichters.

Karl Roßmann kennt sich in der Welt, in die er zwangsweise verfügt wurde, nicht aus; er hofft, als er Hilfe bei der Suche nach dem verlorenen Koffer braucht, diese „vielleicht" beim Heizer zu finden (V, 10); dieser mutmaßt, in Hamburg hätte Roßmanns Bekannter Butterbaum den Koffer „vielleicht bewacht" (V, 10); dann meint Roßmann, mit Blick auf seine bisherige und seine weitere Ausbildung: „die Schulen hier sind vielleicht noch strenger" (V, 13); und dass er während der Überfahrt seinen Koffer, auf Kosten seines Schlafs, im Auge behalten hatte, war „vielleicht ganz umsonst gewesen". (V, 17) So geht es weiter: Was der Kapitän gesagt hat, war „vielleicht auch nur vorgeschützt" (V, 32), und bei der Verteidigung des Heizers wird dessen Anwalt sehr selbstbewusst – mit der nötigen Einschränkung: „Karl allerdings fühlte sich so kräftig und bei Verstand, wie er es vielleicht zu hause niemals gewesen war." (V, 33) Die Mutmaßungen ziehen sich durch den ganzen Roman und machen auch vor als gewiss anzusehenden Überlegungen und gemeinhin unbestreitbaren ‚Tatsachen' nicht Halt. Als Karl sich darum bemüht, den Heizer zu seinem Recht kommen zu lassen, belehrt ihn sein Onkel, der Senator: „‚es handelt sich vielleicht um eine Sache der Gerechtigkeit, aber gleichzeitig um eine Sache der Disciplin.'" (V, 48) Der Onkel betrieb „eine Art Kommissions- und Spedi-

---

[10] Die „Synoptische Konkordanz" (Bd. 3, S. 1926) weist aus, dass im „Verschollenen" 163 Mal, im (kürzeren) „Proceß" 131 Mal und im (sehr viel längeren) „Schloß" 230 Mal die „vielleicht"-Einschränkung zu finden ist.

tionsgeschäftes, wie sie, soweit sich Karl erinnern konnte, in Europa vielleicht gar nicht zu finden war." (V, 65) Oder: „draußen im Freien vielleicht Furcht zu haben, schien Karl sinnlos." (V, 86) „Karl [...] hoffte schon, die offene Türe seines Zimmers vielleicht wieder zu finden." (V, 99) Um das Schicksal des im Schlafsaal versteckten Landstreichers macht sich Karl keine Sorgen, denn bis zum frühen Morgen würde er „schon vielleicht mit Renell ein Mittel finden, um Robinson wegzubringen." (V, 217) Karls Amerika-Abenteuer werden so oft von einem verunsichernden „vielleicht"-Imperativ bestimmt, dass es schließlich – „vielleicht und höchstwahrscheinlich"[11] – so sein wird, dass er das Schicksal von Thereses Vater erleidet: nicht mehr auffindbar zu sein.[12]

Im „Proceß" hat Kafka die Gewissheit des Ungewissen im Erleben, Handeln und Denken des Protagonisten Josef K. fortgesetzt. Immer wieder stellt dieser Behauptungen in Frage, deren Korrektheit dem Leser einleuchtet, wohl auch einleuchten soll. Es heißt etwa: „Übrigens vielleicht gehe ich zu weit" (P, 37); oder: „K. hätte ihr vielleicht nicht gefolgt, wenn die Frau nicht auf ihn zugegangen wäre" (P, 58); oder: „Trotzdem wäre es vielleicht gut, wenn Du, liebster Vater, bei Deinem nächsten Besuch der Sache nachgehn wolltest" (P, 121). Wendungen wie: „Wenn er sich auch vielleicht täuschte, so hätte sich doch" (P, 139) oder: „er wollte in die Mitte der Straße gehn, um vielleicht Leni noch beim Fenster erblicken zu können" (P, 146) sind so charakteristisch für Josef K. wie andere, die seine Unternehmungen und Pläne, ja seine ganze Existenz ins Unbestimmte, Diffuse rücken, zum Beispiel: „Jetzt aber hielt er seine Sache doch für zu wichtig, als daß dieser kleine Kaufmann vielleicht entscheidend eingreifen sollte" (P, 231). Am Ende dann, bevor er von den zwei Herren, die ihn exekutieren werden, abgeführt wird: „Vielleicht sind es Tenöre dachte er im Anblick ihres schweren Doppelkinns." (P, 307)

Josef K. wird nicht hingerichtet, weil er sich so oft ‚versieht' (das tun auch andere Figuren des Romans), sondern weil er vom Gesetz keine Ah-

---

[11] Vgl. Karl Roßmanns Überlegungen beim Zusammentreffen mit Robinson und Delamarche im Wirtshaus auf dem Weg nach Ramses: „Aber vielleicht und höchstwahrscheinlich waren die zwei jungen Leute die Hausdiener." (V, 129)

[12] Dass Kafka am 30. September 1915 in sein Tagebuch notierte, Roßmann werde, obwohl schuldlos, „strafweise umgebracht" (Franz Kafka: Tagebücher, hg. v. Hans-Gerd Koch, Michael Müller und Malcolm Pasley [Kritische Ausgabe], Frankfurt a. M. 1990, S. 757), sollte denen, die im Naturtheater Roßmanns Rettung sehen, immer wieder in Erinnerung gerufen werden.

nung hat.[13] Dass ihm das, was ihn betrifft, oft nur als vielleicht richtig oder falsch, wichtig oder unwichtig vorkommt, ist nur ein Symptom seines von nichts und niemandem änderbaren Zustands der Orientierungslosigkeit.

Ein Jahr dauerte es, bis Josef K. von der Verhaftung bis zum Tode noch zu leben hatte; eine knappe Woche nur bedarf's, um K. im „Schloß" an die Grenzen seiner Lebensmöglichkeit zu bringen. Auch wenn er nicht gewaltsam sein Leben verliert, genügt das Dargestellte, um die Aussichtslosigkeit weiterer Schloss-Erkundungen und damit das nahe Ende des nicht nur im Schnee Umherirrenden zweifelsfrei erscheinen zu lassen. Auch K. umstellt sich mit Ungewissheiten, wie neben anderem durch den wieder üppigen „vielleicht"-Gebrauch signalisiert wird. K. lobt das Schloss, weil es, wie er wider besseres Wissen sagt, „den richtigen Landvermesser" ausgesucht habe; er fügt hinzu: „Vielleicht gibt es dort noch andere Vorzüge." (S, 15) K. will telefonieren, den ihn störenden Wirt vertreibt er mit dem Ruf „Weg – „vielleicht in das Telephon hinein" (S, 36). Erzähler und Protagonist sind hier wie an vielen anderen Stellen nicht mehr unterscheidbar; es scheint, als mache sich in diesem Roman der Erzähler häufiger als in den früheren mit seinem ‚Helden' gemein, so bei der Beobachtung des Barnabas durch K.: „Sein Blick schien mehr zu sagen, als seine Worte. Vielleicht täuschte sich K. hier im Guten, wie bei den Bauern im Bösen" (S, 45). Wenn es heißt, dass K. beirrt wird von Amalia „mit ihrem ernsten geraden unrührbaren vielleicht auch etwas stumpfen Blick" (S, 55), dann kann dieses „vielleicht", bezogen nur auf einen Augen-Ausdruck, vom Erzähler als seine Einsicht oder als K.s Ansicht geltend gemacht werden. Warum aber gilt was?

Einmal konzediert K. seiner Geliebten Frieda, dass sie mit einer Beurteilung „vielleicht" Recht habe, „aber ganz gewiß hatte ich Recht, als ich Sie ersucht habe" (S, 88). So irrt er, wenn er sich sicher wähnt, auch wenn er glaubt, dass sein Fall „vielleicht auch anfangs sehr klein war", inzwischen aber „durch den Eifer von Beamten [...] zu einem großen Fall geworden" sei. (S, 106 f.)[14] Die Unsicherheit K.s zeigt sich an vielen Details, in vielen seiner Sätze, so wenn er nach der Ankündigung, er wolle der Wirtin „eine sehr grobe Frage stellen", und nach deren Erlaubnis, sie zu stellen, weil er auch das Schweigen missdeuten würde, sagt: „,Wenn ich alles mißdeute, [...] mißdeute ich vielleicht auch meine Frage, vielleicht ist sie gar nicht so grob. Ich wollte nur wissen, wie Sie Ihren Mann kennen gelernt haben und wie dieses Wirtshaus in Ihren Besitz gekommen ist."' (S, 129 f.)

---

[13] Vgl. Norbert Oellers: Das ferne Gesetz. Ansichten zu Kafkas „Der Proceß", in: Schriftgedächtnis – Schriftkulturen, hg. v. Vittoria Borsò u. a., Stuttgart, Weimar 2002, S. 139–153.

[14] Ähnlich S. 110.

Scheinend, vielleicht, aber

„Wenn man nur noch ein Weilchen hier [im Schulhaus] bleiben könnte, vielleicht ändert sich meine Lage noch heute nachmittag." (S, 149) Klamm entgeht ihm; hätte er nicht die Macht gehabt, ihn mit seinem Schlitten „zurückzuholen"? „Vielleicht hatte er diese Macht, aber sie hätte ihm nicht nützen können; den Schlitten zurückzuholen, bedeutete sich selbst vertreiben." (S, 168) So geht es weiter, K. kann nicht geholfen werden, auch deshalb nicht, weil die älteren Herren, wenn sie die Liebschaften wechseln, dazu zwar „vielleicht nur fünf Tage" brauchen, aber „das vielleicht größte Unglück" (S, 472) war damit vorhersehbar: Klamm kam vier Tage gar nicht ins Gastzimmer, wo ihn Pepi, die prospektive Nachfolgerin Friedas, erwartete und K. ihm näher kommen wollte. Das Scheitern K.s zeigt sich auch in diesen sich häufenden Superlativen des längst als unwichtig, ja sinnlos Erfahrenen, wobei statt „vielleicht" auch „wahrscheinlich" oder „sicherlich" gesagt (oder gedacht) werden könnte; damit erführe der Realitätsgehalt des Dargestellten nicht unbedingt einen Zuwachs.

Die Welt als Schein, das Leben als Schein, auch die erscheinenden Dinge als Schein – wie die Kunst: darauf stößt der Leser der kafkaschen Werke immer wieder, am häufigsten im „Verschollenen", und zwar fast immer in der Form, dass etwas zu sein scheint.[15] Karl Roßmann bittet seinen Bekannten, „der nicht sehr beglückt schien" (V, 8), auf seinen Koffer aufzupassen, es „schien ihm, als hätte der sonst überzeugende Gedanke […] einen verborgenen Haken" (V, 11), der Kapitän mochte, „wie es Karl schien, einen besondern Grund haben" (V, 28); es „schien ihm wahrscheinlich [!] an Schubal auch das Geringste nicht mehr auszusetzen" (V, 32); etc. – Galt Maks „Lächeln des Glückes […] der ganzen Welt"? (V, 63) Es schien so. Fand Pollunder „an Karl ein besonderes Gefallen"? (V, 69) Es schien so. War Green „ein großer Turner"? (V, 112) Es schien so. Etc. Welcher Leser ist nicht geneigt, Roßmanns Mutmaßungen, die allesamt nicht aus der Luft gegriffen sind, für Ergebnisse unbezweifelbar richtiger Einsichten zu halten?

---

[15] In der kritischen Ausgabe umfasst „Der Verschollene" 419 Seiten, 416 Mal ‚scheint' etwas (zu sein); das Verhältnis im „Proceß" beträgt 355:116, im „Schloß" (ähnlich häufig) 495:174. Vgl. Synoptische Konkordanz (Bd. 3, S. 1488–1498). Ob der erstaunliche Befund etwas damit zu tun hat, dass der jugendliche Karl Roßmann noch unmittelbarer als die Erwachsenen Josef K. und K. mit der undurchschaubaren Wirklichkeit zu tun hat, oder damit, dass Kafka in früherer Zeit besonders hervorhob, was ihm später als Voraussetzung seines Schreibens galt, wäre einmal, vielleicht durch einen Vergleich auch seiner Erzählungen (und Tagebucheintragungen) aus früherer und späterer Zeit, genauer zu untersuchen. (Eine synoptische Konkordanz, die diese Texte erfasste, müsste der Kafka-Forschung hochwillkommen sein.)

Scheinend, vielleicht, aber

Zuweilen kumuliert Roßmann seine „es schien"-Reservationen, folgert aus einem Scheinen ein zweites Entgegengesetztes, so bei der Betrachtung der Fotografie seiner Mutter, die sich, weil ihr „ein Leid angetan worden" war, „zwinge [...] zu lächeln. Karl schien es, als müsse dies jedem der das Bild ansah, so sehr auffallen, daß es ihm im nächsten Augenblick wieder schien, die Deutlichkeit dieses Eindrucks sei zu stark und fast widersinnig." (V, 135) Fast scheint es, als sei die vermutete Annäherung des Scheins an das Sein ein ausreichender Grund, die Kluft zwischen diesem und jenem zu vertiefen. Fast gleichmäßig verteilen sich Karl Roßmanns Ungewissheiten über den ganzen Roman; mal scheint es ihm, als äßen seine Wegbegleiter „fast rohes Fleisch" (V, 147), mal scheint es ihm, dass sich des Oberkellners Kräfte, mit denen dieser seinen Arm ergriff, immer mehr steigerten (vgl. V. 235), mal scheint es ihm, als sei ein Herd „reparaturbedürftig", aus dem „geradezu schwarze Wölkchen aufstiegen". (V, 364 f.)

Josef K., der nicht versteht, warum ihm der Prozess gemacht wird, stellt häufig in Frage, was ihm durch den Kopf geht; das scheint ihm dann nicht „richtig" oder nicht „wichtig" oder nicht „notwendig" (vgl. P, 8, 11 und 26), und das sollen Begründungen sein für sein zu keinem Ziel führendes Handeln oder Nichthandeln. Und nicht anders als Karl Roßmann bezweifelt er immer wieder die Realität von Ereignissen und Situationen, die als ‚wirklich' anzusehen dem Leser vom Erzähler zumindest nahegelegt wird. Wenn es Josef K. so scheint, als habe ihn sein „früheres gutes Gedächtnis [...] fast ganz verlassen" (P, 277), oder wenn es ihm „verdächtig" (P, 179) scheint, dass ihm der Fabrikant Papiere vorenthält, dann überträgt sich seine Scheinwirklichkeit auf den, der sie zur Kenntnis nimmt, als offenbar wahrnehmbare, nicht bestreitbare Wirklichkeit.

Dass der Domgeistliche Josef K. anschreit: „‚Siehst du denn nicht zwei Schritte weit?'" (P, 290), bestätigt den Eindruck, den der Angeklagte durch seine Reaktionen auf seine Verhaftung, durch sein Verkennen und Versehen dessen, was ist (und nicht nur zu sein scheint), im Laufe der Zeit erweckt hat. In seiner Kurzsichtigkeit mag seine Schuld gesehen werden, von der in Kafkas Tagebuch gesprochen wird.[16] Doch das würde bedeuten, dass es in Josef K.s Macht gestanden hätte, weiter und richtiger zu sehen; und damit wäre sein Fall nicht mehr exemplarisch, nicht mehr notwendig, sondern zufällig und also nicht übertragbar auf menschliche Schuld, auf menschliches Scheitern im Allgemeinen.

Dem Eindruck, Josef K. habe sich ‚retten' können, wenn er nur Schein und Sein sorgfältiger voneinander geschieden hätte, tritt der Erzähler entgegen, indem er von Scheinwirklichkeiten auch in Bezug auf andere Personen des Romans spricht, am deutlichsten in den Ausführungen des Dom-

---

[16] Vgl. den Eintrag vom 30. September 1915. Wie Anm. 12.

geistlichen, die nicht nur den Mann vom Lande im Schein befangen sieht[17], sondern auch den Kenner und Deuter der erzählten Legende: „Zu jener Zeit scheint es nur seine Pflicht gewesen zu sein, den Mann abzuweisen." (P, 296) „Er scheint die Genauigkeit zu lieben" (ebd.); es scheint so, als sei er „seiner Naturanlage nach freundlich" (P, 297). „Und immer wieder wird betont, daß von alledem der Türhüter nichts zu wissen scheint." (P, 300 f.) Berichtet die Legende vielleicht auch nur von einem Kasus, der sich nicht wirklich zugetragen hat und deshalb allenfalls in der Fiktion mit Josef K.s Geschichte etwas zu tun hat? Dem könnte entgegenstehen, dass Kafka „Vor dem Gesetz" als selbstständige Erzählung veröffentlicht hat, in der die Mutmaßungen des Geistlichen über den Türhüter nicht vorkommen. Dem Schein des Seins sind nicht die Zeugnisse einer altehrwürdigen Überlieferung (Schrift, Tora, Gesetz) ausgeliefert, sondern nur die in der Romangegenwart Handelnden, auch der Geistliche. Sie sind als Zeitgenossen des Autors kenntlich.

K. im „Schloß", ein Bruder Josef K.s und älterer Verwandter Karl Roßmanns, sucht sein Heil hinter dem Horizont; beim nicht erreichbaren Grafen Westwest (vgl. S, 8). Seine sechstägigen Bemühungen, die am vierten Tag besonders intensiv sind, bringen ihn seinem Ziel keinen Schritt weiter, und das hat natürlich damit zu tun, dass auch er nicht immer weiß, ob das ihm Erscheinende ist oder zu sein scheint. Das Telefon läutete – „wie es K. schien, besonders stark." (S, 12) K. bemerkte, dass in der Höhe „alles frei und leicht" emporragte, „wenigstens schien es so." (S, 17) Der Weg, den K. ins Dorf genommen hatte, „schien ihn ursprünglich gar nicht angegriffen zu haben" (S, 20). Unbewusst scheint [!] K. die Überlegenheit des Boten zu erfahren, wenn der Erzähler sagt: „Barnabas war etwa so groß wie K., trotzdem schien sein Blick sich zu K. zu senken" (S, 46). Als Junge war K. einmal auf eine hohe Mauer geklettert, „das Gefühl dieses Sieges schien ihm damals für ein langes Leben einen Halt zu geben" (S, 50) – wahrlich ein sonderbarer Sieg, ein sonderbares Gefühl, eine sonderbare Zukunftserwartung, die dem älter, aber nicht reifer gewordenen K. nach vielen Jahren beim Gang mit Barnabas „zuhilfe" (ebd.) kam.

Mit Frieda, der Geliebten, kommt K. nicht ins Reine, weil er sich nicht sicher ist, wer (und wie) sie ist, und weil er nicht weiß, was sie ihm bedeutet: „es schien ihm, wenn Frieda ihn verlasse, verlasse ihn alles, was er habe" (S, 69); sie lacht „und dieses Lachen schien noch beweisender als ihre Worte" (S, 207); „Frieda, nahe an K., schien ärgerlich" (S, 393); etc. Viele Personen im Roman sprechen so, als fehle ihnen die Kenntnis dessen, was ist; damit bestätigen sie, dass K. mit ihnen in einer Scheinwelt lebt, als

---

[17] Der Mann vom Lande „vergißt die andern Türhüter und dieser erste scheint ihm das einzige Hindernis." (P, 294)

Hauptperson an deren Peripherie. Frieda rückt dem Geliebten nahe, wenn sie durch Erfahrungen gewonnene Einsichten und daraus resultierende Urteile ins unbestimmt Vage zieht, wie im Gespräch über die von ihr verehrte Brückenhofwirtin: „So kläglich schien mir alles was sie sagte, so fern jedem Verständnis dessen, wie es mit uns zweien stand. Eher schien mir das vollkommene Gegenteil dessen, was sie sagte, richtig." (S, 247) Ja und Nein, Plus und Minus – die Antithesen jagen sich, und nie werden sie ‚aufgehoben'. Und so ist es am Ende einerlei, wer auf welche Weise an irgendeiner Wirklichkeit, die es gibt und nicht gibt, scheitert.

Auch mit seinem letzten Roman wollte Kafka keinen Weg aus dem Weltlabyrinth, in dem er sich verirrt fand – eher als: in das er sich verirrt hatte – weisen. Dass immer wieder nach einem solchen Weg (ins Transzendente, ins Metaphysische vielleicht?) gesucht werden könnte, war ihm wohl klar. Um Missverständnisse, die aus diesen Suchbemühungen entstehen würden, zu vermeiden, hat er angenommen, es sei richtig, seine Romane, die er nicht selbst vernichten konnte, gar nicht in die Öffentlichkeit zu bringen. Er ahnte nicht, dass sie einmal als große Kunstwerke verstanden würden.

Inzwischen besteht in der seriösen Kafka-Forschung Einigkeit darüber, dass der Dichter, wenn er davon sprach, seine Existenz und seine Literatur seien eins und dasselbe, nicht ins Paradox auswich. Tatsächlich hat er, der Goethe-Kenner und -Bewunderer, umzusetzen versucht, was der Weimarer Weise noch und noch gefordert hat: dass die Kunst, die nicht anders als ‚realistisch' sein dürfe, keineswegs Wahrheit vermitteln, sondern nur, als Äußerstes, den Schein der Wahrheit aufleuchten lassen könne. Daraus ergibt sich die Konsequenz, dass die Transponierung der Wirklichkeit in die Kunst in dieser als Schein sichtbar wird. Die Kongruenz einer nur scheinenden Welt, einer durch fortgesetzte „aber"-Zurücknahmen ins nicht Verfügbare weggerückten „vielleicht"-Welt, mit der nur den Schein der Wahrheit spiegelnden Kunst anschaulich zu machen, kann (nach Goethe) nur in der symbolischen Kunst, in der Besonderes immer auch Allgemeines ist, gelingen.

Kein deutschsprachiger Dichter des 20. Jahrhunderts hat, indem er sein Leben in Literatur übertrug und aus dieser (seiner eigenen!) Literatur lebte, ‚klassischere' Werke geschrieben als Kafka.

Franz Kafka als Briefschreiber[*]

Franz Kafka schrieb als Bittsteller so:

> Löblicher Vorstand!
> Der ergebenst Gefertigte bittet den löblichen Vorstand der Arbeiter-Unfall-Versicherungs-Anstalt für das Königreich Böhmen um gütige Aufnahme als Hilfsbeamter und unterstützt diese Bitte mit Folgendem:
> [...][1]
>
> Hochlöblicher Vorstand! Der ergebenst Gefertigte erlaubt sich, sein Ansuchen de praes. 15. V. 1911 um Versetzung in die l. Gehaltsstufe der II. Rangclasse neuerlich vorzubringen und es mit Berufung auf dessen damalige Begründung einem löblichen Vorstand zu unterbreiten.
>
> Prag, am 27. November 1911
> Dr. Franz Kafka,
> Konzipist der Anstalt[2]

Kafkas Briefe an die „Arbeiter-Unfallversicherungs-Anstalt für das Königreich Böhmen in Prag", in deren Dienst er einen Monat nach seiner Bewerbung vom 30. Juni 1908 als Aushilfsbeamter trat, vermitteln das Bild eines zielstrebigen, mit der gehörigen Devotion sich in ansehnliche Positionen dienenden Bürokraten, der, weil ihm die Sätze so gut gelangen, nicht nur

---
[*] Die Briefe Kafkas werden nach folgenden Ausgaben zitiert:
Briefe 1902–1924, hg. v. Max Brod, Frankfurt a. M. 1958.
Briefe an Felice und andere Korrespondenz aus der Verlobungszeit, hg. v. Erich Heller und Jürgen Born, Frankfurt a. M. 1967.
Briefe an Ottla und die Familie, hg. v. Hartmut Binder und Klaus Wagenbach, Frankfurt a. M. 1974.
Briefe an Milena. Erweiterte und neu geordnete Ausgabe, hg. v. Jürgen Born und Michael Müller, Frankfurt a. M. 1983.
Amtliche Schriften, hg. v. Klaus Hermsdorf, Berlin (Ost) 1984.
Die Tagebücher Kafkas werden zitiert nach: Tagebücher 1910–1923, hg. v. Max Brod, Frankfurt a. M. 1954.

[1] Kafka an den Vorstand der Arbeiter-Unfallversicherungsanstalt für das Königreich Böhmen in Prag vom 30. Juni 1908 (Amtliche Schriften, S. 93).

[2] Ders. an dens. (Amtliche Schriften, S. 142).

mit den meisten seiner Bitten um Beförderung, Gehaltszulage, Sonderurlaub und schließlich um die „vorübergehende" Versetzung in den Ruhestand Erfolg hatte, sondern auch eine seinen Schreibfähigkeiten entsprechende Tätigkeit zu verrichten hatte: Schon im Mai 1910 wurde er als Lebenszeitbeamter mit dem Titel eines „Anstaltsconcipisten" zuständig für die Erledigung von wichtigen Korrespondenzen im Bereiche des Unfallschutzes, der fortan seine Domäne wurde. Das Lob der Direktion kam schon bald: „Unermüdlich fleissig und ambitiös. [...] Dr. Kafka ist ein eminent fleissiger Arbeiter von hervorragender Pflichttreue."[3]

Die Masse der amtlichen Korrespondenz Kafkas ist nicht bekannt. Doch reicht das inzwischen Überlieferte aus, um zu wissen, was sie enthielt: Stellungnahmen, Entscheidungen, Belehrungen, Vorschläge, Erläuterungen. Und ebenso wenig schwer ist es zu denken, wodurch sich diese Korrespondenz auszeichnete: durch Eindeutigkeit, Verständlichkeit und stilistische Brillanz, die sich hinter der anscheinenden Selbstverständlichkeit der Formulierungen verbarg: durch Simplizität im durchaus klassischen Sinn. Die Brief-Prosa des Versicherungsbeamten Kafka war äußerst sachlich und gleichwohl beweglich – in Duktus und Diktion dem jeweiligen Inhalt angepaßt. (Vielleicht ist sie der Sprache Heinrich von Kleists noch verwandter, als es die Erzähl-Prosa Kafkas ist.) – Eine der vielen Entschuldigungen für das Fernbleiben vom Dienst beginnt:

> Samstagnachmittag und Sonntag lag ich mit Fieber im Bett, heute ist mir besser. Entweder habe ich mich in der letzten Woche wieder verkühlt, was ja leicht möglich ist, oder aber das Fieber kommt geradewegs von der Lunge, in welcher der vorjährige Lungenspitzenkatarrh unter dem Andrang der schweren Grippe (bis 42° Fieber) und der Lungenentzündung wieder lebendig geworden ist.[4]

Fehlt hier ein Wort? Ist eines überflüssig? oder falsch? Wäre die Satzstellung zu verbessern?

An den Verlag Kurt Wolff:

> Aus der mich betreffenden Bemerkung in einem Brief an Max Brod sehe ich, daß auch Sie daran sind, von dem Gedanken an die Herausgabe des Novellenbuches abzugehn. Ich gebe Ihnen unter den gegenwärtigen Verhältnissen durchaus Recht, denn es ist jedenfalls höchst unwahrscheinlich, daß Sie das verkäufliche Buch, das Sie wollen, mit diesem Buch erhalten würden.[5]

---

[3] Vgl. Amtliche Schriften, S. 425.
[4] Ebd., S. 299 (Brief Kafkas vom 25. November 1918).
[5] Briefe 1902–1924, S. 147 (Brief vom 10. August 1916).

Franz Kafka als Briefschreiber

Auch solche Briefe, die der Schriftsteller Kafka gleichsam als Geschäftsmann schreibt, berühren nicht die Welt des Dichters, für den Poesie und Leben nicht zwei Seiten derselben Medaille, sondern dasselbe sind, er selbst nämlich, dessen Schicksal so einfach ist: „Der Sinn für die Darstellung meines traumhaften innern Lebens hat alles andere ins Nebensächliche gerückt und es ist in einer schrecklichen Weise verkümmert und hört nicht auf zu verkümmern."[6] Oder:

> Als es in meinem Organismus klar geworden war, daß das Schreiben die ergiebigste Richtung meines Wesens sei, drängte sich alles hin und ließ alle Fähigkeiten leerstehn, die sich auf die Freuden des Geschlechtes, des Essens, des Trinkens, des philosophischen Nachdenkens, der Musik zuallererst, richteten. Ich magerte nach allen diesen Richtungen ab.[7]

Oder: „Meine Lebensweise ist nur auf das Schreiben hin eingerichtet [...]."[8] Schließlich noch: „Ich habe kein literarisches Interesse, sondern bestehe aus Literatur, ich bin nichts anderes und kann nichts anderes sein."[9] Die beiden letzten Zitate stammen schon aus nicht-geschäftlichen Briefen Kafkas.

Wenn es wahr ist, daß für Kafka Schreiben (im Sinne von Dichten) und Leben eine unlösbare Einheit bildeten (ja, es sollten endlich die Versuche eingestellt werden, diese Einheit zu bezweifeln oder ihre Teile nach vorgeblich sorgfältiger Analyse schief zusammenzusetzen), dann wären das Bürowesen Kafkas und die mit ihm verbundenen Korrespondenzen ebenso uninteressant für den Interpreten des Kafkaschen Werkes – ja selbst für den Literarhistoriker – wie alle anderen Details seiner Biographie, die keinen literarischen Ausdruck gefunden haben. Das Nicht-Geschriebene ist das Nicht-Gelebte, die verworfene Literatur ist das annihilierte Leben, das jeder Spekulation abhold sein sollte. – Wo sich Briefe als Erweis von ‚Leben' zu erkennen geben, müssen sie in der Person des Schreibers mit ‚Dichtung' unmittelbar zu tun haben, sie sind deren notwendige Komplemente.

Daß Kafkas Leben in einer kaum vorstellbaren Einsamkeit verlaufen ist, hat er selbst oft genug – und immer glaubhaft – versichert. Freilich war ihm diese Einsamkeit notwendig, um nicht zu sehr durch Nicht-Leben vom Dichten abgedrängt zu werden. („Der Wunsch nach besinnungsloser Einsamkeit. Nur mir gegenübergestellt sein."[10] – „Ich brauche zu meinem

---

[6] Tagebücher, S. 420 (Eintragung vom 6. August 1914).
[7] Ebd., S. 229 (Eintragung vom 3. Januar 1912).
[8] Briefe an Felice, S. 66 (Brief vom 1. November 1912).
[9] Ebd., S. 444 (Brief vom 14. August 1913).
[10] Tagebücher, S. 306 (Eintragung vom 1. Juli 1913).

Schreiben Abgeschiedenheit, nicht ‚wie ein Einsiedler', das wäre nicht genug, sondern wie ein Toter."[11] – „Stillsein, ist das einzige Mittel zu leben, hier und dort."[12]) – Was aber bewirkt das Schreiben? „[...] das Hinausspringen aus der Totschlägerreihe, Tat-Beobachtung."[13] Weit führt das aber nicht: „Diese ganze Literatur ist Ansturm gegen die Grenze [...]."[14] Dazu paßt die Einsicht (zwei Jahre vor Kafkas Tod), „daß mein Leben bisher ein stehendes Marschieren war"[15]. Jahre vorher hatte er seinen Widerwillen gegen Antithesen auch damit begründet, daß sie ein „stehender Sturmlauf" seien[16]. Kafkas Leben und Dichten vollzog sich nicht dialektisch (fassungslos müßte er Hegel und Marx gegenübergestanden haben, wenn er sie studiert hätte), sondern in Antithesen, und zwar hoffnungslos: weder – noch.

Er lebte nicht in einer Einsiedelei, sondern in einer Großstadt; wenn auch einsam, so doch nicht allein. Viele drangen in sein Leben ein und prägten ihn, übten Einfluß aus auf seine Literatur: Eltern, Geschwister, Freunde, Liebende. Das Schreckliche, das sein Werk bestimmt, kam nicht daher (auch nicht vom Vater), sondern aus ihm selbst, und die Welt hatte es in ihn hineingelegt, die im Dichten allein zu personifizieren war. Hier hilft keine Psychologisierung weiter, weil für die ‚Wahrheit' nicht allein der Dichter bürgt. Das ‚Leben', das sich ihm aufdrang in anderen Menschen, das nicht abgewiesen werden konnte, da Literatur nicht stofflos sein kann und der Dichter, schon weil er Tinte braucht, sinnlich sein muß, ging fast ganz in die poetische Produktion Kafkas ein, aber es blieben Reste, die nun den Vergleich herausfordern, damit rubriziert werden kann: Widerstände des ‚Lebens' gegen die Poesie hier, Vereinnahmungen der Poesie dort.

Von den Privatbriefen Kafkas ist nur ein Teil – vielleicht die Hälfte, vielleicht weniger – überliefert. Von den überlieferten ist nicht alles bekannt, weil Rücksichten, Ängstlichkeiten und Nachlässigkeiten manche Briefe unterdrückt und etliche verstümmelt haben. Die Edition der Briefe, sofern sie von Nicht-Fachwissenschaftlern besorgt wurde (Max Brod, Willy Haas), ist unbefriedigend.[17]

---

[11] Briefe an Felice, S. 412 (Brief vom 26. Juni 1913).
[12] Briefe an Milena, S. 301 (Brief vielleicht vom 22. November 1920).
[13] Tagebücher, S. 563 (Eintragung vom 27. Januar 1922). Das Komma ist Zutat des Herausgebers Max Brod.
[14] Ebd., S. 553 (Eintragung vom 16. Januar 1922).
[15] Ebd., S. 560 (Eintragung vom 23. Januar 1922).
[16] Ebd., S. 169 (Eintragung vom 20. November 1911).
[17] Vgl. Max Brod zu der Ausgabe der Briefe 1902–1924: „Sprachfehler, Pragismen, orthographische Fehler sowie Interpunktionsversehen Kafkas habe ich nicht in gleichem Ausmaß berichtigt [!] wie bei der Herausgabe seiner dichterischen Werke. Nur in dringendsten Fällen habe ich eingegriffen."

Franz Kafka als Briefschreiber

Von den Menschen, die in Kafkas Leben Epoche gemacht haben – die also auch für den Dichter Kafka entscheidende Bedeutung erlangten –, sind (einstweilen?) einige durch die Gunst der Überlieferung für die Nachwelt in ebendieser Bedeutung erkennbar geworden: Max Brod, der nur um einige Monate jüngere Prager Freund, der seit 1902 und bis weit über Kafkas Tod hinaus dessen Weg begleitet und mitbestimmt hat; Ottla, die um neun Jahre jüngere Schwester und Freundin, mit der Kafka besonders in den letzten sieben Jahren seines Lebens einen intensiven Briefwechsel geführt hat; Felice Bauer, die um vier Jahre jüngere Freundin und zweimalige Verlobte; Milena Jesenská (verheiratete Polak), die Geliebte des Jahres 1920, damals vierundzwanzigjährig, und schließlich sei auch Grete Bloch erwähnt, die 1892 geborene Freundin Felice Bauers, die zwischen dieser und Kafka 1913 Vermittlungsdienste besorgte und dann – vermutlich – selbst Geliebte und – wahrscheinlich – sogar Mutter eines Kindes von Kafka wurde (der freilich über seine später von ihr angedeutete Vaterschaft nie etwas erfuhr). Die über siebzig bekannten Briefe, die Kafka von Oktober 1913 bis Oktober 1914 an Grete Bloch schrieb, sollen allerdings in den folgenden Bemerkungen unberücksichtigt bleiben, weil sie ein zu unklares, nämlich zu lückenhaftes Bild der Beziehung ergeben und daher Mißverständnisse begünstigen.

„Das Gesprochene kommt ihm wie ein Stock aus dem Mund", – mit diesem Satz eröffnete Brod seine Tagebuchnotizen über Kafka, und später erinnerte er sich, wie das wohl gemeint gewesen sein könnte: Kafka habe sich schon damals wie „immer und überall mit der ihm eigenen Gabe prägnanter Beobachtung und Vergleichung" ausgedrückt. „Und zwar völlig zwanglos, ungesucht, mit charmantester Natürlichkeit."[18] Stimmen Tagebuchnotiz und Erklärung zusammen? Das Bedrohliche des Stocks, der auf einen zukommt, wird abgebogen; zurück ins Innere Kafkas, so möchte es scheinen.

Die Ursache für Kafkas Mystifikation durch Brod ist nicht schwer zu erraten: Dieser war für jenen der Zurechnungspunkt in der ‚wirklichen' Welt, an der sich sein Leben rieb. Brod bedeutete für Kafka viel, weil er die

---

(Briefe 1902–1924, S. 495.) Willy Haas zur Ausgabe der Briefe an Milena (Frankfurt a. M. 1966, S. 219 f.): „Leider mußten in dieser Ausgabe gewisse Partien aus den Briefen mit Rücksicht auf noch lebende Personen gestrichen werden. […]. Um den nichtwissenschaftlichen, nur auf die gute Lesbarkeit hin ausgerichteten Charakter dieser Ausgabe noch zu betonen, wurden Weglassungen nicht besonders bezeichnet."

[18] Max Brod: Über Franz Kafka (Franz Kafka. Eine Biographie – Franz Kafkas Glauben und Lehre – Verzweiflung und Erlösung im Werk Franz Kafkas), Frankfurt a.M. 1974 (Fischer-Taschenbuch 1496), S. 41.

verläßliche Brücke bildete zu einem Bereich, in dem sich Kafka bewegen mußte, damit ihm bewußt wurde, wie nötig die Absonderung war, um leben zu können. Bei Bedarf ließ sich die Brücke auch hochziehen und wurde dann unbenutzbar. Daß sich die Beziehung zwischen Kafka und Brod zunächst nur langsam entwickelte, hat auch Brod berichtet: Es habe „einiger Jahre" bedurft, ehe sie „ganz vertraut" wurden.[19] Wie dieses Vertrautsein ‚funktionierte', erhellt aus Kafkas Briefen der letzten Jahre, jenen Briefen vor allem, die wegen Kafkas Abwesenheit von Prag einen Teil des mündlichen Gesprächs ersetzen mußten.

Kafka, von Dezember 1920 bis August 1921 in einem Lungensanatorium in Matliary in der Hohen Tatra, berichtet in dieser Zeit (in fünfzehn von Brod veröffentlichten Briefen) getreulich über seinen gesundheitlichen Zustand. („In der ersten Woche habe ich 1 Kilo 60 zugenommen"[20]; „Übrigens habe ich auch diese Woche an Gewicht zugenommen, im Ganzen in 4 Wochen 3 kg 40"[21]; „[...] wenn mir auch der Husten stärker, die Atemnot manchmal schwerer scheint, so steht doch dem gegenüber auch Positives: der Befund des Arztes, die jetzt allerdings stockende Gewichtszunahme und die günstige Temperatur"[22]; usw.) Er schreibt über Begegnungen, die ihm wichtig oder interessant erscheinen. („Gestern abend wurde ich gestört, aber freundlich, es ist ein 21jähriger Medizinstudent da, Budapester Jude, sehr strebend, klug, auch sehr literarisch"[23]; „Dabei habe ich auch hier ein, zwei kleine Spaziergänge mit einem Mädchen am Morgen im Wald gemacht, von denen immerhin gilt, was man von den Tafeln der Könige sagt: sie bogen sich unter der Fülle"[24]; usw.) Er vermerkt Belästigungen („Ein Gast, ein junger Mensch, krank aber fröhlich, singt ein wenig unter meinem Balkon oder unterhält sich auf dem Balkon über mir mit einem Freund [...] und ich winde mich auf meinem Liegestuhl fast in Krämpfen, das Herz kann es nicht ertragen, in die Schläfen bohrt sich jedes Wort ein"[25].) Er geht, natürlich auch – offenbar sorgfältig – auf die Briefe ein, die er von Brod bekommt. Einen großen Raum nehmen die – von Brod nicht selten angeregten und erwiderten – Betrachtungen über die Beziehungen zu anderen Menschen ein, die immer kompliziert erscheinen: zu Milena, zu Felice (noch immer!), zum Briefpartner (Brod) – kompliziert wie die Beziehung

---

[19] Ebd., S. 53.
[20] Briefe 1902–1924, S. 285 (Brief vom 31. Dezember 1920).
[21] Ebd., S. 295 (Brief von Ende Januar 1921).
[22] Ebd., S. 305 (Brief von Anfang März 1921).
[23] Ebd., S. 302 (Brief von Anfang Februar 1921).
[24] Ebd., S. 331 (Brief von Ende Mai/Anfang Juni 1921).
[25] Ebd., S. 288 (Brief vom 13. Januar 1921).

Kafkas zu sich selbst. Dabei wird deutlich: Über Mitteilungen, die Fakten der jeweiligen Beziehung berühren, läßt sich reden, über Urteile und Ansichten Kafkas, die ganz aus seinem Innern kommen, ist dem Gegenüber (gleichgültig, ob Brod oder dem späteren Leser) keine Wenn-und-aber-Überlegung, sondern nur eine So-ist-es-Feststellung möglich.

„Ich habe für F.[elice] die Liebe eines unglücklichen Feldherrn zu der Stadt, die er nicht erobern konnte, die aber ‚trotzdem' etwas Großes – glückliche Mutter zweier Kinder – geworden ist."[26] Über die in solche Vergleiche abgeschobene Beziehung – deren Ausstellung nur so gelingen konnte – durfte, ja sollte vielleicht eine Antwort erfolgen; die Mitteilung gestattet wohl auch die Korrektur oder Modifikation. Eine andere Briefstelle, zu der verschiedene Stellungnahmen hätten erwartet werden können:

[...] heute [...] kam ein Brief von M.[ilena]. Ich soll Dir nichts von ihm sagen, denn sie habe Dir versprochen, mir nicht zu schreiben. Ich schicke das voraus, und damit ist es ja in Beziehung auf M. so, wie wenn ich Dir nichts gesagt hätte; das weiß ich. Was für ein Glück, Max, Dich zu haben.[27]

Wie aber hatte er ihn? Brod leistete Botendienste, räumte Hindernisse hinweg, räsonierte über sein Leben, das der andere nicht kannte, und über das des anderen, das er nicht kannte. Nicht ihm, dem Freund, sondern Milena, der Geliebten, die sich fernhalten mußte, übergab Kafka im Oktober 1921 seine Tagebücher. Welche Überraschung wird es für Brod gewesen sein, als er darin später las: „Heute früh zum erstenmal seit langer Zeit wieder die Freude an der Vorstellung eines in meinem Herzen gedrehten Messers."[28] „Immerfort die Vorstellung eines breiten Selchermessers, das eiligst und mit mechanischer Regelmäßigkeit von der Seite her in mich hineinfährt [...]."[29] „Ein segmentartiges Stück ist ihm aus dem Hinterkopf herausgeschnitten. Mit der Sonne schaut die ganze Welt hinein."[30] Brod blieb indes bei seinem Kafka-Bild, das ihm die Erinnerung schenkte:

Die Fülle seiner Gedanken, die er meist in heiterem Ton vorbrachte, machte ihn, um nur den niedersten Grad anzudeuten, zumindest zu einem der unterhaltendsten Menschen, denen ich je begegnet bin [und wievielen ist Brod

---

[26] Ebd., S. 285 (Brief vom 31. Dezember 1920).
[27] Ebd., S. 316 (Brief von Mitte April 1921).
[28] Tagebücher, S. 137 (Eintragung vom 2. November 1911).
[29] Ebd., S. 305 (Eintragung vom 4. Mai 1913).
[30] Ebd., S. 541 (Eintragung vom 9. Januar 1920).

begegnet] [...], er konnte begeistert und hingerissen sein, des Scherzens und Lachens war dann kein Ende [...].[31]

Es wundert nicht, daß Kafka die Distanz, die ihn von Brod trennte, nur selten dadurch betonte, daß er etwas Unwidersprechliches aussprach, etwas nur ihn Betreffendes, – Lebenszeugnisse preisgab, die ihn, vorbei an Beziehungen zu anderen, in einen Kreis einschlossen, der, obwohl nur durch den Tod zu durchbrechen, das Leben und das Dichten nicht garantieren konnte. Verständlich auch dieses: Ein flüchtiger Blick auf die

> glücklichen Zeiten der Kindheit, als die Tür noch geschlossen war, hinter der das Gericht beriet (der alle Türen füllende Geschworenen-Vater ist seitdem längst hervorgetreten), später aber war es so, daß der Körper jedes zweiten Mädchens mich lockte, der Körper jenes Mädchens, in das ich (deshalb?) meine Hoffnung setzte, gar nicht. Solange sie sich mir entzog (F) oder solange wir eines waren (M), war es mir eine Drohung von ferne und nicht einmal gar so ferne, sobald aber irgendeine Kleinigkeit geschah, brach alles zusammen.[32]

Schwerer übertragbar, aber immerhin subjektiv nachvollziehbar, das Diktum:

> Die Tuberkulose hat ihren Sitz ebensowenig in der Lunge, wie z. B. der Weltkrieg seine Ursache im Ultimatum. Es gibt nur eine Krankheit, nicht mehr, und diese eine Krankheit wird von der Medizin blindlings gejagt wie ein Tier durch endlose Wälder.[33]

Mit dieser Krankheit, der nie erreichbaren, hängt zusammen, daß Kafka sich immer gezerrt fühlte von unerträglichem Lärm, der von überallher auf ihn eindrang, wobei ihm die „Lärmtrompeten des Nichts"[34] besonders arg mitspielten. Ein Bericht an Brod über Lärm im Sanatorium schließt: „Aber es ist auch nicht der Lärm hier, um den es sich handelt, sondern der Lärm der Welt und nicht einmal dieser Lärm, sondern mein eigenes Nichtlärmen."[35] Sind das Bewußtsein der Andersartigkeit und der Wunsch nach Absonderung exakter zu formulieren? Bemerkungen von derartiger Grundsätzlichkeit finden sich zwar nicht häufig in den Briefen an Brod, aber doch

---

[31] Max Brod (Anm. 18), S. 42.
[32] Briefe 1902–1924, S. 317 (Brief von Mitte April 1921).
[33] Ebd., S. 320 (Brief von April 1921).
[34] Tagebücher, S. 523 (Eintragung vom 4. August 1917).
[35] Briefe 1902–1924, S. 328 (Brief von Ende Mai/Anfang Juni 1921). Zum Lärm vgl. ebd., S. 379, 388, 390, 392, 407, 413 u. ö.

so oft, daß dieses Briefcorpus seinen Rang behauptet gegenüber fast allen gedruckten Briefwechseln dieses Jahrhunderts. Je näher Kafka ans Ende seines Lebens kam, umso stärker wurde sein Bedürfnis, sich dem Freund verständlich zu machen, Rechenschaft abzulegen über die vergeblichen Bemühungen, zum Leben zu gelangen. Wem anderen hätte er schreiben können, was er am 5. Juli 1922 aus Planá an Brod, in dem er einen Zeugen für sich zu gewinnen suchte, geschrieben hat:

> Das Schreiben erhält mich, aber ist es nicht richtiger zu sagen, daß es diese Art Leben erhält? Damit meine ich natürlich nicht, daß mein Leben besser ist, wenn ich nicht schreibe. Vielmehr ist es dann viel schlimmer und gänzlich unerträglich und muß mit dem Irrsinn enden. Aber das freilich nur unter der Bedingung, daß ich, wie es tatsächlich der Fall ist, auch wenn ich nicht schreibe, Schriftsteller bin und ein nicht schreibender Schriftsteller ist allerdings ein den Irrsinn herausforderndes Unding. Aber wie ist es mit dem Schriftstellersein selbst? Das Schreiben ist ein süßer wunderbarer Lohn, aber wofür? In der Nacht war es mir mit der Deutlichkeit kindlichen Anschauungsunterrichtes klar, daß es der Lohn für Teufelsdienst ist. Dieses Hinabgehen zu den dunklen Mächten, diese Entfesselung von Natur aus gebundener Geister, fragwürdige Umarmungen und was alles noch unten vor sich gehen mag, von dem man oben nichts mehr weiß, wenn man im Sonnenlicht Geschichten schreibt.[36]

Als der Freund sich mit solchen Ansichten nicht einverstanden erklärt, macht Kafka sie zur Meinung über sich selbst und fügt hinzu, daß er unfähig sein würde zu schreiben, wenn es möglich wäre, glücklich zu sein, ohne zu schreiben.[37]

Über Brods Kafka-Verständnis zur Zeit der Korrespondenz, d. h. zu Lebzeiten des Dichters, läßt sich aus Mangel an brieflichen Zeugnissen nicht urteilen. Doch mag einiges Gewicht haben, was Kafka Mitte 1913, also nach mehr als zehnjährigem Umgang mit Brod, über sein Verhältnis zu diesem äußerte:

> Ich glaube wirklich, ich bin für den menschlichen Verkehr verloren. Ein fortgesetztes, lebendig sich aufbauendes Gespräch mit einem einzelnen zu führen bin ich gänzlich außerstande […]. Ich war z. B. mit Max in den vielen Jahren, seitdem wir uns kennen, doch schon so oft allein beisammen […], aber ich kann mich nicht erinnern […], ein großes, zusammenhängendes,

---

[36] Ebd., S. 384 (Brief vom 5. Juli 1922).
[37] Vgl. ebd., S. 392 (Brief vom 12. Juli 1922).

mein ganzes Wesen heraushebendes Gespräch mit ihm geführt zu haben [...].[38]

Daß solche Gespräche gar nicht stattfinden konnten, zeigen Kafkas Briefe gerade in den Partien, in denen er sein Wesen herauszuheben sich bemühte: Darauf gab es keine Antworten.

Ottla, Kafkas jüngste Schwester, wurde von dem Bruder mehr geliebt als alle übrigen Verwandten, weil sie um Verständnis für ihn bemüht war und dabei Erfolg hatte: Sie verstehe „manches, sogar vieles", notierte Kafka im Mai 1915 in sein Tagebuch[39], mehr auf jeden Fall als Brod, der nur „manches" verstehe. (Die Anti-Klimax endet: „F. versteht vielleicht gar nichts [...]."[40]) Und in einem Brief an Felice heißt es über die 24jährige Schwester:

> Ottla scheint mir zuzeiten so, wie ich eine Mutter in der Ferne wollte: rein, wahrhaftig, ehrlich, folgerichtig, Demütigkeit und Stolz, Empfänglichkeit und Abgrenzung, Hingabe und Selbständigkeit, Scheu und Mut in untrüglichem Gleichgewicht.[41]

Nicht nur eine ferne Mutter, sondern auch eine nahe Geliebte wird Kafka so gewollt haben.

Kafkas Briefe an Ottla atmen eine natürliche, durch die verwandtschaftliche Beziehung nicht verdächtige Intimität, die durch häufige Zusammenkünfte im Badezimmer der elterlichen Wohnung, wo u.a. die Probleme, die der Vater aufgab, verhandelt wurden, begründet und gefestigt worden ist. Im September 1917 schreibt Kafka aus Zürau, wo Ottla seit April lebt und wohin er nach seinem Lungenblutsturz vom 10. August zur Erholung gegangen ist, an Brod: „Ottla trägt mich wirklich förmlich auf ihren Flügeln durch die schwierige Welt"[42]; und wenig später: „Mit Ottla lebe ich in kleiner guter Ehe; Ehe nicht auf Grund des üblichen gewaltsamen Stromschlusses, sondern des mit kleinen Windungen geradeaus Hinströmens."[43]

Wie das gemeint ist, verraten die Briefe an Ottla: Fast ängstlich, so scheint es, vermeidet es Kafka, das gute Verhältnis zur Schwester, das Einverständnis mit ihr dadurch auf die Probe zu stellen und zu gefährden, daß

---

[38] Briefe an Felice, S. 401 (Brief vom 10.–16. Juni 1913).
[39] Tagebücher, S. 475 (Eintragung vom 4. Mai 1915).
[40] Ebd., S. 476.
[41] Briefe an Felice, S. 730 (Brief vermutlich vom 19. Oktober 1916).
[42] Briefe 1902–1924, S. 161 (Brief von Mitte September 1917).
[43] Ebd., S. 165 (Brief von Mitte September 1917).

er über die geheimsten Überzeugungen, die den Zusammenhang seines Dichtens mit seinem Leben etwa oder den von Krankheit und Glück betreffen, reflektiert. Er schreibt vornehmlich über das sogenannte Alltägliche: über sein Befinden, über Arztbesuche, über die Haushaltungsschule in Budweis, über das Wetter, über Gespräche, über Fahrten hierhin und dorthin. Der Ernst zeigt sich ganz leicht:

> Elli und Valli lasse ich natürlich wieder ganz besonders grüßen. Wie meinst Du es? Ich lasse sie grüßen, weil grüßen leicht ist und schreibe ihnen nicht, weil schreiben schwer ist? Gar nicht. Ich lasse sie grüßen, weil sie meine lieben Schwestern sind und schreibe ihnen nicht besonders, weil ich Dir schreibe! Am Ende wirst Du sagen daß ich auch Deine Tochter nur grüßen lasse, weil Schreiben schwer ist. Und doch ist Schreiben nicht schwerer, als alles andere, eher ein wenig leichter.[44]

Warum hat Kafka, wenn Schreiben das noch am wenigsten Schwere ist, nicht an die anderen Schwestern und die Nichte geschrieben? Die Antwort liegt auf der Hand: Für die Schwestern sind Briefe so wenig angebracht wie für die 14 Tage alte Nichte.

Von der Verzweiflung schreibt Kafka der Schwester gelegentlich, aber nur obenhin, so, als wisse sie ja, was das bei ihm bedeute; auch von seiner Reizbarkeit, Lärmempfindlichkeit, seiner Furcht vor Prag und dem Vater. Die Andeutungen müssen genügen; nähere Ausführungen müßten die Beziehung zur Schwester strapazieren. Zwar schreibt er einmal beiläufig, bei seiner Tuberkulose handle es sich um den Fall einer „geistigen Krankheit"[45], aber wie er das verstanden wissen will, findet sich nur in einem gleichzeitigen Brief an Brod (über „die Wunde, deren Sinnbild nur die Lungenwunde ist"[46]).

Kafka hat Ottla geliebt, weil sie nicht forderte noch erwartete, seine Geliebte zu sein. Hat Kafka ausgeschlossen, daß sie es jemals werden könnte? Anfang Februar 1919 schreibt er auf eine Postkarte:

> Liebe Ottla heute in der Nacht zwischen dem 31. I und 1. II wachte ich etwa um 5 Uhr auf und hörte Dich vor der Zimmertür ‚Franz' rufen, zart, aber ich hörte es deutlich. Ich antwortete gleich aber es rührte sich nichts mehr. Was wolltest Du? Dein Franz.[47]

---

[44] Briefe an Ottla, S. 121 (Brief von April 1921).
[45] Ebd., S. 40 (Brief vom 29. August 1917).
[46] Briefe 1902–1924, S. 161 (Brief von Mitte September 1917).
[47] Briefe an Ottla, S. 63.

Franz Kafka als Briefschreiber

Hatte er geträumt, Ottla wolle von ihm beschützt werden, vielleicht vor ihrem Verlobten? Dabei meinte er es ernst, wenn er von „intimen Briefen" an die Schwester nur in Anführungszeichen schrieb. In welche Grenzsituationen Intimitäten – nicht die mit sich selbst, sondern die mit anderen Menschen – führen konnten, hatte Kafka durch ein Jahrfünft hindurch (so lange dauerte seine wechselvolle Beziehung zu Felice Bauer) schmerzlich erfahren. Und der Nachwelt ist diese schmerzliche Erfahrung vermittelt in einem Kompendium von Briefen, die, wie ein Kritiker nach der Veröffentlichung bündig schrieb, „die bisherige Briefliteratur, auch die beste, deklassieren, ähnlich wie dies im Verhältnis von Kafkas dichterischer Prosa zur übrigen zeitgenössischen Literatur geschieht."[48]

Felice Bauer, die Tochter eines Berliner Versicherungsagenten, lernte Kafka am 13. August 1912 bei Max Brod kennen. Eine Woche später beschrieb er sie in seinem Tagebuch („Knochiges leeres Gesicht, das seine Leere offen trug") und gab an, daß er schon nach wenigen Augenblicken „ein unerschütterliches Urteil" über sie gehabt habe.[49] Was er an ihr schätzte und was ihn bewog, nach einigen Wochen (am 20. September) den Briefwechsel mit ihr aufzunehmen, waren Eigenschaften, die er später öfter an ihr rühmte: Offenheit und Güte[50], Anteilnahme und Sicherheit des Handelns[51], Eigenschaften, die ihm, wie er glaubte, völlig abgingen. (Das ihm nicht Eigene war für Kafka ja häufig besonders attraktiv, die Schwergewichtigkeit etwa, die den Menschen erst zum „eigentliche[n] Erdenbürger" mache, da sie die Bedingung seiner Vertrauenswürdigkeit sei.[52])

Kafkas Briefe an Felice sind der getreue, nichts verfälschende Spiegel des unerbittlichen und schließlich vergeblichen Kampfes eines Ich um ein Nicht-Ich, um die Aufhebung einer Identität, die in ihrer Besonderheit: der Einheit von ‚Leben' und Schreiben für die ‚Welt' nicht besteht und also verloren ist. Mit Mitteln der Literatur versucht Kafka, sich aus dem Kreis, der ihm durch Literatur gezogen ist, herauszusprengen, sich zu retten zu den anderen, die er, der Unglückliche, für glücklich hält. Er löst das Münchhausen-Problem, wie ein Mensch sich an den eigenen Haaren aus dem Sumpf zieht, nicht: Und was unternahm er nicht alles, um zum Erfolg zu kommen. Am Ende war bewiesen, was am Anfang als These formuliert worden war – in der in der Nacht vom 22. zum 23. September 1912 entstandenen Erzählung „Das Urteil": Wer sich weggibt an die Welt, ist mit dem Tode zu bestrafen. Hellsichtiger hat kaum je ein Dichter die Summe

---

[48] Joachim Günther in: Neue Deutsche Hefte 15 (1968), H. 3, S. 128.
[49] Tagebücher, S. 285.
[50] Vgl. Briefe an Felice, S. 322 (Brief vom 2./3. März 1913).
[51] Vgl. ebd., S. 382 (Brief vom 13. Mai 1913).
[52] Briefe an Milena, S. 24 (Brief vom 30. Mai 1920).

seiner Existenz gezogen, bevor diese recht eigentlich auf ihre Bahn gekommen war.

Beim Erstdruck (1913) hat Kafka „Das Urteil" unterschrieben: „Eine Geschichte von Franz Kafka für Fräulein Felice B.", – er hat also geschrieben, um Felice ein Geschenk zu machen („Deine kleine Geschichte" nennt er es auch mehrmals[53]), ein Danaergeschenk, das die Beschenkte als Todesengel ausstellt: „Georg geht aber an der Braut zugrunde."[54] (Die Parallelität der Georg/Frieda- und Franz/Felice-Geschichten ist bekannt; Kafka hat selbst oft genug darüber gesprochen.) – 1916, zwischen der ersten Entlobung und der zweiten Verlobung, wird die zweite Auflage des „Urteils" Felice nur noch gewidmet: „Für F.". 1920, bei der dritten Auflage, war auch diese Widmung überflüssig geworden.

Es begann also mit einer doppelten Anstrengung: der intensiven Werbung um Felice und einer staunenswerten literarischen Produktion (in etwa 10 Wochen schreibt Kafka – die Briefe und Tagebucheintragungen nicht gerechnet – über 400 Seiten), der Zusammenhang liegt auf der Hand: *„Nur so kann geschrieben werden, nur in einem solchen Zusammenhang, mit solcher vollständigen Öffnung des Leibes und der Seele."*[55] Er habe sein Leben um das Denken an Felice erweitert, schreibt Kafka am 1. November 1912 nach Berlin, das habe mit seinem gelingenden Schreiben zu tun: „gewiß hätte ich in einer Zeit matten Schreibens niemals den Mut gehabt, mich an Sie zu wenden."[56] Im selben Brief steht der schon zitierte Satz: „Meine Lebensweise ist nur auf das Schreiben hin eingerichtet […]." Bedeutet das etwas anderes, als daß Felice nur die Chance einer Beziehung zu Kafka hat, wenn sie sich seinem Schreiben opfert? Es bedeutet etwas ganz anderes: Kafka bewirbt sich um die Möglichkeit, sein Leben neu zu organisieren. Da ihm klar ist, daß Bedingung und Wirklichkeit seines Lebens, das Schreiben, stets durch sich selbst bedroht sind, hält er, wie ein treusorgender Hausvater, in Zeiten der Fülle und des Gelingens Ausschau nach Lebensersatz für die Zeiten der Leere und des Scheiterns. Wer kann, außer ihm, sagen, daß er sich dabei betrügt?

Aber es gibt, wie der Lebensversuch zeigt, für Kafka nie ernsthaft die Alternative Literatur – Nichtliteratur, es gibt nur beides zusammen, Literatur und Nichtliteratur, und diese Nichtliteratur ist, wie Fichtes Nicht-Ich die Bedingung des Ich ist, die Bedingung der Literatur und nichts sonst, kann

---

[53] Vgl. Briefe an Felice, S. 144, 156, 298 (Briefe vom 30. November 1912, 4./5. Dezember 1912 und 13./14. Februar 1913).
[54] Tagebücher, S. 315 (Eintragung vom 14. August 1913, ein Jahr nach der ersten Begegnung).
[55] Ebd., S. 294 (Eintragung vom 23. September 1912).
[56] Briefe an Felice, S. 66.

also nicht ins ‚Leben' eingreifen, hat nichts mit Felice, nichts mit der Versicherungsanstalt und nichts mit Musik zu tun.

So unbestreitbar richtig es ist, daß die Annäherung an Felice nur in einer Situation der durch das Schreiben erzeugten Selbstgewißheit erfolgen konnte, so falsch wäre es anzunehmen, das eine sei das Korrelat des anderen, in dem Sinne etwa, daß durch das Schreiben die Ausschweifung ins ‚andere Leben' im Gleichgewicht gehalten worden sei und umgekehrt. Nein, die Niederschrift des Romans „Der Verschollene" eignete sich nicht zur Kompensation einer Liebesbeziehung. Diese wurde vielmehr – in allen Stadien: erdacht, erhofft, verwirklicht, gestört, erinnert – wenn nicht im Gleichgewicht, so doch unter leidlicher Kontrolle gehalten durch die angestrengte Reflexion, wie sie in den Briefen überliefert ist. Diese können freilich, da sie unter dem ständigen Zwang zur Gerechtigkeit gegenüber dem schriftstellerischen Werk stehen, als Versuche der Vermittlung zwischen Innen und Außen, zwischen Person und Welt, zwischen Sammlung des Schreibenden und Hin-Gabe des Liebenden gesehen werden; als scheiternde Versuche selbstverständlich.

Es begann also mit einem „Sehr geehrtes Fräulein!"-Brief am 20. September 1912, fünf Wochen nach der Begegnung, bei der, wie Kafka in Erinnerung bringt, eine gemeinsame Palästina-Reise vereinbart worden war. Dazu seien nun die Vorbereitungen zu treffen. Daß davon schon bald nicht mehr die Rede ist, bedarf keiner Begründung. Schnell ist Kafka – schon in seinem nächsten Brief vom 28. September – bei der Vorstellung seiner eigenen Person angelangt:

> Was für Launen halten mich, Fräulein! Ein Regen von Nervositäten geht ununterbrochen auf mich herunter. Was ich jetzt will, will ich nächstens nicht. Wenn ich auf der Stiege oben bin, weiß ich noch immer nicht, in welchem Zustand ich sein werde, wenn ich in die Wohnung trete. Ich muß Unsicherheiten in mir aufhäufen, ehe sie eine kleine Sicherheit oder ein Brief werden.[57]

Eine seltsame Empfehlung, wenn es denn eine sein soll. Fast kein Brief inskünftig ohne Klagen über Mißlichkeiten: „War das heute eine tüchtig schlaflose Nacht", beginnt der fünfte Brief vom 24. Oktober, der mit einem Seufzer über Störungen im Büro endet.[58] Drei Tage später, im folgenden Brief, ist von den „trostlos sich aufbauenden Tage[n]", der „unerbittlichen Maschinerie" des Wochenablaufs die Rede, auch von „Dämmerzuständen[n], in denen ich nichts anderes klar erkenne außer meine eigene Nichts-

---

[57] Ebd., S. 45.
[58] Vgl. ebd., S. 51–54.

nutzigkeit".⁵⁹ Und so geht es weiter. Daneben genaue Beschreibungen der Tagesabläufe, Fragen über Fragen in den ersten Wochen an Felice, etwa am 2. November: „Wie denn? Sie werden auch müde? [...] Wie sind Sie denn im Bureau angezogen? Und worin besteht Ihre Hauptarbeit? Sie schreiben oder diktieren? [...] Was wird da [im Büro] gemacht? Nur Parlographen? Ja kauft denn das jemand?"⁶⁰

Klarheit will Kafka über Felices Lebensumstände gewinnen, wie er Klarheit über sich selbst vermitteln möchte. Antwortet sie, dann ist er glücklich, dann findet er sich verstanden, weil es ihm gelungen ist, Interesse zu erwecken; und so nähert er sich ihr: in Kreisbewegungen; aus dem sehr geehrten Fräulein ist schon bald ein gnädiges geworden, das liebe folgt („Liebes Fräulein Felice"), schon am 7. November lautet die Anrede „Liebstes Fräulein Felice", eine Woche später: „Liebste, Liebste!"; das „Du" war schon drei Tage vorher etwas hilflos zur Debatte gestellt worden. Dann:

> Liebste, Liebste! Wenn es so viel Güte in der Welt gibt, dann muß man sich nicht fürchten, muß nicht unruhig sein. Dein Brief kam – ich saß bei meinem Chef und wir besprachen die Versicherung der Feldspatgruben – da packte ich den Brief wieder mit dem alten Händezittern und sah den Chef wie eine Erscheinung an. Aber kaum hatte ich ihn zwei- dreimal gelesen, war ich so ruhig, wie ich es mir schon lange gewünscht und worum ich vor 3 Tagen in der Nacht gebetet habe.

Was war geschehen? Nur das Du war von ihr verwendet worden, „dieses Du, für das ich Dir auf den Knien danke, denn die Unruhe um Dich hat es mir abgezwungen und nun gibst Du es mir ruhig wieder zurück. Du Liebste! Kann ich jetzt Deiner sicher sein?"⁶¹ Die rhetorische Frage – sie konnte nur mit Nein beantwortet werden, und Kafka wußte das am besten – ist eine Variante des stehenden Marschierens gegen die Grenze, die sich Kafka selbst gezogen hatte, als er seine Berufung zum Schreiben angenommen hatte. Die Einsicht stand schon in einem Brief vom 9. November:

> Sie dürfen mir nicht mehr schreiben, auch ich werde Ihnen nicht mehr schreiben. Ich müßte Sie durch mein Schreiben unglücklich machen, und mir ist doch nicht zu helfen. Um das einzusehen, hätte ich es nicht nötig gehabt, alle Uhrenschläge der heutigen Nacht abzuzählen, ich habe es ja vor meinem ersten Briefe klar gewußt, und wenn ich mich trotzdem an Sie zu hängen versucht habe, so verdiente ich allerdings dafür verflucht zu werden, wenn

---

[59] Ebd., S. 55 u. 60.
[60] Ebd., S. 68 f.
[61] Ebd., S. 89 f.

ich es nicht schon wäre. [...] Vergessen Sie rasch das Gespenst, das ich bin, und leben Sie fröhlich und ruhig wie früher."[62]

Dieser Brief wurde nicht abgeschickt. Daß Kafka ihn aufhob, mag darauf hindeuten, daß er sich von der Wahrheit nicht trennen wollte, um nicht noch schwächer zu werden. Statt der Trennung das andere Extrem: eine förmliche Briefwut als Ersatz für die verhinderte Lösung des Verhältnisses und als Ersatz für das Zusammensein Hand in Hand oder sonstwie. Dann wird, in der Erregung, auch schon einmal etwas ineinandergemengt, das sich nicht verträgt: das Schreiben und Felice. Am „Verschollenen" arbeitet Kafka im November wie ein Besessener:

[...] ich [will] mich bis zum letzten Atemzug für meinen Roman aufbrauchen [...], der ja auch Ihnen gehört oder besser eine klarere Vorstellung von dem Guten in mir Ihnen geben soll als es die bloß hinweisenden Worte der längsten Briefe des längsten Lebens könnten.[63]

Wie sollte Felice Kafkas Dichtungen verstehen? Die Gefahren der Beziehung werden offenkundig: „im Vertrauen gesagt, ich schreibe seit paar Tagen schrecklich wenig, ja fast nichts, ich habe zu viel mit Dir zu tun, zu viel an Dich zu denken."[64] So schon am 15. November, und zwei Tage später: „ich war [...] entschlossen, nicht früher aus dem Bett zu gehn ehe der Brief kam und zu diesem Entschluß gehörte keine besondere Kraft, ich konnte einfach vor Traurigkeit nicht aufstehn." Immerhin fiel ihm „in dem Jammer im Bett" „eine kleine Geschichte" ein, die ihn „innerlichst bedrängt".[65] („Die Verwandlung" kündigt sich an.)

Als die Produktion im Dezember zu stocken beginnt, wird auch das Verhältnis zu Felice in ein neues Licht gerückt. Plötzlich wird „das Fürchterliche der Kinderlosigkeit" zum Thema, das Kafka für sich benutzt: „[...] das auf mich zu nehmen, muß ich mich bereit machen, denn von allem sonstigen abgesehen, dem Wagnis, Vater zu sein, würde ich mich niemals aussetzen dürfen."[66] Es kündigt sich an, was Kafka am deutlichsten ins Tagebuch geschrieben hat: „Möglichst asketisch leben, asketischer als ein Junggeselle, das ist die einzige Möglichkeit für mich, die Ehe zu ertragen."[67] Ehe also nur in körperlicher Enthaltsamkeit, – wenigstens eine Ehe

---

[62] Ebd., S. 83 f.
[63] Ebd., S. 86 (Brief vom 11. November 1912).
[64] Ebd., S. 95.
[65] Ebd., S. 101 f.
[66] Ebd., S. 221 (Brief vom 30./31. Dezember 1912).
[67] Tagebücher, S. 315 (Eintragung vom 14. August 1913).

mit Felice, deren Körperlichkeit das Schreiben zunichte machen würde, ohne es ersetzen zu können, und ohne Ersatz kann es nicht aufgegeben werden: „Liebste, ich bitte Dich jedenfalls mit aufgehobenen Händen, sei nicht auf meinen Roman eifersüchtig. [...] Der Roman bin ich, meine Geschichten sind ich, wo wäre da, ich bitte Dich, der geringste Platz für Eifersucht."[68] Felice, so scheint's, merkte nicht die Sophistik solcher Wendungen: daß sie einen Roman lieben oder heiraten sollte. Zwei Tage später, in der Nacht vom 5. zum 6. Januar 1913, wird Kafka noch deutlicher: „Arme, arme Liebste, möchtest Du Dich doch nie gezwungen fühlen, diesen elenden Roman zu lesen [...]. Schließlich kann es keinen schönern, der vollkommenen Verzweiflung würdigern Ort für das Sterben geben als einen eigenen Roman."[69] Mit diesem „Roman" war ja nicht nur „Der Verschollene" gemeint. Konnte Kafka deutlicher werden? Und konnte er die Verwirr-Spiele fortsetzen, was eine Steigerung schrecklicher Denkmöglichkeiten, eine Ausweitung der Phantasie ins Literarische erforderte?

Kafka erspart seiner Freundin und sich nichts: Er trifft sie Ende März 1913 in Berlin, dann weiß er (und schreibt es ihr), daß sie ihn „nicht genug" kenne und es ihm „unbegreiflich" sei, wie sie Naheliegendes nicht wahrnehme.[70] Und dann, am 1. April:

Meine eigentliche Furcht – es kann wohl nichts Schlimmeres gesagt und angehört werden – ist die, daß ich Dich niemals werde besitzen können. Daß ich im günstigsten Falle darauf beschränkt bleiben werde, wie ein besinnungslos treuer Hund Deine zerstreut mir überlassene Hand zu küssen, was kein Liebeszeichen sein wird, sondern nur ein Zeichen der Verzweiflung des zur Stummheit und ewigen Entfernung verurteilten Tieres. [...] Daß ich mit Dir Hand in Hand scheinbar verbunden an der ganzen Welt vorüberfahre und daß nichts davon wahr ist.[71]

Nach einem halben Jahr ist die Hälfte der Briefschreibe-Arbeit von fünf Jahren getan. Das Fazit ist bereits gezogen:

Weißt Du, Liebste, diese Mischung von Glück und Unglück, die mein Verhältnis zu Dir bedeutet (Glück – weil Du mich noch nicht verlassen hast und wenn Du mich verlassen solltest, mir noch einmal gut gewesen bist, Unglück – weil ich die Probe auf meinen Wert, die Du für mich bedeutest, so

---

[68] Briefe an Felice, S. 226 (Brief vom 2./3. Januar 1913).
[69] Ebd., S. 231.
[70] Ebd., S. 348 (Brief vom 28. März 1913).
[71] Ebd., S. 351 f.

elend bestehe), jagt mich im Kreis herum, als wäre ich der Überflüssigste auf dieser Welt."[72]

Den Einsichten opponiert der Wille zu heiraten.[73] Deshalb überredet sich Kafka zuweilen, daß er sein Leben aus den Briefen der fernen Freundin „sauge"[74]; daß diese aber begreifen müsse, daß er sein „eigentliches gutes Wesen" nur im Schreiben offenbaren könne[75]; und daß sie deshalb gewärtig sein müsse, vom Ehemann, ihm, Kafka, „nichts zu wissen, als daß er in seinem Zimmer sitzt und schreibt"[76].

Alles steuerte auf die Katastrophe zu. Kafka macht Felice einen Heiratsantrag, den sie annimmt; darauf er, gespielt erstaunt:

> Du willst also trotz allem das Kreuz auf Dich nehmen, Felice? Etwas Unmögliches versuchen? Du hast mich darin mißverstanden, ich sagte nicht, durch das Schreiben solle alles klarer werden, werde aber schlimmer, sondern ich sagte, durch das Schreiben werde alles klarer und schlimmer. So meinte ich es. Du aber meinst es nicht so und willst doch zu mir.[77]

Wie hätte Felice, die so vieles mißverstand, zu Kafka kommen können? Der schrieb, er habe

> *Angst vor der Verbindung* selbst mit dem geliebtesten Menschen, und gerade mit ihm. [...] Ich habe das bestimmte Gefühl, durch die Ehe, *durch die Verbindung, durch die Auflösung* dieses Nichtigen, das ich bin, zugrundezugehn und nicht allein, sondern mit meiner Frau und je mehr ich sie liebe, desto schneller und schrecklicher.[78]

Die Erläuterung folgt drei Tage später im nächsten Brief: „*Nur die Nächte mit Schreiben durchrasen, das will ich. Und daran zugrundegehn oder irrsinnig werden, das will ich auch, weil es die notwendige längst vorausgefühlte Folge dessen ist.*"[79]

---

[72] Ebd., S. 355 f. (Brief vermutlich vom 4./5. April 1913).
[73] Vgl. ebd., S. 405 (Brief vom 19. Juni 1913): „Ich will heiraten und bin so schwach, daß mir die Knie schlottern infolge eines kleinen Wortes auf einer Karte."
[74] Vgl. ebd., S. 406 (Brief vom 22. Juni 1913).
[75] Ebd., S. 407 (Brief vom 22. und 23. Juni 1913).
[76] Ebd., S. 408.
[77] Ebd., S. 416 f. (Brief vom 1. Juli 1913).
[78] Ebd., S. 426 (Brief vom 10. Juli 1913).
[79] Ebd., S. 427.

Und doch war alles ‚verständlich': das Nicht-Irrsinnigwerden, gemeinsame Reisen, ein weiterer Besuch Kafkas in Berlin, ein erneuter Heiratsantrag, Verlobung Ostern 1914, Entlobung drei Monate später, Intensivierung des Verhältnisses im Jahre 1916, zweite Verlobung im Juli 1916, endgültige Entlobung am Ende des folgenden Jahres. Alle Stationen, alles Geschehen, alle Paradoxien halten die Briefe Kafkas buchhalterisch exakt fest, und die Deutungen werden mitgeliefert:

> Ich bin ruhiger geworden, Felice, Sonntag lag ich noch mit Kopfschmerzen im Wald und drehte den Kopf vor Schmerzen im Gras, heute ist es schon besser [...]. In Gedanken kann ich mich teilen, ich kann ruhig und zufrieden an Deiner Seite stehn und dabei meinen in diesem Augenblick sinnlosen Selbstquälereien zusehn [...]. Aber in Wirklichkeit kann ich nichts, bin ganz in mich eingesperrt und höre Deine geliebte Stimme nur von der Ferne. [...]. Die Lust, für das Schreiben auf das größte menschliche Glück zu verzichten, durchschneidet mir unaufhaltsam alle Muskeln.[80]

Daß die Lust am Schmerz größer ist als der Wunsch nach Glück, dessen mögliche Dauer zittern macht, muß sich Kafka immer wieder versichern, um seine Unfähigkeit zur Ehe nicht anders verdächtig erscheinen zu lassen. Wie aber hätte sich Felice mit solchen Versicherungen zufriedengeben oder nur abfinden können? Also bestand sie zuweilen auf Erläuterungen, die wieder wunderlich genug ausfielen, aber doch neue Hoffnung gaben. Kafka brachte dann etwa „ein erdachtes Gefühl" ins Spiel, „im vollständigen Alleinsein liege eine höhere Verpflichtung für mich, nicht etwa ein Gewinn, nicht etwa eine Lust [...], sondern Pflicht und Leid. Ich glaube gar nicht mehr daran, es war Konstruktion, nichts sonst [...]."[81] Also konnte es weitergehen, das „Winseln und Zähnefletschen" – so nannte Kafka seine Briefe am 19. April 1914, eine Woche nach der ersten inoffiziellen Verlobung.[82]

Nach der Entlobung schreibt Kafka, in der zweiten Hälfte 1914, den größten Teil seines Romans „Der Prozeß", in den seine Erfahrungen mit Felice eingehen und weitergeführt werden: „[...] an K.s Gurgel legten sich die Hände des einen Herrn, während der andere das Messer ihm tief ins Herz stieß und zweimal dort drehte."[83]

Die Wiederaufnahme der Beziehung zu Felice Ende 1914 ging von ihr aus; sie wünschte Kafkas Verhalten und Entscheidung erklärt zu bekom-

---

[80] Ebd., S. 459 f. (Brief vom 2. September 1913).
[81] Ebd., S. 484 (Brief vom 29. Dezember 1913).
[82] Ebd., S. 557.
[83] Siehe den letzten Abschnitt des „Prozeß"-Romans.

men, und er gab eine vielseitige Erklärung, in der er die von Felice geäußerte Angst vor der Zukunft als Widerwillen, ja Haß gegen seine Arbeit interpretierte und daran die Bemerkung schloß:

> Ich hatte die Pflicht, über meiner Arbeit zu wachen, die mir allein das Recht zum Leben gibt, und Deine Angst zeigte mir oder ließ mich fürchten (mit einer viel unerträglicheren Angst), daß hier für meine Arbeit die größte Gefahr bestand.[84]

Trotz dieser Einsicht wird Kafka von Schuldgefühlen gepeinigt, die ihn überzeugen, er sei „das Verderben der Familie [Bauer]", da er sich von ihr abgetrennt sieht wie von der ganzen Welt. Um sich zu charakterisieren, wählt er Bilder der Trostlosigkeit und Verlorenheit: „[...] eine nutzlose, mit Schnee und Reif überdeckte, schief in den Erdboden leicht eingebohrte Stange auf einem bis in die Tiefe aufgewühlten Feld am Rande einer großen Ebene in einer dunklen Winternacht."[85]

Die zweite Phase der Beziehung zwischen Kafka und Felice verläuft ruhiger, ‚normaler' als die erste, und zuweilen ist auch der Gedanke an das schließlich notwendige Scheitern weit abgedrängt. Fünf Wochen nach der zweiten Verlobung bricht Kafkas Lungentuberkulose, die ihn für den Rest seines Lebens zu einem sichtbar Sterbenden macht, mit einem Blutsturz aus. Vier Wochen später, am 9. September 1917, macht er der Verlobten die erste Mitteilung über seinen Zustand, schließend: „Arme liebe Felice – schrieb ich zuletzt; soll es das ständige Schlußwort meiner Briefe werden? Es ist kein Messer, das nur nach vorne sticht, es kreist und sticht auch zurück."[86] Noch zwei Briefe folgen, dann ist der fünfjährige Kampf, wie Kafka sein Leben für und gegen Felice nennt, vorbei, der Geschundene, der „kläglich, elend geworden [ist] durch die Jahre", weiß:

> [...] ich werde nicht mehr gesund werden. Eben weil es keine Tuberkulose ist, die man in den Liegestuhl legt und gesund pflegt, sondern eine Waffe, deren äußerste Notwendigkeit bleibt, solange ich am Leben bleibe. Und beide können nicht am Leben bleiben.[87]

Das Ende der Beziehung macht den Satz nicht revisionsbedürftig, der sich in Kafkas Brief an Felice vom 19. Oktober 1916 findet:

---

[84] Briefe an Felice, S. 619 f. (Brief von Ende Oktober/Anfang November 1914).
[85] Tagebücher, S. 446 (Eintragung vom 5. Dezember 1914).
[86] Briefe an Felice, S. 754.
[87] Ebd., S. 756 f. (Brief von Ende September/Anfang Oktober 1917).

[...] ich kann nicht glauben, daß in irgendeinem Märchen um irgendeine Frau mehr und verzweifelter gekämpft worden ist als um Dich in mir, seit dem Anfang und immer von neuem und vielleicht für immer.[88]

Um Milena hat Kafka nicht gekämpft. Er war mit ihr an fünf Tagen glücklicher als in fünf Jahren mit Felice. Er hat sich dennoch von ihr müheloser, entschlossener getrennt als von Felice: entschlossen aus Schwäche, aus Angst, aus gefährdeter Selbstliebe. Über Kafkas Briefe an die Geliebte sollen nur noch wenige Beobachtungen mitgeteilt werden. Doch zunächst sind einige Daten und Fakten zusammenzustellen.

Milena Jesenská, Tochter eines Prager Kieferorthopäden, hatte 1918 den Fremdsprachenkorrespondenten Ernst Polak geheiratet und war mit ihm nach Wien übergesiedelt. Dort wollte sie sich schnell von ihrem Mann, der den Umgang mit anderen Frauen dem mit Milena oft vorzog, wirtschaftlich unabhängig machen und versuchte, sich als Journalistin und Übersetzerin zu behaupten. 1919 begann sie, Erzählungen Kafkas ins Tschechische zu übersetzen. Die ersten Briefe betrafen diese Tätigkeit Milenas. Als Kafka von Anfang April bis Ende Juni 1920 zur Kur in Meran weilt, wird der Briefwechsel schnell persönlich, bald herzlich. Auf Drängen Milenas fährt Kafka auf der Rückreise zunächst nach Wien, wo er vom 27. Juni bis zum 4. Juli bleibt. An vier Tagen trifft er Milena mittags und nachmittags: „Ich unterscheide die Tage genau, der erste war der unsichere, der zweite war der allzu sichere, der dritte war der reuige, der vierte war der gute."[89] So schreibt Kafka am 15. Juli. (Milena hat etwas später an Brod über diese Tage geschrieben, Kafka habe an ihnen seine Angst verloren, so daß er auch nicht krank gewesen sei, kein einziges Mal habe er gehustet: „Wenn er diese Angst spürte, hat er mir in die Augen gesehen, wir haben eine Weile gewartet, so als ob wir keinen Atem bekommen könnten oder als ob uns die Füße wehtäten, und nach einer Weile ist es vergangen."[90]) Zurück in Prag, beginnt Kafka mit der Serie der leidenschaftlichen Liebesbriefe, die zu den schönsten und traurigsten gehören, die in deutscher Sprache überliefert sind; die Antworten Milenas waren sicher nicht weniger leidenschaftlich, wohl auch schön und traurig.

Schon bald bittet Milena den Geliebten, wenigstens für einen Tag nach Wien zu kommen, Kafka aber lehnt mit Entschiedenheit ab: „Nein, nach Wien komme ich nicht, äußerlich wäre es nur durch eine Lüge zu ermöglichen, indem ich mich im Bureau krank melden lasse"[91]; und am folgenden

---

[88] Ebd., S. 730.
[89] Briefe an Milena, S. 117.
[90] Max Brod (Anm. 18), S. 203.
[91] Briefe an Milena, S. 156 (Brief vom 29. Juli 1920).

Tag anders: „Aber von der Reise nach Wien solltest Du nicht schreiben; ich werde nicht kommen, aber jede Erwähnung dessen ist ein Feuerchen, das Du mir an die bloße Haut legst."[92] Dennoch kommen beide bald wieder zusammen, und zwar am 14. und 15. August in Gmünd, einer österreichischtschechoslowakischen Grenzstation. Was Kafka befürchtet und vielleicht erhofft (auf jeden Fall: erwartet) hat, trifft ein: Milena erklärt, daß sie sich von ihrem Mann nicht trennen wolle. (Sie tat das erst nach Kafkas Tod.) Aber sie fragte Kafka auch, ob er ihr in der Zwischenzeit treu geblieben sei.[93] Die Entfremdung nimmt ihren Anfang, Kafka drosselt die Korrespondenz: „Nichtschreiben ist gut"[94]; „Auch von Gmünd werde ich nicht mehr schreiben, wenigstens mit Absicht nicht."[95] Ein wahrer Rausch literarischer Produktivität kommt dann, Ende August, über ihn, das schließt Milena als Geliebte aus: „Es gibt wenig sicheres, aber das gehört dazu, daß wir niemals zusammenleben werden, in gemeinsamer Wohnung, Körper an Körper, bei gemeinsamem Tisch, niemals, nicht einmal in der gleichen Stadt."[96] So vermutlich Mitte September oder etwas später, und nur wenige Briefe noch, bis Kafka bittet, Milena solle gar nicht mehr schreiben. Einige kurze Begegnungen in späterer Zeit verliefen offenbar ohne angreifende Gefühlsregungen.

Die Spekulationen darüber, ob Kafka mit Milena, wenn diese sich 1920 von ihrem Mann getrennt hätte und vielleicht nach Prag gezogen wäre, hätte zusammenleben können, vielleicht sogar in ehelicher Verbindung, sind müßig. Denn die Überlieferung sagt nur, daß Kafka für eine kurze Zeit überaus glücklich war mit einer Frau, deren körperliche Attraktivität und geistiges Format außerordentlich waren und die Kafka verstand – seine Literatur, seine Krankheit, seine Angst, seine Scham- und Schuldgefühle – wie kein anderer, der in sein Leben entscheidend eingegriffen hat. Das hohe Maß an Annäherung, an Verständnis, das nicht nur intuitive, sondern auch intellektuelle, auch moralische Einssein machte sie selbst glücklich: Sie liebte in ihm auch ihr eigenes Bild, sie schätzte ihr Vermögen, ihm alles zu sein, auch die Literatur, die sich ihm für wenige Wochen nicht aufdrängte. Es war, als könne er sie entbehren, vielleicht genauer: als sei sie von ihm genommen worden wie seine Krankheit. Selbst das Tagebuch bleibt leer.

Mit Felice konnte Kafka nur umgehen, wenn er durch literarische Produktivität gehalten wurde; ließ diese nach, lockerte sich das Verhältnis: um

---

[92] Ebd., S. 159 (Brief vom 30. Juli 1920).
[93] Vgl. ebd., S. 224 (Brief vom 20. August 1920).
[94] Ebd., S. 231 (Brief vom 27. August 1920).
[95] Ebd., S. 234 (Brief vom 28. August 1920).
[96] Ebd., S. 276.

es endgültig aufzulösen, bedurfte es der Krankheit, die er sich zu Hilfe holte. Die Wirkungen Milenas auf Kafka waren entgegengesetzt. Das mag die Aufhebung des Verhältnisses beschleunigt haben; denn die Einsicht, daß die Krankheit nicht notwendig sei und daß die Literatur entmachtet werden könne, wird Kafka mit Unruhe, mit Zweifel, wahrscheinlich auch mit Schrecken erfüllt haben. Auf welches Abenteuer hatte er sich da eingelassen! Wie sehr hatte sich, dies vor allem, die Geliebte in ihm versehen!

> Es ist etwa so: ich, Waldtier, war ja damals kaum im Wald, lag irgendwo in einer schmutzigen Grube (schmutzig nur infolge meiner Gegenwart, natürlich) da sah ich Dich draußen im Freien, das wunderbarste was ich je gesehen hatte, ich vergaß alles, vergaß mich ganz und gar, stand auf, kam näher, ängstlich zwar in dieser neuen und doch heimatlichen Freiheit, kam aber doch näher, kam bis zu Dir, Du warst so gut, ich duckte mich bei Dir nieder, als ob ich es dürfte, ich legte das Gesicht in Deine Hand, ich war so glücklich, so stolz, so frei, so mächtig, so zuhause, immer wieder dieses: so zuhause – aber im Grunde war ich doch nur das Tier, gehörte doch nur in den Wald, lebte hier im Freien doch nur durch Deine Gnade, las ohne es zu wissen (denn ich hatte ja alles vergessen) mein Schicksal von Deinen Augen ab. Das konnte nicht dauern.[97]

Kafka hat Angst vor der Dauer, weil sie seine Bemühung um sich selbst erlahmen lassen könnte, die Bemühung, „immerfort etwas Nicht-Mitteilbares mitzuteilen".

> Es ist ja vielleicht im Grunde nichts anderes als jene Angst von der schon so oft die Rede war, aber Angst ausgedehnt auf alles, Angst vor dem Größten wie Kleinsten, Angst, krampfhafte Angst vor dem Aussprechen eines Wortes. Allerdings ist diese Angst vielleicht nicht nur Angst, sondern auch Sehnsucht nach etwas was mehr ist als alles Angsterregende.[98]

Daß diese Sehnsucht nicht zu erfüllen war, wußte Kafka ebenso, wie ihm selbstverständlich war, die Sehnsucht, also die Angst immer wieder erregen zu müssen, um die eigene Existenz wahrnehmen zu können, die dann wieder nur auszuhalten war, wenn sie in veränderter Form, in Literatur nämlich, einen Partner erhielt, der freilich so wenig Distanz gewann, daß er nicht einmal als alter ego fungieren konnte.

Milena, die ihn glücklich machte, bewies damit, daß er nicht fähig war, ein neues Leben zu beginnen. Er brauchte die Sorgen und Schmerzen des Gehirns, von denen er in einem frühen Brief aus Meran schrieb, daß sie,

---

[97] Ebd., S. 262 (Brief vom 14. September 1920).
[98] Ebd., S. 296 (Brief von November 1920).

bevor sie übermächtig, nämlich tötend wurden, sich auch auf die Lunge gelegt hätten, als Kompensation, damit das Leben „noch ein Weilchen gehn" könne. „Diese Verhandlungen zwischen Gehirn und Lunge, die ohne mein Wissen vor sich giengen, mögen schrecklich gewesen sein."[99] Kafka brauchte die Angst, die für ihn kein mehr oder weniger bestimmtes Gefühl war, sondern eine Institution, die sein Wesen bestimmte und ihm notwendig den Prozeß machen mußte, mit der er sich aber auch identifizieren konnte. Daß er das Wort in diesem – oder einem ähnlichen, auf jeden Fall: – speziellen Sinn verstanden wissen wollte, erhellt daraus, daß er es oft in Anführungsstriche einschloß; so ließ es sich auch als eigentliches Thema der Korrespondenz kenntlich machen, allerdings erst nach den gemeinsamen Tagen in Wien. „Du merkst vielleicht daß ich seit paar Nächten nicht schlafe. Es ist einfach die ‚Angst'. Das ist wirklich etwas, was mich willenlos macht [...]."[100] „Wäre nicht die ‚Angst' die seit paar Tagen mich hält [...], ich wäre fast ganz gesund."[101]

> Die schönsten Briefe unter den Deinigen [...] sind die, in denen Du meiner ‚Angst' recht gibst und gleichzeitig zu erklären suchst, daß ich sie nicht haben muß. Denn auch ich, mag ich auch manchmal aussehn wie ein bestochener Verteidiger meiner ‚Angst', gebe ihr im tiefsten wahrscheinlich Recht, ja ich bestehe aus ihr und sie ist vielleicht mein Bestes. Und da sie mein Bestes ist, ist sie auch vielleicht das allein, was Du liebst.[102]

Als Milena ihm schreibt, daß er – sehr konkret – Angst vor einer Verbindung mit ihr habe, leugnet Kafka das nicht, doch will er die Notwendigkeit der Nicht-Verbindung anders begründen: „Die einsame Unvollkommenheit muß man ertragen, jeden Augenblick hindurch, die Unvollkommenheit zu zweit muß man nicht ertragen." Augen und Herzen solle man sich, denn dazu seien sie da, herausreißen, doch das sei Lüge und Übertreibung, wahr allein sei die Sehnsucht. „Aber selbst die Wahrheit der Sehnsucht ist nicht so sehr ihre Wahrheit, als vielmehr der Ausdruck der Lüge alles übrigen sonst." Die Frage noch erscheint angebracht, ob er sie aus Liebe „Liebste" nenne: „Liebe ist, daß Du mir das Messer bist, mit dem ich in mir wühle."[103] Die Literarisierung Milenas signalisiert, daß Kafka die Trennung von ihr vollzogen hat.

---

[99] Ebd., S. 7 (Brief von Ende April 1920).
[100] Ebd., S. 115 (Brief vom 15. Juli 1920).
[101] Ebd., S. 117 (zweiter Brief vom 15. Juli 1920).
[102] Ebd., S. 201 (Brief vom 9. August 1920).
[103] Ebd., S. 263 (zweiter Brief vom 14. September 1920).

Milena hat versucht, etwas von Kafka zu behalten, indem sie ihn beschrieben hat: in Briefen an Max Brod, die nicht nur ergreifende Zeugnisse ihrer Liebe sind, sondern auch tiefdringende Charakterisierungen des Geliebten, die das Gepräge der Wahrheit haben[104], und in einem Nachruf, in dem Kafka „ein Einsiedler, ein wissender, vom Leben erschreckter Mensch" genannt wird, feinfühlig, geistig lauter, grauenerregend kompromißlos. „Seine Kenntnis der Welt war außergewöhnlich und tief. [...] Er schrieb die bedeutendsten Bücher der jungen deutschen Literatur."[105] Vielleicht auch die bedeutendsten Briefe. Daß Kafka seinen Briefwechsel mit Felice notwendig und richtig fand – „Scheint mir doch manchmal, daß dieser Verkehr in Briefen, über den hinaus ich mich fast immerfort zur Wirklichkeit sehne, der einzige meinem Elend entsprechende Verkehr ist [...]"[106] – und daß er in einem späten Brief an Milena einmal konstatiert: „Sie wissen ja, wie ich Briefe hasse. Alles Unglück meines Lebens [...] kommt, wenn man will, von Briefen oder von der Möglichkeit des Briefeschreibens her"[107] – beides entspricht Kafkas Überzeugung, spiegelt sein Verhältnis zu den beiden Frauen wider und zeigt, welche Einstellung diese Frauen zu ihm als Literatur einnahmen. Kafkas Verhältnis zu Felice war Literatur, seine Briefe an sie waren, wie seine Werke, verdeckte Autobiographie; Milena gestattete keine Ausflucht, keine Mystifikationen, sie bestand auf Kafkas Wahrheit, auf seiner Wirklichkeit, seiner Liebe.

Um seine Wahrheit zu retten, ging Kafka davon. In einem seiner letzten Briefe an Milena vor der Trennung von ihr hat er von seinem Hang zum Phänomen des Folterns gesprochen: er wolle „aus dem verdammten Mund das verdammte Wort" erfahren. Und erläuternd fügt er hinzu:

Die Dummheit die darin liegt [...] habe ich einmal so ausgedrückt: ‚Das Tier entwindet dem Herrn die Peitsche und peitscht sich selbst, um Herr zu werden, und weiß nicht, daß das nur eine Phantasie ist, erzeugt durch einen neuen Knoten im Peitschenriemen des Herrn.'[108]

Nachbemerkung: Der vorliegende Beitrag ist ein (nur unwesentlich geänderter) Redetext aus dem Jahre 1981. Inzwischen ist die Kafka-Literatur weiter angeschwollen, und auch das Thema *Kafka als Briefschreiber* hat einige Aufmerksamkeit gefunden. Auf diese Literatur wurde nicht einge-

---

[104] Vgl. Max Brod (Anm. 18), S. 203–209.
[105] Vgl. Margarete Buber-Neumann: Milena. Kafkas Freundin, München und Wien 1976, S. 115–117.
[106] Briefe an Felice, S. 304 (Brief vom 17./18. Februar 1913).
[107] Briefe an Milena, S. 301 (Brief von Ende März 1922).
[108] Ebd., S. 290 (Brief von Mitte November 1920).

gangen, um keinen neuen Aufsatz schreiben zu müssen. Daß die vorgetragenen Gedanken nicht ganz veraltet sind, scheint das Kafka-Kapitel in Klaus Theweleits „Buch der Könige. Band 1: Orpheus und Eurydike" (Basel und Frankfurt a.M. 1988, S. 976–1045) zu belegen. Als Theweleits Buch erschien, war der vorliegende Beitrag im Druck.

Arthur Schnitzlers Novelle „Casanovas Heimfahrt"[*]

Schnitzlers Tagebuch vermerkt unter dem 4. November 1914: „Begann zu lesen Casanova, in der Conradschen Ausgabe."[1] Die für ein halbes Jahrhundert umfangreichste Ausgabe der Memoiren Casanovas, in der Übersetzung Heinrich Conrads, war in den Jahren 1907 bis 1913 erschienen und hatte offenbar eine rasche Verbreitung gefunden.[2] Seine Lektüre des Werkes hat Schnitzler in den Wintermonaten 1914/15 zuweilen im Tagebuch registriert; am 23. Februar 1915 notierte er: „Neulich Casanova zu Ende gelesen, mit oft entzückter Antheilnahme."
Wie stark die „Antheilnahme" war, sollte sich bald herausstellen. Die erste Notiz der Tagebuch-Eintragung vom 2. Juni 1915 lautet: „Eine Casanova Novelle zu dictiren begonnen." Am 22. Juli wird die Novelle „vorläufig abgeschlossen". Ein Jahr nach dem Beginn der Beschäftigung mit den Memoiren Casanovas (in der Übersetzung Conrads),[3] also am 4. November

---

[*] Verf. hofft, mit den folgenden Bemerkungen auch solche Leser für die Novelle Schnitzlers zu interessieren, die sie bisher übersehen haben. Für die Kenner mögen einige der vorgetragenen Ansichten anregend sein.

[1] Arthur Schnitzler: Tagebuch 1913–1916, Wien 1983, S. 148. Im folgenden wird Schnitzlers Tagebuch nur mit den Daten der Eintragungen zitiert, nach der Edition, die von der Kommission für literarische Gebrauchsformen der Österreichischen Akademie der Wissenschaften (Obmann: Werner Welzig) besorgt wurde und im Verlag der Österreichischen Akademie der Wissenschaften (Wien) erschien: Arthur Schnitzler: Tagebuch 1897–1931, 10 Bde., Wien 1987–2000.

[2] Der fünfzehnbändigen ‚Originalausgabe' des Verlags Georg Müller (München/Leipzig) folgte bald eine ‚wohlfeile' Ausgabe in sechs Bänden (1911–1913), die gleichzeitig im Georg Müller-Verlag, im H. Fikentscher-Verlag (Leipzig) und im Benjamin Harz-Verlag (Berlin/Wien) im selben – von G. Kreysing in Leipzig besorgten – Druck erschien: Die Erinnerungen des Giacomo Casanova. Vollständig übertragen von Heinrich Conrad. Die dieser Ausgabe vorangestellte Einführung (Bd. 1, S. VII–XVI) von Friedrich-Freksa [sic] ist auf Januar 1911 datiert. – Im folgenden wird nach der Leipziger Ausgabe in sechs Bänden zitiert.

[3] Daß Schnitzler mit der Biographie Casanovas schon vor 1914 bekannt war, soll nur beiläufig erwähnt werden. Seit 1908 verfolgte er den Plan eines Casanova-Einakters „Eifersucht", der später (im wesentlichen in den Jahren

Arthur Schnitzlers Novelle „Casanovas Heimfahrt"

1915, erfolgt ein weiterer Anlauf: „Dictirt (neu begonnen) Casan. Nov." Und wieder ist das Ergebnis nach sechswöchiger Arbeit nicht befriedigend. „Dict. Cas. Nov. vorläufig zu Ende (stilistisch noch ganz unmöglich). –" Das war am 16. Dezember 1915. Ein halbes Jahr vergeht, bevor die Novelle ein drittes Mal vorgenommen wird.[4] „Las etwas Casanova, wegen der Novelle", heißt es am 13. Juni 1916; vier Tage darauf: „Las N[ach]m[ittag] die Casanova Novelle durch, die weiter ist als ich gedacht und mich im ganzen angenehm überraschte." Doch es vergeht über ein Jahr, bis die Arbeit wieder konzentriert in Angriff genommen wird. Dazwischen wird sie gelegentlich – nicht ohne Sympathie und mit einiger Hoffnung auf einen guten Abschluß – erwähnt; so am 12. November 1916 im Zusammenhang mit dem schmerzlichen Rückblick auf die schweren Krisenjahre seit 1912, deren Ende Schnitzler herbeisehnt: „Auch die Cas. Novelle verspricht im Entwurf gutes." Und am 29. Dezember: „Las die Cas. Nov. durch; – sie kann fast als fertig gelten."

Die Novelle wird erst 1917 fast fertig. Die „endgiltige Feile" wird am 1. Juli erwähnt; sieben Wochen später (am 19. August) wird die Arbeit „vorläufig" abgeschlossen. In den folgenden Monaten wird weiter gefeilt, Weihnachten (am 25. Dezember) scheint alles gut: „Dichterisch hebt mit der Cas. Nov. – und dem Cas. Stück vielleicht – für mich eine neue Epoche an." Kleinere Korrekturen sind jetzt nur noch erforderlich, dann kann die Novelle in Druck gehen. Sie erscheint im Sommer (Juli-September) 1918 in der „Neuen Rundschau", wenig später als Buch im S. Fischer Verlag. Der Verkaufserfolg ist beträchtlich,[5] die Kritik lebhaft, die Forschung zurückhaltend.[6]

1916 und 1917) als „Lustspiel in Versen. Drei Akte in einem" Gestalt annahm, zunächst mit dem Titel „Die Wiederkehr", schließlich als „Die Schwestern oder Casanova in Spa". Das Lustspiel, dessen Qualitäten von der Forschung noch zu entdecken sind, erschien 1919, ein Jahr nach der Casanova-Novelle. – Und natürlich war Schnitzler mit Hofmannsthals Casanova-Stücken „Der Abenteurer und die Sängerin" (1899) und „Cristinas Heimreise" (1910) so vertraut wie mit allen anderen Werken des Freundes. (Die Tagebücher machen deutlich, daß „Cristinas Heimreise", Hofmannsthals erstes Lustspiel, nicht den Beifall Schnitzlers fand.)

[4] Wie intensiv Schnitzler mit dem Casanova-Stoff umging, mag daraus zu schließen sein, daß er zuweilen von seinem ‚Helden' träumte, und zwar (auch? oder nur?) zu Zeiten, in denen er nicht an der Novelle (und nicht am Casanova-Lustspiel) arbeitete. Vgl. die Tagebucheintragungen vom 10. September 1915 und 25. Januar 1916.

[5] Bereits 1921 erschien die Novelle in „41.–44. Auflage", und zwar als „Sonderausgabe mit fünf Zeichnungen von Hans Meid" (nach Reinhard Urbach:

Arthur Schnitzlers Novelle „Casanovas Heimfahrt"

Einen seiner Kritiker hat Schnitzler in seinem Tagebuch ungewöhnlich ausführlich zu Wort kommen lassen. Am 10. Dezember 1918 hält er fest:

> N[ach]m[ittag] kam Jacob [Wassermann] – um mir allerlei über den „Casanova" zu sagen. Er findet das erotische zu „rationalistisch", nicht metaphysisch genug behandelt. Ich erkläre mich dem metaphysischen so wenig abgeneigt als er [...]. Er findet ferner [...] man dürfe Casanova überhaupt nicht zum Helden einer Novelle machen; denn er sei ein Mythos; – und deutet an, daß ein gewisser hoher Leserkreis mich überhaupt abfällig beurtheile. [...] Mein „rationalistisches" und sein „metaphysisch eingestelltes" Wesen suchte

---

Schnitzler-Kommentar zu den erzählenden Schriften und dramatischen Werken. München 1974, S. 129).

[6] Erst in den letzten Jahrzehnten hat Schnitzlers Novelle die gebührende (wenn auch nicht immer verständnisvolle) Aufmerksamkeit der Literaturwissenschaft gefunden. Genannt seien: William H. Rey: Schnitzlers Erzählung „Casanovas Heimfahrt". Eine Strukturanalyse, in: Festschrift für Bernhard Blume, hg. v. Egon Schwarz, Hunter G. Hannum und Edgar Lohner, Göttingen 1967, S. 195–217 (eingegangen in Reys Buch: Arthur Schnitzler. Die späte Prosa als Gipfel seines Schaffens, Berlin 1968, S. 28–48); Alfred Fritsche: Dekadenz im Werk Arthur Schnitzlers, Bern und Frankfurt a. M. 1974 (S. 120–137: Der gealterte Abenteurer); Frithjof Stock: Casanova als Don Juan. Bemerkungen über Schnitzlers Novelle „Casanovas Heimfahrt" und sein Lustspiel „Die Schwestern oder Casanova in Spa", in: arcadia. Sonderheft: Horst Rüdiger zum siebzigsten Geburtstag, 1978, S. 56–65; Martha Bowditch Alden: Schnitzler's Repudiated Dept to Casanova, in: Modern Austrian Literature 13 (1980) Nr. 3, S. 25–32; Angelika Gleisenstein: Die Casanova-Werke Arthur Schnitzlers, in: Arthur Schnitzler in neuer Sicht, hg. v. Hartmut Scheible, München 1981, S. 117–141; Horst Albert Glaser: Masken des Libertinismus. Überlegungen zu Schnitzlers Erzählung „Casanovas Heimfahrt", in: Text und Kontext 10 (1982), H. 2, S. 355–364; Thomas Koebner: Casanovas Wiederkehr im Werk von Hofmannsthal und Schnitzler, in: Akten des Internationalen Symposiums „Arthur Schnitzler und seine Zeit", hg. v. Giuseppe Parese, Bern, Frankfurt a. M., New York 1985 (Jahrbuch für Internationale Germanistik, Reihe A: Kongressberichte, Bd. 13), S. 127–136; Maria Cristina Mauceri: Der Liebesabenteurer als „negativer Typus": Zur kritischen Darstellung der Casanova-Figur bei Arthur Schnitzler, in: Modern Austrian Literature 19 (1986) Nr. 3/4, S. 149–162; Alan Menhennet: Schnitzler and the Experience of Time: From Anatol to Casanova, in: ebd., S. 163–177. – Der Forschung ist es noch nicht gelungen, die Anerkennung, die „Casanovas Heimfahrt" als eines der vorzüglichsten Werke Schnitzlers verdient, durchzusetzen. In „Kindlers Literatur Lexikon" wird über die Novelle nicht gehandelt.

er auch damit zu begründen, daß ich der „westeuropäische", er der „orientalische" Jude sei.

Es mag unentschieden bleiben, ob Wassermann mit „Helden" nur „Titelfigur" meinte oder begriffen hatte, daß Casanova von Schnitzler mit der Dignität tragischer Größe ausgestattet worden war.

*

„Heimfahrt" – keine Heimreise, keine Heimkehr. Casanova reist nicht heim wie Cristina, er kehrt nicht heim wie der verlorene Sohn; er fährt heim wie ein Schüler nach dem Unterricht oder ein Soldat nach getaner Wochenarbeit. Auf der Fahrt wird das Vergangene resümiert in Gedanken, Worten und Taten, bevor etwas Neues beginnt, das der interessierte Leser aus einer Biographie Casanovas erfahren kann.

Daß Schnitzlers Novelle in vielen Details dem autobiographischen Bericht Casanovas folgt, ist bekannt. Doch es sind nur Details: Namen von Personen und Orten, einzelne Episoden aus dem Leben des Abenteurers, einige historische Ereignisse. Und nichts ist nacherzählt, alles verfremdet:[7] Casanovas Beziehung zu Amalia, wie sie in Schnitzlers Novelle geschildert wird, läßt sich auf ein Abenteuer in Rom zurückführen, das Casanova um die Liebe der mittellosen Mariuccia reicher und um 200 Piaster ärmer machte und nach einem Jahrzehnt Weiterungen nach sich zog;[8] die weibliche Hauptfigur der Novelle, die Casanova abweisende Marcolina, erhielt ihren Namen durch eine der leidenschaftlichsten Geliebten des Memoirenschreibers;[9] Lorenzi spielt in den Erinnerungen Casanovas nur eine Nebenrolle, wenngleich eine wichtige als Freundin der Charpillon, um die sich der Frauenheld vergeblich bemühte;[10] von Spielexzessen und Schuldenma-

---

[7] Vgl. dazu bes. den Aufsatz von F. Stock (Anm. 6).

[8] Vgl. Casanova, Erinnerungen (Anm. 2), Bd. 4, S. 248–255 (Liebesabenteuer und Zahlungsgeschäft); S. 294–306 (Mariuccias Hochzeit); Bd. 6, S. 517 f. (Wiedersehen nach 10 Jahren); S. 572–584 (Aufenthalt in Frascati bei Mariuccia und ihrer Familie, Liebesverhältnis Casanovas zu seiner dreizehnjährigen Nichte Guglielmina).

[9] Vgl. ebd., Bd. 5, S. 94–153 u. a. – Casanova berichtet, wie sein in Marcolina verliebter Bruder, ein Abbate, zurückgewiesen wird: „Er war […] mit flehender Gebärde an das Mädchen herangetreten; sie aber blieb ganz kalt und gab ihm eine schallende Ohrfeige, sobald er sich ihr auf Armlänge genähert hatte." (S. 96 f.)

[10] Vgl. ebd., Bd. 5, S. 358–425. – „Gegen Ende des Septembers 1763 machte ich die Bekanntschaft der Charpillon, und an diesem Tage begann mein Sterben." (S. 360) Bei einem Besuch, den die Charpillon Casanova macht, ist die Lorenzi anwesend, zieht sich aber nach den ersten gewechselten Wor-

chen, von kabbalistischen Übungen und Klosterbesuchen, von Eifersuchtsdramen und Duellen wird in Casanovas Memoiren noch und noch berichtet, und Schnitzler zog all dies in seine Novelle hinein – konzentriert auf den ihn interessierenden ‚Fall': die schicksalhafte Wende im Leben des Heimfahrenden, der nicht mehr Casanova sein darf und bei seinem Versuch, sich mit Gewalt als Don Juan zu ‚retten', scheitert.[11]

In einer seiner Novelle hinzugefügten „Anmerkung"[12] hat Schnitzler gesagt, daß manche der von ihm dargestellten Begebenheiten ‚historisch' seien, beispielsweise „daß Casanova sich im Alter zwischen fünfzig und sechzig genötigt sah, in seiner Vaterstadt Venedig Spionendienste zu leisten"; anderes – wie im übrigen „die ganze Erzählung" – sei „frei erfunden", etwa „daß sich Casanova mit einer gegen Voltaire gerichteten Streitschrift beschäftigt hätte". Dichtung und Wahrheit? Das ist hier nicht die Frage. „Casanovas Heimfahrt" ist als Dichtung wahr. Die Ähnlichkeit mit Bekanntem als historisch Überliefertem ist zufällig; sie hat ihren Grund nicht in der Geschichte Casanovas, sondern in deren Interpretation durch den Autor, der sich verbergend offenbaren will.

Die „Anmerkung", so scheint es, soll dem Leser einen Hinweis geben, er möge die ‚wirkliche Wirklichkeit' (oder die ‚wahre Geschichte') Casanovas nicht zum ‚besseren Verständnis' der Novelle in Rechnung stellen. Alles sei ja „frei erfunden". In der Tat: die letzten Sätze (nämlich die der „Anmerkung") sind ebenso ‚erfunden' wie die ersten („In seinem dreiundfünfzigsten Jahre [...]. [...] in Briefen nach Mantua, wo er sich seit zwei Monaten aufhielt") (S. 32). Natürlich wußte Schnitzler (und betonte sein Wissen ja auch in der „Anmerkung"), daß Casanova 1774, also in seinem *fünfzigsten* Lebensjahr nach Venedig zurückkehrte; natürlich ist der zweimonatige Mantua-Aufenthalt ‚erfunden', weshalb der Dichter ihn auch schnell (beliebig) auf „drei Monate" (S. 33) ausdehnen kann; natürlich war Schnitzler bekannt, daß Casanova öffentlich gegen Voltaire polemisierte

---

ten zurück. „Bei diesen Worten glaubte Miß Lorenzi, die ich zum ersten Male sah, und die gewissermaßen die Stelle des obligaten Satyrs auf den Bildern der Venus vertrat, uns allein lassen zu müssen [...]." (S. 376) Über die Gründe für den ‚Geschlechtertausch', den Schnitzler mit der Lorenzi vornimmt, vgl. Stock (Anm. 6), S. 59.

[11] Frithjof Stock hat in seinem Aufsatz „Casanova als Don Juan" (Anm. 6) überzeugend dargelegt, wie bei Schnitzler aus dem gescheiterten Casanova ein scheiternder Don Juan wird.

[12] Arthur Schnitzler: Das erzählerische Werk, Bd. 5, Frankfurt a. M. 1978 (Fischer Taschenbuch 1964), S. 124. – Nach dieser Ausgabe wird die Novelle (ebd., S. 32–124) im folgenden (mit Seitenzahlen im Text) zitiert. Der Text entspricht der Erstausgabe.

(vor allem in seiner 1779 erschienenen Schrift „Scrutino del libro Eloges de M. de Voltaire").[13]

Wenn man der Nachwelt etwas Brauchbares hinterlassen will, so müssen es Confessionen seyn, man muß sich als Individuum hinstellen wie man's denkt, wie man's meint, und die Folgenden mögen sich heraussuchen was ihnen gemäß ist und was im Allgemeinen gültig seyn kann. [14]

Des achtzigjährigen Goethe Überzeugung – die auch der Vierzigjährige in seinem „Torquato Tasso" erkennen ließ – ist die des Autors von „Casanovas Heimfahrt". Die Novelle ist historisch, wie Goethes Schauspiel historisch ist. Auf dem Hintergrund geschichtlicher Ereignisse findet die Auseinandersetzung über aktuelle Lebensprobleme der Dichter statt. Die zeitliche Ferne des ‚Gegenstands' sichert die Verfremdung der privaten Konfessionen und damit die Teilnahme der Leser an einem quasi objektiven Geschehen, das durch Poesie aus seiner besonderen Wirklichkeit so herausgehoben wird, daß es durch „einen Schein des Wahren" allgemein wird.[15]

Schnitzler war in seinem dreiundfünfzigsten Lebensjahr, als er durch die Lektüre der Lebenserinnerungen Casanovas gefesselt wurde; er hatte dieses Lebensjahr gerade vollendet, als er mit dem Diktat der Novelle begann, deren erste Worte lauten: „In seinem dreiundfünfzigsten Lebensjahre [...]." Schnitzler war in seinem dreiundfünfzigsten Lebensjahr, als seine Ehe, sechs Jahre vor der Scheidung, endgültig zerbrach; seine tiefste Zuneigung galt in dieser Zeit der siebenundzwanzigjährigen (unverheirateten) Stefanie Bachrach (die zwischen mehreren Männern unglücklich war). Die Dramen sind in Schnitzlers Tagebuch andeutend protokolliert. Am 25. Dezember 1914 heißt es: „ [...] wir sprachen mit O. über Stephi der sie (all ihre Gereiztheit zugegeben) mehr Nachsicht beweisen sollte." Am 23. April 1915: „Meine, nicht ganz unbegründete, Gereiztheit der letzten Wochen

---

[13] Es ist anzunehmen, daß Schnitzler nicht nur Casanovas Lebenserinnerungen kannte, sondern auch seinen Briefwechsel, den Aldo Rava und Gustav Gugitz 1913 im Verlag Georg Müller (München und Leipzig) veröffentlichten. Vgl. Casanovas Brief an den Schauspieler Soulé aus dem Jahr 1766 (ebd., S. 22–41 [!]), der eine besondere Schmähschrift gegen Voltaire ist.

[14] Brief Goethes an Zelter vom 1. November 1829; zitiert nach: Goethes Werke (Weimarer Ausgabe), Abt. IV, Bd. 46, Weimar 1908, S. 129.

[15] Das ist im Sinne des Anwalts gemeint, den Goethe in dem Gespräch „Über Wahrheit und Wahrscheinlichkeit der Kunstwerke" sagen läßt, daß „alle [geglückten] theatralischen Darstellungen keinesweges wahr scheinen, daß sie vielmehr nur einen Schein des Wahren haben" (Weimarer Ausgabe, Abt. I, Bd. 47, Weimar 1896, S. 258).

gegen O. steigerte sich zu einer Art Anfall, der des hysterischen Charakters nicht ganz entbehrt; sehr charakteristisch, dass ich mich danach, auch physisch irgendwie wohler, wie reconvalescent fühle." Am 19. September 1915: „Bemerkung O.'s über St. (der andere – hört von allem nur das – ‚Herbst')." Im November und Dezember liest Schnitzler die Briefe, die ihm Olga Waissnix von 1886 bis zu ihrem Tod (1897) geschrieben hat – Erinnerungen an den Frühling. „Über 18 Jahre ist sie todt! Unfaßbar." (15. Dezember 1915)

*

„Casanovas Heimfahrt" ist eine nach allen geläufigen Vorstellungen klassische Novelle:[16] „eine sich ereignete unerhörte Begebenheit" (Goethe), eine jener „merkwürdige[n] Begebenheiten, die gleichsam hinter dem Rücken der bürgerlichen Verfassungen und Anordnungen vorgefallen sind" (August Wilhelm Schlegel), die dadurch besonders interessiert, „dass überall das Gefühl des Dichters, und zwar die innerste Tiefe seiner eigensten Eigenthümlichkeit sichtbar unsichtbar durchschimmert" (Friedrich Schlegel); sie hat zweifellos „einen sonderbaren auffallenden Wendepunkt" (Ludwig Tieck), und ein „Falke" (Paul Heyse) läßt sich so leicht finden, wie sich die „Cirkellinie" (Theodor Mundt), in die Anfang und Ende (der Fahrt nach Venedig) eingeschlossen sind, nachzeichnen läßt. ·Etc. Die Qualität einer Dichtung bemißt sich freilich nicht nach der Einhaltung gattungspoetologischer Regeln.

Der erste Satz der Novelle ist so umfassend und gedrängt, daß er anderen ‚berühmten' Sätzen der deutschen Literatur (wie dem Eingangssatz von Thomas Manns „Doktor Faustus", dem Eingangssatz von Kafkas „Die Verwandlung" oder dem Satz in Johann Peter Hebels „Unverhofftes Wiedersehen", mit dem die Geschichte eines halben Jahrhunderts zusammengefaßt wird) an die Seite gestellt zu werden verdient. Er soll die folgenden Überlegungen zunächst leiten.

> In seinem dreiundfünfzigsten Lebensjahre, als Casanova längst nicht mehr von der Abenteuerlust der Jugend, sondern von der Ruhelosigkeit nahenden Alters durch die Welt gejagt wurde, fühlte er in seiner Seele das Heimweh nach seiner Vaterstadt Venedig so heftig anwachsen, daß er sie, gleich einem

---

[16] Daß Schnitzler in seiner „Anmerkung" (S. 124) von „Novelle" spricht und gleichzeitig davon, daß „die ganze Erzählung" erfunden sei, belegt nicht F. Stocks Auffassung: „Hinsichtlich der Gattungsbezeichnung war Schnitzler unbekümmert" (Stock [Anm. 6], S. 57, Anm. 2), denn mit „Erzählung" ist wohl der Inhalt des Werks (das Erzählte) gemeint. – Über die Kennzeichen einer ‚klassischen' Novelle unterrichtet die ausgedehnte Spezialliteratur, die hier weder referiert noch zitiert werden muß.

Arthur Schnitzlers Novelle „Casanovas Heimfahrt"

Vogel, der aus luftigen Höhen zum Sterben allmählich nach abwärts steigt, in eng und immer enger werdenden Kreisen zu umziehen begann.

Das für die Geschichte Nebensächliche (ein ‚Aufhänger' nur) wird im Hauptsatz berichtet: Casanova hat Heimweh. In den Nebensätzen kommen die Hauptsachen zur Sprache: Casanovas (gewesene) Abenteuerlust und sein nahendes Alter, das ihn als Sterbenden erscheinen läßt; mit der Erfüllung seiner Sehnsucht wird ihm der Tod zu Lebzeiten bereitet. In Venedig angekommen, muß er erfahren, daß er von den „jüngern Leuten" nicht mehr gekannt, geschweige denn erkannt wird (vgl. S. 123); er zieht sich in einen „elenden Gasthof" zurück; im Zustand „einer schmerzenden Müdigkeit" und „mit einem bittern Nachgeschmack auf den Lippen" wartet er auf den Schlaf, den ihm der Morgen gewährt, „traumlos und dumpf" (S. 124). Daß Casanova in den nächsten Jahren der venezianischen Obrigkeit als Spion dienstbar sein wird, hat mit seiner Heimfahrt nichts mehr zu tun; denn diese beendet ja seine ‚eigentliche' Existenz.

Der Tod im Leben ist die natürliche Folge des Lebens im Sterben (der Prozeß des Alterns), von dem die Novelle bis zum Höhe- und Wendepunkt der Handlung („Marcolina [...] betrachtete Casanova mit einem Blick unnennbaren Grauens" [S. 111]) berichtet. Die (Liebes-)Abenteuerlust ist zwar noch nicht ganz erloschen, aber mehr als schwache Glut unter der Asche des Vergangenen ist nicht bemerkbar. Daß Casanova die Angebote „seiner nicht mehr ganz jungen, aber feurigen Wirtin" (S. 33) gelegentlich annimmt und daß er sich einmal flüchtig mit einem jungen Mädchen, mit Teresina, der willfährigen dreizehnjährigen Tochter seiner einstigen Geliebten Amalia einläßt („Casanova [...] zog sie mit sich, warf sie aufs Bett [...]. Er küßte sie zärtlich und wild [...]" [S. 90]),[17] hat mit seiner einstigen Leidenschaft, die auf das Glück der Partnerin so intensiv gerichtet war wie auf das eigene,[18] nicht viel zu tun. Eine junge Frau, in deren Augen er „ei-

---

[17] Ob das Geschehen „eindeutig den Tatbestand der Unzucht mit Minderjährigen erfüllt", wie Stock (Anm. 6) glaubt (S. 59, Anm. 9), ist fraglich; denn zum Geschlechtsakt fühlt sich Casanova offenbar nicht aufgelegt.

[18] Zur besonderen Verführungs- und Liebeskunst Casanovas vgl. Richard Alewyn: Casanova, in: Die neue Rundschau 1959, S. 100–116. (S. 116: „[...] er begnügt sich nicht mit billigen Triumphen. Käufliche Ware hat er immer verschmäht, aber niemals hoch eingeschätzt. Jede Gewalt hat er als unwürdig verabscheut. [...] Er sucht weder den Kauf noch den Raub, sondern das Geschenk. / [...] Ohne die Herstellung des seligen Einvernehmens, ohne die völlige Verschmelzung der Wünsche mit denen der Geliebten gibt es für Casanova keine Liebe.") – In der Novelle spricht Casanova selbst davon, daß er, „wenn er liebte, tausendmal heißer danach verlangte, Glück zu geben, als Glück zu empfangen" (S. 74).

nen wohlgefällig lüsternen Ausdruck" wahrnimmt, läßt er des Weges ziehen, weil er „um eines so geringen Abenteuers willen" (S. 34) keine Zeit verlieren will. Amalias Bitten um Beischlaf mag er nicht erfüllen. Er ist in das Alter gekommen, in dem die Liebeswünsche anderer ihm gleichgültig sind, weil deren Erfüllung ihn kalt lassen könnte. Aber er möchte noch einmal der sein, der er einmal gewesen war, wissend, daß sein Wunsch nicht erfüllbar ist. Indem er versucht, etwas zu bewahren von dem, das ihn einmal ausgezeichnet hat, wird er ein anderer und verliert sich an sein Ende.

Casanova lebt in der Erinnerung derer, die er einmal geliebt und glücklich gemacht hat, fort, ja er wird von ihnen weitergelebt, als sei er noch um viele Jahre jünger. Amalia hat ihn sechzehn Jahre nicht vergessen können und den Tag des Wiedersehens herbeigeträumt; nun hofft sie, daß ihre „erste Seligkeit" (S. 48) nicht die letzte bleibe; sie hofft vergeblich. Casanova macht auf seine „Runzeln" aufmerksam und auf „die tiefe Rinne da von den Augen den Schläfen zu", auf „kleine gelbe Flecken auf den Nägeln" und auf die „Greisenhände" (S. 49), aber damit sagt er nur, daß er nicht mehr zur Liebe fähig ist, mit der er in seinen besten Mannesjahren Amalia (und zur selben Zeit auch ihre Mutter) beschenkt hat, weil er selbst beschenkt wurde. Von der ungebrochenen Kraft liebender Erinnerung zeugt auch der „Casanova"-Ruf der unsichtbaren Nonne im Kloster, der den Angerufenen überzeugt sein läßt, daß sein Name „heute zum erstenmal mit dem vollen Klang der Liebe an sein Herz gedrungen" sei (S. 83). Casanova hätte auch diese Liebe (die er sich einbilden kann, weil er sie nicht verkörpert sieht) abweisen müssen; denn sie repräsentiert ja jenen Teil seiner Vergangenheit, mit dem er nicht mehr identisch ist. Daß gerade die Erinnerungen an die Kloster-Abenteuer auf der Insel Murano Casanova lebhaft bewegen,[19] ist nicht nur darin begründet, daß die Abenteuer besonders lebhaft waren,[20] sondern liegt auch daran, daß an ihre Wiederholung ja gar nicht zu denken ist, selbst wenn Casanova sie gewünscht hätte. Das in der Vergangenheit Wirkliche als das in der Gegenwart Unmögliche beschäftigt ihn so sehr, daß er sich nicht darauf einrichten kann, das in seinem Alter ihm Mögliche zu verwirklichen. Er spaltet sich in einen Gegenwarts- und einen Vergangenheits-Casanova; den Teil, an den er sein Leben gehängt hat, muß er dann eigenhändig zerstören.

Casanova hat sich zur Heimfahrt nach Venedig entschlossen, weil er glaubt, die „Ruhelosigkeit nahenden Alters" dort leichter ertragen zu können als in der weiten Welt, die ihm bisher Heimat war. Auf der Fahrt will er seine Entscheidung, die von der Einsicht bestimmt war, in der weiten

---

[19] Vgl. S. 62, 72, 82, 104 und 110.
[20] Vgl. Casanova, Lebenserinnerungen (Anm.2), Bd. 2, S. 298–480.

Welt nichts mehr zu suchen zu haben, aufwerten, indem er beschließt, sich (und der Welt?) zu beweisen, daß er noch finden könne, wenn er nur suchen wolle, was sein bisheriges Leben ausgezeichnet hat: Liebe und Gegenliebe nach seiner Wahl. Seine Wahl ist getroffen, als Olivo, Amalias Mann, der an den Prüfungen, die ihm auch Casanova auferlegt hatte, leicht trägt, von seiner jungen gelehrten Nichte berichtet, die in seinem Haus lebt. „Casanova hatte kaum von einer jungen Nichte vernommen, als er auch schon entschlossen war, sich dieses Geschöpf in der Nähe zu besehn" (S. 37). Bevor es dazu kommen kann, ja bevor der Name des Mädchens genannt wird, ist während einer Kutschenfahrt von einem Leutnant Lorenzi die Rede, der „für den Abend seinen Besuch in Aussicht gestellt" habe; und weiter: „Marcolina [...] war noch in den Federn gelegen, als man von Hause wegfuhr" (S. 40). Casanova stellt sich Marcolina, die Nichte, „in ihrem weißen Bett liegend" vor, und ohne weitere Vermittlung bildet er sich das Paar: „Daß Marcolina die Geliebte des Leutnants Lorenzi war, daran zweifelte er so wenig, als hätte er selbst sie beide in zärtlicher Umschlingung gesehn" (S. 41).

Casanova phantasiert sich in die Liebesposition, nimmt Lorenzis Platz ein, ist wie Lorenzi, so daß Marcolina ihn liebt, den alten Casanova, der in der Liebe jung geblieben ist. Casanova beschließt, zu sein, wie er einmal war. Mochte Lorenzi die Rolle Amphitryons spielen – war Casanova nicht immer schon Jupiter? Vor den Tod setzte er Hybris und Blasphemie. So beschleunigte er sein Sterben auf der Heimfahrt ins todessüchtige und todverfallene Venedig.

Casanova läßt die Würfel, die er an sich genommen hat, fallen; kein Orakel sagt, was die Zahlen bedeuten. Aber der Gang des Dramas bestätigt die Ahnung, daß der selbstherrlichen Willkür im Umgang mit der Natur Grenzen gesetzt sind.

Es geht nicht um Lorenzi, den Leutnant (und Liebhaber einer ihm zugefallenen Marchesa); dieser ist nur die Verbindung zwischen Casanova und Marcolina (ähnlich dem Petersburger Freund in Kafkas „Das Urteil", den der Autor „die Verbindung zwischen Vater und Sohn" genannt hat);[21] es geht um den anderen Lorenzi, den sich Casanova aneignet, weil er sich in ihm erkennt, wie er einmal war: der in Marcolinas Armen liebend Liebe empfängt.

Casanova, „im berückenden Glanz seiner Jugend" wie „in der gefährlichen Schönheit seiner Mannesjahre" (S. 43) einst faszinierend auf den ersten Blick, ist so alt geworden, daß die neunzehnjährige Marcolina, als sie

---

[21] Franz Kafka: Tagebücher, hg. v. Hans-Gerd Koch, Michael Müller und Malcolm Pasley (Kritische Ausgabe), Frankfurt a. M. 1990, S. 491 (Eintragung vom 11. Februar 1913).

ihm zum erstenmal begegnet, nur gleichgültig lächelnd zu ihm hinsieht; und „kein Klang von Abenteuern und Geheimnissen" (ebd.) scheint sich ihr mit seinem Namen zu verbinden.[22] Auch als Casanova von seinen Abenteuern erzählt, bleibt sie distanziert, fast desinteressiert, und erst sein unverhohlenes Begehren läßt sie reagieren: Casanova sieht in ihrem Blick „ein plötzliches Befremden, Verwahrung, ja eine Spur von Ekel" (S. 45). Und wenig später, nachdem sich Marcolina an einem halbwissenschaftlichen Disput interessiert gezeigt und durch ihre Souveränität Casanovas leidenschaftliches Begehren neu entzündet hat, behandelt sie den Werbenden ebenso schroff, indem sie „die gleiche Verwahrung, ja den gleichen Widerwillen" zeigt (S. 54). Diese Erfahrung zwingt ihn zu ein wenig Dezenz: „[...] noch ein drittes Mal jenen Ausdruck des Grauens, des Ekels in ihrem Blick gewahren zu müssen – des war er gewiß – hätte ihn unfehlbar zu einer Tat des Wahnsinns getrieben." (S. 62) Erst als die Tat des Wahnsinns geschehen ist, sieht Marcolina den Täter noch einmal mit Grauen, Scham und Entsetzen an (vgl. S. 111).

Casanova wird förmlich überwältigt von der Sehnsucht nach Marcolina, von der Amalia sagt, sie sei sehr tugendhaft. „„Was geht's mich an, ob sie eine Jungfrau ist oder eine Dirne, Braut oder Witwe – ich will sie haben, ich will sie!'", ruft er aus (S. 49) und beschwört, im Blick auf die Zukunft, die Vergangenheit: Wenn er durch Marcolina wieder jung geworden sei, könne er noch einmal Amalia gehören. Casanova versucht, die Richtung seiner Heimfahrt zu ändern; er will in die Vergangenheit zurückkehren, um in Venedig nicht verkommen zu müssen: „„[...] ich bin nichts. Ein Bettler – und ein Lügner dazu. Ich bettle bei den hohen Herren in Venedig um ein Amt, um ein Stück Brot, um Heimat! Was ist aus mir geworden? Ekelt dich nicht vor mir, Amalia?" (S. 50) Doch dann, angeregt durch Gewinne im Kartenspiel, kehrt er wieder um: „[…] warum nach Venedig? Man wird wieder reich, man wird wieder jung. Reichtum ist alles." (S. 67) Aber es wird ja keinen Reichtum geben und keine Jugend, und der Ruhm, den die Schrift gegen Voltaire einbringen könnte (freilich nie einbringen wird), würde das Verlorene nicht kompensieren und das Grauen der Gegenwart nicht mildern; die Wahrheit erfährt Casanova durch dasselbe Medium wie Schneewittchens Stiefmutter: „[...] von der Wand, aus dem Spiegel über der Kommode, starrte ihm ein bleiches, altes Gesicht entgegen mit wirrem über die Stirn fließendem Haar." (S. 75) Vorbei die Zeit, da das (faustische) „irdisch-überirdische Fliehen von Begier zu Lust und von Lust

---

[22] Daß Marcolina weiß, mit wem sie es zu tun hat, wird schon bald deutlich, als sie „von jener berühmten Kabbala" spricht, „in der der Chevalier von Seingalt, wie man sich erzähle, Bedeutendes leiste" (S. 51).

zu Begier" (S. 70) Inhalt und Sinn seines Lebens ausmachte. Auch düstere Vorstellungen (deren ‚Muster' dem Leser bekannt ist)[23] helfen nicht:

> Vor seinen geschlossenen Augen wurde der Sarg zum Brautbett; Marcolina lag lächelnd da mit blinzelnden Lidern, und mit ihren schmalen, bleichen Händen, wie zum Hohn, über ihren zarten Brüsten zerriß sie das Gewand. Doch wie er seine Arme nach ihr ausstreckte, sich auf sie stürzen, sie umfangen wollte, zerfloß die Erscheinung in nichts. (S. 76)

Als er so phantasiert, weiß Casanova schon, daß seine frühe Vermutung, Marcolina sei Lorenzis Geliebte, zutreffend war; er ahnt noch nicht, daß ihn ein Zufall in den Besitz Marcolinas bringen wird. Er ahnt noch nichts von seinem Untergang.

Casanovas Vermutung über die Liebesbeziehung zwischen Marcolina und Lorenzi ist ein Produkt seiner durch eigene Erfahrungen angeregten Phantasie, nach der schöne junge Menschen ihr Glück naturgemäß in der möglichst schnellen Vereinigung suchen. Die Vermutung mag auch mit seiner Erinnerung an die vielen Abenteuer zusammenhängen, die ihn bei seinem Werben um die Gunst schon in ‚festen Verbindungen' lebender Frauen von Erfolg zu Erfolg führten. Lockte ihn die – durch die Erinnerung belebte – Hoffnung oder gar Erwartung, vor der Ankunft in Venedig noch einmal dort sein zu können, wo er jahrzehntelang am liebsten war? Also wünschte Casanova insgeheim, daß sich seine Vermutung bestätigte? Denn nur dann, wenn er an die Stelle des jungen Liebhabers rückte, konnte er sich beweisen, daß er seine Jugend nicht ganz dem Alter hatte opfern müssen.

Einstweilen genügt Casanova die Vorstellung, die begehrte Marcolina sei die Geliebte Lorenzis. Und gerne wüßte er den Leutnant in kriegerischen Verwicklungen geschäftig; denn ein Nebenbuhler in der Ferne läßt sich leichter besiegen als einer in der Nähe. Gespannt wartet Casanova auf eine Reaktion Marcolinas während der Unterredung über die mögliche Dienstverpflichtung Lorenzis. Müßte sie nicht Besorgnis zeigen? Casanova kommt der Wahrheit nicht näher. „Marcolina aber schwieg." (S. 46) So hatte einst Jesus vor dem Hohen Rat reagiert, als falsche Zeugen gegen ihn gesprochen hatten. Marcolina wahrt ihr Geheimnis,[24] weil dessen Preisgabe

---

[23] Vgl. Clemens Brentanos Gedicht „Verzweiflung an der Liebe in der Liebe".

[24] Auch am folgenden Tag, nach der Liebesnacht mit Lorenzi, wahrt Marcolina ihre Haltung, als Amalia auf dem Weg zum Kloster ihren Traum vom alten bettelhaften Lorenzi und dem jungen schönen Casanova erzählt und Olivo anschließend die problematischen Vermögensverhältnisse Lorenzis sowie dessen ehebrecherische Beziehung zur Marchesa erwähnt. „Auch jetzt rührte sich nichts in Marcolinens Antlitz und Haltung. Sie schien an dem ganzen

zu Störungen nicht nur ihres Liebesglücks, sondern auch ihrer konzentrierten gelehrten Arbeit führen könnte. Auch ist ihre anscheinende Unnahbarkeit ein Schutz vor den Zudringlichkeiten Casanovas. Dieser aber sinnt weiter, wie er sie sich ausliefern könne.

Das Erscheinen Lorenzis bringt den Fortschritt in die Geschichte, dessen es zum Ende mit Schrecken bedarf.[25] Casanova, fixiert auf die Idee, Lorenzi sei Marcolinas Liebhaber, und überzeugt, er werde durch die Liebe zu (oder mit) Marcolina wieder jung, sieht augenblicklich in dem Kontrahenten sich selbst: „Nur eine Sekunde lang überlegte Casanova, an wen ihn Lorenzi erinnerte. Dann wußte er, daß es sein eigenes Bild war, das ihm, um dreißig Jahre verjüngt, hier entgegentrat." Und er überlegt: „Bin ich etwa in seiner Gestalt wiedergekehrt? [...] Da müßte ich doch vorher gestorben sein..." Und weiter: „Und es durchbebte ihn: Bin ich's denn nicht seit lange? Was ist denn noch an mir von dem Casanova, der jung, schön und glücklich war?" (S. 60)

Casanova wehrt sich gegen den Gedanken, er sei schon gestorben; lebendig ist er aber nur, wenn er ist, wie er war: jung und schön und glücklich; wie Lorenzi. Zu sein *wie* Lorenzi muß also sein Bestreben sein; dann wird er *als* Lorenzi weiterleben können – wie er sich erinnert, daß er gelebt hat. Also haßt er den Leutnant Lorenzi und liebt ihn als Bild seiner selbst, das er als Modell (,Vorlage') perpetuieren möchte. Er wird ihn töten müssen, um über das Bild hinwegzukommen und – seinen Irrtum zu begreifen. Die Erschleichung der Liebesnacht ist die notwendige Voraussetzung der Tötung Lorenzis und der Einsicht in das eigene Ende. (Kein Abenteurer mehr, nur noch alt, nur noch Spion; Beobachter anderer, die ihm nichts bedeuten.)

Zufall also ist's (was sonst könnte es sein?), der Casanova scheinbar begünstigt. Er stellt sich am zweiten Spielabend ein, am Ende eines ereignisreichen Tages: Casanova hat die niederschmetternde Gewißheit über Marcolinas Liebe zu Lorenzi erlangt, dann aber sein Selbstbewußtsein durch Amalias Traum („Ein alter, bettelhaft aussehender Mann [...] – es

---

Gespräch über Lorenzi nicht den geringsten Anteil zu nehmen und sich still am Anblick der Landschaft zu erfreuen." (S. 80)

[25] Die gedrängte Schilderung dieses ereignisreichen Tags, mit der die zweite Hälfte der Novelle beginnt (S. 71–91), baut eine dramatische Spannung auf, deren Lösung nur durch die ‚unerhörteste' Begebenheit möglich wird, die sich als kollektive Katastrophe kaum ahnen läßt, bevor sie eintritt. (Das ‚Kollektiv' besteht nur aus Casanova, Marcolina und Lorenzi; alle übrigen Personen sind Staffage.) Im nachhinein erkennt der Leser die psychologisch geschickte, ja raffinierte Motivierung dieser Begebenheit durch alle Details des zuvor Geschilderten.

war Lorenzi; Sie aber, Casanova, Sie waren jung [...]" [S. 79]) und den Liebesruf im Kloster wiedergewonnen; schließlich ist er, da er die entwürdigenden Bedingungen erfuhr, unter denen ihm die Rückkehr nach Venedig gestattet wurde, an den Rand der Verzweiflung und zu äußerstem Selbstekel getrieben worden. Nun also bringt ihm der Zufall doppeltes Glück: er gewinnt im Spiel, Lorenzi verliert.

Lorenzi ist erpreßbar geworden. Um der drohenden gesellschaftlichen Vernichtung durch den Marchese – mit dessen Frau er ein Verhältnis pflegt und dessen Schuldner er nun durchs Spiel geworden ist – zu entgehen, verkauft er Casanova eine Liebesnacht mit Marcolina. Als Lorenzi verkleidet, der ihm seine Jugend geliehen hat, gelangt der alte Abenteurer, der wähnt, jener zu sein und zugleich er selbst („Wir sind aus gleichem Stoff gemacht, Lorenzi, sind Brüder im Geiste [...]" [S. 97]), ans Ziel.[26] „An Marcolinens seufzendem Vergehen, an den Tränen der Seligkeit, die er ihr von den Wangen küßte, an der immer wieder erneuten Glut, mit der sie seine Zärtlichkeiten empfing, erkannte er bald, daß sie seine Entzückungen teilte [...]" (S. 108). Casanova erwägt, sich der Geliebten zu offenbaren. „Wurde, was sich als Betrug entsponnen, nicht Wahrheit in den namenlosen Entzückungen dieser Nacht?" (S. 109) Vergessen die Beschwerden des Alters, vergessen die trüben Aussichten seines Daseins in Venedig; er ist daheim, „die ungeheure Macht seines unverlöschlichen Wesens" (ebd.) macht ihn glücklich und läßt ihn träumen von der glanzvollen Zukunft an der Seite Marcolinas. Der Traum schlägt um: Marcolina verschwindet, im Kloster von Murano findet sie sich nicht unter den vielen Geliebten früherer Tage; Casanova will davonfliegen und muß schwimmen, „trieb im offenen Meer" (S. 110) (wie Kafkas Landarzt im Frost treiben wird); dann weckt ihn sein Schrei.

Die Wirklichkeit ist umgeschlagen: Im Licht des nahenden Morgens erkennt Marcolina den, dem sie sich hingegeben hat. Und er liest in ihrem Blick „sein endgültiges Urteil", das ihn zur Vernichtung bestimmt: „Alter Mann." (S. 111) Er wird Hand an sich legen müssen.

Casanova, der zerstörte Zerstörer, verläßt den Ort seines größten Triumphs, den Ort der Verwüstung, des entsetzlichsten Grauens; er wird von

---

[26] Zwischen Casanovas Entschluß, Lorenzi zu erpressen, und der Ankunft in Marcolinas Zimmer liegen nur wenige Stunden; was in dieser Zeit geschieht (Unterredung Casanovas mit Lorenzi, Beobachtung eines sonderbaren Familienidylls, Vorbereitungen der Reise, Reisebeginn, Umkehr u. a.; vgl. S. 95–107), beschreibt Schnitzler in epischer Breite (retardierend) , um die Spannung des Lesers, der ungeduldig auf den Ausgang des Abenteuers wartet, zu steigern. Die Stunden bei Marcolina werden in vergleichsweise raschem Tempo erzählt (vgl. S. 108–112).

Lorenzi zum Duell erwartet. Nackt fechten sie, und noch einmal durchzuckt Casanova der Gedanke, der ihm in Marcolinas Bett gekommen war (vgl. S. 108) und der ihm der liebste ist: „Bin ich nicht ein Gott?" (S. 114) Nun aber, da er seinen Bruder im Geiste unverhüllt wahrnimmt, denkt er weiter, so schnell, daß ihm die Syntax etwas durcheinanderkommt: „Wir beide nicht Götter?" (Ebd.) Der alte Mann tötet den jungen und vollstreckt damit das Urteil, das ihm Marcolina gesprochen hat. Die Hoffnung, fortleben zu können nach seiner Art: wie ein Jüngling, läßt Casanova zusammen mit Lorenzi zurück. „Wie zu einem letzten Opfer beugte er sich nochmals nieder und drückte dem Toten die Augen zu." (S. 115) Die Heimfahrt kann nun wieder die Richtung nehmen, die Casanova bestimmt war; sie wird als „Reise" fortgesetzt (vgl. S. 119) und bringt den zweiundfünfzigjährigen alten Mann am dritten Tag nach Venedig. Vorbei die Abenteuer, vorbei die Ruhelosigkeit; vorbei auch das Heimweh, das ihn seinen letzten Weg nehmen ließ „gleich einem Vogel, der aus luftigen Höhen zum Sterben allmählich nach abwärts steigt".

*

Schnitzlers Novelle „Casanovas Heimfahrt" ist keine Geschichte der Moral oder der Unmoral (des ‚ästhetischen Immoralismus' allenfalls wie Heinses Roman „Ardinghello"[27]); sie hat nichts mit ‚Libertinismus' zu tun, nichts mit der Dekadenz der Wiener Moderne und schon gar nichts mit „Liebenswürdigkeiten des Österreichertums" (die Thomas Mann an Schnitzler so gefielen);[28] sie kommt (was Wassermann bedauerte) ohne Metaphysik aus; sie behandelt viele ‚Themen': Liebe, Betrug, Treue, Schönheit, Religion (am Rande), Tod und Leben, Wissen und Wahn; viel Menschliches also,

---

[27] Dazu mag die Tagebucheintragung vom 23. Juli 1913 passen, die zwar kein ‚ästhetisches Bekenntnis' ist, aber als Konfession des Menschen Schnitzler mit den ‚Gegenständen' seiner Kunst zusammenhängt: „N[ach]m[ittag] spazieren gehend tiefes Bewußtsein meiner Immoralität. Denn es gibt eine schlimmre, ja eine andre, als stets in Sorgen zu sein, – nie den Augenblick – oh, nicht genießen – *haben!*"

[28] Vgl. Thomas Manns Glückwunschsätze „Arthur Schnitzler zu seinem sechzigsten Geburtstag" im Mai-Heft 1922 der „Neuen Rundschau". Dort heißt es: „Vollendet österreichisch, ist er heute für jene seelische Sphäre in eine ähnlich repräsentative Stellung hineingewachsen, wie etwa Hauptmann für das Reich. Seine Schöpfungen besitzen allen Schmelz, alle Geschmackskultur, alle Liebenswürdigkeiten des Österreichertums; aber als ihr besonderes Charakteristikum erscheint mir eine gewisse Lebensstrenge, die *weh* tut – und die wohl eigentlich nicht österreichisch ist." (Zitiert nach: Thomas Mann: Gesammelte Werke in dreizehn Bänden, Frankfurt a. M. 1974, Bd. 10, S. 428.)

doch ohne Dominanz des einen oder anderen, vielmehr kunstvoll verflechtend alles mit allem, so daß der funktionale Zusammenhang der einzelnen ‚Elemente' erkennbar wird. In der Tat ist die Novelle sehr „rationalistisch" (Wassermann) geplant und ausgeführt; sie ist auch stilistisch durchgefeilt wie kaum ein anderes Werk Schnitzlers.

„Casanovas Heimfahrt" ist die Klage über erfahrene Verluste, vor allem über den Verlust der Jugend, durch den die Sicherheit sozialer Bindungen zerbricht und das Gefühl der Heimatlosigkeit schmerzlich ins Bewußtsein gedrängt wird. Zwar gelangt Casanova ans Ziel seiner Fahrt, aber er kehrt nicht zu seinem Ursprung zurück und nicht in Verhältnisse, in denen er – auch unter den Bleidächern – seine Existenz zu ‚verwirklichen' begann. Die Zeit hat ihn aus seiner Welt entfernt, für die es keinen Ersatz in irgendeinem Gelobten Land[29] geben kann.

In „Casanovas Heimfahrt" hat sich Schnitzler auch – vielleicht sogar in erster Linie – die Erfahrungen eigener lebensbedrohlicher Verluste aus der Seele geschrieben. Mit der Novelle machte er sich Weihnachten 1917 das schönste Geschenk: „Dichterisch hebt mit der Cas. Nov. [...] für mich eine neue Epoche an."

---

[29] Wassermanns im Zusammenhang seiner Kritik an „Casanovas Heimfahrt" geäußerte Bemerkung über Schnitzlers „westeuropäisches" Judentum könnte eine Anregung sein für eine gewiß nicht abwegige Überlegung, die in einer eigenen Untersuchung zu vertiefen wäre: Vielleicht ist die Novelle auch ein Beitrag zur zeitgenössischen Zionismus-Diskussion. Schnitzlers Skepsis gegenüber den Zielen und Erwartungen der nach Palästina auswandernden Juden ist bekannt.

Literatur der Überredung – Überzeugung durch Poesie.
Bemerkungen zu Joseph Roths Roman „Hiob"

„[...] nichts gab es, was er begehrt hätte."[1] So heißt es im dritten Abschnitt des Romans „Hiob", und der Dichter fährt, als wolle er die Feststellung belegen, fort: „Er liebte sein Weib und ergötzte sich an ihrem Fleische. Mit gesundem Hunger verzehrte er schnell seine Mahlzeiten." (849) Sollte er, Mendel Singer aus Zuchnow im – damals russischen – Wolhynien, seine Frau vielleicht gar nicht begehren, sondern sich nur an ihr ergötzen? sollte er auch das Essen nicht begehren, sondern nur gern essen? Der Leser, der sich diese Fragen stellt, könnte auch schon vorher stutzig geworden sein und die Genauigkeit, Korrektheit und Logik des Mitgeteilten bezweifelt haben. „Unbedeutend wie sein Wesen war sein blasses Gesicht." (849) Zuvor war etwas Präziseres gesagt worden: Mendel sei „fromm, gottesfürchtig und gewöhnlich" gewesen; und sein Gesicht war ausgezeichnet durch einen Vollbart und durch große schwarze Augen. Kennzeichen des ‚Unbedeutenden' dieses und jenes?

Mendel Singer als Hiob: Wie ging es in der Geschichte des Alten Testaments mit dem Vielgeprüften zu? „Es war ein Man im lande Vz / der hies Hiob / Derselb war schlecht und recht / Gottfürchtig / vnd meidet das böse."[2] So beginnt das Buch Hiob, und wenige Verse später bestätigt der Herr: „es ist sein Gleiche nicht im Lande / schlecht und recht / Gottfürchtig / vnd meidet das böse." So ähnlich also verhält es sich auch mit diesem Mendel Singer, sagt Roth ohne Umschweife und fügt ohne Umschweife hinzu: Es verhält sich ebenso ganz anders mit ihm: Mendel Singer ist nicht reich wie Hiob, er hat nicht sieben Söhne und drei Töchter, nicht 7000 Schafe, 3000 Kamele, 500 Joch Rinder, 500 Eselinnen; nicht viel Gesinde. Es wandelte sich Hiob aus grauer Vorzeit durch die umschattete Geschichte in die dunkle Gegenwart: derselbe ganz anders, am Ende nun der langen

---

[1] Zitiert wird nach dem ersten Band der vierbändigen Roth-Ausgabe: Werke. Neue erweiterte Ausgabe, hg. v. Hermann Kesten, Köln 1975–1976. Die „Hiob"-Zitate werden in der fortlaufenden Darstellung mit der Seitenzahl dieses Bandes nachgewiesen.

[2] D. Martin Luther: Die gantze Heilige Schrifft Deudsch. Nachdruck der Ausgabe Wittenberg 1545, Darmstadt 1973, Bd. 1, S. 917.

Reihe der Hunderttausende, die vor ihm waren wie er, nämlich gottesfürchtig und gewöhnlich.

Mendel Singer hat, als der Erzähler ihn vorstellt, zwei Söhne und eine Tochter; seine Frau ist schwanger mit einem dritten Sohn. Mendel Singer ist 30 Jahre alt. Die schweren Prüfungen seines Lebens, von denen das Buch berichtet, nehmen ihren Anfang: Das neugeborene Kind ist körperlich und geistig krank. – Was 35 Jahre erzählte Zeit (die zwar behauptet, aber nicht belegt werden) dem schlichten Lehrer aus Zuchnow zufügen, übersteigt das Maß des Faßbaren und ist keine Prüfung mehr, aus der Sinn gewonnen werden könnte: Die beiden Erstgeborenen gehen als Soldaten verloren – verschollen der eine, gefallen der andere –; die Frau stirbt aus übergroßem Leid, die Tochter wird wahnsinnig. Da flucht dann Mendel Singer mit einer großen Kraftanstrengung Gott; und dieser, so scheint es, antwortet dem Geschlagenen mit Beweisen seiner Huld: Er führt den wunderbarerweise vom Irresein befreiten jüngsten Sohn auf wunderbare Weise dem Vater wieder zu. „Mendel schlief ein. Und er ruhte aus von der Schwere des Glücks und der Größe der Wunder." (980) Der Schluß des Romans beschwört das eingelöste Versprechen einer durch Menschlichkeiten ungetrübten Ewigkeitswonne – ein sehr umstrittener Schluß (ähnlich umstritten wie der Schluß von Goethes „Wahlverwandtschaften", der freilich viel komplizierter, weil offenkundig ebenso ironisch wie ernsthaft ist), ein Schluß auch, der entscheidend dazu beigetragen hat, „Hiob" zu Roths erfolgreichstem Buch zu machen; denn er wurde meistens verstanden, wie er verstanden werden kann: Gottes Prüfungen seien weise, seine Gnade und Huld unermeßlich. Der biblische Hiob drängt sich wieder herbei, der ja, nachdem er sich Gott demütig unterworfen hat – „Jch habe dich mit den ohren gehört / vnd mein auge sihet dich auch nu. Darumb schüldige ich mich / und thu busse in staub vnd asschen"[3] – den Segen von oben erfährt, noch einmal sieben Söhne und drei Töchter bekommt, dazu an Vieh das Doppelte seines früheren Besitzes, der ihm, wie seine gesamte Nachkommenschaft, vernichtet worden war. Und Hiob wurde nun 140 Jahre alt. Mit Mendel Singer ist es völlig anders bestellt.

Als Roths Roman 1958 – nach der Amsterdamer Ausgabe von 1956 – im Freiburger Herder-Verlag als Taschenbuch erschien, wurden ihm auf dem Vorsatzblatt gewichtige Einschätzungen zuteil, die mit den Sätzen enden: „Man wird weit gehen müssen, um Bücher zu finden, in denen ein biblisches Thema so echt und tief in unsere Gegenwart hineingeholt wird wie in Joseph Roths „Hiob". Hier ist Trost und Wegweisung für jeden, der sich im Angesicht unserer zerrissenen Welt die Frage nach dem Sinn des Leidens stellt." Solche und ähnliche Beurteilungen hatte es schon ein Viertel-

---

[3] Ebd., S. 963.

jahrhundert vorher gegeben, und ein Vierteljahrhundert nachher ist Gleiches am Tage.

Es lohnt sich nicht, in einer Auseinandersetzung mit kuranten Kritikeransichten das Buch und seinen Autor in den Hintergrund abzudrängen, zumal die Binsenwahrheit herangezogen werden kann, daß die Popularität eines Kunstwerks nicht in seiner Kunst begründet ist. „Hiob" hat es nun aber verdient, mehr nach seiner ästhetischen Qualität als nach seinem Unterhaltungswert befragt zu werden; dies um so mehr, als nicht nur einzelne Kritiker, sondern auch Roth selbst von dieser Qualität keineswegs überzeugt waren, und zwar besonders wegen des problematischen Schlusses, der österlichen Feier der Wiederkunft des verloren und vergangen geglaubten Menuchim, den der Vater – nach weniger als einem Jahrzehnt der Trennung – gar nicht als seinen Sohn zu erkennen vermag (so wenig wie die Jünger den Herrn auf dem Weg nach Emmaus erkannt hatten), den er nun aber annimmt als Geschenk Gottes; die Tragödien, die es gab, scheinen getilgt zu sein, der Zusammenhang des Wunderbaren mit dem Wirklichen fällt aus, wird bedeutungslos. Die Wirklichkeit wird leer, durch einen Kunstgriff ihrer Fülle, die für einen interessanten Roman ausreichte, gänzlich beraubt. Wird das Buch durch seinen Schluß widerrufen?

Ludwig Marcuse nannte bald nach Erscheinen des Romans den Schluß „wohl nur aufgesetzt" und „eine kompositorische Verlegenheit"[4]; der Dichter hatte schon vorher, in einem Brief an Stefan Zweig vom 22. September 1930, erklärt: „Ich finde es überflüssig ihn [‚Hiob'] geschrieben zu haben. Ich habe gar kein Verhältnis mehr zu diesem. Ich bin seiner müde, wie ich überhaupt müde bin."[5] Drei Wochen nach diesem Diktum kam das Werk auf den Markt. Roth blieb bei seiner Ablehnung; noch kurz vor seinem Tode im Jahr 1939 bemerkte er über das Buch: „Es ist mir zu virtuos in seinem Geigenton: Paganini; das Leid ist zu schmackhaft und weich."[6]

Die Ablehnung Roths hängt eng mit den Entstehungsbedingungen des Romans zusammen, mit der Wirrnis seiner privaten Verhältnisse, dem plötzlichen Entschluß, andere Literatur schreiben zu wollen als vorher, ganz andere, und auch mit dem zunehmenden Einfluß des Alkohols auf seine Produktion. Den zweiten Teil des Romans habe er, sagte Roth einmal

---

[4] Zitiert nach: Joseph Roth 1894–1939. Eine Ausstellung der Deutschen Bibliothek Frankfurt a. M. 1979, S. 445.
[5] Joseph Roth: Briefe 1911–1939, hg. v. Hermann Kesten, Köln und Berlin 1970, S. 178.
[6] Zitiert nach: David Bronsen: Joseph Roth. Eine Biographie, Köln 1974, S. 388. (Roth zu Hans Natonek.)

in einem Gespräch⁷, „nicht schreiben können, ohne fast ununterbrochen zu trinken".

Roth schrieb seinen Roman 1929, hauptsächlich in Paris; er schrieb nach eigenem Bekunden gegen seine bis dahin erschienenen Romane an, die sich betont wirklichkeitsnah, gesellschaftskritisch, engagiert ‚links', aggressiv und pessimistisch und mit gehörigem Sarkasmus in die Öffentlichkeit gedrängt hatten, als Trompetenstöße der Neuen Sachlichkeit sich selbst feierten, mit der es nun einmal und für immer vorbei sein sollte. Eine andere „Melodie" habe er gewählt „als die der Neuen Sachlichkeit, die mich bekannt gemacht hat", teilte er schon im Juni 1930, vier Monate vor dem Erscheinen des Romans, einer Lexikon-Redaktion mit, um die Berücksichtigung dieser Entwicklung bei der Abfassung des geplanten Artikels bittend⁸. Das grundsätzlich Neue im „Hiob" hat Hermann Kesten nicht unzutreffend so anzudeuten versucht: „Der bisher analysierende Stil ward malerisch, die einzelnen Szenen, früher wie Radierungen, waren hier farbig wie Gemälde. Die geschmeidige Präzision einer stählernen Prosa verwandelte sich in die farbenschimmernde einer legendenhaften Poesie. Statt einiger für die Zeit typischen Individuen erschien eine legendarische Figur [...]."⁹

Es läßt sich denken, daß die Gründe für Roths neues poetisches Verfahren in erster Linie privater Natur gewesen sind: Nicht die Gesellschaft hatte des Dichters desolate Situation herbeigeführt, nämlich die in Aussicht stehende Trennung von seiner mit den Anzeichen des beginnenden Wahnsinns geschlagenen Frau Friedl, sondern, wie er überzeugt war, er selbst durch die Schuld mangelnder Liebe, durch Untreue und gleichzeitig leidenschaftliche Eifersucht, – aber auch sie, die nun langsam verfiel, durch Untreue vielleicht, durch ausschweifende Sexualität, durch Obsessionen verschiedener Art wahrscheinlich. Daneben oder darüber gab es die strenge strafende Macht, die Gott oder Schicksal genannt werden mochte, strafend um der Gerechtigkeit willen oder auch aus bloßer Willkür. Sollte ihr nicht, wenigstens durch Literatur, beizukommen sein?

„Meine Frau ist sehr schwer krank in die Nervenheilanstalt Westend überführt worden [...]. Ich erspare Ihnen eine nähere Schilderung meines Zustandes. Das Wort Qual hat plötzlich einen grauenhaften Inhalt bekommen, und das Gefühl, vom Unglück umgeben zu sein, wie von großen, schwarzen Mauern, verläßt mich nicht für einen Augenblick." Mit diesen Worten im Brief vom 2. September 1929¹⁰ begleitete Roth die Übersen-

---

[7] Ebd., S. 389. (Roth zu Dora Landau.)
[8] Ebd., S. 381.
[9] Zitiert nach dem Ausstellungskatalog (Anm. 4), S. 442 u. 444.
[10] Briefe (Anm. 5), S. 154.

dung des „Hiob"-Manuskripts an Stefan Zweig. Sie klingen wie ein Kommentar zum Roman, in dem es um nichts anderes geht als um Unglück und Verzweiflung und schwarze Mauern; wenn da nicht der Schluß wäre. Deutlich äußerte sich Roth auch im Brief an René Schickele vom 10. Dezember 1929: „Ich schreibe Ihnen in größter Not. [...] Seit August ist meine Frau schwer krank [...] und ich gehetzt und umringt von finsteren und roten Dämonen, ohne Kopf, ohne die Fähigkeit, einen Finger zu rühren, ohnmächtig und gelähmt, hilflos, ohne Aussicht auf Besserung."[11]

„Hiob" als Erklärungsversuch, als Mittel der Kompensation; die Anstrengung, literarisch aufzuheben, was im Leben so unversöhnlich antithetisch gegeneinandersteht: Das Gefühl des Gejagtseins und das Bedürfnis nach Ruhe, überwältigendes Schuldbewußtsein und die Haltung trotziger Selbstgerechtigkeit; auch Liebe und Haß gegen sich selbst und gegen andere, die Nächsten besonders. Die abgegriffene nivellierende Formel von der Literatur als Lebenshilfe drängt sich auf; Roth wollte, wenn er seine Probleme schon nicht lösen konnte, so doch aus ihnen herauskommen, indem er sie durch Ausstellung ins Fremde zu verwandeln unternahm. Die spätestens seit Peter Wilhelm Jansens Untersuchung „Weltbezug und Erzählhaltung – Eine Untersuchung zum Erzählwerk und zur dichterischen Existenz Joseph Roths"[12] geläufige und auch einsichtige Auffassung, daß mit „Hiob" Roths „Entfernung von der empirischen Existenz" einsetzte und dann „um so größer" wurde, „in dem Maße sich das Ich aus dem schon Geschaffenen beweist, in dem Maße die hergestellte Wirklichkeit aus schon hergestellter rührt" – diese Auffassung mit der Konklusion: „Das Ich ist am Ende aufgearbeitet ins Wort und ist so weit von sich selbst entfernt wie die fiktive Wirklichkeit von der empirischen" ist dahingehend zu modifizieren, daß Roth sicher nicht die Absicht verfolgte, sich durch die Flucht aus dem Empirischen ins Artifizielle zu eskamotieren, sondern den Versuch unternahm, für das empirische Ich in der Fiktion einen neuen Standort zu gewinnen, in derselben Fiktion, in die hinein die Probleme des Lebens verlagert worden waren. Damit machte Roth dann den Gehalt seiner Literatur von den Wechselfällen seiner Biographie abhängig, über die er viel mehr als nur Konfessions-Bruchstücke zusammentrug. Die frühe Selbstkritik Roths an „Hiob" wird also verständlich: Als die schlimmen Zufälle des Jahres 1929, die den Roman möglich machten und tragen, übergeleitet waren in andere Verhältnisse, mußte ihm das soeben Gesagte fremd erscheinen.

Noch Anfang 1930 hing Roth an einem Gedanken, der sich auch in den Roman gedrängt hatte: daß mit dem Leid, ja dem Untergang eines Men-

---

[11] Ebd., S. 155 f.
[12] Dissertation Freiburg 1958. Das folgende Zitat nach: Wolf R. Marchand: Joseph Roth und völkisch-nationalistische Wertbegriffe, Bonn 1974, S. 168.

schen das Unglück eines anderen aus der Welt geschafft werden könne. In dieser Zeit schreibt er seiner Schwiegermutter: „Es ist eben nicht richtig, wenn Du sagst, der Friedl sei nicht geholfen, wenn wir alle zugrunde gehen. Im Gegenteil, es ist ihr vielleicht nur dadurch zu helfen, daß wir alle entschlossen sind, um den Preis ihrer Gesundheit zugrunde zu gehen."[13] Im selben Jahr noch ändert sich diese Haltung; Roth will nicht mehr zugrunde gehen, weil er auf sich aufpassen will, um sich zu bewahren für eine Frau, die er sehr liebt und von der er die Befreiung aus seinem Verstricktsein in Nöte erwartet: die dreißigjährige Andrea Manga Bell, Redakteurin einer Berliner Kunstzeitschrift, Tochter eines farbigen Kubaners und einer hugenottischen Hamburgerin, die von ihrem Mann, einem afrikanischen Prinzen, getrennt lebte; Roth lernte sie 1929 kennen, sie blieben bis 1936 – vornehmlich in Paris – zusammen. Er könne sie „nicht lassen", schrieb Roth am 8. Oktober 1931 an einen Freund; „nun glaube ich, an dieser Einen gut machen zu können, was ich an vielen gesündigt habe."[14]

Die Erinnerung an Deborah, Mendel Singers Frau, ist ausgelöscht; deren Schoß war „trocken und fruchtlos" (860), seitdem sie das Unglückskind Menuchim geboren hatte, das die Eheleute auseinandertrieb. Und nichts mehr von Mirjam, Mendel Singers Tochter, die als junges Mädchen mit Kosaken schläft, wodurch die Auswanderung der Familie nach Amerika geboten erscheint; dort verfällt sie nach einiger Zeit dem Wahnsinn. Nichts mehr auch von anscheinend wunderbaren Rettungen. Die engen Bezüge, die zweifellos zwischen Roths Biographie und „Hiob" bestehen, legen es nahe, den Roman als Kunstwerk ohne derartige Kausalitätsverhältnisse, von denen nichts erwartet werden könne als Erklärungen für offensichtliche Befunde, begreifen zu wollen. Das Wesen von Kunst erschließt sich ja nie in der Entdeckung von Ursache/Wirkung-Funktionen, sondern immer nur in der Annäherung an die ihr eigene Finalität, die ihrem Telos gilt. Dieses muß nicht mit dem vom Künstler intendierten ‚Sinn' zusammenstimmen; denn die Bedeutungsvielfalt eines Kunstwerks pflegt die Intentionen eines Künstlers zu übersteigen. Dafür ist „Hiob" ein treffliches Beispiel.

Es ist festzuhalten: Der Erfolg des Romans gründet auf der Erleichterung, die der Dichter dem bedrückten Leser durch den ‚wunderbaren' Schluß verschafft: daß der körperlich und geistig kranke Sohn zu einer längst nicht mehr erhofften Gesundheit kommt und ein weltberühmter Musiker wird. Daß er den Namen Alexej Kossak trägt, kann als Hinweis darauf, daß es die Kosaken waren, die Leid über die Familie brachten, indem

---

[13] Zitiert nach Bronsen (Anm. 6), S. 347.
[14] Briefe (Anm. 5), S. 211. (Brief an Friedrich Traugott Gubler.)

sie Mirjam verdarben, leicht übersehen werden[15]; oder es kann an die christliche Gewißheit erinnert werden: Vom Kreuz, dem Zeichen tiefster Erniedrigung, ging das Heil aus. Alexej Kossak, der das Leben gewonnen hat und groß geworden ist, stellt weiteres Glück in Aussicht: Die wahnsinnige Mirjam könne gesund werden und der verschollene Bruder Jonas heimkehren. (Was fehlt: daß Deborah, die Mutter, und Schemarjah, der andere Bruder, von den Toten auferstehen würden.) Der Leser kann's zufrieden sein und zusammen mit Mendel Singer ausruhen „von der Schwere des Glücks und der Größe der Wunder".

Die Wunder im Roman kommen nicht von Gott, sondern vom Dichter, der sich gegen seine Einsicht wehrt, daß in der Beförderung des eigenen Untergangs dem Mitmenschen Hilfe zukomme. Wird der Schluß als unwahrscheinlich, aber nicht-wunderbar, als ganz und gar ausgedacht und den Ereignissen, die als wirkliche plausibel gemacht wurden, zuwiderlaufend angesehen (wie denn sonst ist der Umstand zu begreifen, daß Mendel Singer seinen Sohn gar nicht erkennt?), dann tut das dem Werk nicht nur keinen Abbruch, sondern verweist sogar auf seinen eigentlichen poetischen Wert, auf seinen besonderen Sinn-Gehalt. Ferner: Der Erfolg des Buches hängt mit der vermuteten Einfachheit der erzählten Handlung zusammen, die sich dem Leser, der keine Rätsel mag, nicht mit Rätseln aufdrängt. Doch auch hier ist Vorsicht vor Voreiligkeit geboten: Die Prophezeiung des Rabbis ist beispielsweise höchst rätselhaft; nicht weniger die Gestalt des Fremden, der sich als der Nächste zu erkennen gibt. Schließlich: „Hiob" pflegt wegen seiner bilderreichen poetischen und dabei doch unmittelbar vertraut erscheinenden Sprache dem Leser zu gefallen. Auch hier gilt (natürlich): So problemlos ist diese Sprache nicht; sie verdeckt nicht, sondern kehrt hervor, daß mancherlei nicht zusammenstimmt: das gleichzeitige Begehren und Nichtbegehren, die gleichzeitige Fürsorge um einen Menschen und seine Vernachlässigung; Deborahs Entschluß, Gott nicht anzurufen, und ihr gleichzeitiges Gebet „um das Glück, rechtzeitig vordringen zu können" (855); Ja und Nein in eins. Das Widersprüchliche und auch ‚objektiv' Falsche (etwa: der 26. März, an dem die Brüder gemustert wurden, kann nach dem gregorianischen Kalender kein Mittwoch gewesen sein, wie es im Roman heißt) – das ist nicht auf eine beklagenswerte oder gar anklagbare Nachlässigkeit des Autors zurückzuführen, sondern auf die demonstrativ belegte Tatsache, daß es für die Dichtung gänzlich unwichtig ist, mit welchen Daten und Fakten die sogenannte Wirklichkeit vollgestellt ist. (Hinweise auf seine offenkundigen Chronologie-Verstöße hätte Roth sicher mit noch größerem Gleichmut zur Kenntnis genommen als Goethe

---

[15] Vgl. dazu Werner Sieg: Zwischen Anarchismus und Fiktion. Eine Untersuchung zum Werk von Joseph Roth, Bonn 1974, S. 130–132.

die Berechnungen Schillers, daß im – noch ungedruckten – „Wilhelm Meister" einige Zeitangaben nicht zutreffend seien.)

„Roman eines einfachen Mannes" – in weiter Ferne entschwindet der nicht einfache Hiob, der reiche Hiob, der starke, der mit Gott hadert, aber nicht ungläubig wird, der um ihn ringt, der geduldig ist im Leiden und nicht nachläßt in seinem Bemühen, in das für ihn zentrale Problem des Zusammenhangs zwischen nicht erkennbarer Schuld, der dafür erlittenen Strafe und der Gerechtigkeit Gottes einzudringen. Sind Hiobs Leiden die Strafen für Verschuldungen, die er zwar hartnäckig leugnet, aber doch begangen haben muß? oder was kann Gott damit bezwecken, daß er Unschuldige leiden läßt? Hiob wird zur Einsicht geführt, daß Gottes Ratschlüsse unerforschlich sind, daß sich seine Weisheit, Hoheit und Heiligkeit menschlichem Begreifen entzieht, einem Begreifen, das einmünden muß in den unerschütterbaren Glauben, damit der Mensch auch im tiefsten Leid bewahrt bleibt vor Verlassenheit und Verzweiflung.

Die biblische Hiob-Geschichte wiederholt sich in Roths Roman nicht. Mendel Singer ist ein frommer Jude, weil er einfach ist; er lebt ohne besondere Gaben des Kopfes, des Geldbeutels und des Herzens so dahin. Er befriedigt seine sinnlichen Bedürfnisse, solange sie da sind, er absolviert seinen Bibel- und Lese-Unterricht so schlecht wie recht, er schlägt die Söhne, wann er will, er liebkost die Tochter, die „kokett und gedankenlos wie eine Gazelle" ist (863), wenn's ihm gefällt. Ist Mendel Singer fromm? Er betet nach Väter Art, wie das Gesetz es vorschreibt; dabei ist sein Angesicht besonders weiß, sein Bart besonders schwarz. Er sagt, daß alles menschliche Glück und Unglück von Gott komme, deshalb läßt er nicht zu, daß Menuchim in ärztliche Behandlung gegeben wird („Gesund machen kann ihn kein Doktor, wenn Gott nicht will" [853]), deshalb lächelt er über seine Frau, die den Rabbi um Hilfe bittet (Wie der sich gelegentlich einmischende Erzähler weiß: „Seine schlichte Frömmigkeit bedurfte keiner vermittelnden Gewalt zwischen Gott und den Menschen" [857]) – ja, Mendel Singer ist fromm und duldsam, duldsam aus Frömmigkeit und fromm aus Einfachheit, einfach und fromm und duldsam-duldend bis ins Verderben hinein, das er sich schafft.

Mendel Singer glaubt, eine unmittelbare Beziehung zu Gott zu haben, und rechtfertigt damit – nicht ausdrücklich, aber deutlich genug – seine Beziehungslosigkeit zu den Menschen. Von daher rührt alles Unglück: Die Beziehungslosigkeit macht die behauptete Beziehung zu Gott zu einer chimärischen, einer durchaus nur eingebildeten. Das Schreckliche, das sich ereignet, noch und noch, hat mit Gott nichts zu tun. Die Glücksfälle am Ende des Romans haben mit Gott nichts zu tun.

Literatur der Überredung – Überzeugung durch Poesie

Geöffneten Auges sieht Mendel Singer seine Frau Deborah, aber er nimmt sie nicht wahr: ihre schlaffen Brüste, den hohlen und dennoch gewölbten Bauch, die blauen verzweigten Adern an ihren Schenkeln; er achtet ihres Glaubens nicht (des ihr so wichtigen Glaubens an die Erfüllung der Prophezeiung des Rabbis: ihr Sohn werde gesund; freilich dürfe sie ihn nicht verlassen); er zwingt sie, mit ihm nach Amerika fortzugehen und Menuchim zurückzulassen, wobei das Argument kläglich genug ist: es gehe um das Seelenheil der Tochter; doch die Tochter kannte Mendel nicht. Mendel Singer erzieht seine Kinder nicht und ist ihnen kein Vorbild; keines von ihnen ist fromm, und es heißt nicht viel, wenn Schemarjah einmal zu seinem Bruder, der „betrunken sein und mit den Mädchen da schlafen" möchte, sagt, er wolle „ein Jude [sein] wie mein Vater Mendel Singer, kein Soldat und nüchtern" (866) – von diesem Wunsch und seiner möglichen Erfüllung ist im Roman ferner nicht mehr die Rede, hingegen wird das amerikanische Geschäftstreiben ausgemalt, dem sich Schemarjah, dem nichts Ostjüdisches mehr anhaftet, mit Leichtigkeit hingibt. Jonas, der ältere, „stark wie ein Bär" (858), schlug aus der Art, indem er das Heil beim Militär suchte; der Krieg verschlang ihn; der Vater, so heißt es, hörte nicht auf „zu staunen, daß dieser Sohn seinen eigenen Lenden entsprossen war" (878). Auch über die Tochter war zu staunen: schon als junges Mädchen suchte sie Glück bei den Kosaken, der Vater sah einmal, wie sie mit einem Liebhaber aus dem Ährenfeld trat – „der Soldat ging hinter dem Mädchen, die Hände hielt er an ihrer Brust, eingebettet in den Soldaten ging das Mädchen" (891) –, da „schloß [er] die Augen und ließ das Unglück im Finstern vorbeigehen" (891), und wenig später ging er ins Bethaus, betete und sang dort Stunde um Stunde, kein Gedanke war mehr in ihm, „nichts mehr war er als ein Beter, die Worte gingen durch ihn den Weg zum Himmel, ein hohles Gefäß war er, ein Trichter" (892). Und dann die schnelle Entscheidung: „Wir werden nach Amerika fahren, Menuchim muß zurückbleiben. Wir müssen Mirjam mitnehmen. Ein Unglück schwebt über uns, wenn wir bleiben." (893)

Der erste, aus neun Kapiteln bestehende Teil des Romans, der in Wolhynien spielt, neigt sich seinem Abschluß zu, er wirkt, unter inhaltlichem Aspekt, wie ein Präludium oder wie die Exposition des zweiten Teils, der in Amerika spielt und in weiteren sieben Kapiteln die Schicksalsschläge beschreibt, von denen der einfache Mann Mendel Singer in rascher Folge betroffen wird. Immer achtet der Dichter sorgsam darauf, daß Präfigurationen erinnert werden können, das macht den Text eingängiger, läßt den Leser auf Zusammenhänge aufmerksam werden, in denen sich Sinnbezüge denken lassen und die daher interessant sein können. Daß Jonas, der russische Soldat, schon bald nach Kriegsbeginn als verschollen (und nicht als tot) gemeldet wird, kann als konsequente Fortsetzung seiner aus dem ersten

Literatur der Überredung – Überzeugung durch Poesie

Teil bekannten Existenz, die durch Bedenkenlosigkeit, Haltlosigkeit und Umtriebigkeit gekennzeichnet war, angesehen werden; ein dauerndes Verschollensein ist ihm gewiß angemessener als der Tod. Anders ist es mit Schemarjah bestellt, der in Amerika Sam heißt: Er, der desertierte, als er zum russischen Militär sollte (und der desertierte, damit Eltern und Schwester später zu ihm nach Amerika kommen konnten), fällt als amerikanischer Soldat in Frankreich und löst damit ähnliche Wirkungen aus wie durch seine Flucht aus Rußland: „Plötzlich beginnt Deborah, sich ganz langsam, mit schleichenden Fingern die Haare zu raufen. Sie zieht eine Haarflechte nach der andern über das Gesicht, das bleich ist und ohne Regung, wie aufgequollener Gips. Dann reißt sie eine Strähne nach der andern aus [...]." (938 f.) Dann singt Deborah, dann kommt „ein grölender Laut" aus ihrer Brust, dann fällt sie vom Stuhl, „eine gekrümmte, weiche Masse" (939), sie ist tot. Viele Jahre vorher, als Menuchim noch klein war und sie mit Mendel kaum mehr teilte als die Fremdheit, war Deborah eines Nachts vor den blinden Spiegel gesprungen: „Sie fuhr mit kalten, strählenden Fingerspitzen durch ihren schütternen Scheitel, zog eine Strähne nach der andern vor die Stirn und suchte nach weißen Haaren. Sie glaubte, ein einziges gefunden zu haben, ergriff es mit einer harten Zange aus zwei Fingern und riß es aus." (860) Damals hatte Deborah zu sterben begonnen, und Mendel war sich dessen nicht bewußt gewesen, weil er als einfacher Mann nur auf Gott schauen wollte. Mirjams Wahnsinn schließlich, der eine Woche nach dem Tod der Mutter ausbricht, steht in so eindeutiger Beziehung zu ihren Liebesverhältnissen, zu den alten in Rußland und den neuen in Amerika (Mendel denkt es auf seine einfache Weise: „Sie hat ohne Männer nicht leben können, sie ist verrückt" [942]), daß der Eindruck entstehen kann, hier würden literarische Topoi einfach (vielleicht zu einfach) eingesetzt, um die Geschichte wenigstens verständlich zu machen, wenn das Maß des Unheils schon jedes Begreifen übersteigen muß.

In diesem Zusammenhang erscheint ein gattungspoetologischer Aspekt erwähnenswert: Das Werk ist von Roth als Roman bezeichnet worden und ließe sich ebenso gut als Erzählung einordnen; die geringe Personenzahl, die geradlinige Handlung, der beschränkte Weltausschnitt, der enge Kreis der Probleme, der Verzicht auf weite Spannungsbögen und hinhaltende Retardationen, die eingeschränkte Erzählperspektive – all dies (und anderes) spricht dafür, daß mit „Hiob" kein Roman-Muster im modernen Sinn vorliegt, dem sich andere Romane mühelos zuordnen oder vergleichen ließen. Vielmehr läßt eine Übertragung der Einfachheit des Helden auf die Einfachheit des Erzählens die Vermutung aufkommen, daß sich Roth hier einer jener ‚einfachen Formen' bedient hat, als welche André Jolles 1929 die – wie Goethe gesagt hätte – ‚Dichtarten' Legende, Sage, Mythe, Rätsel, Spruch, Kasus, Memorabile, Märchen und Witz beschrieben hat. Und zwar

Literatur der Überredung – Überzeugung durch Poesie

nicht, wie so oft gesagt wird, der Legende (Mendel Singer ist kein Heiliger, sein Wesen, aus dem heraus er lebt, ist weniger interessant als das Schicksal, das sich seiner bemächtigt), und auch nicht, wie zu lesen ist, des Märchens, weil der Romanbeginn: „Vor vielen Jahren lebte in Zuchnow ein Mann namens Mendel Singer" (849) nur scheinbar den „Es war einmal"- Einsätzen des Märchens korrespondiert und weil die Heilung Menuchims nicht einmal den Anschein des Märchenhaften hat; – nein, Roth hat, wenigstens bis zu der überraschenden Selbstbefreiung Mendels aus seiner – selbstverschuldeten? – Einfachheit, bis zum Wahnsinnsausbruch Mirjams, eine andere einfache Form erfüllt, deren sich große Kalendergeschichtenerzähler wie Hebel und Brecht gerne bedienten: Er hat das Memorabile gewählt, um Katastrophen in schneller Folge so erzählen zu können, als ob die Geschehnisse sich nach Gesetzen einer ‚Als-ob-Kausalität' vollzögen, die bestimmt wird von außer- oder wenigstens übermenschlichen Mächten: von Gott oder vom Schicksal, vom Zufall oder vom Teufel. Unglücksfälle der Art stellen, so wurde festgelegt[16], „einen Ereigniskomplex dar, dem sich, sollte es überhaupt mit menschlichem Fühlen und Denken, menschlichem Bewußtsein vereinbar sein, nichts anderes als eine sinnvolle Sinnlosigkeit zuschreiben läßt."

So ist zu verstehen, was Mendel Singer zustößt. Wenn der Leser allerdings das Schreckliche mit den Schwächen Mendels in kausale Beziehung bringt, mit seiner Einfachheit, seiner wenig erfolgreichen Gottesfurcht, dann durchbricht er die memorabilische Struktur der Geschichte und verliert damit den Blick für die Bedeutung der folgenden Ereignisse, durch die der Dichter mit Hilfe seiner Erfindungskunst seinem ‚Helden' ein neues Leben in Glück und Wonne geschenkt hat.

Mendel Singer bricht aus dem Ereigniskomplex, in dem er gefangengehalten wurde, mit Vehemenz aus; er duldet nicht länger die sinnvolle Sinnlosigkeit als von Gott geschickt in und um sich; er wagt die Revolte gegen Gott, den er grausam nennt, den er verbrennen will, den er anklagt: „Nur die Schwachen vernichtet er gerne. Die Schwäche eines Menschen reizt seine Stärke, und der Gehorsam weckt seinen Zorn." (947) Und dann: „Alle Jahre habe ich Gott geliebt, und er hat mich gehaßt. Alle Jahre hab' ich ihn gefürchtet, jetzt kann er mir nichts mehr machen." (950)

Nun geht das Buch, das so lange memorabilisch war, ins Romanhafte über, gewinnt Konturen eines ‚Individualromans' mit einem wahrhaftigen Helden, der aus sich heraus, ohne seinen eingebildeten Gott leben kann. Die Wandlung Mendels ist, ob glaubwürdig und überzeugend oder nicht, das erstaunliche Werk des Dichters, seiner Dichtung recht eigentlich, die ja

---

[16] Vgl. Otto Görner: Vom Memorabile zur Schicksalstragödie, Berlin 1931, S. 26–32.

Literatur der Überredung – Überzeugung durch Poesie

gänzlich frei ist, aus schwachen Menschen starke zu machen, die Coincidentia oppositorum als das Gewöhnliche auszugeben, die Entweder/Oder-Zwänge aufzuheben und mitzuhelfen, daß „Versöhnung mitten im Streit" sei und „alles Getrennte" sich wiederfinde, wie es am Ende von Hölderlins „Hyperion" heißt.

Nur wenn Mendel Singers vermeintlicher Abfall von Gott so verstanden wird, daß verhängnisvolle Irrtümer der Vergangenheit wie der, daß nur in Gott Glück und Heil sei, oder der andere, daß es Gott als Herrn der Welt gebe, korrigiert werden durch die Selbstreinigung des durch eigene Schuld schwer Geprüften, nur dann ist der poetische Schluß des Sich-Wiederfindens von Vater und Sohn, die beide, auf ganz unterschiedliche Weisen, verloren schienen, nicht „nur aufgesetzt" und „eine kompositorische Verlegenheit", sondern die einsichtige Konsequenz aus dem Bruch des alten Mendel mit seiner durch leichtfertiges Gottvertrauen geschädigten Existenz, seiner Hinwendung zu sich als Voraussetzung der Hinwendung zu anderen, die sich schon in der sinnvollen Tätigkeit in den Diensten des Händlers Skowronnek bekundet; das schließt nicht aus, sondern setzt eigentlich voraus, daß er von Schmerz befallen bleibt und wähnt, ein von Gott Geschlagener zu sein, der sich endlich aufgelehnt hat gegen unerhörte Zumutungen: „Es war, als gehörte es zu seinem Fluch, nicht nur ein Unheil sonder Beispiel zu leiden, sondern auch das Zeichen des Leids wie ein Banner zu tragen. Und wie ein Wächter seiner eigenen Schmerzen ging er auf und ab in der Mitte der Gasse [...]." (952)

Menuchims Heilung wird der Einwirkung Gottes entzogen. Die Prophezeiung des Rabbis mag erinnert werden, aber seine Rede steht nur noch in einem losen Zusammenhang mit den Ereignissen, die nicht als Segen von oben begriffen werden müssen. Einst hatte sich Mendel gewehrt, Menuchim in die Hände der Ärzte zu geben; viele Jahre später wird der Kranke, fern von seinem Vater, im Zustand der Ohnmacht und akuter Lebensbedrohung in ein Petersburger Hospital gebracht, wo ihn die Medizin gesund macht.

Nimmt man die beiden ‚sich ereigneten unerhörten Begebenheiten' des zweiten Roman-Teils zusammen, dann läßt sich denken, sie seien das Zentrum der Hoffnungen Roths, die sich wenigstens in der Dichtung erfüllen können – so beispielhaft (weil ausdenkbar), wie es in der sogenannten Wirklichkeit, die sich den Wahrheiten der Kunst immer und immer wieder verschließt, niemals geschehen kann. Die Schwäche des Romans liegt nicht in dem anscheinend aufgesetzten und nur anscheinend wunderbaren Schluß, sondern darin, daß der Leser den Eindruck des Aufgesetzten, Unmotivierten, Schlecht-Scheinhaften gewinnen kann und unwillig zu glauben bereit ist, die Geschichte des einfachen Mannes hätte den Sinn, eine Gottesgeschichte zu sein. Zu zeigen wäre: Roths Problembewußtsein, das

Literatur der Überredung – Überzeugung durch Poesie

er seinen Lesern inokulieren möchte, setzte sich gegen sein Erzählbedürfnis, gegen seine Formulierungslust nicht durch, obwohl es sich aufdrängte und den Verdacht aufkommen ließ, der Leser sollte dazu überredet werden, den Autor an die Stelle des Dichters zu setzen. Es bedarf gewisser Kniffe, um der Poesie den Stand ihres Rechts zu sichern.

Liebe zu Gott, Menschen, Dingen. Zur Lyrik Else Lasker-Schülers

Ein paar Sätze zur Erinnerung:

1. Mit Goethes „Willkommen und Abschied" („Es schlug mein Herz, geschwind zu Pferde!") habe Goethe, so Gerhard Kaiser die opinio communis zu diesem Kasus zusammenfassend[1], den „epochal beherrschenden Gedichttypus" der Erlebnislyrik begründet, die in geglückten Fällen „Idealentwürfe erinnerter Erlebnisse" sei: das als Erlebtes Erinnerte sei „völlig ausgefaltet in Sprache" überführt; dabei gehe es nicht um die Vergegenwärtigung vergangener Erlebnisse, sondern um das poetische Erschaffen des ausgesprochenen Erlebnisses. An dieser Differenzierung ist festzuhalten: Es ist für die Qualität des Gedichtes wie für die Dichte des in ihm geschilderten Erlebnisses ziemlich gleichgültig, ob hier die Trennung von Friederike Brion autobiographisch geschildert (um nicht zu sagen: ‚bewältigt') werden sollte oder ob die Situation wie einzelne Details im nachhinein sorgsam stilisiert wurden, zu welchem Zweck auch immer. Für den Leser allein gilt: Das Erlebnis wird im Liebesgedicht wirklich. Daß es auf der Folie des real Geschehenen (dem Goethe-Biographen so gern nachspüren) prägnanter in Erscheinung tritt, ist nicht zu leugnen. Das hat aber nichts mit der Spezies ‚Erlebnislyrik' und schon gar nichts mit der Unterspezies ‚Liebeserlebnislyrik' zu tun, sondern allein mit dem speziellen Dichter, der kaum je etwas schrieb ohne das handfeste Fundament eines von außen Vorgegebenen. Goethes Liebeslyrik ist kein poetologisches Muster.

2. Die germanistische Interpretationswissenschaft und Literaturgeschichtsschreibung sind jahrzehntelang – zum Teil bis heute – durch die Beschäftigung mit Goethe angeregt und in die Irre geführt worden. Das gilt nicht zuletzt für die Behandlung der deutschen Liebeslyrik seit Heine. So richtig es ist, um mit Gerhard Kaiser zu sprechen[2], daß ein Liebesgedicht der Entwurf eines erinnerten Liebeserlebnisses ist, so falsch ist es zu glauben, ein sol-

---

[1] Gerhard Kaiser: Geschichte der deutschen Lyrik von Goethe bis Heine, 3 Tle., Frankfurt a. M. 1988, T. 1, S. 68.
[2] Vgl. ebd., S. 69.

ches Erlebnis müsse in der äußeren Biographie des Dichters aufgespürt werden, um es (nämlich das Erlebnis und damit auch das Gedicht) verstehen zu können. Die mangelnde Unterscheidung zwischen dichtendem Subjekt und lyrischem Ich hat die immer wieder aufgetretenen Irrtümer ebenso begünstigt wie die selbstverständlich vorausgesetzte Differenz zwischen lyrischem Ich und lyrischem Du, die Differenz also zwischen den in einem Gedicht sich erlebenden Liebenden.

Ein Beispiel führt uns an unser Thema: Es gibt eine Reihe von Liebesgedichten Else Lasker-Schülers, in denen das Verhältnis eines lyrischen Ichs mit einem „Giselheer" genannten Partner thematisiert ist. „Giselheer" nannte Else Lasker-Schüler Gottfried Benn, den sie 1911 kennengelernt hatte und mit dem sie etwa drei Jahre verbunden war. Mit dieser Liaison hat sich die Literaturwissenschaft immer wieder eifrig beschäftigt, eine leidenschaftliche Beziehung der beiden behauptend und die Gedichte von der Annahme der Beziehung aus interpretierend. Dabei stützt sich diese Annahme (sieht man von einer späten Briefnotiz Benns ab: „die Lasker Schüler [...] war ja mal meine Freundin, 1912"[3]) auf nichts als diese Gedichte und einen Prosa-Text „Doktor Benn" aus dem Jahr 1913[4] sowie auf die poetischen Antworten Benns. Ein klassischer Zirkelschluß mithin, in dem Behauptung und Beweis zusammenfallen; daraus wird dann nie ein ‚ordentlicher' hermeneutischer Zirkel, der sich bekanntlich nicht schließen läßt, weil die hermeneutische Differenz nie ganz zu beheben ist. Leichtfertig ist es also, ein Liebesgedicht wie das folgende (es erschien zuerst im August 1913) auf das physische Zusammensein der Dichterin mit Gottfried Benn wenn nicht zu reduzieren, so doch zu konzentrieren:

Giselheer dem Knaben

An meiner Wimper hängt ein Stern,
Es ist hell
Wie soll ich schlafen –

Und möchte mit dir spielen.
– Ich habe keine Heimat –
Wir spielen König und Prinz.

---

[3] Brief an F. W. Oelze vom 16. Februar 1952, in: Gottfried Benn: Briefe an F. W. Oelze 1950–1956, hg. v. Harald Steinhagen und Jürgen Schröder, Wiesbaden, München 1980, S. 128.

[4] Vgl. Else Lasker-Schüler: Werke und Briefe, hg. v. Norbert Oellers, Heinz Rölleke und Itta Shedletzky, Bd. 3,1: Prosa 1903–1920, bearb. v. Ricarda Dick, Frankfurt a. M. 1998, S. 277.

Liebe zu Gott, Menschen, Dingen

Ich bin dein Prinz
Dein Leib ist hold
Aus allen bunten Farben.

Dein Leib ist eine Seele.[5]

Das lyrische Ich, das Objekt der Dichterin (keineswegs sie selbst), imaginiert ein geliebtes Du, das, unabhängig von Raum und Zeit, überführt werden soll in ein Spiel der Seelen – König und Prinz, Vater und Sohn, nicht außer-, aber übergeschlechtlich, die Grenzlinie zwischen Ich und Du verwischend. Was, um Himmels willen, hat das mit Gottfried Benn zu tun? Und so (oder ähnlich) ist es mit den anderen „Giselheer"-Gedichten bestellt und so auch mit vielen anderen Liebesgedichten Else Lasker-Schülers, die an identifizierbare, oft auch genannte, auf jeden Fall ‚historische' Personen (nicht nur männliche) gerichtet sind. Sie taugen fast alle[6] nichts zur Untersuchung persönlicher Beziehungen, in welche die Dichterin in so reichem Maße verwickelt war.

Die letzte Vorbemerkung kann schon als Teil des Hauptteils meiner Ansichten angesehen werden.

3. Die intensive Beschäftigung der Wissenschaftler, der ernsthaften und weniger ernsthaften, mit Else Lasker-Schüler, vor allem in den beiden letzten Jahrzehnten, hat nicht nur mit ihrem interessanten Leben zu tun, sondern auch mit dem Umstand, daß sich ihre Poesie nicht in eines der Prokrustes-Betten der schlagwortartig charakterisierten Epochen und Stilrichtungen der ersten Hälfte des 20. Jahrhunderts fügen will. Zwar wurde sie spätestens nach der Aufnahme von 14 ihrer Gedichte in die von Kurt Pinthus 1919 besorgte Anthologie „Menschheitsdämmerung"[7] (die von Pinthus erst 1959 den Untertitel „Ein Dokument des Expressionismus" erhielt) als expressionistische Lyrikerin rubriziert, aber damit war nicht viel gewonnen. Es ist offensichtlich, daß sie in dieser Gedichtsammlung nur gewaltsam auf denselben poetischen Nenner zu bringen ist wie Becher und

---

[5] Werke und Briefe (Anm. 4), Bd. 1,1: Gedichte, bearb. v. Karl Jürgen Skrodzki unter Mitarbeit von Norbert Oellers, Frankfurt a. M. 1996, S. 150. – Im folgenden werden die Gedichte Else Lasker-Schülers nach dieser Ausgabe zitiert; die Nachweise erfolgen im Text durch bloße Seitenangaben.

[6] Ausnahmen bilden die späten Gedichte aus Jerusalem, die an Ernst Simon gerichtet sind.

[7] Die Anthologie – zunächst mit dem Untertitel „Symphonie jüngster Lyrik" – erschien mit der Jahreszahl 1920 Ende 1919 im Ernst Rowohlt Verlag (Berlin). Die bald notwendig werdende zweite Auflage (5.–10. Tausend, 1920) hat den geänderten Untertitel „Symphonie jüngster Dichtung".

Benn, Trakl und Heym, Stadler und Werfel. Sie ist unter diesen (und anderen) fremd, und zwar in erster Linie wegen des eigenartigen Verhältnisses zwischen Dichterin und lyrischem Ich, das sich in ihren Texten spiegelt. Else Lasker-Schüler stand literarhistorisch in gar keinen Verhältnissen; sie war jahrzehntelang original (‚orginell'), keinen Mustern verpflichtet und auch keine Epigonen gestattend. Die Entwicklung, die sie durchlief, war ihre eigene, so scheint es (aber so ganz stimmt das natürlich nicht), ohne einen bestimmenden Einfluß von außen. (Erwähnenswert mag in diesem Zusammenhang sein, daß es ganz und gar unbekannt ist, welchen ‚Bildungshorizont' Else Lasker-Schüler ‚ausgeschritten' hat: Was sie gelesen hat, zum Beispiel, wissen wir nicht; daß sie nach eigener Darstellung wegen einer Krankheit – dem ‚Veitstanz' – mit elf Jahren die Schule nicht mehr besuchen konnte, gehört möglicherweise in den Bereich der Sage, in die sie selbst ihre Biographie, offenbar planmäßig, überführte.) – Daß Else Lasker-Schüler, 1869 geboren, schon 1903 (und nicht erst 1919 in Pinthus' „Menschheitsdämmerung") in einer Veröffentlichung angab, sie sei „1876 zu Elberfeld (Rheinland) geboren"[8], hat kaum etwas mit persönlicher Eitelkeit zu tun, sondern zeigt, daß sie der Fixierung auf historische Daten auswich und dazu die möglichen Spielräume nutzte. Dazu die Fortsetzung: Im Januar 1934 stellte das Deutsche Generalkonsulat in Zürich ihr einen Paß aus, in dem als Geburtsdatum eingetragen ist: 11. Februar 1891[9]; die inzwischen 65jährige hatte sich also um 22 Jahre jünger gemacht. Was sind Jahre? – Wichtiger als diese historisch zu bestimmenden Zeitverschiebungen, aber mit ihnen zusammenhängend, sind die in Else Lasker-Schülers Lyrik unschwer zu erkennenden Entgrenzungen: Zeiten wie Räume sind in der Regel aufgehoben, d. h.: Konkrete Angaben beziehen sich auf die Unendlichkeit, werden herausgehoben aus allen Zufälligkeiten der ‚Normalität', der ‚Zeitlichkeit', vor der das Innere der Dichterin, die Quelle ihrer Erinnerungen, durch einen Wall – denkbar als poetische Existenz – abgetrennt ist. Für diese Existenzweise liefern die Gedichte eine Fülle von Belegen: „[...] ich vergehe / [...] / Und verwehe im Weltraum, / In Zeit, / In Ewigkeit, [...]." (26) – „Ich will in das Grenzenlose / Zu mir zurück, / [...] / Fäden möchte ich um mich ziehn – / Wirrwarr endend! / Beirrend, / Euch verwirrend, / Um zu entfliehn / Meinwärts!" (34) – „[...] es atmet meine Seele

---

[8] In: Lieder aus dem Rinnstein, Bd. 1, ges. v. Hans Ostwald, Berlin 1903, S. 167. – Ostwald hatte in seine Anthologie Else Lasker-Schülers zuerst 1902 in der Sammlung „Styx" veröffentlichtes Gedicht „Ballade. (Aus den sauerländischen Bergen.)" abgedruckt.

[9] Vgl. die Abbildung des Reisepasses in: Else Lasker-Schüler 1869–1945, bearb. v. Erika Klüsener und Friedrich Pfäfflin, Marbach am Neckar 1995 (Marbacher Magazin 71), S. 241.

auf / Und trinkt das Ewige ....." (43) – „[...] ich wachse über all Erinnern weit / So ferne Musik ... und zwischen Kampf und Frieden / Steigen meine Blicke hoch wie Pyramiden, / Und sind die Ziele hinter aller Zeit." (100), etc.

Was gesagt sein soll: Else Lasker-Schülers Lyrik ist, so ist es wohl gedacht, um ihrer selbst willen da, absichtslos, symbolisch: die Indifferenz zwischen Allgemeinem und Besonderem behauptend (förmlich ‚verkündend') und daher anzunehmen als *promesse de bonheur* oder abzulehnen als subjektivistischer Blick auf eine Welt, die jeder auf verschiedene – und meistens auf nur-eigene – Weise erfährt. Jenseits der poetischen (geglückten oder nicht geglückten) Realisierung dieses Programms ist diese ‚Weltanschauung' der Dichterin der Punkt, an dem sich trifft, wen sie entweder anspricht und anzieht oder in abwehrende Distanz rückt.

Es ist natürlich für die Leser und Hörer der Lyrik Else Lasker-Schülers nicht möglich, sich mit dem authentisch Gesagten zu identifizieren, aber angenommen werden sollte dies: Es gibt in der deutschen Literatur nur wenige andere Beispiele, in denen die Poesie (oft in einem und demselben Text) so intensiv Ausdruck ist der Verlorenheit und der Geborgenheit, der Leere und der Fülle, der Sehnsucht und der Verzweiflung, des Scheiterns und des Gelingens. Ein einmal von der Dichterin geschautes, als ‚wahr' angesehenes Bild zerfällt ihr, wenn sie es unmittelbar wiedergeben möchte, in eine Vielzahl sprachlicher Zeichen – Buchstaben, Hieroglyphen, Wörter[10] –, aus denen sie kaleidoskopartig Neues entstehen läßt, willkürlich und planvoll zugleich, gespielt, erspielt, vertraut und fremd: Dem einen ist das nur scheinbar so, dem Zweiten anscheinend, dem Dritten tatsächlich. Die Grenzen zwischen Narzißmus, Naivität und mystischer Einheit scheinen zu verschwimmen, wenn das Ich auch ein anderes ist, wenn Kosmos und Chaos in eins fallen und sich die Linie zu einem Punkt oder einer Fläche verändert.

Das in Kürze Angedeutete gilt natürlich auch für Else Lasker-Schülers Liebeslyrik, über die nun endlich Genaueres gesagt werden soll. Immerhin ist, so hoffe ich, wenigstens der Titel meines Vortrags hinlänglich erklärt. Die Liebe beschränkt sich nicht auf Einzelnes (auf einige Menschen etwa), sondern sie ist prinzipiell universell, in jeder Beziehung auf das Ganze bezogen und daher qualitativ nicht in einem Ordnungsschema zu verteilen. (Es ist hier die Qualität der behandelten ‚Gegenstände', nicht die des poeti-

---

[10] Vgl. dazu Verf.: Die Gestalt Jesu im Werk der jüdischen Dichterin Else Lasker-Schüler, in: „Hinauf und Zurück / in die herzhelle Zukunft". Deutschjüdische Literatur im 20. Jahrhundert. Festschrift für Birgit Lermen, hg. v. Michael Braun, Peter J. Brenner, Hans Messelken und Gisela Wilkending, Bonn 2000, S. 253–265, bes. S. 263, Anm. 7.

schen Sprechens gemeint.) Es scheint, daß Else Lasker-Schüler erst in ihren letzten Jahren, als sie den Niedergang ihrer selbst und den Untergang der Welt in ihrem Jerusalemer Exil qualvoll erlebte, aus der Einheit ihres Lebens und Liebens, ihres Anschauens und Denkens herausgefallen ist, daß sie, die inzwischen über 70 Jahre alt geworden war, aufhörte, Sammel- und Mittelpunkt und Spiegel der Welt zu sein. Wir werden sehen.

Im Alter von 30 Jahren, also 1899, begann Else Lasker-Schüler mit der Veröffentlichung ihrer Gedichte, mit vier Gedichten zunächst in der Zeitschrift „Die Gesellschaft". Vier Liebesgedichte sind's, eines von ihnen ist „Sinnenrausch" überschrieben, mag bezogen werden können auf den unbekannten Vater ihres (am 24. August 1899 geborenen) Sohnes Paul, geht aber über diese (oder eine andere) personale Beziehung weit hinaus. Es lautet:

Dein sünd'ger Mund ist meine Totengruft,
Betäubend ist sein süßer Atemduft,
Denn meine Tugenden entschliefen.
Ich trinke sinnberauscht aus seiner Quelle
Und sinke willenlos in ihre Tiefen,
Verklärten Blickes in die Hölle.

Mein weißer Leib erglüht in seinem Hauch,
Er zittert, wie ein junger Rosenstrauch,
Geküßt vom warmen Maienregen.
– Ich folge dir ins wilde Land der Sünde
Und pflücke Feuerlilien auf den Wegen.
– Wenn ich die Heimat auch nicht wiederfinde. (10)

Auf den ersten Blick sprechen die Verse von der Ekstase zweier Liebender und von dem Schuldigwerden durch Liebe: Der Mund des Geliebten ist ‚sündig', mit den Tugenden ist's vorbei, ab geht's „ins wilde Land der Sünde", „in die Hölle". Auf den zweiten Blick indes wird deutlich, daß Sünde, Tod und Hölle, Inventar des ausgedachten Vergehen/Strafe-Szenarios, wenn nicht zuschanden werden an der Liebe, so doch von ihr an den Rand, ins Nebensächliche gerückt werden: Es zählt die Betäubung, die ‚Aufhebung' des Bewußtseins, die Ausschaltung des Willens, die Berauschung der Sinne; nur so ist Erfüllung, ist Verklärung (die auch in der Hölle nicht gelöscht wird) zu erreichen. Der Sieg der Liebe über die Sünde, über die Hölle wird in der zweiten Strophe angedeutet, da die Liebende, weißen Leibs, zitternd „wie ein junger Rosenstrauch", sich mit Feuerlilien auf den Weg macht. Die Lilie ist Zeichen der Reinheit und Unschuld sowohl im griechischen Mythos als auch in der jüdischen und christlichen Religion. Die Pforten der Hölle werden, so läßt sich denken, durch die hin-

Liebe zu Gott, Menschen, Dingen

gebungsvolle Liebe, die religiösen Moraltrompetern als sündhaft erscheinen mag, überwunden. Nichts anderes ist aus dem – in der Chronologie der Veröffentlichungen – nächsten, ein wenig romantisch, vielleicht als epigonal anzusehenden Gedicht zu lesen, „Liebe" genannt: Von dieser Sünde läßt die Liebende nimmermehr, „Und wäre sie noch so thränenreich – / Und stürbst du in meiner sengenden Glut ... / Meine Hölle verbirgt dein Himmelreich, / Und zerschmelzen sollst du in meinem Blut." (11) Wer spricht? Einer der Liebenden, aber auch als der Andere.

Mit der heftigen, sündigen Höllen-Liebe ist es dann bald vorbei. Schon 1901 erscheint „Das Lied des Gesalbten", eine Art programmatisches Liebesgedicht (wenigstens im Sinne des hier Gedachten), in das nun auch Zebaoth, der Herr der Heerscharen, einbezogen wird: „Zebaoth spricht aus dem Abend: / Verschwenden sollst Du mit Liebe! / Denn ich will Dir Perlen meiner Krone schenken, / [...]"; und später: „Ein prangender Garten wird Dein Herz sein, / Darin die Dichter träumen." Am Ende dann: „Verschwenden sollst Du mit Liebe! / Tausend greifende Aeste werden Deine Arme tragen / Und meinem Paradiesheimweh wiegende Troste sein." (25) Das Paradies, das sich der Herr ersehnt, ist eines der Liebenden, und so regt er die Natur an („greifende Aeste"), die Sehnsucht wie den Traum der Dichter erfüllen zu helfen. Die Liebe, von der hier gesprochen wird, ist umfassend, sie ist eine Lebenshaltung, die nichts Seiendes ausschließt; sie ist des Höchsten Imperativ, des Gottes der Liebe. Dieser verspricht „aus dem Abend" (von dorther, weil er nicht nur Anfang, sondern auch Ende ist), daß liebende Herzen „Aller Sonnen Aufgangheimat sein" werden, auf dem Pfad des Lichts, der Wärme von Anfang an. Wie wäre der Aufforderung besser zu folgen als durch die Annahme der Liebe Gottes und die von ihr geforderte Gegenliebe zu ihm? Else Lasker-Schüler macht sich, salopp gesprochen, an die praktische Arbeit, die Scheidewand zwischen Diesseits und Jenseits zu durchbrechen; sie macht sich zum Sprachrohr dessen, von dem sie so lebhaft zu träumen vermag. Wohin diese ihre Beziehung zu Gott führt, erhellt vielleicht am schönsten aus einem späteren, zuerst 1908 veröffentlichten Gedicht, das keiner Interpretation, nicht einmal einer umständlichen Erklärung bedarf, aus dem Liebessehnsuchtsgedicht „An Gott":

Du wehrst den guten und den bösen Sternen nicht
All ihre Launen strömen.
In meiner Stirne schmerzt die Furche
Die tiefe Krone mit dem düsteren Licht.
Und meine Welt ist still
Du wehrtest meiner Laune nicht.
Gott wo bist du?
Ich möchte nah an deinem Herzen lauschen

Liebe zu Gott, Menschen, Dingen

> Mit deiner fernsten Nähe mich vertauschen
> Wenn goldverklärt in deinem Reich
> Aus tausendseligem Licht
> Alle die guten und die bösen Brunnen – rauschen – rauschen. (113)

Gewiß: die Vereinigung mit Gott, der sich aus der „fernsten Nähe" melden soll („Gott wo bist du?"), ist eine Option, aber sie ist keine Utopie. Die Liebende nennt als Voraussetzung ihrer Liebe und damit ihrer Existenz, daß Gott auch die „bösen Sterne" und „die bösen Brunnen" gewähren läßt; da gibt es also für die Hölle nichts mehr zu holen. Die Liebe hebt – im dreifachen Wortsinne (des Negierens, des Konservierens und des Elevierens) – alles Gute und alles Böse auf, je nach Notwendigkeit.

Die Liebe übersteigt sogar das Lieben, wie es in dem Gedicht „Ἀθάνατοι" (auf deutsch: Unsterbliche) aus der Sammlung „Styx" (1902) heißt: „Du, ich liebe dich grenzenlos! / Ueber alles Lieben, über alles Hassen!" Der Geliebte wird ermahnt, auch die Kraft seines Willens darauf zu richten, „Dass wir über alle Herbste schweben, / Und Immergrün schlingen wir um den Tod / Und geben ihm das Leben." (57) Nichts Schöneres, als über die Welt (das Leben, den Tod) zu triumphieren, als sich ihr zu entrücken ins Grenzenlose. – „Von Sternen sind wir eingerahmt / Und flüchten aus der Welt. // Ich glaube wir sind Engel." (138) So endet das Gedicht „An den Gralprinzen" (1912). Der Gralprinz war Tristan. So, Tristan, und so, Gralprinz, nannte Else Lasker-Schüler den mit ihr befreundeten expressionistischen Lyriker Hans Ehrenbaum-Degele; dem gelten auch die Verse (ebenfalls aus dem Jahr 1912): „O, / Du mein Engel, / Wir schweben nur noch / In holden Wolken." (142) – Doch ich bin etwas vorangeeilt; muß noch einmal zurück an den Beginn des Jahrhunderts, zur ersten Gedichtsammlung „Styx" vor allem.

Von der möglichen Macht der Liebe in einer gefährlichen, gefährdenden Welt spricht das Gedicht „Sehnsucht" (1900), und zwar auf recht konventionelle Weise, die den Kenner weit zurückführt ins 19. Jahrhundert, vielleicht sogar in die Vorromantik. Liebe und Tod verbinden sich, wie es nun einmal gedacht wird, vor allem aber: Das lyrische Ich erscheint austauschbar, da ist's einfach, es als Objekt zu bestimmen und zu sondern sowohl vom angesprochenen Du wie vom lyrischen Subjekt der Dichterin: „Mein Liebster, bleibe bei mir in der Nacht / Ich fürchte mich vor den dunklen Lüften. / Ich hab' so viel Schmerzliches durchgemacht / Und Erinnerung steigt aus den Tottengrüften [!]." (15) So hebt es an. Und die letzte der drei Strophen weckt mit ihren ersten Versen die Erinnerung an den „Erlkönig":

Mein Liebster, siehst du die bleichen Gespenster?
Von mitternächtlichen Wolken getragen.....
Sie klopfen deutlich ans Erkerfenster.
Ein Sterbender will ‚Lebewol' mir sagen.
Ich möchte ihm Blüten vom Lebensbaum pflücken ...
Und die Schlingen zerreißen, die mich erdrücken!
Mein Liebster, küsse, – küß' mich in Gluten
Und laß deinen Jubelquell über mich fluten! (16)

Es überrascht nicht, daß „Sehnsucht" nur noch einmal zu Else Lasker-Schülers Lebzeiten veröffentlicht wurde, und zwar in einer Anthologie aus dem Jahr 1902: „Liebeslieder moderner Frauen".[11] – In dieselbe Sammlung geriet auch das Gedicht „Nervus erotis", das ein Jahr nach seiner ersten Publikation in die „Styx"-Sammlung kam, weil es die Untergangsvision, die höllische Qual eines vom geliebten Du getrennten Ich in der „Styx"-Sprache der Verzweifelnden beklemmend artikuliert. Was sich nicht verallgemeinern läßt, dem wird der Platz fürs Individuelle eingeräumt, und so obliegt es der Entscheidung des Lesers, sich in die Nähe des ‚Falles' zu begeben oder diesen aus gehöriger Distanz zu beobachten, als mehr oder weniger geglückte Umsetzung eines vermeintlichen ‚Erlebnisses', das poetisch ent- und wieder verhüllt wird.

Dass uns nach all der heissen Tagesglut
Nicht eine Nacht gehört ...
Die Tuberosen färben sich mit meinem Blut.
Aus ihren Kelchen lodert's brandrot!

Sag mir, ob auch in Nächten deine Seele schreit,
Wenn sie aus bangem Schlummer auffährt,
Wie wilde Vögel schreien durch die Nachtzeit.

Die ganze Welt scheint rot,
Als ob des Lebens weite Seele blutet. / [...] (24)

Die Tuberose heißt im Volksmund Nachthyazinthe; sie zeichnet sich durch einen betäubenden Duft aus. Getränkt mit dem aus Sehnsucht in sie hinein vergossenen Blut soll sie eine, freilich nur gedankliche (gedachte?) Brücke zum Geliebten bilden, an deren anderem Ende auch dieser dasselbe Phänomen wahrnimmt, um „an dem Nerv des bunten Traumes" zu nagen, nagen zu müssen, damit das Leid nicht unermeßlich wird. So leistet die Tuberose einen doppelten Dienst: den anderen förmlich in den Sinnen zu behalten

---

[11] Eine Sammlung von Paul Grabein, Berlin 1902.

Liebe zu Gott, Menschen, Dingen

und die Vereinigung mit ihm als schönen Traum zu erkennen und zweitens: um des Lebens (vielleicht auch der Liebe) willen die rohe Wirklichkeit anzuerkennen – ob mit oder ohne Hoffnung auf ein Glück in irgendeiner Nacht, bleibt ungesagt.

„Nervus erotis" gehört in die Reihe der Gedichte über Bedrohungen und Untergänge und fehlgeschlagene Hoffnungen, von denen es in „Styx" wimmelt. Die wenigen Gedichte, die von der Liebe handeln, sind dieser Tendenz verpflichtet, sind Schreie des verlassenen Ichs, scheiternde Liebesversuche oder Erinnerungen. (Es mag daran erinnert werden, daß die „Styx"-Gedichte in die letzten Jahre der 1894 geschlossenen, insgesamt recht unglücklichen und 1903 geschiedenen Ehe der Dichterin mit dem Arzt Berthold Lasker fallen, in die Jahre wechselnder Liebesbeziehungen, von denen die zu Georg Levin, genannt Herwarth Walden, 1903 zur zweiten Ehe führte.) „O, ich liebte ihn endlos! / Lag vor seinen Knie'n / Und klagte Eros / Meine Sehnsucht." (46) Das Gedicht „Eros" tönt so, und das folgende, „Dein Sturmlied", noch nachdrücklicher, eindringlicher (der junge Goethe meldet sich hier):

> Brause Dein Sturmlied Du!
> Durch meine Liebe,
> Durch mein brennendes All.
> Verheerend, begehrend,
> Dröhnend wiedertönend
> Wie Donnerhall! (46)

Gedichte sind's, die Impressionen expressionistisch weitergeben, um sie loszuwerden, damit sie Platz machen für Neues, das sich etwa in „Das Lied des Gesalbten" einstellen soll und das mit dem anschließenden, aufs schönste geglückten Gedicht „Sulamith" tatsächlich erscheint. (Dieses Gedicht hat die Dichterin wieder und wieder, freilich immer nur geringfügig, bearbeitet, 40 Jahre hindurch, und wieder und wieder veröffentlicht.) Dem Gedicht, das später auch einmal die Überschrift „Jerusalem" erhielt, gelingt auf knappstem Raum das Äußerste: die Synthese der Liebesmöglichkeiten – der Liebe zu Gott, zu den Menschen (hier: einem imaginären Du) und zu den Dingen (denen des „Weltraums" ohne Spezifikation, denen, die durch die religiöse Metapher „Jerusalem" konnotiert werden können). Allgemeines und Besonderes sind hier zusammengeführt und daher werden keine Abwehr und keine Distanz zugelassen.

In der „Styx"-Fassung lautet das Gedicht:

> O, ich lernte an Deinem süssen Munde
> Zu viel der Seligkeiten kennen!

Liebe zu Gott, Menschen, Dingen

> Schon fühl' ich die Lippen Gabriels
> Auf meinem Herzen brennen ...
> Und die Nachtwolke trinkt
> Meinen tiefen Cederntraum.
> O, wie Dein Leben mir winkt!
>   Und ich vergehe
> Mit blühendem Herzeleid
> Und verwehe im Weltraum,
>   In Zeit,
>   In Ewigkeit,
> Und meine Seele verglüht in den Abendfarben
>   Jerusalems. (48)

Hier gibt es nichts zu deuten, allenfalls etwas zu erklären: Gabriel der Erzengel, der Beschützer Israels, der Traumdeuter, gibt der Liebenden Sicherheit; ihr „Cederntraum", der Traum von Davids und Salomos Palästen (die aus Zedernholz gebaut worden waren), der Traum zugleich von dem schönen Menschen, der im „Hohen Lied" mit einer Zeder verglichen wird, dieser Traum wird angenommen von der „Nachtwolke", aus Raum und Zeit der Diesseitigkeit hinübergeführt ins Ewige – wie die Seele eingeschmolzen wird in den schönen Schein der ewigen Stadt, der Stadt Gottes, die allen Gerechten (allen Liebenden zumal) einmal offensteht. Die Liebe, wie sie das „Hohe Lied" feiert, wird in „Sulamith" variiert, die Sehnsucht, die sich hier ausspricht, erfüllt sich vielleicht – wenigstens für die Dauer ihrer poetischen Überhöhung. Mag die Dichtung dem Leser äußerstenfalls eine *promesse de bonheur* sein: für den, der das Glück verspricht, kann sie darüber hinausgehen. (Aber was wissen wir schon davon, was verstehen wir von der Unio mystica, von der so viele Gedichte Else Lasker-Schülers Zeugnis abzulegen scheinen.) – Die meisten „Styx"-Gedichte sind der uns vertrauten Lebenswirklichkeit näher, etwa „Dir":

> Drum wein' ich,
> Dass bei Deinem Kuss
> Ich so nichts empfinde
> Und ins Leere versinken muss.
>   Tausend Abgründe
> Sind nicht so tief,
> Wie diese grosse Leere. (62) Etc.

Das Gedicht „Hundstage" beginnt:

> Ich will Deiner schweifenden Augen Ziel wissen
> Und Deiner flatternden Lippen Begehr,

Denn so ertrag' ich das Leben nicht mehr,
Von der Tollwut der Zweifel zerbissen. (66)

Doch sind das, streng genommen, auch gar keine Liebes-Verse.

Else Lasker-Schülers folgende Gedichtsammlung, „Der siebente Tag" (1905), erinnert häufiger als die „Styx"-Sammlung an das Geschenk empfangener Liebe, die als höchster Wert menschlicher Existenz, als die Phantasie beflügelnde Macht erfahren wird, ganz konkret und in ihrer Einzigartigkeit allgemein.

Es rauscht durch unseren Schlaf
Ein feines Wehen wie Seide,
Wie pochendes Erblühen
Über uns beide.

Und ich werde heimwärts
Von Deinem Atem getragen,
Durch verzauberte Märchen,
Durch verschüttete Sagen. (84)

Das Gedicht „Die Liebe" beginnt so, die Rückkehr aus der Fremde in die Heimat (die natürlich nicht geographisch zu verstehen ist, sondern als das Bei-sich-selbst-Sein), die Aufhebung erlittener Verluste beschreibend, die Erlösung von den Zwängen einer liebeleeren Welt. „Der weltalte Traum / Segnet uns beide", lauten die letzten Verse. Es ist der Traum einer Idylle, wie sie einmal Schiller beschrieben hat, als er ein Gedicht „Die Hochzeit des Herkules mit der Hebe" plante, ein Gedicht, in dem „alles Sterbliche ausgelöscht" wäre – „lauter Licht, lauter Freyheit, lauter Vermögen", ein Gedicht, in dem es „keinen Schatten, keine Schranke" mehr gäbe[12]; von diesem Traum der schrankenlosen Liebe ist in vielen Versen Else Lasker-Schülers viel die Rede. Und in der Hinwendung des lyrischen Ichs zum Partner wird lebendig, was ebenfalls Schiller einmal fast formelhaft bemerkt hat (in einem Brief an Goethe, der die Bemerkung so treffend fand, daß er sie, leicht variiert, in seine „Wahlverwandtschaften" übernommen hat): das ganz und gar Vortreffliche sei so mächtig, „daß es, dem Vortreflichen gegenüber keine Freyheit giebt als die Liebe".[13] (Bei Goethe heißt es – statt „keine Freyheit" – „kein Rettungsmittel"; diese Formulierung mag für unseren Zusammenhang zutreffender sein als die Schillersche Ver-

---

[12] Brief Schillers an Wilhelm von Humboldt vom 29. und 30. November 1795 (Nationalausgabe, Bd. 28, S. 120).

[13] Brief vom 2. Juli 1796 (ebd., S. 235).

sion.) Wie gegenüber dem Vortrefflichen, so gibt es auch vor den Bedrohungen der Welt kein anderes Rettungsmittel als die Liebe.

„Der siebente Tag" endet mit dem Gedicht „Weltende":

> Es ist ein Weinen in der Welt,
> Als ob der liebe Gott gestorben wär,
> Und der bleierne Schatten, der niederfällt
> Lastet grabesschwer.
>
> Komm, wir wollen uns näher verbergen ....
> Das Leben liegt in aller Herzen
> Wie in Särgen.
>
> Du! wir wollen uns tief küssen ....
> Es pocht eine Sehnsucht an die Welt,
> An der wir sterben müssen. (103)

Die in der Lyrik des Abendlands übliche Version von der zum Tode führenden Liebe wird hier verändert, wenn nicht sogar verkehrt: Der Tod fordert die Liebe, die Erfüllung einer Sehnsucht, die selbst tödlich ist. Doch wird aus dem Nacheinander ein Gleichzeitiges: Die Bedrohung durch den Tod, die von den Liebenden als Sehnsucht begriffen wird, verlangt gebieterisch das Andere, die Liebe, die mit dem Tod zusammenfällt. Ob sie eine Zukunft hat, bleibt ungewiß; denn es ist ja nicht auszuschließen, daß der „liebe Gott" wirklich gestorben ist. Wie auch immer: Die Annahme, „Weltende" könne ein Carpe-diem-Gedicht sein (genieße das Leben, solange du es noch hast), hat wenig für sich. Wahrscheinlicher ist, daß an den Sieg der Liebe über den Tod gedacht werden soll. Doch davon steht in den Versen nichts.

Bevor ich im letzten Teil meiner Bemerkungen etwas zu den späten Liebesgedichten Else Lasker-Schülers sage, soll noch auf wenige Beispiele hingewiesen werden, aus denen sich die Vielfalt der poetisch behandelten Liebesobjekte im Werk der Dichterin belegen läßt. Gott, Menschen, Dinge. Die All-Einheit der Liebenden mit der Liebe Gottes zu seinen Geschöpfen und mit der wunderbar sich wandelnden Natur (Tiere, Pflanzen, Sterne) ist vielleicht am einfachsten und schönsten in dem Gedicht „Ein Liebeslied" (1909) in poetische Bilder gefaßt, beginnend mit der Erschaffung der Welt, endend mit dem alles heilenden Schlummer der Liebenden beim Anbruch des Tages:

> Aus goldenem Odem
> Erschufen uns Himmel.
> O, wie wir uns lieben ....

Liebe zu Gott, Menschen, Dingen

Vögel werden Knospen an den Aesten,
Und Rosen flattern auf.

Immer suche ich nach deinen Lippen
Hinter tausend Küssen.

Eine Nacht aus Gold ..
Sterne aus Nacht ..
Niemand sieht uns.

Kommt das Licht mit dem Grün,
Schlummern wir.
Nur unsere Schultern spielen noch wie Falter. (115 f.)

Zu der kunstvollen Einfachheit dieses Gedichts (ein Lied ist's eben) gehört seine Reimlosigkeit, die dem Eindruck der Künstlichkeit (an dem es in der Lyrik Else Lasker-Schülers wahrlich nicht fehlt) wehren soll.

Das oft behandelte und immer wieder gedruckte Gedicht „Ein alter Tibetteppich" (1910) – „Deine Seele, die die meine liebet / Ist verwirkt mit ihr im Teppichtibet" (130) – mag, seiner Sprachspiele und Bilder wegen, ‚interessanter' sein als „Ein Liebeslied": Die Unmittelbarkeit der Erinnerung, durch die sich Vergangenheit und Zukunft in der Gegenwart zusammenziehen, erscheint im früheren Gedicht überzeugender, wenigstens für einen Leser, der die bei der Lektüre sich einstellende Kongruenz und Koinzidenz von Denken, Empfinden und Vorstellen als Qualitätskriterien des lyrischen Sprechens wahrnimmt. Das heißt freilich, wenigstens in diesem Fall: Das weniger interpretationsbedürftige Gedicht ist das bessere. – Unter den Liebesgedichten, die den Dingen der Welt nicht weniger gelten als Gott und den Menschen, sei das mit „Gebet" überschriebene (1916) noch erwähnt, ohne näher vorgestellt werden zu können. (In der Mittelstrophe heißt es: „Ich habe Liebe in die Welt gebracht, / Daß blau zu blühen jedes Herz vermag, / Und hab ein Leben müde mich gewacht, / In Gott gehüllt den dunklen Atemschlag." [190])

Die 17 Gedichte der 1913 erschienenen Sammlung „Hebräische Balladen" lassen sich allesamt als Liebesgedichte lesen: 12 der Gedichte nennen in den Überschriften menschliche Gestalten aus der „Hebräischen Bibel" (von Eva bis Esther), hinzu kommen die ‚Gottesgedichte' „An Gott" und „Zebaoth" sowie „Mein Volk", „Versöhnung" und „Im Anfang". Es sind Liebeserklärungen des nicht immer genannten lyrischen Ichs an Angehörige ihres jüdischen Volkes, dessen prekäre, dunkle Gegenwart vom Glanz der Vergangenheit erfüllt und durch die Hoffnung auf das Erscheinen eines liebenden Gottes erhellt werden möge. „So komme doch, / Du süßer Gott, / Du Gespiele Gott, / Deines Tores Gold schmilzt an meiner Sehnsucht."

(162) So endet das Gedicht „Zebaoth". In allen Gedichten schreibt sich das Ich (genannt oder nicht) in die Heilige Schrift ein, zu deren Funktion es gehört, Gottsuchende und Liebende in sich aufzunehmen, damit das Gesetz erfüllt wird, nach dem die Welt eingerichtet ist und sich vollendet.

Ein großer Sprung von mehr als zwei Jahrzehnten sei nun gestattet. Aus der Zwischenzeit sind natürlich etliche Liebesgedichte Else Lasker-Schülers überliefert, aber sie bringen nicht viel Neues, vor allem: Sie sind zum großen Teil Gelegenheitsgedichte, gleichsam Ansprachen an befreundete Personen, die schon im Titel genannt werden (mit ihren bürgerlichen Namen oder denen, die ihnen die Dichterin zugelegt hat): „Der Mönch" (d. i. der Schriftsteller Franz Jung), „Paul Leppin", „Gottfried Benn", „Ernst Toller", etc. – Die Zwanziger Jahre, so scheint es, können als das – im doppelten Wortsinn – ‚prosaische Jahrzehnt' der Dichterin bezeichnet werden.

1943 erschien in Jerusalem Else Lasker-Schülers letzte Gedichtsammlung „Mein blaues Klavier", 32 Gedichte (davon 28 aus der Exilzeit) enthaltend, Gedichte der Trauer und Klage über schmerzliche Verluste: der Mutter, des Sohnes, der Heimat, der Freunde, der eigenen Lebensfreude. „In meinem Herzen spielen Paradiese ..... / Ich aber kehre aus versunkenem Glück / In eine Welt trostlosester Entblätterung zurück." (291) Oder: „Ich liege wo am Wegrand übermattet – / Und über mir die finstere kalte Nacht – / Und zähl schon zu den Toten längst bestattet." (290)

Die meisten der Gedichte, die während der letzten Jahre in Jerusalem entstanden sind und in die Sammlung aufgenommen wurden, gelten einem unerreichbar Geliebten, dessen gesuchte Nähe der Dichterin unsäglichen Schmerz bereitete. Die über Siebzigjährige hatte sich noch einmal (wie der über-siebzigjährige Goethe) verliebt, und zwar in den Professor für Pädagogik an der Hebräischen Universität in Jerusalem, Ernst Simon, der dreißig Jahre jünger war als sie. Für Else Lasker-Schüler ist er schön wie Apoll; an ihn sind ihre letzten Liebesgedichte (acht sind es ganz gewiß, vielleicht auch zehn) gerichtet, eingeleitet durch ein Widmungsgedicht „Dem Verklärten", das ein letztes Mal zusammenbringt die liebenden Hinwendungen zu den Sternen und den Menschen, zu der Welt und ihren Dingen, den „wilden Tieren" auch. Aber das ist nur noch Entwurf, Staffage, Folie; denn das Nichterhörtwerden durch den am meisten Geliebten ist bereits schreckliche Gewißheit: „Du aber", so lautet die letzte Strophe, „Du aber wandelst entkommen dem Irdischen / Um den Sinai lächelnd verklärt – / Fremdfern vorüber meiner Welt." (295) Aus diesem Schmerz entstehen die weiteren Gedichte, in denen das Ich nicht mehr als Objekt ausgestellt, sondern dem Subjekt der Dichterin förmlich inkorporiert werden soll. Deren Imagination bringt es zu keiner Hoffnung mehr, nur noch zu Einsichten, die der Leser als Bekenntnisse zur Kenntnis nehmen muß –

Liebe zu Gott, Menschen, Dingen

auch wenn sich das Ich diesem einfachen Verständnis noch einmal zu widersetzen versucht, etwa in dem Gedicht „Und", auf das nun noch ein Blick geworfen werden soll.

Mit dem Titel „Und" wird auf die ausgesparte Vorgeschichte, das Liebeswerben, verwiesen; von dessen Vergeblichkeit sprechen die ersten Verse:

> Und hast mein Herz verschmäht –
> In die Himmel wärs geschwebt
> Selig aus dem engen Zimmer!

Und weiter:

> Wenn der Mond spazieren geht,
> Hör ichs pochen immer
> Oft bis spät.
>
> Aus Silberfäden zart gedreht
> Mein weiss Gerät –
> Trüb nun sein Schimmer. (296)

Die handschriftlichen Varianten (in drei Fassungen) dieses Gedichts erklären nicht nur, was es mit dem „weiss Gerät" auf sich hat, sondern auch, daß und wie sich die Dichterin aus der Umklammerung durch das ihr zugefallene ‚Schicksal' befreien wollte: Sie wählte als Überschrift zunächst „Hebräisch Volkslied", aber sie wollte nicht, daß es zu lesen wäre wie „Sah ein Knab ein Röslein stehn"; sie widmete es „E. S." (also Ernst Simon), aber sie wollte ihn, den es meinte, dadurch nicht auf Distanz rücken; sie dachte sich als Untertitel aus: „zu singen auf der Zimbel", aber sie wollte das „weiss Gerät" nicht so eindeutig festlegen, weil es dann vielleicht nicht mehr als Instrument ihrer verdunkelten Liebessehnsucht umfassender (vielleicht auch ganz anders, auf jeden Fall persönlicher) aufgefaßt werden konnte. Der Geliebte und alle anderen Leser sollten nicht nur wissen, wie die Verstoßene litt (das natürlich auch), sondern auch und vor allem, was sie litt.

Wie am Anfang meiner Bemerkungen, so wird auch an deren Ende ein Seitenblick auf Goethe geworfen: „Und wenn der Mensch in seiner Qual verstummt, / Gab mir ein Gott zu sagen wie ich leide", sagt Torquato Tasso am Ende seiner Bemühungen, er selbst zu bleiben. Eine Generation später, in der „Trilogie der Leidenschaft" (und ein wenig variiert im etwas später entstandenen Gedicht „An Werther"), heißt es präziser: „Und wenn der Mensch in seiner Qual verstummt / Gab mir ein Gott zu sagen was ich leide."

Liebe zu Gott, Menschen, Dingen

Ob Else Lasker-Schüler, die leidende Dichterin, auch von Gott inspiriert wurde, als sie, sehr konkret, von ihrem Liebesleid dichtete, mag dahingestellt sein. Kaum zu bezweifeln ist: Sie hat über die Freuden und über die Leiden der Liebe gedichtet, wie wenige andere in diesem Jahrhundert in deutscher Sprache.

[Else Lasker-Schüler:] Die Verscheuchte. Verlorene Heimat, zerstörte Liebe

Else Lasker-Schüler
Die Verscheuchte

Es ist der Tag in Nebel völlig eingehüllt,
Entseelt begegnen alle Welten sich –
Kaum hingezeichnet wie auf einem Schattenbild.

Wie lange war kein Herz zu meinem mild ....
Die Welt erkaltete, der Mensch verblich.
– Komm, bete mit mir – denn Gott tröstet mich.

Wo weilt der Odem, der aus meinem Leben wich? –
Ich streife heimatlos zusammen mit dem Wild
Durch bleiche Zeiten träumend – ja, ich liebte dich.

Wo soll ich hin, wenn kalt der Nordsturm brüllt –?
– Die scheuen Tiere aus der Landschaft wagen sich –
Und ich – vor deine Tür, ein Bündel Wegerich.

Bald haben Tränen alle Himmel weggespült,
An deren Kelchen Dichter ihren Durst gestillt,
Auch du und ich.

Und deine Lippe, die der meinen glich,
Ist wie ein Pfeil nun blind auf mich gezielt –.[*]

Am 19. April 1933 floh Else Lasker-Schüler aus Berlin nach Zürich. Sie sei, so hat sie wenige Monate später Hulda und Otto Pankok, die sie in Locarno besuchten, berichtet, am 18. April „von den Nazis [...] mit einer eisernen Stange niedergeschlagen worden".[1] Der Bericht ist so wenig wört-

---

[*] Else Lasker-Schüler: Werke und Briefe. Kritische Ausgabe, 11 Bde., im Auftrag des Franz Rosenzweig-Zentrums der Hebräischen Universität Jerusalem, der Bergischen Universität Wuppertal und des Deutschen Literaturarchivs Marbach am Neckar hg. v. Andreas B. Kilcher, Norbert Oellers, Heinz

[Else Lasker-Schüler:] Die Verscheuchte

lich zu nehmen wie die Begründung für die Flucht, die sich auf einer nach Görlitz geschickten Postkarte der Dichterin, geschrieben am Tag ihrer Ankunft in Zürich, findet: sie habe sich in Berlin „nicht mehr ernähren" können.[2] Damit mag zwar auch auf die am 1. April 1933 begonnene Boykotthetze gegen jüdische Geschäfte angespielt sein, aber gemeint ist mehr: dass die Gewaltherrschaft viele Leben nehmen werde.

1911 hatte Else Lasker-Schüler Gottfried Benn kennengelernt, mit dem sie etwa drei Jahre eng verbunden war und den sie auch danach zu ihren Freunden zählte.[3] Am 24. April 1933 hielt Benn im Berliner Rundfunk seine Rede „Der neue Staat und die Intellektuellen"[4], mit der er sich zum Hitler-Staat bekannte. Unter den bekannt gewordenen – überwiegend applaudierenden – Zuschriften, die Benn in den folgenden Wochen erhielt, ist der am 9. Mai geschriebene Brief von Klaus Mann (der Mitte März Deutschland verlassen hatte) vielleicht am bemerkenswertesten, weil darin deutlicher als sonstwo die Frage gestellt wird, wie Benn dazu gekommen sei, seinen Namen „denen zur Verfügung zu stellen, deren Niveaulosigkeit absolut beispiellos in der europäischen Geschichte ist und vor deren moralischer Unreinheit sich die Welt mit Abscheu abwendet".[5] Der Brief veranlasste Benn zu einer am 24. Mai im Rundfunk vorgetragenen „Antwort an die literarischen Emigranten"[6]: Mit diesen, „mit den Flüchtlingen, die ins Ausland reisten", lasse sich gar nicht über die Umwälzungen der letzten Monate, über „den inneren Prozeß, die schöpferische Wucht" der Ereignisse reden. Die Emigranten, so Benn, hätten es versäumt, sich über den Begriff des Volkes zu informieren. Else Lasker-Schüler, die Exilantin, war auch angesprochen – als Emigrantin.

Wahrscheinlich kannte Else Lasker-Schüler die Rundfunk-Reden Benns und auch von dem Brief Klaus Manns mehr, als Benn zitiert hatte. Im September 1933 lernten sich die 64-jährige Dichterin und der 27-jährige Schriftsteller in Zürich kennen. Von dessen Exilzeitschrift „Die Sammlung" erschien im selben Monat das erste Heft; in das zweite nahm Klaus Mann das erste in der Fremde entstandene Gedicht Else Lasker-Schülers, „Abendzeit", auf: „Erblasst ist meine Lebenslust .... / Ich fiel so einsam auf

---

    Rölleke und Itta Shedletzky, Frankfurt a. M. 1996–2010 [im Folgenden zitiert als KA], Bd. 1.1, S. 262.
[1] Berto Peretti: Begegnung mit Otto Pankok, Düsseldorf 1959, S. 19.
[2] Postkarte an Friedrich Andreas Meyer vom 19. April 1933 (KA 9, S. 9).
[3] Siehe ihren Brief an Thomas Mann vom 30. April 1933 (KA 9, S. 10–12).
[4] Vgl. Gottfried Benn 1886–1956. Eine Ausstellung des Deutschen Literaturarchivs im Schiller-Nationalmuseum, Marbach a. N. 1986, S. 195 f.
[5] Ebd., S. 199.
[6] Ebd., S. 203 f.

[Else Lasker-Schüler:] Die Verscheuchte

die Erde [...]." Es scheint, als habe Else Lasker-Schüler dann erst wieder gegen Ende des Jahres 1933 ein Gedicht geschrieben und zur Veröffentlichung an Klaus Mann nach Amsterdam geschickt. Dieser veröffentlichte es im März 1934 unter der Überschrift „Die Verscheuchte" in seiner Zeitschrift.[7]

Am 4. Januar 1934 schreibt Else Lasker-Schüler eine Postkarte an Klaus Mann: „Ich bitte Sie die letzte Reihe des Schlußverses – also des 6. Verses zu streichen. Der Schlußvers soll nur die ersten 2 Reihen haben: Ich rechne darauf, Sie streichen die 3. also die letzte: Und ihre Worte feindselige verscheuchen mich – abstreichen!" (KA 9, S. 74) Die Handschrift der offenbar an Klaus Mann geschickten frühen Fassung des Gedichts ist nicht überliefert. Indes gibt es eine vermutlich ebenfalls frühe eigenhändige Niederschrift mit einem dritten Vers („Reihe") in der letzten Strophe („Vers"): „Und alles starb was ich für dich gefühlt."[8] In Verbindung mit den vorangehenden Versen drängt sich die Vermutung auf, dass es sich bei der angesprochenen Person nicht um ein mehr oder weniger beliebiges ‚lyrisches Du' handelt, sondern dass die Dichterin den Verlust Benns, des einstigen Freundes, der mit ihren Peinigern gemeinsame Sache macht, beklagt. Für diese Lesart spricht auch, dass in derselben Handschrift die Überschrift lautet: „Das Lied der Emigrantin". So lässt sich das Gedicht als Antwort auf Benns zweite Wortmeldung im Berliner Rundfunk verstehen.

Doch ist mit dieser Feststellung noch nichts über die Qualität der Verse gesagt, von der die Dichterin den Leser nicht bewusst ablenken wollte; denn so wenig wie das lyrische Ich, das zweifellos mit der Verscheuchten (wie der Emigrantin) identifizierbar ist, auch die Dichterin sein kann, so wenig soll das lyrische Du mit einer bestimmten Person (in diesem Fall mit Gottfried Benn) in unmittelbare Beziehung gebracht werden. Die Änderung der Überschrift und die Streichung des letzten Verses vermeiden Missverständnisse, denen das Gedicht ohne diese Eingriffe leicht(er) hätte ausgesetzt sein können.

Ob das für die „Sammlung" bestimmte Gedicht zunächst auch „Das Lied der Emigrantin" geheißen hat, ist denkbar, aber nicht gewiss. Die Entscheidung für die Überschrift „Die Verscheuchte" fiel auf jeden Fall erst

---

[7] Die Sammlung, Jg. 1, H. 7, S. 384. – Vgl. zur Überlieferung, zu den Varianten und Lesarten des Gedichts KA 1.2, S. 312–314. – Von den nicht sonderlich zahlreichen Deutungen des Gedichts sei nur die Bauschingers genannt (Sigrid Bauschinger: Else Lasker-Schüler. Biographie, Göttingen 2004, S. 362–365).

[8] Vgl. die Zusammenstellung der Varianten und Lesarten aller Textzeugen in: KA 1.2, S. 313 f.

[Else Lasker-Schüler:] Die Verscheuchte

einige Wochen nach der Zusendung des Textes an Klaus Mann: Diesem schrieb Lasker-Schüler am 8. Februar 1934, wieder auf einer Postkarte: „Ich möchte das Gedicht: Die Verscheuchte. nennen. Ja? Und wie ich schrieb die letzte Reihe letzten Vers weg." (KA 9, S. 89) Es ist kaum zu entscheiden, ob Lasker-Schülers Rücknahme der vielleicht von Benn angeregten ursprünglichen Überschrift allein der Einsicht in die poetisch fragwürdige, wenn nicht gar unzulässige Vermischung von Besonderem und Allgemeinem, Subjekt und Objekt, Privatem und Öffentlichem entsprang, oder ob ihr bewusst war, dass „Emigrantin" in ihrem eigenen wie im Falle des Gedicht-Ichs nur im ironischen Sinn gelesen werden kann, da nicht von einer freiwillig Ausgewanderten, sondern von einer in die Flucht Getriebenen, einer ins Exil Gejagten, einer – Verscheuchten gesprochen wird, die alle vertritt, denen auf dieselbe oder vergleichbare Weise Gewalt angetan wurde.

Das dichtende Subjekt und das lyrische Ich als dessen Objekt sind so weit auseinanderzuhalten wie die Figur einer im Drama behandelten historischen Person und dem sie behandelnden Dramatiker. Zum lyrischen Du besteht naturgemäß eine nicht geringere Distanz. Sie bleibt auch dann gewahrt, wenn die Dichterin hier imaginiert, angeregt durch die Erfahrung des Schrecklichen, dass eine einst liebende Person vom Geliebten getrennt wurde, wahrscheinlich in einem Akt des Mutwillens von diesem selbst. Im Grunde verhält es sich im vorliegenden Gedicht nicht anders als in den meisten ‚Erlebnisgedichten' Else Lasker-Schülers, die an konkrete Ereignisse und Beziehungen anknüpfen: Das auch allegorische Sprechen soll der Auflösung des benennbar Faktischen in die Fiktion des allgemein Symbolischen dienen, das sich jeder genauen Bestimmung entzieht, weil mit der Feststellung, dass Besonderes und Allgemeines zusammenfallen, kein Kunstverständnis befördert werden kann.

Verjagt, vertrieben; wie eine Maus, wie eine Fliege: Die Verscheuchte.

In 17 Versen, aufgeteilt in fünf Terzinen (die sich allerdings nicht streng an das übliche Reimschema halten) und einen abschließenden Zweizeiler, wird die Überschrift erläutert; in Versen, die sich, wie so oft bei Lasker-Schüler, auszeichnen durch das charakterisierende Stilmittel des den Zusammenhang aller Details verbindenden Reims, der in diesem Falle – vom zweiten bis zum vorletzten Vers – nicht weniger als neunmal in aller Reinheit mit „ich" gebildet wird, ergänzt durch acht sich nähernde Wortendungen auf „üllt" (zweimal), „ild" (dreimal), „ült", „illt" und „ielt", die allesamt als zweite Gruppe von – allerdings ‚unreinen' – Reimen gelesen werden können. Dabei mögen die drei scheinbar anscheinenden ‚Waisen' immerhin eine besondere Aufmerksamkeit verdienen, zumal sie sich, unterbrochen nur durch den letzten „ich"/„ich"-Reim, an den Schluss drängen. Das Aufmerken kann auch mühelos zu einem Ergebnis führen: Die

[Else Lasker-Schüler:] Die Verscheuchte

Perspektive des klagenden Ichs wechselt von der Gegenwartsdarstellung in die Zukunftserwartung; von dort richtet sich der Blick auf eine poetologische Festlegung, schließlich bleibt das Resümee: Vom einst Geliebten geht eine tödliche Gefahr aus.

Durch die Gleichheit und Ähnlichkeit der Versenden, wie sie für ‚traditionelle' Terzinen in der Ordnung von a/b/a-, b/c/b-, c/d/c-Reimen charakteristisch sind, wird eine Besonderheit des vorliegenden Gedichts auffallend, nämlich die fast ausschließliche Verwendung des spitzen hochtönenden i-Vokals (dem das dreimal eingesetzte „ü" klanglich nicht fern ist), wodurch demjenigen, der es im Kontext des ganzen Gedichts so verstehen will, das Gefühl vermittelt wird, das Gesagte sei das endgültig Entschiedene. Dieses Gefühl wird natürlich dadurch bekräftigt, dass alle Verse betont, also ‚stumpf' (oder ‚männlich'), also bestimmt, gleichsam mit Aplomb enden – als könne es außer dem Zusammenhang im großen auch das Fürsichsein des einzelnen geben, unabhängig von den Enjambements, die einige Verse miteinander verbinden: Mit einer Ausnahme (V. 11f.) sind diese inhaltlich koordinierten Verse freilich auch wieder ein wenig getrennt, da sie nicht als Paarreim auch formal Nähe suggerieren.

Eine metrische Besonderheit des Gedichts, die für die Lyrik Lasker-Schülers nichts besonderes ist, soll noch erwähnt werden, auch wenn sie jedem Leser unmittelbar bewusst wird, nämlich die strenge Einhaltung des jambischen Versmaßes, durch das freilich zuweilen Hebungen (wie „erkälteté" [V. 5]) und Senkungen ‚gewichtiger' Worte (wie „Komm" und „Gott" [V. 6]) förmlich erzwungen werden – freigegeben jedwedem Interpretationsversuch. Die Bedeutung der metrischen Auffälligkeiten sollte aber nicht zu Spekulationen führen, die dem deutlich Gesagten widersprechen (etwa der Art: welcher Gott vermag in diesen Zeiten der Wirrnis zu trösten?). Und so ist auch ein weiterer Befund mit Zurückhaltung zu behandeln: Sieben Verse sind fünf-, neun sechshebig. Die beiden ‚Gruppen' sind weder formal noch inhaltlich erkennbar klar voneinander zu sondern (auch wenn drei von fünf durch Enjambement zusammengebrachte Verspaare ausschließlich sechshebig sind), so dass auf dem Feld der Metrik nur noch auf dieses Problem aufmerksam gemacht werden muss: „Auch du und ich." Mit dem kurzen Vers wird ein Ausrufezeichen gesetzt. Beide Angesprochenen (Aufgerufenen) sind ja, was das Du vermutlich noch nicht bedacht hat, vom drohenden Untergang der poetischen Welt betroffen. Könnte das Gedicht nicht hier enden?

[Else Lasker-Schüler:] Die Verscheuchte

„Im Nebel tief verborgen / Liegt um mich her die Welt."[9] Diese beiden Verse aus einem Jugendgedicht Goethes könnten dem ersten Vers des hier zu erläuternden Gedichts zugrunde liegen. Und auch der Beginn des zweiten Verses erinnert an eine von Goethe oft gebrauchte Vokabel. Und weiteres (wie der „Nordsturm") klingt dem Goethe-Kenner vertraut. Einzelne Verse, einzelne Bilder, einzelne Worte: „Die Verscheuchte" scheint den Spuren des größten deutschen Lyrikers zu folgen, aber nicht nur diesen: Lang ist die Liste der Parallelstellen, die sich aus der deutschen Lyrik *seit* Goethe den Versen Else Lasker-Schülers zuordnen lassen.

Aber damit ist für deren Verständnis nichts gewonnen. Es ist ohnehin fraglich, ob die Dichterin bewusst ‚Vorbildliches' übernommen hat; es ist nicht einmal festzustellen, welche Lyriker sie so genau gekannt hat, dass eine Anlehnung an sie überhaupt im Bereich des Möglichen liegt. Für die Einflussforschung ist Lasker-Schüler kein geeignetes Objekt. Daher mögen ihre Gedichte als gut oder schlecht, als gelungen oder missglückt angesehen werden, an ihrer Originalität ist so wenig zu zweifeln wie daran, dass sie zu den großartigsten Lyrikerinnen deutscher Sprache zu zählen ist.

„Die Verscheuchte" kann dieses Urteil stützen. Das Gedicht beginnt mit einer Feststellung, die aus der Sicht der vom Unheil Betroffenen unzweifelhaft ist: Die Zeit (die Gegenwart; „der Tag") ist undurchschaubar geworden; das Räumliche und seine vielfältigen Erscheinungen („alle Welten") fügen sich, da es keine Seelen, also auch keine Verwandtschaften der einst Beseelten mehr gibt, nicht länger zusammen. Was ist, erscheint nur undeutlich, schemenhaft („wie auf einem Schattenbild"); die veränderte Wirklichkeit verliert sich im Unbestimmten.

Die zweite Strophe leitet über zur verzweifelten Lage des Ichs, der verlassenen, ihres Existenzgrunds beraubten Verscheuchten, die zwar nicht mit der Dichterin in eins gesetzt werden kann, die aber deren Schicksal zum Objekt ihrer Klage macht, so dass der Leser von der politischen Katastrophe des Jahres 1933 nicht absehen kann (und natürlich nicht absehen soll). Das in der Lyrik Lasker-Schülers dominante Thema der Liebe – der Liebe zu Gott, Menschen und Dingen[10] – wird angespielt: Kein Herz hat sich seit einiger (unbestimmt langer) Zeit dem Ich zugewandt, als und weil

---

[9] Johann Wolfgang Goethe: „Ein grauer trüber Morgen", in: J. W. G.: Gedichte, Stuttgart 2001, S. 39. – Das titellose Gedicht, gerichtet an Friederike Brion („Ein grauer trüber Morgen / Bedeckt mein liebes Feld [...]"), entstand vermutlich 1771.

[10] Vgl. Norbert Oellers: Liebe zu Gott, Menschen, Dingen. Zur Lyrik Else Lasker-Schülers, in: „Das Ungenügen an der Normalität". Literatur als Gegenwelt, hg. v. Jürgen Daiber, Georg Guntermann und Gerhard Schaub, Paderborn 2003, S. 101–117 [in diesem Band S. 227–243].

[Else Lasker-Schüler:] Die Verscheuchte

es kalt wurde in der Welt und das Leuchten der Liebe, die Farben des Lebens schwanden.

Der folgende Vers, eingeleitet durch einen Gedankenstrich, der den Wechsel der Perspektive andeuten soll, ist vermutlich der rätselhafteste des Gedichts. Wen fordert das Ich auf, zu ihm zu kommen und mit ihm zu beten? Es sieht so aus, als handele es sich um das später beschworene Du, das in den folgenden Versen immer näher ans Zentrum des Gedichts rückt und zwar mit sich zunächst steigernder Betonung der Distanz zwischen denen, die sich einst liebten. Ist das Ich nicht allein eines Gebetes fähig? Denkbar, aber nicht wahrscheinlich ist, dass es sich selbst meint, seinen abgespaltenen Teil, und dass erst nach der Vereinigung zu einem Ganzen sich das Erwartete begibt: „Gott tröstet" – das eine Ich. Doch diese ein wenig komplizierte Deutung wird von keinem anderen Vers gestützt; drum könnte es so sein: *Weil* das Ich die „Gott tröstet"-Erfahrung gemacht hat, nährt es (wider besseres Wissen?) die Hoffnung, der Geliebte könne in den Bund mit Gott einbezogen werden und damit den Trost Gottes, der vielleicht das Versprechen einer neuen glücklichen Zukunft enthält, wirksam werden lassen. Der Gedanke an eine promesse de bonheur, ein Glücksversprechen, ist indes ganz und gar utopisch und verfliegt schnell; das Gebet verstummt.

„Odem" ist zwar die poetische Form von „Atem", meint aber fast immer (auch bei Goethe) mehr, nämlich das Lebenstiftende, Lebenerhaltende, den gleichsam ‚beseelten' Atem. Als solchem wird ihm, dem Odem, im vorliegenden Gedicht Unabhängigkeit und Dauer zugesprochen. Wohin er vor den Gräueln der Zeit entwichen ist, bleibt der Verlassenen verborgen. Deren Dasein als Gewordensein macht den Verlust indes anschaulich; denn das odemlose Ich ist nun dazu verurteilt, „heimatlos zusammen mit dem Wild" umherzustreifen durch das von den Zeichen des Todes markierte Zeitalter – „träumend". Der Inhalt des Traums wird mit der Erinnerung an Vergangenes aufs knappste ausgesprochen: „ich liebte dich." Genau in die Mitte des Gedichts sind diese Worte gerückt, gleichsam die Peripetie einer Tragödie, ein Umschwung, an deren Ende die Drohung eines gewaltsamen Todes steht. Die Liebe, von der hier gesprochen wird, gilt nicht nur einem personenbezogenen Du, sondern auch der verlorenen Heimat, die im vorangegangenen Vers erwähnt ist, weil sie die Lebenskraft, den Odem, gespendet hat.

Wo ist Rettung der bloßen Existenz möglich, wenn die von Menschen heraufbeschworene Katastrophe eintritt? Wieder sieht sich das Ich in der Gemeinschaft der Tiere, die Sicherheit suchen und in der Not ihre Scheu vor den Menschen aufgeben, da sie vor deren Wohnungen Schutz suchen. Hier nun gerät das Ich in einen Zustand des Untertierischen, scheinbar sich selbst erniedrigend, in Wahrheit erniedrigt durch die Umstände, die keinen Schutz erlauben – auch nicht vor der Türe des Geliebten, da dieser keinen

[Else Lasker-Schüler:] Die Verscheuchte

Einlass gewährt. Es bleibt „ein Bündel Wegerich", ein zusammengedrückter Strauß unansehnlicher Wiesenkräuter. Aus der Vorstellung der hoffnungslosen Liebe einer gequälten Kreatur, deren Metamorphose in ein pflanzliches Dasein immerhin die Voraussetzung schafft, wenigstens die Schwelle des Geliebten zu erreichen, springt die Dichterin in der Person des lyrischen Ichs auf die Ebene des reflektiert Poetischen, wenn nicht gar Poetologischen, indem ausgesprochen wird, was wie selbstverständlich war: Der Genius ist Teilhaber der göttlichen Himmel, aus denen ihm der Trank gereicht wird, der den Durst (nach Poesie) stillt und damit die Weitergabe des göttlich-poetischen Worts ermöglicht – bevor die Himmel (und mit ihnen Gott?) in den Tränen der Gepeinigten förmlich untergehen. Mit den „Kelchen" könnte auf den gesegneten Kelch (und seinen Inhalt) beim Letzten Abendmahl Jesu angespielt sein; auch er ist bald leer, ja „weggespült" wie jeder Glaube an eine wieder bessere Welt. Erinnert sich das energisch angesprochene Du hinter seiner Tür an die Geschenke des Himmels, die ihn Dichter sein ließen?

Die Schlussverse fassen in äußerster Verdichtung zusammen, was war und ist; sie weisen in aller Deutlichkeit auf eine Paarkonstellation hin, die auf der einen Seite den „armen verscheuchten verarmten Menschen" kenntlich macht, von dem die Dichterin in einem Brief vom 11. März 1939 an Emil Raas schreibt (KA 10, S. 212), auf der anderen Seite den untreuen Berliner Geliebten vermuten lässt. Die Lippen, die sich im Kuss anglichen, finden nicht mehr zueinander. Des Geliebten Lippe, einst Zeichen erfüllter Sehnsucht, wird zum tödlichen Pfeil gespitzt, der blind auf sein Opfer gerichtet ist und es treffen kann, ohne dass der Schütze sein Gegenüber wahrzunehmen braucht.

„Die Verscheuchte" ist ein ergreifendes Dokument eines Endzeitbewusstseins, das in der deutschen Literatur jener Jahre der Barbarei kaum in einem anderen Gedicht so klar, poetisch gesichert zum Ausdruck gekommen ist. Es mit einer bestimmten Stilrichtung, etwa mit dem Expressionismus in Verbindung zu bringen, ist nicht angebracht, weil damit eine Filiation angenommen würde, die der Dichterin nicht unterstellt werden sollte. Sie war jahrzehntelang nur sie selbst, also originell original, keinen Mustern verpflichtet und auch keine ernsthaften Epigonen gestattend.

Das Gedicht wurde in den Jahren bis 1938 viermal in verschiedenen Publikationen nachgedruckt, bereits im Monat der Erstveröffentlichung in den Monatsblättern des Zürcher Zweigvereins des „Kulturbunds deutscher Juden"; es fand damit eine größere zeitgenössische Resonanz als die drei anderen von Klaus Mann in der „Sammlung" zuerst gedruckten Gedichte, die um dasselbe Thema des Fortgejagtseins und der Heimatlosigkeit

[Else Lasker-Schüler:] Die Verscheuchte

kreisen: „Abendzeit", „Hingabe" und „Ergraut kommt seine kleine Welt zurück ..." (vgl. KA 1.2, S. 309–317).

In die letzte von Lasker-Schüler zusammengestellte Sammlung ihrer Gedichte, in „Mein blaues Klavier", erschienen 1943 in Jerusalem, bilden die vier Gedichte zusammen mit „Ich liege wo am Wegrand" (zuerst publiziert 1935 im „Israelitischen Wochenblatt für die Schweiz") einen einheitlichen Komplex mit einigen bemerkenswerten Varianten gegenüber den ursprünglichen Fassungen. In „Die Verscheuchte" fehlen die beiden letzten Verse. Das mag zusammenhängen mit der unerhörten Liebe Else Lasker-Schülers zu Ernst Simon, vor dessen Türe sie gelegentlich, wie es im September 1942 heißt, als „ein Bündel Wegerich" stand.[11] Ganz sicher soll die schreckliche Bedrohung durch einen einstmals Geliebten, vielleicht sogar die Erinnerung an ihn ausgelöscht werden.

Es ist nicht ausgeschlossen, dass Gottfried Benn „Die Verscheuchte" schon kannte, als das Gedicht noch nicht veröffentlicht war, denn es war handschriftlich verbreitet. Am 27. Januar 1934 schrieb der einige Zeit politisch Verblendete, der 1952 einen Freund wissen ließ, Lasker-Schüler sei „ja mal meine Freundin, 1912" gewesen[12], an Tilly Wedekind nach Zürich: „Laß Dich von E. L. S. nicht erweichen u. sentimental machen. Sie ist sehr seltsam u. sehr genial, aber menschlich ganz fragwürdig u. romantisch. Dazu natürlich fanatisch antideutsch u. lügt wie alle so hysterischen Menschen."[13] Benn wird es gewusst haben: Die kunstvollen Gedichte Else Lasker-Schülers, zu denen „Die Verscheuchte" zählt, sind, wie jede Kunst, der Wahrheit sehr nahe, sie sind auch fordernd.

---

[11] So im Brief an Ernst Simon vom (vermutlich) 20. September 1942 (KA 11, S. 173). – Im Brief an Ernst Simon vom 9. November 1940 lautet ein Satz: „Ich fahre herum, meine Sachen fahren herum und ich bin Wegerich." (KA 10, S. 314.)

[12] Brief an F. W. Oelze vom 16. Februar 1952 (Gottfried Benn: Briefe an F. W. Oelze, Bd. 2 II, Wiesbaden 1980, S. 128).

[13] Gottfried Benn: Briefe an Tilly Wedekind 1930–1955, Stuttgart 1986, S. 34.

Verluste. Zu Else Lasker-Schülers Gedicht „Mein blaues Klavier"

Im Juni 1943 erschien in Jerusalem („printed by the Jerusalem Press Ltd.") Else Lasker-Schülers letzte selbständige Veröffentlichung, die Gedichtsammlung „Mein blaues Klavier", in 330 Exemplaren. Sie enthält 32 Gedichte und einen abschließenden Prosa-Text. Von den Gedichten waren 18 zuvor schon – in den Jahren 1928–1942 – in Zeitungen, Zeitschriften und Almanachen erschienen, darunter das Titelgedicht, das in der Sammlung den fünften Platz einnimmt.

Im Juni 1934 war Else Lasker-Schüler von ihrer ersten Palästina-Reise in die Schweiz zurückgekehrt. In den folgenden Jahren nahmen ihre angestrengten Bemühungen, von der Zürcher Fremdenpolizei Aufenthaltsgenehmigungen für ihr Schweizer Exil zu erhalten, viel Kraft in Anspruch[1], so daß die poetische Produktion – insbesondere in den Jahren 1937/38 nach der Niederschrift von „Hebräerland" – mehr und mehr stockte. Nach zermürbenden Auseinandersetzungen mit den Behörden machte sich die Dichterin im März 1939 zum zweiten Mal auf den Weg nach Palästina; eine erneute Rückkehr nach Europa war ihr nicht möglich.

Die wenigen in den Jahren 1934–1938 zuerst veröffentlichten und vermutlich jeweils kurz zuvor geschriebenen Gedichte (es sind nur zehn, von denen neun Eingang in „Mein blaues Klavier" fanden[2]) sind Dokumente der Trauer, des Schmerzes, der Verzweiflung über eine aus den Fugen gegangene Welt, die Else Lasker-Schüler fern ihrer geliebten Heimat erlitt. „Mein blaues Klavier" gehört zu diesen Klageliedern. Es ist ein Gedicht der Erinnerung, des Verlusts, des Abschieds.

Vermutlich ist das Gedicht Anfang 1937 entstanden. Die erste Fassung trägt die Überschrift „Gedenken"; sie wurde dem fürsorglichen Rechtsbei-

---

[1] Vgl. dazu Else Lasker-Schüler 1869–1945, bearb. v. Erika Klüsener und Friedrich Pfäfflin (Marbacher Magazin 71/1995), Marbach a. N. 1995, S. 247–305 (!).

[2] In der Reihe der Erstveröffentlichungen: „Die Verscheuchte" (1934), „Hingabe" (1934), „Ergraut kommt seine kleine Welt zurück [...]" (1934), „Ich liege wohl am Wegrand [...]" (1935), „Es kommt der Abend [...]" (1936), „Ich weiß [...]" (1936), „Die Dämmerung naht [...]" (1936), „Mein blaues Klavier" (1937), „Herbst" (1938); das Gedicht „Hör, Gott [...]" (1935) wurde nicht in „Mein blaues Klavier" aufgenommen.

stand der Dichterin, dem Berner ‚Fürsprech' Emil Raas, mit dem Hinweis übersandt: „Und dies kommt bald gedruckt. / Kommt in diesen Tagen gedruckt."[3] Der Erstdruck – am 7. Februar 1937 in der „Neuen Zürcher Zeitung" – weist einen offensichtlichen Fehler auf („Klaviatur" statt „Klaviatür" in Vers 8[4]); wahrscheinlich gibt es einen anderen im gedruckten Gedichtband „Mein blaues Klavier" („spielen" statt „spielten" in Vers 5[5]). Die erste gedruckte Fassung und die letzte zu Lebzeiten der Dichterin erschienene unterscheiden sich allerdings nicht nur durch zwei lautliche Varianten, die einmal hier, einmal dort auf einen Druckfehler[6] zurückgeführt werden können, sondern auch durch ein paar Interpunktionsbesonderheiten, die nicht bedeutsam erscheinen mögen, aber gewiß nicht beliebig sind, so daß sich ein Paralleldruck der beiden Fassungen[7] anbietet.

---

[3] Vgl. Else Lasker-Schüler: Werke und Briefe. Kritische Ausgabe, Bd. 1.2 (Gedichte. Anmerkungen), bearb. v. Karl Jürgen Skrodzki unter Mitarbeit von Norbert Oellers, Frankfurt a. M. 1996, S. 321 f.

[4] „Klaviatür", das sich reimen soll auf „Klavier" (V. 1), „Kellertür" (V. 3), „vier" (V. 5), „Geklirr" (V. 7), „mir" (V. 10) und „Himmelstür" (V. 12), findet sich in allen vier überlieferten Handschriften und in zwei von drei überlieferten Typoskripten. Vgl. Werke und Briefe (Anm. 3), S. 321 f. und 346.

[5] Vgl. ebd. – Auch in diesem Fall sind die Textzeugen eindeutig: In einer Handschrift ist „spielten" aus „spielen" verbessert, ansonsten – auch in der ‚Urschrift' des Gedichtbandes – steht „spielten" ohne Korrektur. Möglich ist natürlich, daß Else Lasker-Schüler in den nicht erhaltenen Korrekturfahnen eine Änderung vorgenommen hat.

[6] Daß im edierten Text der kritischen Ausgabe die vermuteten Fehler nicht korrigiert wurden, hängt mit einem in der neueren Editionsphilologie nicht mehr in Frage gestellten Prinzip zusammen: Wenn für wahrscheinlich angenommene Fehler nicht gegen jeden Sinn oder die geordnete Buchstabenfolge (Beispiel: „uud" statt „und") verstoßen, sollte der Editor nicht eingreifen. Der Leser wird durch den Varianten-Apparat auf die Probleme aufmerksam gemacht und kann sie nach seiner Façon lösen. Im vorliegenden Fall hat Verf. die Probleme nach seiner Überzeugung gelöst, ohne damit die Ansicht anderer Benutzer dominieren zu wollen.

[7] Zitiert nach: Werke und Briefe (Anm. 3), Bd. 1.1, 1996, S. 267 und 284 f.

Verluste. Zu Else Lasker-Schülers Gedicht „Mein blaues Klavier"

Mein blaues Klavier [1937]

Ich habe zu Hause ein blaues
    Klavier
Und kenne doch keine Note.

Es steht im Dunkel der Keller-
    tür,
Seitdem die Welt verrohte.

5 Es spielten Sternenhände vier –
Die Mondfrau sang im Boote.
– Nun tanzen die Ratten im Ge-
    klirr.

Zerbrochen ist die Klaviatur.
Ich beweine die blaue Tote.

10 Ach liebe Engel öffnet mir
– Ich aß vom bitteren Brote –
Mir lebend schon die Him-
    melstür,
Auch wider dem Verbote.

Mein blaues Klavier [1943]

Ich habe zu Hause ein blaues Klavier

Und kenne doch keine Note.

Es steht im Dunkel der Kellertür,

Seitdem die Welt verrohte.

Es spielen Sternenhände vier
– Die Mondfrau sang im Boote –
Nun tanzen die Ratten im Geklirr.

Zerbrochen ist die Klaviatür.....
Ich beweine die blaue Tote.

Ach liebe Engel öffnet mir
– Ich ass vom bitteren Brote –
Mir lebend schon die Himmelstür –

Auch wider dem Verbote.

Das Gedicht, mit dem, wie Else Lasker-Schüler am 10. März 1937 an Emil Raas schrieb, nicht alle Leser der „Neuen Zürcher Zeitung" etwas anfangen konnten[8], berührt sich eng mit den anderen Gedichten jener dunklen Zeit[9], in denen die vereinsamte Dichterin sich am Rand des Todes sieht: „Es ist der Tag in Nebel völlig eingehüllt, / Entseelt begegnen alle Welten sich – / Kaum hingezeichnet wie auf einem Schattenbild. / [...] / Wo soll ich hin, wenn kalt der Nordsturm brüllt –? / – Die scheuen Tiere aus der Landschaft wagen sich – / Und ich – vor deine Tür, ein Bündel Wegerich." („Die Verscheuchte", V. 1–3, 10–12.) „In meinem Herzen spielen Paradiese .... / Ich aber kehre aus versunkenem Glück – / In eine Welt trostlosester Entblätterung zurück." („Ergraut kommt seine kleine Welt zurück ...", V. 1–3.) „Ich liege wo am Wegrand übermattet – / Und über mir die finstere, kalte

---

[8] In dem Brief heißt es: „Dr. [Eduard] Korrodi [der Feuilletonchef der NZZ] sagte mir, er habe auf mein schön? Gedicht: Das blaue Klavier von Schweizern so viele Schmähbriefe erhalten." (Zitat aus dem bisher ungedruckten Brief nach freundlicher Mitteilung von Prof. Dr. Hans-Otto Horch.)

[9] Die folgenden Zitate nach der kritischen Ausgabe der Werke und Briefe Else Lasker-Schülers. Vgl. Anm. 3 und 7.

Nacht / Und zähl schon zu den Toten, längst bestattet." („Ich liege wo am Wegrand übermattet", V. 1–3.) „Ich weiß, daß ich bald sterben muß – / Es leuchten doch alle Bäume / Nach langersehntem Julikuß. / [...] / Mein Odem schwebt über Gottes Fluß – / Ich setze leise meinen Fuß / Auf dem Pfad zum ewigen Heime." („Ich weiß ...", V. 1–3, 10–12.)

Das blaue Klavier ist ein Spielzeug, ein „Puppenklavier", das Else Lasker-Schüler ins Exil begleitet hat – freilich nur in der Erinnerung. „Ich besitze alle meine Spielsachen von früher noch", heißt es in ihren vermutlich gegen Ende 1938 geschriebenen „Tagebuchblättern aus Zürich", „auch mein blaues Puppenklavier".[10] In den aus den Tagebuchblättern (vor der Abreise nach Palästina) hervorgegangenen „Tagebuchzeilen aus Zürich" wird dieser Satz wiederholt. Dem sind zwei Fragen vorangestellt: „Wo sollten auch meine Spielsachen alle bleiben? Wo im Schrank sie unterstellen?"[11]

Durch die Erinnerung an ein Spielzeug (das wahrscheinlich nicht einmal die Übersiedlung Else Lasker-Schülers von Elberfeld nach Berlin im Jahr 1894 mitgemacht hat) eröffnet sich das weite Feld einer Kindheit, auf das sich die Dichterin in ihrem letzten Lebensjahrzehnt immer intensiver zurückgesehnt hat – als sei nur so die verrohte Zeit zu überleben. Elberfeld und das Elternhaus werden zu Chiffren eines vergangenen Glücks, das es nach dem Sündenfall des Jahres 1933 nicht mehr geben kann. Das Paradies ist, wie in Heinrich von Kleists Marionettentheater-Diskurs, verschlossen, und auch eine Reise um die Welt wird nicht wieder hineinführen. „In meinem Herzen spielen Paradiese .... / Ich aber kehre aus versunkenem Glück – / In eine Welt trostlosester Entblätterung zurück." So beginnt ein Gedicht aus der frühen Exilzeit.[12] Wenig später (1936) wird Hilfe im Weiten und Fernen gesucht, um der verlorenen Zeit wenigstens einen Platz „im Gemüte" zu sichern: „Es kommt der Abend und ich tauche in die Sterne, /

---

[10] Werke und Briefe, Bd. 4.1 (Prosa 1921–1945. Nachgelassene Schriften), bearb. v. Karl Jürgen Skrodzki und Itta Shedletzky, Frankfurt a. M. 2001, S. 384. Vgl. auch ebd., S. 408. In beiden Typoskripten folgt dem Satz eine Abschrift von „Mein blaues Klavier". Die Angabe von Sigrid Bauschinger zum Gedicht (mit Hinweis auf eben diese – offenbar falsch datierten? – Aufzeichnungen): „Bereits vor 1936 in der Schweiz entstanden" (Else Lasker-Schüler: Werke, München 1991, S. 462), diese Angabe ist zu korrigieren; denn daß zwischen der Entstehung des Gedichts und seiner Übernahme in die Aufzeichnungen drei (oder mehr) Jahre vergangen sein sollten, ist nicht sonderlich wahrscheinlich.

[11] Werke und Briefe (Anm. 10), S. 408.

[12] „Ergraut kommt seine kleine Welt zurück ..." (1934), in: Werke und Briefe (Anm. 7), S. 263.

Daß ich den Weg zur Heimat im Gemüte nicht verlerne."[13] Schließlich verdrängt die Verzweiflung jede Hoffnung. „Ueber glitzerndem Kies" (1942) beginnt: „Könnt ich nach Haus ... / Die Lichte gehen aus, / Erlischt ihr letzter Gruss. // Wo soll ich hin? / O Mutter mein, weisst du's? / Auch unser Garten ist gestorben." Mit den letzten Versen der Klage wird das Verstummen beschlossen: „Ich habe keine Schwestern mehr; / Und keine Brüder. / Der Winter spielte mit dem Tode in den Nestern – / Und Reif erstarrte alle Liebeslieder."[14]

„Mein blaues Klavier" beginnt mit einer Illusion: daß es noch gebe, was in Wahrheit tot ist. Die Erinnerung wird aufgeboten, um Vergangenes gegenwärtig zu machen, das blaue Spielzeug, das keine andere Funktion hat als die, durch bloßes Sein das Kind, mit dem sich das lyrische Ich identifiziert, zu erfreuen. Die Farbe des Klaviers weist darauf hin; denn blau ist in der Lyrik der Dichterin das „Scheinen", die „Wolkenpracht", das „Bilderbuch mit Sternen", die „Liebe", die erwünschte „Insel", das „Paradies"; blau sind die „Dolden", die „Tauben in Eden"; blau ist Gottes „Lieblingsfarbe", etc.[15] Und die schöne Zwecklosigkeit des Spielzeugs wird dadurch unterstrichen, daß es keiner Notenkenntnis bedarf, um es, unmittelbar ‚verstehend', zu lieben.

Der anscheinend heitere Eingang des Gedichts wird schnell abgebrochen. Sie, „die blaue Tote", „steht im Dunkel der Kellertür". Gemeint ist: im Dunkel des Kellers. Warum aber „Kellertür"? Weil der Reim wichtiger ist als die Genauigkeit der Beschreibung; weil sich das Unfaßbare dem alltäglichen Sprachgebrauch entzogen hat, weil die Tür die Grenze zwischen dem einstigen Dunkel, das hereinbrach, als „die Welt verrohte", und dem gegenwärtigen Dunkel (im Exil) markiert und weil die „Himmelstür" (V. 12), hinter der die Erlösung erhofft wird, ein Pendant braucht.

Noch einmal versetzt sich das lyrische Ich in die Helligkeit vergangener Zeit, die von der Gegenwart allerdings nicht mehr eingeholt werden kann. Denn es war einmal, was nicht mehr zu erwarten ist: daß aus dem Instrument Töne erklingen, Sphärenmusik, die nur das Kind vernahm, als die Sterne vierhändig spielten und die Mondfrau[16] dazu (?) sang, sich wiegend

---

[13] „Es kommt der Abend ..." (1936); ebd., S. 265.
[14] Ebd., S. 275 f.
[15] „Blau" ist das in den Gedichten Else Lasker-Schülers am häufigsten gebrauchte, durchweg positiv konnotierte Farbadjektiv. Vgl. die Wort-Konkordanz in: Werke und Briefe (Anm. 3), S. 440 ff.
[16] Während das Wort „Sternenhände" in Else Lasker-Schülers Lyrik kein zweites Mal vorkommt, gibt es für „Mondfrau" (analog gebildet zum ‚Mann im Mond') einen weiteren Beleg: „Und lächelnd taucht die Mondfrau in die

in ihrem Boot, der in südlichen Ländern (so auch in Palästina) fast horizontal erscheinenden Mondsichel. Das blaue Klavier verband einmal den Himmel mit der Erde. „Nun tanzen Ratten im Geklirr." Genau in der Mitte des Gedichts wird der Erinnerung Einhalt geboten. Die Zäsur ist deshalb besonders schneidend, weil der Vers noch zur Strophe der erinnerten Seligkeit gehört, gewissermaßen als deren notwendiges Komplement. Der Zusammenhang des Gegensätzlichen wird in der zweiten Fassung des Gedichts durch die veränderte Interpunktion noch verstärkt: In der ersten Fassung trennen der Punkt hinter „Boote" und der Gedankenstrich vor dem Unheil-Vers das Vergangene vom Gegenwärtigen; nun erscheint die singende Mondfrau als ‚bloße' Ergänzung (vielleicht Erläuterung) der spielenden Sternenhände, und der Rattentanz ist Teil *eines* in sich gegensätzlichen, doch allenfalls gedanklich, nicht aber mehr sachlich zu differenzierenden, Anfang und Ende, Vergangenheit und Gegenwart ineinander verschlingenden Ereignisses.[17] „Geklirr"? Mißtöne, hervorgebracht durch die Ratten, verdichten sich zum Raum, der erfüllt wird von den Bewegungen der todbringenden Nager (in die sich soviele Menschen verwandelt haben). Tod der „Klaviatür", Tod dem blauen Klavier, auf der kein Stern mehr spielen kann; Tod der Kindheit, dem Zuhause und allem Glück. Das Geklirr indes, zu dem es keiner Noten bedarf, verstummt nicht; es kommt aus dem Inferno, dem sich die Welt geöffnet hat.

Die fünf Punkte am Ende des folgenden Verses (der letzten Fassung) mögen als Aufforderung an den Leser verstanden werden, er solle dem Werk der Zerstörung nach-denken, er solle das Nichtgesagte ergänzen und sich dabei vergleichen mit den zu Lebzeiten Gestorbenen. Auch ließe sich die Frage nach dem Wort „Klaviatür" beantworten: Das Gedicht verlangt den Reim, ob rein oder unrein, er gehört zum ‚Geist' des Gedichts und geht demonstrativ über Buchstaben hinweg, die sich gegen zerstörende Eingriffe so wenig wehren können wie sonstwer und sonstwas. – Doch mit den Punkten endet keine Versgruppe. Verweilen und Eilen geraten ineinander, das lyrische Ich, das wichtigste Objekt des Gedichts, fordert vom lesenden Subjekt, den Zweizeiler nicht auseinanderzureißen, stattdessen schnell einzustimmen in die – wie tonlos ausgedrückte – Trauer über das grausame Geschehen: „Ich beweine die blaue Tote."

Wolkenwellen", heißt es in dem frühen Gedicht „Sphinx" (erschienen zuerst 1905). Vgl. Werke und Briefe (Anm. 7), S. 103.

[17] Dieser Zusammenhang kann auch die präsentische Form „spielen" als sinnvoll erscheinen lassen; freilich hängt dann das Präteritum „sang" etwas in der Luft, da der Mondfrau eine eigene Funktion zugewiesen wird, die der Kontext nicht recht plausibel machen kann.

Verluste. Zu Else Lasker-Schülers Gedicht „Mein blaues Klavier"

Daß die „Klaviatür" zerbrochen ist (und mit ihr die ganze Welt), spiegelt sich in den ersten neun Versen des Gedichts auch in der anscheinenden Regellosigkeit des Metrums wider. Nur drei Verse sind (drei- oder vierhebig) jambisch, ansonsten vermischen sich die verschiedenen Versfüße – nicht beliebig, sondern unter dem Zwang der nicht mehr zu ‚ordnenden' Begebenheiten, die zu Selbst- und Weltverlust geführt haben. Es wäre ein Leichtes, dem Gedicht eine metrisch einheitliche Form zu geben; das geschähe um den Preis seiner Substanz.

Die letzte Strophe ist ein kurzes Bittgebet an die „lieben Engel", mit einer Parenthese als Begründung für die Bitte: „– Ich ass vom bitteren Brote –". Im Gegensatz zu den Versen, in die dieser Satz eingefügt ist, gerät das Metrum aus dem kanonischen Gleis, wie natürlich; denn noch einmal wird der Blick in die Vergangenheit gerichtet, aus der das Bild der Zerstörung zusammengesetzt wurde. Das „bittere Brot" hat vielleicht den Nebensinn eines wenig bekömmlichen Lebensmittels, das – aufgezwungen oder nicht – das Ich zu sich genommen hat; aber es hat gewiß einen ganz anderen Hauptsinn: Das ungesäuerte (‚bittere') Brot und bittere Kräuter nimmt der fromme Jude am Pesachfest zu sich, um an den Auszug der Kinder Israels aus Ägypten zu erinnern.[18] Das fromme Tun auf Erden ist die Voraussetzung für die Aufnahme ins Himmelreich (dermaleinst, nach der Ankunft des Messias), es ermöglicht die unmittelbare Beziehung zu den himmlischen Mächten. An diese wendet sich das geprüfte Ich und bittet um Erlösung aus den Qualen der irdischen Existenz, fort von der „Kellertür", die als Allgemeines mit dem Besonderen (dem zerbrochenen Klavier) eines ist. Die „Himmelstür" ist Zeichen der Hoffnung; daß sie sich öffne wider dem Verbote"[19], ist die Bitte dessen, der jeden Glauben an Menschlichkeit verloren hat und dem die Verzweiflung den Gedanken an die mögliche Übertretung des Verbots (durch die Engel) eingibt. Gott allein, so heißt es in der Bibel[20], ist Herr über Leben und Tod; da kommt es den Engeln nicht zu, die Himmelstür, die sie zu bewachen haben, nach eigenem Gutdünken zu öffnen. Aber auch die Himmelstür ist ja ein Symbol, in dem das allgemeine

---

[18] Vgl. 2. Mose (Exodus) 23,15.

[19] Daß „wider" mit dem Dativ verbunden wird, liegt sicher nicht an einer Grammatik-Schwäche der Dichterin, sondern kann als (bewußtes) Zeichen der Unsicherheit, vielleicht der Verwirrtheit bei der Formulierung der Bitte durch das lyrische Ich verstanden werden; außerdem war der Dativ wegen des Reims erforderlich, und eine andere Wendung (etwa „entgegen dem Verbote") schien nicht passend, weil „Auch" nicht fehlen und der letzte Vers den Versen 4 („Seitdem die Welt verrohte") und 6 („Die Mondfrau sang im Boote") formal entsprechen sollte.

[20] Vgl. 5. Mose (Deuteronomium) 32,39.

Glück mit dem besonderen zusammenkommt; und die Engel sind Teilhaber des allgemeinen Glücks und können auch menschlich gedacht werden. Doch das geht am jüdischen (und christlichen) Glauben vorbei, für den die Dichterin mit ihrem Gedicht kein Zeugnis ablegen will.

„Mein blaues Klavier" ist wie Schillers Elegie „Nänie" die Klage über den Tod des Schönen (und damit des Guten und Wahren) in der Welt. Aber anders als Schiller hat Else Lasker-Schüler nicht an die Möglichkeit der Flucht aus den Verheerungen gedacht („Auch ein Klaglied zu seyn im Mund der Geliebten ist herrlich", lautet der vorletzte Vers des Schillerschen Gedichts); denn auch ihre Jenseits-Erwartungen, die einem metaphysischen Verlangen folgen, spiegeln nur dies wider: daß die physische Fortexistenz der Hoffnung bedarf, auch ohne Begründung und gegen alle Vernunft. Blau ist das Klavier, blau die Lieblingsfarbe Gottes. Wo ist er? Es ist nicht auszuschließen, daß der Himmel, vor dem die Engel postiert sind, leer ist.

Nachweise der Erstveröffentlichungen

Collum liberum. Ludwig Börnes Freiheitsbegriff – das eindeutige Besondere, in: „Die Kunst – eine Tochter der Zeit". Neue Studien zu Ludwig Börne, hg. v. Inge Rippmann und Wolfgang Labuhn, Bielefeld: Aisthesis, 1988, S. 111–129.

Die zerstrittenen Dioskuren. Aspekte der Auseinandersetzung Heines mit Börne, in: Heine und seine Zeit, Berlin: Erich Schmidt, 1972 (Zeitschrift für deutsche Philologie. Sonderheft), S. 66–90.

Mehrfacher Schriftsinn. Rosen und Nachtigallen in Heines Lyrik, in: Heine-Jahrbuch 1990 [Hamburg: Hoffmann und Campe, 1990], S. 129–146 (gekürzte Fassung unter dem Titel „Rosen und Nachtigallen. Vom Fremdwerden des Vertrauten in Heinrich Heines Lyrik" bereits zuvor in: Theorien, Epochen, Kontakte. Festschrift zum 60. Geburtstag von Antal Mádl, hg. v. Janos Szabo und Ferenc Szasz, Budapest: Loránd-Eötvös-Universität, 1989, S. 125–145).

Heines Florettübungen. „Die romantische Schule", in: Zeitdiskurse. Reflexionen zum 19. und 20. Jahrhundert als Festschrift für Wulf Wülfing, hg. v. Roland Berbig, Martina Lauster und Rolf Parr, Heidelberg: Synchron, 2004, S. 13–26.

Heines „Hebräische Melodien", in: Das Jerusalemer Heine-Symposium. Gedächtnis, Mythos, Modernität, hg. v. Klaus Briegleb und Itta Shedletzky, Hamburg: Dölling und Galitz, 2001, S. 36–48.

Die Bestrafung der Söhne. Zu Kafkas Erzählungen „Das Urteil", „Der Heizer" und „Die Verwandlung", in: Studien zur deutschen Literaturgeschichte und Gattungspoetik. Festgabe für Benno von Wiese, Berlin: Erich Schmidt, 1978 (Zeitschrift für deutsche Philologie. Sonderheft), S. 70–87.

Franz Kafkas „Eine kaiserliche Botschaft", in: Der Abbruch des Turmbaus. Studien zum Geist in China und im Abendland. Festschrift für Rolf Trauzettel, hg. v. Ingrid Krüßmann, Wolfgang Kubin und Hans-Georg Müller, Sankt Augustin, Nettetal: Steyler, 1995, S. 251–266.

Notwendig, aber sinnlos. K.s Kampf ums Schloß, im Schnee, in: Der europäische Roman zwischen Aufklärung und Postmoderne. Festschrift zum 65. Geburtstag von Jürgen C. Jacobs, hg. v. Friedhelm Marx und Andreas Meier, Weimar: VDG, 2001, S. 175–190.

Scheinend, vielleicht, aber. Wirklichkeit in Kafkas Romanen, in: Labyrinthe der Erinnerung. Festschrift für Stefan H. Kaszyński, hg. v. Joanna Drynda und

Katarzyna Dzikowska, Poznań: Adam Mickiewicz-Universität, 2006, S. 85–95.

Franz Kafka als Briefschreiber, in: Die österreichische Literatur. Ihr Profil von der Jahrhundertwende bis zur Gegenwart (1880–1980), hg .v. Herbert Zeman, Graz: Akademische Druck- und Verlagsanstalt, 1989, S. 939–957.

Arthur Schnitzlers Novelle „Casanovas Heimfahrt", in: Von Franzos zu Canetti. Jüdische Autoren aus Österreich. Neue Studien, hg. v. Mark H. Gelber, Hans Otto Horch und Sigurd Paul Scheichl, Tübingen: Niemeyer, 1996, S. 239–252.

Literatur der Überredung – Überzeugung durch Poesie. Bemerkungen zu Joseph Roths Roman „Hiob", in: Galizien – eine literarische Heimat, hg. v. Stefan H. Kaszyński, Poznań: Adam Mickiewicz-Universität, 1987, S. 151–161.

Liebe zu Gott, Menschen, Dingen. Zur Lyrik Else Lasker-Schülers, in: „Das Ungenügen an der Normalität". Literatur als Gegenwelt. Internationales Symposion zu Ehren des 65. Geburtstages von Lothar Pikulik am 19./20. Januar 2001 in Trier, hg. v. Jürgen Daiber, Georg Guntermann und Gerhard Schaub, Paderborn: mentis, 2003, S. 101–117.

[Else Lasker-Schüler:] Die Verscheuchte. Verlorene Heimat, zerstörte Liebe, in: Interpretationen. Gedichte von Else Lasker-Schüler, hg. v. Birgit Lermen und Magda Motté, Stuttgart: Reclam, 2010, S. 124–136.

Verluste. Zu Else Lasker-Schülers „Mein blaues Klavier", in: In meinem Turm in den Wolken. Ein Else-Lasker-Schüler-Almanach, hg. v. Ulla Hahn und Hajo Jahn, Wuppertal: Peter Hammer, 2002, S. 185–194.

Wir danken den Verlagen für die freundliche Genehmigung des Wiederabdrucks der Beiträge.

Weitere Veröffentlichungen von Norbert Oellers zur deutschjüdischen Literatur

1. Herausgaben

Else Lasker-Schüler: Hebräische Balladen. Faksimile der Handschrift, Marbach a. N. (und Stuttgart) 1986 (Marbacher Schriften 26). (Neue Ausgabe mit überarbeitetem Nachwort: Frankfurt a. M. 2000.)

Else Lasker-Schüler: Werke und Briefe. Kritische Ausgabe, 11 Bde., Frankfurt a. M. 1996–2010. (Zus. mit Heinz Rölleke und Itta Shedletzky.[ab Bd. 10 auch Andreas Kilcher].)

Else Lasker-Schüler: Werke und Briefe. Kritische Ausgabe, Bd. 1,1 (Gedichte, Text) und Bd. 1,2 (Gedichte, Anmerkungen), Frankfurt a. M. 1996. (Hg. v. Karl Jürgen Skrodzki unter Mitarbeit von Norbert Oellers.)

Manche Worte strahlen. Deutsch-jüdische Dichterinnen des 20. Jahrhunderts, Erkelenz 1999.

Else Lasker-Schüler. Schrift : Bild : Schrift (Ausstellungskatalog), hg. v. Verein August Macke Haus e. V. Buch und Ausstellung [von] Ricarda Dick unter Mitwirkung von Volker Kahmen und Norbert Oellers, Bonn und Berlin 2000.

2. Aufsätze und Abhandlungen

Ludwig Börne, in: Deutsche Dichter des 19. Jahrhunderts, hg. v. Benno von Wiese, Berlin 1969, S. 124–148 (2. Aufl. 1979: S. 155–180).

Friedrich Wilhelm Krummachers Gedicht „Am Lurleifelsen" – eine Quelle für Heine?, in: Sammeln und Sichten. Festschrift für Oscar Fambach, hg. v. Joachim Krause u. a. Bonn 1982, S. 283–293.

Goethes „Die Wahlverwandtschaften" und Kafkas „Der Prozeß", in: Trierer Beiträge. Aus Forschung und Lehre an der Universität Trier, Sonderheft 6 (September 1982), S. 17–22. (Auch in: Jahrbuch des Wiener Goethe-Vereins 1982–1984, S. 301–312.)

Karl Roßmanns Untergang. Zu Kafkas Roman „Der Verschollene", in: Budapester Beiträge zur Germanistik, Bd. 10: Welt und Roman, hg. v. Antal Mádl und Miklos Salyamosy, Budapest 1983, S. 189–205.

Else Lasker Schülers „Hebräische Balladen" – auch für die asiatische Prinzessin Leila, in: Zeit der Moderne. Bernhard Zeller zum 65. Geburtstag, hg. v.

Hans-Henrik Krummacher, Fritz Martini und Walter Müller-Seidel, Stuttgart 1984, S. 363–375.

Goethe in der Kritik Börnes, in: Ludwig Börne und Frankfurt am Main. Frankfurt a. M. 1987 (Frankfurter Bibliotheksschriften, Bd. 1), S. 1–38.

Keine Hilfe für Karl Roßmann – Musik in Kafkas Roman „Der Verschollene", in: Dialog der Künste. Festschrift für Erwin Koppen, hg. v. Maria Moog-Grünewald und Christoph Rodiek, Frankfurt a. M., Bern, New York und Paris 1989, S. 259–268.

„Der Sohn" – Walter Hasenclevers „Faust"-Versuch, in: Avantgarde, Modernität, Katastrophe, hg. v. Eberhard Lämmert und Giorgio Cusatelli, Firenze 1995, S. 169–178.

„Deines Tores Gold schmilzt an meiner Sehnsucht." Else Lasker-Schülers „Hebräische Balladen", in: Convivium. Germanistisches Jahrbuch Polen 1995, S. 65–78. (Leicht verändert auch in: Jüdische Selbstwahrnehmung, hg. v. Hans Otto Horch und Charlotte Wardi, Tübingen 1997, S. 263–274.)

Die Verscheuchte. Else Lasker-Schüler (1869–1945), in: Manche Worte strahlen. Deutsch-jüdische Dichterinnen des 20. Jahrhunderts, hg. v. Norbert Oellers, Erkelenz 1999, S. 9–23.

Die Gestalt Jesu im Werk der jüdischen Dichterin Else Lasker-Schüler, in: „Hinauf und Zurück / in die herzhelle Zukunft". Deutsch-jüdische Literatur im 20. Jahrhundert. Festschrift für Birgit Lermen, hg. v. Michael Braun, Peter J. Brenner, Hans Messelken und Gisela Wilkending, Bonn 2000, S. 253–265.

„Sie holten mich ein, die Toten der Geschichte". Ansichten über Esther Dischereits „Joëmis Tisch. Eine jüdische Geschichte", in: Deutsch-jüdische Literatur der neunziger Jahre. Die Generation nach der Shoah, hg. v. Sander L. Gilman und Hartmut Steinecke, Berlin 2002, S. 75–88.

Das ferne Gesetz. Ansichten zu Franz Kafkas „Der Proceß", in: Schriftgedächtnis – Schriftkulturen, hg. v. Vittoria Borsò, Gertrude Cepl-Kaufmann, Tanja Reinlein, Sibylle Schönborn und Vera Viehöver, Stuttgart und Weimar 2002, S. 139–153.

Zu Georg Kaisers „Die Bürger von Calais". Mit Blicken auf Rodin, Froissart, Dante, in: Heitere Mimesis. Festschrift für Willi Hirdt zum 65. Geburtstag, hg. v. Birgit Tappert und Willi Jung, Tübingen und Basel 2003, S. 673–684.

„Sehr gut wäre zeitweilig Hebel." Eine Empfehlung Kafkas, in: Lebendige Tradition und antizipierte Moderne. Über Johann Peter Hebel, hg. v. Richard Faber, Würzburg 2004, S. 83–95.

Erinnerungsspuren in Kafkas Romanen, in: Das Gedächtnis der Literatur: Konstitutionsformen des Vergangenen in der Literatur des 20. Jahrhunderts. Beiträge des Internationalen Symposiums anlässlich der Emeritierung von Prof. Dr. Dr. h.c. Hartmut Steinecke vom 28. bis 30. April 2005 in Paderborn, hg. v. Alo Allkemper und Norbert Otto Eke, Berlin 2006 (Sonderheft der „Zeitschrift für deutsche Philologie"), S. 5–18.

Weitere Veröffentlichungen von Norbert Oellers

„Es will mich bedünken, als sey in schönen Versen allzuviel gelogen worden". Bemerkungen zur Lyrik Heinrich Heines, in: Convivium. Germanistisches Jahrbuch Polen 2006, S. 13–30.

Abraham in der deutschen Literatur des 20. Jahrhunderts. Else Lasker-Schüler, Franz Kafka, Nelly Sachs, in: Opfere deinen Sohn! Das ‚Isaak-Opfer' in Judentum, Christentum und Islam, hg. v. Bernhard Greiner, Bernd Janowski und Hermann Lichtenberger, Tübingen 2007, S. 171–183.

Karl Kraus ist ein multimediales „Ereignis" der Wiener Moderne, dessen literarische, kulturelle und politische Wirkung weit über Österreich hinausstrahlt. Bislang fehlte ein wissenschaftliches Werk, das die breite, vielfältige Resonanz des wortmächtigen Satirikers, Sprach- und Kulturkritikers von den Anfängen bis zur unmittelbaren Gegenwart monographisch und editorisch anhand öffentlichkeitswirksamer Texte verschiedenster, bekannter und weniger bekannter Autoren dokumentiert.

Dieses Desiderat erfüllt Dietmar Goltschnigg mit seinem großangelegten Projekt, dessen erster Band die Kraus-Rezeption im Zeitraum von 1892 bis 1945 erfasst. Auf der Basis eines repräsentativen, mit ausführlichem Stellenkommentar versehenen Textkorpus' (154 Beiträge von 114 Autoren) wird die Wirkung von Kraus dargestellt. Die thematische Schwerpunkte bilden die kritische Auseinandersetzung mit den zeitgenössischen Jungwiener Autoren, Zionismus und Antizionismus, Judentum und Antisemitismus, Sittlichkeit, Kriminalität und Psychoanalyse, Krieg und Pazifismus, Karikatur und Plagiat, Sozialdemokratie, Austrofaschismus und Nationalsozialismus.

Karl Kraus
im Urteil literarischer und publizistischer Kritik
**Texte und Kontexte,
Analysen und Kommentare
Band 1: 1892–1945**

Hg. von **Dietmar Goltschnigg**

2015, 804 Seiten, fester Einband, € (D) 98,–,
ISBN 978-3-503-16358-8

Weitere Informationen:

📕 www.ESV.info/978-3-503-16358-8

Auch als eBook erhältlich:
mit verlinkten Inhalts- und Stichwortverzeichnissen.

📱 www.ESV.info/978-3-503-16510-0

Auf Wissen vertrauen

Erich Schmidt Verlag GmbH & Co. KG · Genthiner Str. 30 G · 10785 Berlin
Tel. (030) 25 00 85-265 · Fax (030) 25 00 85-275 · ESV@ESVmedien.de · www.ESV.info

ESVbasics

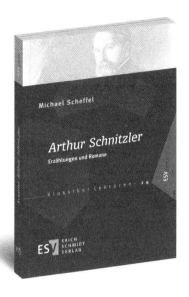

Arthur Schnitzler
Erzählungen und Romane

Von **Michael Scheffel**

2015, 220 Seiten, € (D) 17,80,
ISBN 978-3-503-15585-9

Klassiker-Lektüren, Band 14

Weitere Informationen:
www.ESV.info/978-3-503-15585-9

Als Zeitgenosse des Wiener Fin de Siècle ebenso wie als Zeitzeuge des Ersten Weltkriegs, der Auflösung der österreichisch-ungarischen Doppelmonarchie wie auch der Gründerjahre der „Republik Österreich" hat Arthur Schnitzler (1862–1931) die Epoche der Klassischen Moderne literarisch äußerst produktiv und mit hoher Sensibilität für ihre Probleme und Widersprüche begleitet. Am Beispiel seiner Erzählungen und Romane eröffnet der vorliegende Band einen umfassenden Zugang zur Breite der Gegenstände und Formen von Schnitzlers Schreiben.

Im Rahmen einer chronologisch nach Schaffensphasen geordneten Darstellung werden sowohl die Entwicklung des Erzählers Schnitzler als auch ihre biographischen und kulturhistorischen Voraussetzungen erstmals im Zusammenhang deutlich. Detaillierte Lektüren bekannter, aber auch weniger bekannter Erzählwerke rekonstruieren deren zum Teil komplexe Entstehungsgeschichten und führen in den aktuellen Forschungsstand ein. Vor allem aber widmen sie sich den spannenden ‚Plots' und der geradezu programmatischen Vielfalt an narrativen Darstellungsformen eines Autors, dessen Modernität nicht zuletzt ausmacht, dass er neue Arten des Erzählens teils begründet, teils weiterentwickelt und vorangetrieben hat.

ERICH SCHMIDT VERLAG

Auf Wissen vertrauen

Erich Schmidt Verlag GmbH & Co. KG · Genthiner Str. 30 G · 10785 Berlin
Tel. (030) 25 00 85-265 · Fax (030) 25 00 85-275 · ESV@ESVmedien.de · www.ESV.info